소 방
공무원

소방학개론

PREFACE

소방공무원은 화재를 예방·진압하고 재난·재해 등의 위급한 상황에서의 구급·구조 활동 등을 통해 국민의 생명과 신체 및 재산을 보호함으로써 공공의 안녕과 질서 유지, 복리증진에 이바지함을 목적으로 한다. 또한 화재예방 및 구조와 구급 업무 이외에 지령실 업무 및 각 시설물들에 대한 소방점검을 비롯해 각종 긴급재난 예방활동도 하며, 해마다 각종 화재사고가 증가하고 있어 소방공무원의 선발인원은 매년 증가하고 있는 추세이다.

소방공무원(공채) 필기시험과목

시험의 출제수준은 소방업무수행에 필요한 기본적인 능력·지식을 검정할 수 있는 정도로 각 과목별로 변경된 출제분야에 대해 유의하여 학습전략을 세워야 한다.

본서는 소방학개론의 내용을 체계적으로 구분하고, 기출문제 분석과 함께 출제가 예상되는 핵심문제 풀이를 실어 단기간에 최대의 학습효과를 거둘 수 있도록 만전을 기하였다. 또한 실전 모의고사와 최신 기출로 학습의 마무리를 책임진다. 본서가 수험생 여러분을 합격의 길로 안내하기를 희망한다.

step 1

핵심이론 정리

소방학개론은 학습 범위가 방대하기 때문에 자주 출제되었던 내용을 우선적으로 학습하여야 합니다. 소방과 관련된 제도나 법률은 최신 내용을 반영하고 파트별 이론에 대한 특성 및 연계된 이론을 모두 수록하여 탄탄한 기본기를 다질 수 있도록 구성하였습니다.

step 2

기출문제 파악

공무원 시험에서 가장 중요한 것은 기출 동향을 파악하는 것입니다. 이론정리와 기출문제를 함께 수록하여 개념이해와 출제경향 파악이 즉각적으로 이루어지도록 구성했습니다. 이를 통해 문제에 대한 이해도와 해결능력을 동시에 향상시켜 학습의 효율성을 높였습니다.

step3

예상문제 연계

문제가 다루고 있는 개념과 문제 유형, 문제 난도에 따라 엄선한 예상문제를 수록하여 문제풀이를 통해 기본개념과 빈출이론을 다시 한 번 학습할 수 있도록 구성하였습니다. 예상문제를 통해 응용력과 문제해결능력을 향상시켜 보다 탄탄하게 실전을 준비할 수 있습니다.

step 4

최신 기출분석

부록으로 최근 시행된 2021년 기출문제를 수록하였습니다. 최신 기출 동향을 파악하고 학습한 이론을 기출과 연계하여 정리할 수 있습니다. 각 문제마다 꼼꼼하고 명쾌한 해설을 제공하여 혼자서도 충분히 출제경향을 파악하고 스스로의 학습상태를 점검할 수 있습니다.

step 5

반복학습

반복학습은 자신의 약점을 보완하고 학습한 내용을 온전히 자기 것으로 만드는 과정입니다. 반복학습을 통해 이전 학습에서 확실하게 깨닫지 못했던 세세한 부분까지 철저히 파악하여 보다 완벽하게 실전에 대비할 수 있습니다.

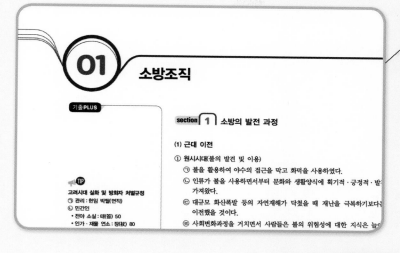

01

핵심이론정리

방대한 양의 소방학개론 이론 중 시험에 빈출되는 핵심 내용만을 체계적으로 정리하여 학습의 효율을 높였습니다. 또한 학습한 내용을 바로 기출문제와 연계하여 확인할 수 있도록 이론과 기출문제를 연계하여 구성하였습니다.

02

기출 및 예상문제

해당 단원에서 최근 출제된 기출문제를 수록하여 시험 출제의 포인트를 확인할 수 있습니다. 다양한 난도와 유형으로 엄선한 예상문제 풀이를 통해 문제해결능력을 높이고 자신의 학습도를 다시 한 번 점검할 수 있습니다.

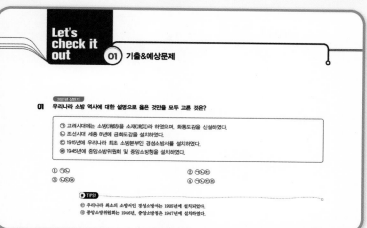

03

최근기출문제

2021년에 시행된 실제 기출문제를 풀어보면서 최종적으로 마무리하여 합격에 한 걸음 더 가까이 다가갈 수 있습니다.

CONTENTS 차 례

PART I 소방조직

01 소방조직 ···································· 10

02 소방기능 ···································· 54

PART II 재난관리

01 재난 및 재난관리의 개념 ···················· 100

02 재난 및 안전관리 기본법 ···················· 106

PART III 연소이론

01 연소개요 ···································· 140

02 연기 및 화염 ································ 178

03 폭발이론 ···································· 193

PART IV 화재이론

01 화재의 정의 및 종류 ························ 214

02 위험물화재의 성상 ·························· 248

03 화재의 조사 ································ 268

CONTENTS

차 례

PART Ⅴ 소화이론

01 소화원리 및 소화방법 ·································· 288

02 소화약제 ·· 303

03 소방시설 ·· 322

PART Ⅵ 실전 모의고사

제1회 모의고사 ·· 348

제2회 모의고사 ·· 353

제3회 모의고사 ·· 358

제4회 모의고사 ·· 363

제5회 모의고사 ·· 367

정답 및 해설 ·· 372

PART Ⅶ 최근기출문제분석

2021. 4. 3. 소방학개론 ·································· 394

PART

01

소방조직

01 소방조직
02 소방기능

01 소방조직

기출PLUS

TIP

고려시대 실화 및 방화자 처벌규정
㉠ 관리 : 현임 박탈(면직)
㉡ 민간인
• 전야 소실 : 태(笞) 50
• 인가 · 재물 연소 : 장(杖) 80
• 관부 · 요지 및 사가 · 사택 재물에 방화 : 징역 3년

기출 2021. 4. 3. 시행

우리나라 소방 역사에 대한 설명으로 옳은 것만을 모두 고른 것은?

─ 보기 ─
㉠ 고려시대에는 소방(消防)을 소재(消災)라 하였으며, 화통도감을 신설하였다.
㉡ 조선시대 세종 8년에 금화도감을 설치하였다.
㉢ 1915년에 우리나라 최초 소방본부인 경성소방서를 설치하였다.
㉣ 1945년에 중앙소방위원회 및 중앙소방청을 설치하였다.

① ㉠, ㉡
② ㉠, ㉡, ㉢
③ ㉡, ㉢, ㉣
④ ㉠, ㉡, ㉢, ㉣

❮정답 ①

---

section 1 소방의 발전 과정

(1) 근대 이전

① 원시시대(불의 발견 및 이용)
  ㉠ 불을 활용하여 야수의 접근을 막고 화덕을 사용하였다.
  ㉡ 인류가 불을 사용하면서부터 문화와 생활양식에 획기적 · 긍정적 · 발전적 변화를 가져왔다.
  ㉢ 대규모 화산폭발 등의 자연재해가 닥쳤을 때 재난을 극복하기보다는 거주지를 이전했을 것이다.
  ㉣ 사회변화과정을 거치면서 사람들은 불의 위험성에 대한 지식은 늘어났으나, 그 위험성 또한 완전통제가 불가능했다.

② 삼국시대(사회적 재앙으로 출현한 화재)
  ㉠ 화재를 사회적 재앙으로 인식하여 국가적 관심사로 보았다.
  ㉡ 삼국시대에는 거주지 밀집으로 화재가 사회적 재앙으로 등장하게 되었다.
  ㉢ 「삼국사기」에는 화재를 사회적인 재앙으로 인식하고 방화의식이 생겨났음을 알 수 있는 기록이 남아있다.

③ 고려시대(금화제도의 시행) ★ 2021 기출
  ㉠ 개성의 경우 건물이 밀집해 있어 1021년에는 화재로 인해 수백 채의 건물이 전소되었으며, 몽골의 침입으로 궁전과 창고에 대화재가 발생하였다.
  ㉡ 고려시대에는 금화관서의 역할을 군사조직에서 담당한 것으로 보이며, 실화자를 처벌한 것으로 보인다.
  ㉢ 문종 20년(1066년)에는 운흥창고 화재를 계기로 모든 창고에 금화관리자를 특별히 두고 어사대가 때때로 점검하도록 하였으며 일직이궐(자리를 비우거나 빠지는 일) 하였을 경우 먼저 가둔 후 보고하였다.

POINT 금화제도의 주요내용
  ㉠ 각 관아와 진(鎭)은 당직자 또는 그 장을 금화 책임자로 지정하여 금화관리자 배치
  ㉡ 주택구조 등은 초가지붕을 기와지붕으로 개선토록 권장
  ㉢ 창고시설은 화재를 대비하여 지하창고로 설치
  ㉣ 길을 따라 가옥을 짓도록 하여 연소 확대방지
  ㉤ 화약제조 및 사용량이 늘어남에 따라 화통도감직제를 신설하여 특별관리

④ 조선시대(금화법령의 재정과 금화관서의 설치)

  ⊙ **금화법령** : 경국대전의 완성으로 조선시대에는 금화법령(화재 시 타종, 화재감시, 순찰경계, 구화 시설 등을 정함)이 그 골격을 갖추었다.

  ⊙ **금화도감** : 세종 8년(1426년)에는 한성에서 계속적으로 발생하는 화재를 진압하기 위하여 우리나라 역사상 최초의 소방기구, 즉 금화관서인 금화도감을 설치하였고, 이후 성문도감과 병합하여 수성금화도감이라 칭하였다. **✪ 2018 기출**

  ⊙ **5가작통법** : 화재발생에 대비하여 5가작통법을 시행하였으며, 지방에서는 도둑과 화재를 막기 위하여 자발적인 의용조직을 만들어 활동하였다.

  ⊙ **금화조직 및 도시계획** : 금화규정·금화군·멸화군·지방의용금화조직 등의 제도와 방화(防火)성 도시계획이 최초로 이 시대에 시행되었다.

  ⊙ **화재진압도구** : 화재를 진압하는 데 사용된 도구로는 도끼(斧), 불 덮개(熱麻絹), 쇠갈고리(鐵鉤), 사다리(長梯), 불채(滅火子), 저수조, 물 양동이 등이 주로 사용되었고, 1723년에는 중국으로부터 근대적 화재진압 장비인 수총기(水銃器)가 들어오게 되었다.

> **POINT** 조선시대의 금화(禁火)
> 병조, 의금부, 형조, 한성부, 수성금화사 5부에서 관리들이 화재를 단속하는 일이다.

(2) 근대 이후 ✪ 2018, 2019, 2020 기출

① **개화기와 일제시대(1894~1945)** … 갑오개혁 이후인 1895년 4월 29일 경무청 직제를 개정하면서 수화·소방에 관한 사항을 총무국에서 관리하도록 하였는데 '소방'이라는 용어를 처음 사용하였다. 1909년에 어사칙령으로 소방조규칙을 재정·시행하였으며, 일제강점기인 1925년 조선총독부 지방관제를 개정하여 개성과 지방에 소방서를 설치하였다.

② **광복과 미군정시대(1945~1948 : 자치소방제도의 최초 시행)** … 제2차 세계대전의 종료와 동시에 경찰에서 운영하던 소방행정은 중앙소방위원회(소방청), 도소방위원회(지방 소방청) 및 시·읍·면소방부를 창설·운영함으로써 독립된 자치소방제도를 최초로 시행하였다.

③ **정부 수립 이후(1948~1970 : 국가소방체제)** … 1958년 3월 11일 소방법이 제정·시행되면서 중앙은 내무부 치안국 소방과로, 지방은 경찰국 소방과로 예속되었다. 소방공무원은 경찰공무원법이 제정된 이후 법의 적용을 받아 경찰의 신분을 지녔다.

④ **소방제도의 발전기(1970~1992 : 국가 + 자치소방체제)**

  ⊙ **경찰로부터 독립** : 소방은 1972년 8월 정부조직법이 개정됨으로써 경찰로부터 독립하였으며, 서울과 부산은 자치사무, 기타 시·도는 국가사무로 다루어지는 이원적 행정체계를 유지하게 되었다.

  ⊙ **민방위본부 신설** : 1975년 8월 내무부 민방위본부(소방국)가 신설 운영되면서 법령·제도면이나 소방력의 관리·운영면에서 획기적인 발전을 가져오게 되었다.

기출 2019. 4. 6. 시행

해방 이후의 소방조직 변천과정을 과거부터 현재까지 옳게 나열한 것은?

┌─ 보기 ──────────────┐

㉠ 중앙에는 중앙소방위원회를 두고, 지방에는 도소방위원회를 두어 독립된 자치소방제도를 시행하였다.

㉡ 소방행정이 경찰행정 사무에 포함되어 시·군까지 일괄적으로 관리하는 국가소방체제로 전환되었다.

㉢ 서울과 부산은 소방본부를 설치하였고, 다른 지역은 국가소방체제로 국가소방과 자치소방의 이원화시기였다.

㉣ 소방사무가 시·도 사무로 전환되어 전국 시·도에 소방본부가 설치되었다.

└──────────────────┘

① ㉠→㉡→㉢→㉣
② ㉠→㉡→㉣→㉢
③ ㉡→㉠→㉢→㉣
④ ㉡→㉠→㉣→㉢

《정답 ①

ⓒ **소방공무원법 제정** : 1978년 3월 국가공무원법과 지방공무원법을 근간으로 소방공무원법을 제정·운용함으로써 업무의 특성에 맞는 소방공무원의 신분을 보장받게 되었다.

ⓓ **소방학교 직제** : 1978년 7월에는 소방학교 직제가 제정 공포되고 1980년에 그 건물이 완공되어 소방인의 숙원사업인 소방전문교육이 체계적으로 실시되기에 이르렀다.

⑤ **성숙기**(1992~현재 : 시·도 광역자치 소방체제)

㉠ 1992년, 국가소방과 자치소방으로 이원화하여 광역 소방행정 실시, 시·도 소방본부 설치

㉡ 1994년, 방재국 신설

㉢ 1995년, 소방국에 구조구급과를 설치

㉣ 2004년, 소방방재청 신설

㉤ 2007년, 서울에서 세계소방청장회의를 개최

㉥ 2014년, 국민안전처 내 중앙소방본부

㉦ 2017년, 행정안전부 산하 외청인 소방청으로 독립

㉧ 2020년, 소방공무원 국가직 전환

⑥ **소방업무의 변천**

㉠ 1950년, 법률이 아닌 내무부령으로 소방조사규정을 제정하면서 소방업무가 시작되었다.

㉡ 1958년, 우리나라 최초의 체계적이고 독립적인 소방법이 탄생하게 되었다.

㉢ 1968년, 풍수해대책법이 제정되면서 풍수해, 설해의 예방이 가능해졌다. (1996년, 자연재해대책법으로 변경)

㉣ 1988년, 119특별구조대 설치운영계획의 수립으로 구급대가 편성·운영되었다.

㉤ 1999년, 소방법 개정으로 화재를 예방, 경계하거나 진압하고 화재·재난·재해, 그 밖의 위급한 상황에서의 구조·구급활동이 가능해졌다.

㉥ 2003년, 소방법이 분화(소방기본법, 화재예방, 소방시설 설치·유지 및 안전관리에 관한 법률, 소방시설공사업법, 위험물안전관리법)되었다.

POINT 소방수행기관의 변천과정

㉠ 금화도감 – 병조(조선시대)

㉡ 수성금화도감 – 공조(조선시대)

㉢ 갑오경장 이후부터 일제시대 – 경무청 또는 경무총감

㉣ 광복과 미군정시대 – 지방자치단체

㉤ 대한민국 정부수립 이후 – 내무부장관(현 행정안전부장관)

㉥ 소방제도의 발전기(1970~1992) – 시·군(국가 + 자치 소방체제)

㉦ 소방제도의 성숙기(1993 이후) – 시·도지사(광역시 소방체제)

checkpoint

소방의 역사 포인트 체크

- ☑ 최초로 금화법령이 제정되고 금화도감이 설치된 시기 : 조선시대(세종 8년, 1426년)
- ☑ 최초의 소방관서(세종 8년, 1426년) : 금화도감(최초의 독자적인 소방관서에 해당) : 금화도감(세종 8년, 1426년, 병조) → 수성금화도감(1426년, 공조) → 금화군(세종 13년, 1431년) → 멸화군(세조 13년, 1467년)
- ☑ 금화군 : 최초의 소방관·소방수
- ☑ 1894년 소방업무는 내무부 지방국에서 관장
- ☑ 최초로 "소방"이란 용어 사용 : 갑오경장 이후(1895년)
- ☑ 일제시대 상비소방수제도 : 경찰조직 내 소방조직 관장은 중앙은 소방사무를 경무총감부(1910) 보안과 소방계에서 담당
- ☑ 최초의 소방서 : 경성(현 종로)소방서 설치(1925년)
- ☑ 소방을 분리 역사상 독립된 자치소방제도 최초 시행 : 미군정 시대(1945~1948년)
- ☑ 미군정 시대(1945년~1948년) : 자치소방체제 : 중앙 – 중앙소방위원회설치(1946년), 중앙소방청(집행기관) 설치(1947년) : 지방 – 서울시(소방부 설치), 도(소방위원회, 지방소방청 설치), 시·읍·면(소방부설치)
- ☑ 대한민국 정부수립 후(1948년) : 국가소방체제 : 소방업무는 국가소방으로 하여 경찰조직의 내무부 치안국 소방과로 예속
- ☑ 소방법 제정 : 1958년
- ☑ 소방시설공동세 신설(1961년) : 목적세(소방재원확보)
- ☑ 국가 기초의 이원적 소방체제로 전환(1970년)
- ☑ 전국 최초로 소방본부 설치(1972년) : 서울소방본부, 부산소방본부
- ☑ 국가와 자치의 이원적 소방체제(1972년)
- ☑ 지방소방공무원법 제정(1973년) : 국가공무원은 경찰공무원으로 지방공무원은 소방공무원으로 임용권자에 따라 신분 이원화
- ☑ 내무부 민방위본부 창설(1975년, 소방국 설치)
- ☑ 중앙소방학교 설치(1978년) : 소방공무원 교육훈련체계 일원화
- ☑ 소방공무원법 제정(1978년) : 소방공무원 신분 단일화
- ☑ 소방공무원 복제규정 제정 공포(1983년)
- ☑ 119구급대 설치 : 구급업무를 소방의 기본업무로 법제화(소방법 개정, 1983년)
- ☑ 119특별구조대 편성·운영 : 88서울올림픽계기 – 119특별구조대운영계획 수립(1987년 9월)
- ☑ 구조업무를 소방의 기본업무로 법제화 : 소방법개정(1989년)
- ☑ 광역소방체제로 전환(1992년) : 모든 시·도에 소방본부 설치
- ☑ 재난관리법 제정(1995년)·중앙119구조대 설치(1995년) : 삼풍백화점붕괴사건 계기
- ☑ 소방법이 소방관계 4대 기본법으로 분법(2003년) : 소방기본법, 소방시설공사업법, 화재예방 소방시설 설치·유지 및 안전관리에 관한 법률, 위험물안전관리법
- ☑ 재난 및 안전관리기본법 제정(2004년), 소방방재청 개청(2004년) : 대구지하철 화재사건 계기
- ☑ 소방방재청 폐지(2014년), 국민안전처 설치(국무총리소속, 소방조직은 중앙소방본부로 개편) : 세월호침몰사건 계기
- ☑ 소방청으로 독립(2017년) : 국민안전처를 행정안전부가 흡수하고 기존의 소방방재청을 소방청으로 출범하고 행정안전부 산하 외청으로 독립되었다.
- ☑ 소방공무원 국가직 전환(2020년) : 소방공무원의 신분을 국가직으로 단일화 : 국가 주도형의 광역시소방체제 ※ 2020년 이후에도 광역자치소방체제이다.

기출 2012. 10. 13. 시행

소방역사의 변천과정 순서로 옳은 것은?

┌ 보기 ┐
- ㉠ 소방법 제정
- ㉡ 소방위원회
- ㉢ 시·도 광역자치소방체계 개편
- ㉣ 소방방재청 개청

① ㉣→㉢→㉠→㉡
② ㉡→㉠→㉢→㉣
③ ㉣→㉢→㉡→㉠
④ ㉡→㉣→㉢→㉠

《정답 ②

기출 2020. 6. 20. 시행

우리나라 소방행정에 관한 설명으로 옳은 것은?

① 미군정 시대에는 소방행정을 경찰에서 분리하여 자치소방행정체제를 도입하였다.
② 1972년 전국 시·도에 소방본부를 설치·운영하고 광역소방행정체제로 전환하였다.
③ 소방공무원은 공무원 분류상 경력직 공무원 중 특수경력직 공무원에 해당한다.
④ 소방공무원의 징계 중 경징계에는 정직, 감봉, 견책이 있다.

《정답 ①

section 2 소방행정체제의 기능 및 책임

(1) 소방의 의의

① 소방의 개념

　㉠ 실질적·형식적 의미의 소방
　　• 실질적 의미의 소방 : 화재의 예방, 경계 및 진압을 위한 일체의 활동과정을 말한다.
　　• 형식적 의미의 소방 : 소방행정 목적을 달성하기 위하여 구성되는 조직, 즉 소방기
　　관을 의미한다.

　㉡ 소방의 목적
　　• 인위적 또는 자연적 형상에 의해 발생하는 화재의 예방·경계 및 진압을 한다.
　　• 사회 공공의 안녕 질서를 유지한다.
　　• 적극적으로 사회의 복리 증진에 기여한다.

 POINT 시대별 소방업무의 범위
　　㉠ 1950년대 이전 : 화재의 진압과 경계활동과 같은 소극적인 소방활동에 전념
　　㉡ 1950년대 후반~1960년대 초반 : 화재와 풍수해, 설해의 예방·경계와 진압 및 방어
　　　로서 예방활동의 중점
　　㉢ 1960년대 후반~1980년대 초반 : "풍수해와 설해의 방어" 삭제, 화재의 예방·경계·
　　　진압에 의한 소방활동에만 전념
　　㉣ 1983년 초반~현재 : 기존의 소방업무에 구조·구급업무를 포함한 시기

② 소방의 의무

　㉠ 기본적 임무 : 질서기능에 속하며 그 가운데 보안기능을 담당, 사회의 공공 안녕
　　유지로 안전한 국민생활을 보호한다. → 기본적인 포괄적 개념이다.

　㉡ 파생적인 임무 : 봉사기능에 속하며 권력이 없는 직접 서비스기능으로 구조대 및
　　구급대의 운영이 해당된다. → 세부적인 구조 활동이다.

기본 임무	• 기본적으로 소방의 목적을 지키기 위한 것이다. • 질서기능에 속하며 보안기능을 담당한다. • 국민의 생명과 재산을 보호한다. • 사회의 공공 안녕 유지로 안전한 국민생활을 보호한다.
파생 임무	• 소방의 기본적인 임무 이외에 또 다른 임무를 말한다. • 봉사기능에 속하며 권력이 없는 직접 서비스기능을 말한다. • 구조대 및 구급대의 운영이 해당된다.

③ 소방행정 수단(소방관계법규에 근거)

　㉠ 계몽·지도

　㉡ 봉사활동

　㉢ 명령과 강제

④ 소방업무

  ㉠ **화재예방** : 소방관련법규에 의하여 소방기관은 화재의 예방에 노력한다.

  ㉡ **소화활동** : 소방본부장, 소방서장 또는 소방대장은 화재 현장에 소방활동구역을 설정하고 출입금지 조치와 시민들의 작업종사를 명할 수 있으며 인명구조, 연소방지를 위하여 필요한 강제처분, 피난명령·급수유지의 긴급조치 등을 할 수 있다.

  ㉢ **구급·구조 활동** : 소방본부장 또는 소방서장은 화재와 그 밖의 위급한 상황에서 구급대와 구조대를 편성하고 운영하며 필요한 경우 관할구역 의료기관, 경찰서에 협조요청을 한다.

  ㉣ **화재조사 활동** : 소방본부장 또는 소방서장은 화재의 원인과 피해상황에 대해서 조사한다. 조사된 자료는 화재예방계획 수립과 구급, 구조 대책에 활용하고 방화에 대한 범죄수사 등에 대해서는 경찰공무원과 협조한다.

⑤ 소방조직

  ㉠ 중앙소방행정조직과 지방소방행정조직으로 나누어진다.

중앙소방 행정조직	• 소방청 • 중앙소방학교 • 중앙119구조본부 • 국립소방연구원
지방소방 행정조직	• 서울특별시 소방행정조직 • 광역시·특별자치시 소방행정조직 • 도·특별자치도 소방행정조직 • 지방소방학교 • 서울종합방재센터 및 소방서

  ㉡ **소방청의 하부조직**〈소방청과 그 소속기관 직제 제6조〉

    • 소방청에 운영지원과·소방정책국 및 119구조구급국을 둔다.

    • 청장 밑에 대변인 및 119종합상황실장 각 1명을 두고, 차장 밑에 기획조정관 및 감사담당관 각 1명을 둔다.

  ㉢ **중앙소방학교의 직무**〈소방청과 그 소속기관 직제 제14조〉

    • 소방공무원, 소방간부후보생, 의무소방원 및 소방관서에서 근무하는 사회복무요원의 교육훈련에 관한 사항

    • 학생, 의용소방대원, 민간자원봉사자 등에 대한 소방안전체험교육 등 대국민 안전교육훈련에 관한 사항

  ㉣ **중앙119구조본부의 직무**〈소방청과 그 소속기관 직제 제17조〉

    • 각종 대형·특수재난사고의 구조·현장지휘 및 지원

    • 재난유형별 구조기술의 연구·보급 및 구조대원의 교육훈련(「재난 및 안전관리 기본법」에 따른 긴급구조기관과 긴급구조지원기관 및 외국의 긴급구조기관으로부터 요청을 받은 인명구조훈련을 포함한다.)

    • 특별시장·광역시장·특별자치시장·도지사 및 특별자치도지사의 요청 시 중앙119구조본부장이 필요하다고 판단하는 재난사고의 구조 및 지원

- 위성중계차량 운영에 관한 사항
- 그 밖에 중앙긴급구조통제단장이 필요하다고 판단하는 재난 사고의 구조 및 지원

(2) 소방행정작용 ✪ 2012, 2014, 2017, 2020 기출

① 소방조직의 기본원리

분업의 원리	한 사람이나 한 부서가 한 가지의 주된 업무를 맡는다는 원리
명령계 통일의 원리	한 사람의 상급자에게 명령을 받고, 보고하는 원리
계층제의 원리	상하의 계층제를 형성하는 원리
계선의 원리	개인의 의견이 참여되지만 결정을 내리는 것은 소속기관의 기관장이 하는 원리
업무조정의 원리	조직을 통합하고 행동을 통일시키는 원리

② 소방행정 작용의 특성
  ㉠ 우월성(지배·복종의 법률 관계)
    예 화재의 예방조치, 강제 처분
  ㉡ 획일 및 원칙성
  ㉢ 기술성
  ㉣ 강제성

③ 소방행정행위의 개념과 종류 … 소방행정행위의 개념은 협의의 개념으로 행정처분과 동일한 의미이다. 소방행정행위에는 법률 행위적 행정행위와 준법률 행위적 행정행위가 있다.
  ㉠ 법률 행위적 행정행위
    • 명령적 행정행위(대부분 차지)
    − 소방하명 : 소방이라는 목적을 달성하기 위하여 행정주체(=행정청, 행정기관)가 행정객체에게 행한다.

작위하명	특정행위를 적극적으로 해야 할 의무를 명 예 타고 남은 불 또는 화기의 우려가 있는 재의 처리, 함부로 버려두거나 그냥 둔 위험물, 그 밖에 탈 수 있는 물건을 옮기거나 치우게 하는 등의 조치
부작위하명	특정행위를 금지하도록 하는 의무를 명 예 불장난, 모닥불, 흡연, 화기 취급, 그 밖에 화재예방에 위험하다고 인정되는 행위를 금지 또는 제한
급부하명	소방목적으로 금전, 물품, 노력 등을 제공할 의무를 명 예 소방활동 종사명령
수인하명	행정청의 권한행사에 대하여 저항하지 아니할 의무를 명 예 소방자동차의 우선통행 및 소방공무원의 출입 검사의 실시

－소방허가(=소방 부작위 의무를 소멸) : 금지사항을 해제하여 합법적인 행위를 할 수 있도록 하는 행정처분

소방대인허가	특정인의 자격 등이 고려되어 허가되는 행정행위
소방대물허가	대상물의 객관적인 사항이 감안되어 허가되는 행정행위
소방혼합허가	소방대인허가와 대물허가를 합한 행정행위

－소방면제 : 소방작위, 소방급부, 소방수인의 의무를 특별한 경우에 소멸시키는 행정행위
- 형성적 행정행위 : 특허, 인가, 대리
ⓛ 준법률적 행위적 행정행위
- 확인 : 소방관련 자격 합격자 결정, 방화관리자 자격 인정 등이 해당된다.
- 공증 : 방화관리자 자격수첩 교부, 허가 및 자격증의 교부(소방시설의 완비 증명, 화재증명원 발급 등이 해당된다.)
- 통지 : 소방검사 전의 소방검사계획 통지 등이 해당된다.
- 수리 : 각종 허가신청과 신고의 수리 등이 해당된다.

④ 소방강제
ⓖ 소방강제집행
- 대집행 : 일정한 행위를 해야 할 의무(작위의 의무)의 불이행을 행정주체(행정기관)가 행정객체(의무자)에게 스스로 또는 제3자에게 의무를 행하게 하고 그에 대한 비용은 행정객체가 징수하는 것
- 집행벌 : 일정한 행위를 하지 않아야 할 의무(부작위의 의무)의 불이행 시 그 이행을 간접적으로 강제하기 위하여 처하는 벌
- 직접강제 : 행정객체의 신체 또는 재산상에 힘을 가하여 행정상 필요한 상태로 만드는 행정행위
- 강제징수 : 금전납부의무의 불이행 시, 행정주체가 강제적으로 이행한 것과 같은 상태를 실현하는 것
ⓛ 소방즉시강제(행정상 긴급을 요할 경우)
- 대물강제 : 토지 강제 처분, 화재확산 방지를 위해 요할 경우
- 대인강제 : 대피 명령, 소화 명령
- 대가택강제 : 소방 검사

⑤ 소방행정수단
ⓖ 계몽, 지도
ⓛ 봉사활동
- 상대적 봉사 : 직접적인 혜택을 받는 사람들을 중심으로 하는 봉사활동을 말한다.
- 포괄적 봉사 : 소방의 혜택을 받는 사람이 사회의 불특정 다수인이 되는 활동을 말한다.

ⓒ 명령과 강제

소방법상 명령의 조건	• 실행기간 및 지켜야 할 의무 내용을 구체적으로 기록하여야 한다. • 주체는 시 · 도지사, 소방본부장 또는 소방서장이 된다. • 서면에 의하여 명령을 하는 것이 원칙이다. • 특정한 소방대상자에 한해서 명령을 하여야 한다.
소방법상 명령 및 강제수단의 예	• 화재예방 조치명령 • 소방대상물의 개수명령 • 소방검사를 위한 보고 및 자료제출 명령 • 위험물 제조소 등의 감독명령 • 무허가 위험물 시설의 조치명령 • 위험물 제조소 등의 예방규정 변경명령 • 소방시설 및 방염에 관한 명령 • 화재경계지구의 대한 명령 • 소화종사명령 • 피난명령 • 화재조사를 위한 보고 및 자료제출 명령
소방행정벌	• 행정형벌 : 징역, 금고, 벌금 • 행정질서벌 : 과태료

⑥ **소방행정권의 한계**

ⓐ **소방 소극 목적의 원칙** : 우리 사회의 안녕질서 유지에 방해가 되는 위험요소가 있는 경우에 이를 제거한다는 소극적인 목적의 원칙

ⓑ **소방공공의 원칙** : 직접적인 영향을 주지 않는 사생활에는 관여하지 않는다는 원칙
• 사생활의 불가침 원칙
• 사주거의 불가침 원칙
• 민사법률의 불간섭 원칙
• 소방책임의 원칙
• 개인의 행동에 대한 책임 원칙
• 물건상태에 대한 책임 원칙

ⓒ **소방비례의 원칙** : 모든 사람에게 균형있게 적용되어야 한다는 원칙

(3) 소방행정관리

① **소방기관과 소방장비**

ⓐ **소방기관**
• 「소방장비관리법」에서 정의하는 소방기관 : 중앙소방학교 · 중앙119구조본부 · 소방본부 · 소방서 · 지방소방학교 · 119안전센터 · 119구조대 · 119구급대 · 119구조구급센터 · 항공구조구급대 · 소방정대 · 119지역대 및 소방체험관 등 소방업무를 수행하는 기관을 말한다.
• 「소방공무원임용령」에서 정의하는 소방기관 : 소방청 · 특별시 · 광역시 · 특별자치시 · 도 · 특별자치도와 중앙소방학교 · 중앙119구조본부 · 국립소방연구원 · 지방소방학교 · 서울종합방재센터 및 소방서를 말한다.

소방의 3요소
소방인력, 소방장비, 소방수리

「소방장비관리법」과 「소방공무원임용령」에서 정의하고 있는 소방기관을 구분해서 기억!

ⓛ 주요 소방기관의 설치기준 〈「지방소방기관 설치에 관한 규정」[별표 2] 소방서·119 안전센터 등의 설치기준〉

• 소방서의 설치기준

설치기준	시·군·구(지방자치단체인 구) 단위로 설치하되, 소방업무의 효율적인 수행을 위하여 특히 필요한 경우에는 인근 시·군·구를 포함한 지역을 단위로 설치할 수 있다.
증설기준	소방서의 관할구역에 설치된 119안전센터의 수가 5개를 초과하는 경우에는 소방서를 추가로 설치할 수 있다.
예외기준	석유화학단지·공업단지·주택단지 또는 문화관광단지의 개발 등으로 대형 화재의 위험이 있거나 소방 수요가 급증하여 특별한 소방대책이 필요한 경우에는 해당 지역마다 소방서를 설치할 수 있다.

• 119안전센터의 설치기준

특별시(대도시)	인구 5만 명 이상 또는 면적 2km² 이상
광역시, 인구 50만 명 이상의 시(대도시)	인구 3만 명 이상 또는 면적 5km² 이상
인구 10만 명 이상 50만 명 미만의 시·군(중도시)	인구 2만 명 이상 또는 면적 10km² 이상
인구 5만 명 이상 10만 명 미만의 시·군(소도시)	인구 1만 5천 명 이상 또는 면적 15km² 이상
인구 5만 명 미만의 지역(소도읍)	인구 1만 명 이상 또는 면적 20km² 이상
예외기준	석유화학단지·공업단지·주택단지 또는 문화관광단지의 개발 등으로 대형 화재의 위험이 있거나 소방 수요가 급증하여 특별한 소방대책이 필요한 경우에는 해당 지역마다 119안전센터를 설치할 수 있다.

• 소방정대의 설치기준

설치기준	「항만법」에 따른 항만을 관할하는 소방서에 소방정대를 설치할 수 있다.
예외기준	항만의 이동 인구 및 물류가 급격히 증가하여 대형 화재의 위험이 있거나 특별한 소방대책이 필요한 경우에는 해당 지역에 소방정대를 설치할 수 있다.

• 119지역대의 설치기준
- 119안전센터가 설치되지 아니한 읍·면 지역으로 관할면적이 30km² 이상이거나 인구 3천 명 이상 되는 지역에 설치할 수 있다.
- 농공단지·주택단지·문화관광단지 등 개발 지역으로써 인접 소방서 또는 119안전센터와 10km 이상 떨어진 지역에 설치할 수 있다.
- 도서·산악지역 등 119안전센터에 소속된 소방공무원이 신속하게 출동하기 곤란한 지역에 설치할 수 있다.

TIP

비고 : ⓒ 표에도 불구하고 인구 100만 명 이상의 시(市)에 설치된 소방서의 장의 직급은 소방준감으로 할 수 있다. 다만, 해당 시에 2개 이상의 소방서가 설치된 경우에는 그 중 1개의 소방서에 한정하여 그 장의 직급을 소방준감으로 할 수 있다.

ⓒ 소방학교장·소방서장·119안전센터장 등의 직급

구분		직급
소방학교장	특별시, 경기도	소방준감
	광역시, 그 밖의 도	소방정
소방학교의 부장·과장·팀장·연구실장		소방정 또는 소방령
소방서장		소방정
소방서의 과장·팀장		소방령
119안전센터장·119구조대장·119구급대장 ·119구조구급센터장·소방정대장		소방경 또는 소방위

ⓔ **소방장비** : 소방업무를 효과적으로 수행하기 위하여 필요한 기동장비·화재진압장비·구조장비·구급장비·보호장비·정보통신장비·측정장비 및 보조장비를 말한다. (소방장비관리법에 근거)

• 소장장비의 분류〈소방장비관리법 시행령 별표 1〉

- 기동장비 : 자체에 동력원이 부착되어 자력으로 이동하거나 견인되어 이동할 수 있는 장비

구분	품목
소방자동차	소방펌프차, 소방물탱크차, 소방화학차, 소방고가차, 무인방수차, 구조차 등
행정지원차	행정 및 교육지원차 등
소방선박	소방정, 구조정, 지휘정 등
소방항공기	고정익항공기, 회전익항공기 등

- 화재진압장비 : 화재진압활동에 사용되는 장비

구분	품목
소화용수장비	소방호스류, 결합금속구, 소방관창류 등
간이소화장비	소화기, 휴대용 소화장비 등
소화보조장비	소방용 사다리, 소화 보조기구, 소방용 펌프 등
배연장비	이동식 송·배풍기 등
소화약제	분말 소화약제, 액체형 소화약제, 기체형 소화약제 등
원격장비	소방용 원격장비 등

-구조장비 : 구조활동에 사용되는 장비

구분	품목
일반구조장비	개방장비, 조명기구, 총포류 등
산악구조장비	등하강 및 확보장비, 산악용 안전벨트, 고리 등
수난구조장비	급류 구조장비 세트, 잠수장비 등
화생방 및 대테러 구조장비	경계구역 설정라인, 제독 · 소독장비, 누출물 수거장비 등
절단 구조장비	절단기, 톱, 드릴 등
중량물 작업장비	중량물 유압장비, 휴대용 원치(winch: 밧줄이나 쇠사슬로 무거운 물건을 들어 올리거나 내리는 장비를 말한다), 다목적 구조 삼각대 등
탐색 구조장비	적외선 야간 투시경, 매몰자 탐지기, 영상송수신장비 세트 등
파괴장비	도끼, 방화문 파괴기, 해머 드릴 등

-구급장비 : 구급활동에 사용되는 장비

구분	품목
환자평가장비	신체검진기구 등
응급처치장비	기도확보유지기구, 호흡유지기구, 심장박동회복기구 등
환자이송장비	환자운반기구 등
구급의약품	의약품, 소독제 등
감염방지장비	감염방지기구, 장비소독기구 등
활동보조장비	기록장비, 대원보호장비, 일반보조장비 등
재난대응장비	환자분류표 등
교육실습장비	구급대원 교육실습장비 등

-정보통신장비 : 소방업무 수행을 위한 의사전달 및 정보교환 · 분석에 필요한 장비

구분	품목
기반보호장비	항온항습장비, 전원공급장비 등
정보처리장비	네트워크장비, 전산장비, 주변 입출력장치 등
위성통신장비	위성장비류 등
무선통신장비	무선국, 이동 통신단말기 등
유선통신장비	통신제어장비, 전화장비, 영상음향장비, 주변장치 등

-측정장비 : 소방업무 수행에 수반되는 각종 조사 및 측정에 사용되는 장비

구분	품목
소방시설 점검장비	공통시설 점검장비, 소화기구 점검장비, 소화설비 점검장비 등
화재조사 및 감식장비	발굴용 장비, 기록용 장비, 감식감정장비 등
공통측정장비	전기측정장비, 화학물질 탐지 · 측정장비, 공기성분 분석기 등
화생방 등 측정장비	방사능 측정장비, 화학생물학 측정장비 등

–보호장비 : 소방현장에서 소방대원의 신체를 보호하는 장비

구분	품목
호흡장비	공기호흡기, 공기공급기, 마스크류 등
보호장구	방화복, 안전모, 보호장갑, 안전화, 방화두건 등
안전장구	인명구조 경보기, 대원 위치추적장치, 대원 탈출장비 등

–보조장비 : 소방업무 수행을 위하여 간접 또는 부수적으로 필요한 장비

구분	품목
기록보존장비	촬영 및 녹음장비, 운행기록장비, 디지털이미지 프린터 등
영상장비	영상장비 등
정비기구	일반정비기구, 세탁건조장비 등
현장지휘소 운영장비	지휘 텐트, 발전기, 출입통제선 등
그 밖의 보조장비	차량이동기, 안전매트 등

※ 비고 : 위 표에서 분류된 소방장비의 분류 기준·절차 및 소방장비의 세부적인 품목 등에 관한 사항은 소방청장이 정한다.

• 소방장비의 보유기준〈소방장비관리법 시행규칙 별표 2〉

–기동장비

가. 기동장비는 「소방력 기준에 관한 규칙」의 배치기준에 따라 보유한다.

나. 소방자동차에 적재하는 소방장비는 소방자동차별 최대적재량(「자동차 및 자동차 부품의 성능과 기준에 관한 규칙」에 따른 최대적재량을 말한다)을 초과하지 않는 범위에서 지역별 상황에 적합하게 적재해야 한다.

–화재진압장비 : 화재진압장비는 소방서·119안전센터 및 119지역대 등에 배치하는 소방자동차의 수, 지역별 화재, 재난·재해 등 발생 상황 및 화재진압장비의 특성 등을 고려하여 소방청장이 정하는 기준에 따라 보유한다.

–측정장비 : 측정장비 중 화재조사 및 감식장비는 「소방기본법 시행규칙」 별표 6에 따른 장비 및 시설 기준에 따라 보유한다.

–보호장비 : 보호장비는 소방대원 개인을 기준으로 소방청장이 정하는 기준에 따라 보유한다. 다만, 보호장비의 특성에 따라 소방관서 또는 출동대 기준으로 보유기준을 정할 수 있다.

–그 밖의 소방장비 : 그 밖에 구조장비, 구급장비, 정보통신장비, 측정장비 및 보조장비 등의 보유기준은 각 소방장비의 특성을 고려하여 소방청장이 정한다.

• 소방기관에 두는 소방자동차 등의 배기기준〈소방력 기준에 관한 규칙 별표 1〉

TIP

화학차 대수

= (제조소등의 수 − 1,000) ÷ 1,000

－소방서에 두는 소방자동차 배치기준

종류	배치기준
소방 사다리차	• 관할구역에 층수가 11층 이상인 아파트가 20동 이상 있거나 11층 이상 건축물이 20개소 이상 있는 경우에는 고가사다리차를 1대 이상 배치한다. • 관할구역에 층수가 5층 이상인 아파트가 50동 이상 있거나 백화점, 복합영상관 등 대형 화재의 우려가 있는 5층 이상 건물이 있는 경우에는 굴절사다리차를 1대 이상 배치한다. • 고가사다리차 또는 굴절사다리차가 배치되어 있는 119안전센터와의 거리가 20km 이내인 경우에는 배치하지 않을 수 있다.
화학차 (내폭화학차 또는 고성능 화학차)	• 「위험물 안전관리법 시행령」 별표 1에 따른 제4류 위험물 지정수량의 40배 이상을 저장·취급하는 제조소·옥내저장소·옥외탱크저장소·옥외저장소·암반탱크저장소 및 일반취급소의 수 및 규모에 따라 아래에서 정한 화학차 대수의 합계에 해당하는 대수를 설치한다. －제조소등이 50개소 이상 500개소 미만인 경우는 1대를 배치하고, 500개소 이상 1천 개소 미만인 경우는 2대를 배치하며, 1천 개소 이상인 경우는 다음 계산식에 따라 산출(소수점 이하 첫째자리에서 올림)된 수만큼 추가 배치할 수 있다. 화학차 대수 = (제조소등의 수−1,000)÷1,000 －제조소등에서 저장·취급하는 위험물의 규모가 위험물 지정수량의 6만 배 이상 240만 배 미만인 경우는 1대를 배치하고, 240만 배 이상 480만 배 미만인 경우는 2대를 배치하며, 480만 배 이상인 경우에는 1대를 추가 배치할 수 있다. • 화학구조대가 별도로 설치되어 있는 경우에는 119안전센터에 배치되는 차량을 화학구조대에 배치할 수 있다.
지휘차 및 순찰차	각각 1대 이상 배치한다.
그 밖의 차량	소방활동을 원활하게 추진하기 위하여 소방서장이 필요하다고 판단하는 경우 배연차, 조명차, 화재조사차, 중장비, 견인차, 진단차, 행정업무용 차량, 오토바이 등을 추가로 배치할 수 있다.

－119안전센터에 두는 소방자동차 배치기준

종류	배치기준
펌프차	• 2대를 기본으로 배치하고, 관할 인구 10만 명과 소방대상물 1천개소를 기준으로 하여 관할 인구 5만 명 또는 소방대상물 500개소 증가 시 마다 1대를 추가로 배치할 수 있다. • 인접한 119안전센터와의 거리가 10km 이내인 경우에는 1대를 적게 배치할 수 있다. • 119안전센터에 화학차가 배치되어 있는 경우, 화학차를 펌프차로 간주하여 화학차가 배치된 수만큼 줄여서 배치할 수 있다. • 지역별 소방 수요 및 소방도로 등의 환경을 고려하여 중·대형을 소형으로, 소형을 중·대형으로 대체하여 배치 운영할 수 있다.
물탱크차	• 119안전센터마다 1대를 배치한다. 다만, 관할 지역별로 공설 소화전이 충분히 설치된 경우에는 소화전의 설치상황을 고려하여 특별시, 광역시 및 인구 50만 이상의 시(대도시)는 2~5개의 119안전센터, 인구 10만 이상 50만 미만의 시·군 지역(중도시)은 2~3개의 119안전센터마다 공동으로 1대를 배치할 수 있다. • 인구 5만 이상 10만 미만의 시·군·읍 지역(소도시) 및 5만 미만의 읍·면 지역 및 농공단지·문화관광단지의 개발 등으로 특별한 소방대책이 필요하다고 인정되는 지역(소도읍)에 설치된 119안전센터에는 각각 1대를 기본으로 배치하되, 관할구역에 공설 소화전 30개 이상 있는 경우 2개의 119안전센터를 공동으로 하여 1대를 배치할 수 있다.

-119구조대에 두는 소방자동차 등의 배치기준

구분		배치기준
일반 구조대	구조차 및 장비운반차	구조차 1대를 기본으로 배치하고, 구조활동을 원활하게 추진하기 위하여 필요한 경우 지역 실정에 맞게 장비운반차 1대를 배치할 수 있다.
	소방사다리차	1대를 배치하되, 구조대와의 거리가 20km 이내에 있는 119안전센터에 배치되어 있는 경우에는 배치하지 않을 수 있다.
	구조정 및 수상오토바이	수상구조대가 일시 운영되거나 별도의 수난구조대를 운영하는 경우에 1대씩 배치한다.
특별시·광역시·도 및 특별자치도 소방본부 직할구조대		구조차 1대, 구급차 1대, 장비운반차 1대, 지휘차 1대를 기본으로 배치하고, 지역 실정 및 소방 수요 특성에 따라 화학분석제독차 등 그 밖의 장비를 추가 배치할 수 있다.
소방서에 두는 특수구조대		구조대별로 다음에 따른 기본 장비를 우선 배치하고, 구조활동을 원활하게 추진하기 위하여 필요한 경우 지역 실정에 맞게 장비를 추가로 배치할 수 있다.

구분	기본 장비 및 추가 장비
화학 구조대	-기본 : 화학분석제독차 1대 이상 -추가 : 장비운반차, 화학차, 구급차 등 그 밖의 소방차량
수난 구조대	-기본 : 구조정 1대 및 수상오토바이 1대 이상 -추가 : 구급차 등 그 밖의 소방차량
고속국도 구조대	-기본 : 구조차 1대 이상 -추가 : 구급차, 펌프차 등 소방차량
산악 구조대	-기본 : 산악구조장비운반차 1대 이상 -추가 : 구급차 및 구조버스 등 그 밖의 소방차량
지하철 구조대	-기본 : 개인당 공기호흡기, 화학보호복 -추가 : 특수 소방장비

-119구급대에 두는 소방자동차 등의 배치기준

종류	배치기준
「응급의료에 관한 법률 시행규칙」에 따른 구급차	• 소방서에 소속된 119안전센터의 수(數)에 1대를 추가한 수의 구급차를 기본으로 배치한다. • 119안전센터 관할에서 관할 인구 3만 명을 기준으로 하여 관할 인구 5만 명 또는 구급활동 건수가 연간 500건 이상 증가할 때마다 구급차 1대를 추가로 배치할 수 있다.
구급오토바이	구급활동을 원활하게 추진하기 위하여 필요한 경우 구급대별로 1대 이상의 구급오토바이를 배치할 수 있다.

-119항공대에 두는 항공기 및 소방자동차의 배치기준

종류	배치기준
119항공대 항공기	시·도에 119항공대를 설치하는 경우, 항공기 1대를 기본으로 배치하고, 고층건물의 수나 산림면적 등에 따른 소방 수요 및 지역 특성을 고려하여 소방활동에 특히 필요하다고 인정하는 경우에는 1대 이상을 추가 배치할 수 있다.
유조차	1대를 배치하되, 군부대 등에서 상시 주유를 할 수 있는 경우에는 배치하지 않을 수 있다.

－소방정대에 두는 소방정 등의 배치기준

종류	배치기준
소방정 및 소형 보트	소방정 및 소형 보트는 1대를 기본으로 배치한다.
수상오토바이	소방활동 및 소방 수요를 고려하여 수상오토바이를 배치할 수 있다.

－119지역대에 두는 소방자동차 배치기준

종류	배치기준
펌프차	• 1대를 기본으로 배치하고, 관할 면적이 50㎢ 이상이고 관할 인구가 5천 명 이상일 경우에는 펌프차 1대를 추가 배치할 수 있다. • 지역별 소방 수요 및 소방도로 등의 환경을 고려하여 중·대형을 소형으로, 소형을 중·대형으로 대체하여 배치 운영할 수 있다.
물탱크차	공설 소화전이 부족하여 소방용수를 원활히 공급할 수 없거나 소방활동을 위하여 특히 필요한 경우 물탱크차 1대를 배치할 수 있다.
「응급의료에 관한 법률 시행규칙」에 따른 구급차	구급활동 건수가 연간 200건 이상이거나 관할 면적이 50제곱킬로미터 이상이고 관할 인구가 5천명 이상일 경우 구급차 1대를 배치한다. 다만, 섬·산악지역 등 소방 수요 및 지역 특성 등을 고려하여 특히 필요하다고 인정하는 경우 1대를 추가로 배치할 수 있다.

• 보조장비의 배치 : 소방본부 또는 소방기관에는 소방업무를 보다 효율적으로 수행하기 위하여 필요한 경우 배연차, 조명차, 화재조사차, 중장비, 견인차, 진단차, 행정업무용 차량 등 보조장비를 배치할 수 있다.
• 통신시설 등 : 소방기관에는 화재, 재난·재해, 그 밖에 구조·구급 등에 필요한 상황의 신고접수와 소방업무 수행에 필요한 전산시설 및 통신시설을 설치하여야 한다.

ⓜ 소방서 근무요원의 배치기준 〈「소방력 기준에 관한 규칙」[별표 2]〉
• 소방서 등급 산정 기준

구분	등급 산정 기준
1급서	• 특별시·광역시·도청 소재지를 관할하는 소방서 • 관할인구가 50만 명 이상인 소방서 • 관할구역의 특정소방대상물이 2만 개소 이상인 소방서 • 관할구역의 건물위험지수가 300 이상인 소방서 • 소방청장이 정하는 국제공항 및 국제항만을 관할하는 소방서
2급서	• 2 이상의 시·군·구를 관할하고 인구가 25만 명 이상 50만 명 미만인 소방서 • 1급서에 해당하지 않는 관할인구가 50만 명 미만인 시의 소방서 • 관할구역의 특정소방대상물이 1만 개소 이상 2만 개소 미만인 소방서 • 관할구역의 건물위험지수가 200 이상 300 미만인 소방서
3급서	• 관할인구가 25만 명 미만인 소방서 • 관할구역의 특정소방대상물이 1만 개소 미만인 소방서 • 관할구역의 건물위험지수가 200 미만인 소방서

• 소방서 등급별 근무요원의 배치기준

구분		1급서	2급서	3급서
총계		81	69	52
지휘감독요원	서장	1	1	1
	과장(단장), 담당관	5	5	3
	팀장(담당)	17	17	14
행정요원	행정지원요원	11	10	8
	대응요원	8	8	5
	예방요원	9	7	5
현장활동요원	현장예방요원	12	9	7
	현장대응요원	15	9	6
	상황요원	3	3	3

ⓗ 소방기관별 근무요원의 배치기준 〈「소방력 기준에 관한 규칙」 [별표 3]〉

• 소방서 소속 특수차량 인력 배치기준

구분	1급서	2급서	3급서
배치인력	30명 또는 24명	24명 또는 21명	15명
비고	국가산업단지 30명 일반지역 24명	국가산업단지 24명 일반지역 21명	

• 119안전센터의 인력 배치기준

구분	1급 센터	2급 센터	3급 센터
배치인력	24명	21명	18명

• 119구조대(일반구조대)의 인력 배치기준

구분	1급 구조	2급 구조	3급 구조
배치인력	27명	24명	21명

• 119구조대(특수구조대)의 인력 배치기준

구분	1그룹 (서울, 경기)	2그룹 (부산, 대구, 인천, 강원, 충남, 전남, 경북, 경남)	3그룹 (광주, 대전, 울산, 충북, 전북)	4그룹 (세종, 제주, 창원)
산악구조대	18	15	12	9
수난구조대	18	15	12	9
화학구조대	18	15	12	9

• 119구조대(직할구조대)의 인력 배치기준

구분	1그룹 (서울, 경기)	2그룹 (부산, 대구, 인천, 강원, 충남, 전남, 경북, 경남)	3그룹 (광주, 대전, 울산, 충북, 전북)	4그룹 (세종, 제주, 창원)
운영지원팀(일근)	6		5	
직할구조대(교대)	39	33	27	21

• 119구급대의 인력 배치기준

구분	1급 구급	2급 구급	3급 구급
배치인력	18명	15명 또는 9명	9명

• 119항공대의 인력 배치기준

구분(분야별)	조종사		정비사	구조구급
	기장	부기장		
인력현황(교대근무)	3	3	4	7

• 소방정대의 인력 배치기준

계	소방정			소형 보트		수상오토바이	
	항해사	기관사	진압·구조·구급대원 [선수(船首)와 선미(船尾)에 배치]	운전	구조	운전	구조
30	6	6	12	3		3	

• 119지역대의 인력 배치기준

구분	1급 지역	2급 지역	3급 지역
배치인력	15명	12명	9명

• 119종합상황실의 인력 배치기준

구분		교대근무(1팀 기준)				일근근무		
		상황접수	상황관제	상황보고	구급상담	상황분석	정보통신	구급상황
1그룹	서울	40	6	4	7	10	8	5
	경기	40				10	8	5
2그룹	부산	17	5	3	5	5	7	2
	대구	11				5	7	2
	인천	12				5	7	2
3그룹	강원	9	4	2	4	4	6	2
	경기북부	9				4	6	2
	충북	10				4	6	2
	충남	13				4	6	2
	전북	11				4	6	2
	전남	10				4	6	2
	경북	14				4	6	2
	경남	13				4	6	2
4그룹	광주	7	3	1	3	3	5	2
	대전	9				3	5	2
	울산	5				3	5	2
5그룹	세종	2	2	1	2	2	4	2
	제주	4				2	4	2
	창원	5				2	4	2

• 소방체험관의 인력 배치기준

구분	대형	중형	소형
체험관 연면적	5천㎡ 이상	1천㎡ 이상 5천㎡ 미만	1천㎡ 미만
인력(명)	35	20	12

② 소방공무원법

㉠ 용어정의

• 임용 : 신규채용·승진·전보·파견·강임·휴직·직위해제·정직·복직·면직·해임 및 파면을 말한다.

• 소방공무원임용령 제2조 : 소방기관이라 함은 소방청, 특별시·광역시·특별자치시·도·특별자치도(시·도)와 중앙소방학교·국립소방연구원·중앙119구조본부·지방소방학교·서울종합방재센터 및 소방서를 말한다.

TIP

전보 · 강임 · 복직의 차이

㉠ 전보 : 소방공무원의 같은 계급 및 자격 내에서의 근무기관이나 부서를 달리하는 임용

㉡ 강임 : 동종의 직무 내에서 하위의 직위에 임명

㉢ 복직 : 휴직·직위해제 또는 정직 중에 있는 소방공무원을 직위에 복귀

ⓛ 공무원의 구분

• 경력직 공무원

일반직 공무원	기술 · 연구 또는 행정 일반에 대한 업무를 담당하는 공무원
특정직 공무원	법관 · 검사 · 외무공무원 · 경찰공무원 · 소방공무원 · 교육공무원, 군인, 군무원, 헌법재판소 헌법연구관, 국가정보원의 직원, 경호공무원과 특수 분야의 업무를 담당하는 공무원

• 특수경력직 공무원(경력직 외의 공무원)

ⓒ 소방공무원 계급 구분 : 소방총감, 소방정감, 소방감, 소방준감, 소방정, 소방령, 소방경, 소방위, 소방장, 소방교, 소방사 (11계급)

ⓡ 임용

• 임용권자 [소방공무원법 제6조(임용권자)]

– 소방령 이상의 소방공무원은 소방청장의 제청으로 국무총리를 거쳐 대통령이 임용한다. 다만, 소방총감은 대통령이 임명하고, 소방령 이상 소방준감 이하의 소방공무원에 대한 전보, 휴직, 직위해제, 강등, 정직 및 복직은 소방청장이 한다.

– 소방경 이하의 소방공무원은 소방청장이 임용한다.

– 대통령은 임용권의 일부를 대통령령으로 정하는 바에 따라 소방청장 또는 시 · 도지사에게 위임할 수 있다.

• 임용권의 위임 [소방공무원임용령 제3조(임용권의 위임)]

– 대통령은 「소방공무원법」에 따라 소방청과 그 소속기관의 소방정 및 소방령에 대한 임용권과 소방정인 지방소방학교장에 대한 임용권을 소방청장에게 위임하고, 시 · 도 소속 소방령 이상의 소방공무원(소방본부장 및 지방소방학교장은 제외한다)에 대한 임용권을 특별시장 · 광역시장 · 특별자치시장 · 도지사 · 특별자치도지사(이하 "시 · 도지사"라 한다)에게 위임한다.

– 소방청장은 중앙소방학교 소속 소방공무원 중 소방령에 대한 전보 · 휴직 · 직위해제 · 정직 및 복직에 관한 권한과 소방경 이하의 소방공무원에 대한 임용권을 중앙소방학교장에게 위임한다.

– 소방청장은 중앙119구조본부 소속 소방공무원 중 소방령에 대한 전보 · 휴직 · 직위해제 · 정직 및 복직에 관한 권한과 소방경 이하의 소방공무원에 대한 임용권을 중앙119구조본부장에게 위임한다.

– 중앙119구조본부장은 119특수구조대 소속 소방경 이하의 소방공무원에 대한 해당 119특수구조대 안에서의 전보권을 해당 119특수구조대장에게 다시 위임한다.

– 소방청장은 다음의 권한을 시 · 도지사에게 위임한다.

• 시 · 도 소속 소방령 이상 소방준감 이하의 소방공무원(소방본부장 및 지방소방학교장은 제외)에 대한 전보, 휴직, 직위해제, 강등, 정직 및 복직에 관한 권한

• 소방정인 지방소방학교장에 대한 휴직, 직위해제, 정직 및 복직에 관한 권한

• 시 · 도 소속 소방경 이하의 소방공무원에 대한 임용권

– 시 · 도지사는 그 관할구역안의 지방소방학교 · 서울종합방재센터 · 소방서 소속 소방경 이하(서울소방학교 · 경기소방학교 및 서울종합방재센터의 경우에는 소방령 이하)의 소방공무원에 대한 해당 기관 안에서의 전보권과 소방위 이하의 소방공무원에 대한 휴직 · 직위해제 · 정직 및 복직에 관한 권한을 지방소방학교장 · 서울종합방재센터장 또는 소방서장에게 위임한다.

－임용권을 위임받은 중앙소방학교장 및 중앙119구조본부장은 소속 소방공무원을 승진시키려면 미리 소방청장에게 보고하여야 한다.

－소방청장은 소방공무원의 정원의 조정 또는 소방기관 상호간의 인사교류 등 인사행정 운영상 필요한 때에는 임용권의 위임 규정에도 불구하고 그 임용권을 직접 행사할 수 있다.

POINT 임용권의 위임

ⓐ **대통령 → 소방청장에게 위임**
  • 소방령 이상 소방준감 이하의 전보·휴직·직위해제·강등·정직·복직에 대한 권한
  • 소방경 이하의 임용

ⓑ **소방청장 → 시·도지사에게 위임**
  • 시·도 소속 소방령 이상 소방준감 이하의 소방공무원(소방본부장 및 지방소방학교장 제외)에 대한 전보, 휴직, 직위해제, 강등, 정직 및 복직에 관한 권한
  • 소방정인 지방소방학교장에 대한 휴직, 직위해제, 정직 및 복직에 관한 권한
  • 시·도 소속 소방경 이하의 소방공무원에 대한 임용권

ⓒ **소방청장 → 중앙소방학교장·중앙119구조본부장에게 위임**
  • 소속 소방령의 전보·휴직·직위해제·정직·복직에 대한 권한
  • 소속 소방경 이하의 임용권(소방위에서 소방경으로의 승진 제외)

• 소방청장은 임용권의 일부를 대통령령으로 정하는 바에 따라 시·도지사 및 소방청 소속기관의 장에게 위임할 수 있다.

• 시·도지사는 위임받은 임용권의 일부를 대통령령으로 정하는 바에 따라 그 소속기관의 장에게 다시 위임할 수 있다.

• 임용권자(임용권을 위임받은 사람을 포함)는 대통령령으로 정하는 바에 따라 소속 소방공무원의 인사기록을 작성·보관하여야 한다.

• 소방공무원의 채용시험에 응시할 수 있는 자의 연령 [소방공무원임용령 별표 2]

계급별	공개경쟁채용시험	경력경쟁채용시험 등
소방령 이상	25세 이상 40세 이하	20세 이상 45세 이하
소방경, 소방위		23세 이상 40세 이하 (사업·운송용조종사 또는 항공·항공공장정비사는 23세 이상 45세 이하)
소방장, 소방교		20세 이상 40세 이하 (사업·운송용조종사 또는 항공·항공공장정비사는 23세 이상 40세 이하)
소방사	18세 이상 40세 이하	20세 이상 40세 이하

• 임용결격사유

일반적 결격사유	• 금고 이상의 형을 받고 그 집행이 종료되거나 집행을 받지 아니하기로 확정된 후 5년을 경과하지 아니한 자 • 금고 이상의 형을 받고 그 집행유예의 기간이 완료된 날로 부터 2년을 경과하지 아니한 자 • 징계에 의하여 파면의 처분을 받은 때로부터 5년을 경과하지 아니한 자 • 징계에 의하여 해임의 처분을 받은 때로부터 3년을 경과하지 아니한 자 • 특별채용 요건 상 결격사유 : 종전의 재직기관에서 감봉 이상의 징계처분을 받은 자

• 임용순위 : 채용후보자명부의 등재순위에 의하여 임용

• 임용의 유예 대상

−학업의 계속

−6월 이상의 장기요양을 요하는 질병이 있는 경우

−「병역법」에 따른 병역의무복무를 위하여 징집 도는 소집되는 경우

−임신하거나 출산한 경우

−그 밖에 임용 또는 임용제청의 유예가 부득이하다고 인정되는 경우

㉤ 근속승진 : 해당 계급에서 다음의 기간 동안 재직한 사람은 소방교, 소방장, 소방위, 소방경으로 근속승진임용을 할 수 있다.

• 소방사를 소방교로 근속승진임용하려는 경우: 해당 계급에서 4년 이상 근속자

• 소방교를 소방장으로 근속승진임용하려는 경우: 해당 계급에서 5년 이상 근속자

• 소방장을 소방위로 근속승진임용하려는 경우: 해당 계급에서 6년 6개월 이상 근속자

• 소방위를 소방경으로 근속승진임용하려는 경우: 해당 계급에서 8년 이상 근속자

㉥ 승진소요 최저근무연수 : 소방공무원이 승진하려면 일정 기간 이상 해당 계급에 재직하여야 한다.

POINT 임용 및 징계의 종류

㉠ **임용의 종류** : 신규채용, 승진, 전보, 파견, 강임, 휴직, 직위해제, 정직, 강등, 복직, 면직, 해임 및 파면

㉡ **징계의 종류**(국가공무원법 제79조, 지방공무원법 제70조) : 징계의 종류에는 파면, 해임, 강등, 정직, 감봉, 견책의 6종이 있다. 공무원신분의 배제 여부에 따라 배제징계(파면, 해임)와 교정징계(강등, 정직, 감봉, 견책)로 구분하고, 징계양정의 경중에 따라 중징계(파면, 해임, 강등, 정직)와 경징계(감봉, 견책)로 구분한다.

㉢ **소방공무원의 징계사유**

• 소방공무원법 및 국가, 지방공무원법에 의한 명령에 위반한 때

• 직무상의 의무(다른 법령에서 공무원의 신분으로 인하여 부과된 의무를 포함)에 위반하거나 직무를 태만히 한 때

• 직무 내외를 불문하고 그 체면 또는 위신을 손상하는 행위를 한 때

최저근무연수
• 소방정 : 4년
• 소방령 : 3년
• 소방경 : 3년
• 소방위 : 2년
• 소방장 : 2년
• 소방교 : 1년
• 소방사 : 1년

기출**PLUS**

Ⓐ 시보임용

- 소방장 이하(비간부) : 6월
- 소방위 이상(간부) : 1년

시보임용 [소방공무원법 제10조]

㉠ 소방공무원을 신규채용할 때에는 소방장 이하는 6개월간 시보로 임용하고, 소방위 이상은 1년간 시보로 임용하며, 그 기간이 만료된 다음 날에 정규 소방공무원으로 임용한다.
㉡ 휴직기간, 직위해제기간 및 징계에 의한 정직처분 또는 감봉처분을 받은 기간은 시보임용 기간에 포함하지 아니한다.
㉢ 소방공무원으로 임용되기 전에 그 임용과 관련하여 소방공무원 교육훈련기관에서 교육훈련을 받은 기간은 시보임용 기간에 포함한다.
㉣ 시보임용 기간 중에 있는 소방공무원이 근무성적 또는 교육훈련성적이 불량할 때에는 「국가공무원법」에 따른 의사에 반하는 신분 조치 또는 직권 면직 규정에도 불구하고 면직시키거나 면직을 제청할 수 있다.

시보임용의 면제 및 기간단축 [소방공무원임용령 제23조]

㉠ 시보임용예정자가 받은 교육훈련기간은 이를 시보로 임용되어 근무한 것으로 보아 시보임용 기간을 단축할 수 있다.
㉡ 다음에 해당하는 경우에는 시보임용을 면제한다.
  - 소방공무원으로서 소방공무원승진임용규정에서 정하는 상위계급에의 승진에 필요한 자격요건을 갖춘 자가 승진예정계급에 해당하는 계급의 공개경쟁채용시험에 합격하여 임용되는 경우
  - 정규의 소방공무원이었던 자가 퇴직당시의 계급 또는 그 하위의 계급으로 임용되는 경우

③ 보직관리 일반원칙

㉠ 초임소방공무원의 보직제한

- 소방간부후보생을 소방위로 임용할 때에는 최하급 소방기관에 보직하여야 한다.
- 신규채용에 의하여 소방사로 임용된 자는 최하급 소방기관에 보직하여야 한다.

POINT 최하급 소방기관

소방청, 중앙소방학교, 중앙119구조대, 특별시 · 광역시 · 도의 소방본부 · 지방소방학교 및 서울종합방재센터를 제외한 소방기관

㉡ 신분보장

- 직권면직 사유 [국가공무원법 제70조 제1항]
  - 직제와 정원의 개폐 또는 예산의 감소 등에 따라 폐직(廢職) 또는 과원(過員)이 되었을 때

-휴직 기간이 끝나거나 휴직 사유가 소멸된 후에도 직무에 복귀하지 아니하거나 직무를 감당할 수 없을 때

-직위해제 후 대기 명령을 받은 자가 그 기간에 능력 또는 근무성적의 향상을 기대하기 어렵다고 인정된 때

-전직시험에서 세 번 이상 불합격한 자로서 직무수행 능력이 부족하다고 인정된 때

-병역판정검사·입영 또는 소집의 명령을 받고 정당한 사유 없이 이를 기피하거나 군복무를 위하여 휴직 중에 있는 자가 군복무 중 군무(軍務)를 이탈하였을 때

-해당 직급·직위에서 직무를 수행하는데 필요한 자격증의 효력이 없어지거나 면허가 취소되어 담당 직무를 수행할 수 없게 된 때

-고위공무원단에 속하는 공무원이 적격심사 결과 부적격 결정을 받은 때

• 휴직

-휴직의 사유 및 기간 [국가공무원법 제71조, 제72조]

구분	사유 및 기간
직권휴직	• 신체·정신상의 장애로 장기 요양이 필요할 때 : 1년 이내로 하되, 부득이한 경우 1년의 범위에서 연장. 다만, 공무상 질병 또는 부상의 경우 3년 이내 • 「병역법」에 따른 병역 복무를 마치기 위하여 징집 또는 소집된 때 : 복무 기간이 끝날 때 • 천재지변이나 전시·사변, 그 밖의 사유로 생사 또는 소재가 불명확하게 된 때 : 3개월 이내 • 그 밖에 법률의 규정에 따른 의무를 수행하기 위하여 직무를 이탈하게 된 때 : 복무 기간이 끝날 때 • 「공무원의 노동조합 설립 및 운영 등에 관한 법률」에 따라 노동조합 전임자로 종사하게 된 때 : 전임 기간
청원휴직	• 국제기구, 외국 기관, 국내외의 대학·연구기관, 다른 국가기관 또는 대통령령으로 정하는 민간기업, 그 밖의 기관에 임시로 채용될 때 : 채용 기간 • 국외 유학을 하게 된 때 : 3년 이내로 하되, 부득이한 경우에는 2년의 범위에서 연장 • 중앙인사관장기관의 장이 지정하는 연구기관이나 교육기관 등에서 연수하게 된 때 : 2년 이내 • 만 8세 이하 또는 초등학교 2학년 이하의 자녀를 양육하기 위하여 필요하거나 여성공무원이 임신 또는 출산하게 된 때 : 자녀 1명에 대하여 3년 이내 • 사고나 질병 등으로 장기간 요양이 필요한 조부모, 부모(배우자의 부모를 포함한다), 배우자, 자녀 또는 손자녀를 간호하기 위하여 필요한 때 : 1년 이내로 하되, 재직 기간 중 총 3년을 넘을 수 없다. • 외국에서 근무·유학 또는 연수하게 되는 배우자를 동반하게 된 때 : 3년 이내로 하되, 부득이한 경우에는 2년의 범위에서 연장 • 대통령령 등으로 정하는 기간 동안 재직한 공무원이 직무 관련 연구과제 수행 또는 자기개발을 위하여 학습·연구 등을 하게 된 때 : 1년 이내

POINT 휴직의 효력 [국가공무원법 제73조]

㉠ 휴직 중인 공무원은 신분은 보유하나 직무에 종사하지 못한다.

㉡ 휴직 기간 중 그 사유가 없어지면 30일 이내에 임용권자 또는 임용제청권자에게 신고하여야 하며, 임용권자는 지체 없이 복직을 명하여야 한다.

㉢ 휴직 기간이 끝난 공무원이 30일 이내에 복귀 신고를 하면 당연히 복직된다.

- 직위해제 사유 [국가공무원법 제73조의3]
- −직무수행 능력이 부족하거나 근무성적이 극히 나쁜 자
- −파면·해임·강등 또는 정직에 해당하는 징계 의결이 요구 중인 자
- −형사 사건으로 기소된 자(약식명령이 청구된 자는 제외한다)
- −고위공무원단에 속하는 일반직공무원으로서 적격심사를 요구받은 자
- −금품비위, 성범죄 등 대통령령으로 정하는 비위행위로 인하여 감사원 및 검찰·경찰 등 수사기관에서 조사나 수사 중인 자로서 비위의 정도가 중대하고 이로 인하여 정상적인 업무수행을 기대하기 현저히 어려운 자

ⓒ 당연퇴직 사유 [국가공무원법 제69조]
- 피성년후견인
- 파산선고를 받고 복권되지 아니한 자
- 금고 이상의 실형을 선고받고 그 집행이 종료되거나 집행을 받지 아니하기로 확정된 후 5년이 지나지 아니한 자
- 금고 이상의 형을 선고받고 그 집행유예 기간이 끝난 날부터 2년이 지나지 아니한 자
- 금고 이상의 형의 선고유예를 받은 경우에 그 선고유예 기간 중에 있는 자
- 법원의 판결 또는 다른 법률에 따라 자격이 상실되거나 정지된 자
- 공무원으로 재직기간 중 직무와 관련하여 「형법」제355조 및 제356조에 규정된 죄를 범한 자로서 300만 원 이상의 벌금형을 선고받고 그 형이 확정된 후 2년이 지나지 아니한 자
- 「성폭력범죄의 처벌 등에 관한 특례법」제2조에 규정된 죄를 범한 사람으로서 100만 원 이상의 벌금형을 선고받고 그 형이 확정된 후 3년이 지나지 아니한 사람
- 미성년자에 대한 성폭력범죄 또는 아동·청소년대상 성범죄를 저질러 파면·해임되거나 형 또는 치료감호를 선고받아 그 형 또는 치료감호가 확정된 사람(집행유예를 선고받은 후 그 집행유예기간이 경과한 사람을 포함한다)
- 징계로 파면처분을 받은 때부터 5년이 지나지 아니한 자
- 징계로 해임처분을 받은 때부터 3년이 지나지 아니한 자
- 임기제공무원의 근무기간이 만료된 경우

ⓓ **승진임용의 제한** [소방공무원 승진임용 규정 제6조]
- 징계처분 요구 또는 징계의결 요구, 징계처분, 직위해제, 휴직 또는 시보임용 기간 중에 있는 경우
- 징계처분의 집행이 끝난 날부터 다음의 기간이 지나지 않은 경우. 단 금품 및 향응 수수, 횡령·배임, 음주운전(음주측정에 응하지 않은 경우를 포함), 성폭력, 성희롱 및 성매매에 따른 징계처분의 경우에는 각각 6개월을 더한 기간이 지나지 않은 경우
- −강등·정직 : 18개월
- −감봉 : 12개월
- −견책 : 6개월

ⓜ 소방공무원의 정년 구분

연령정년	60세
계급정년 (당연퇴직까지의 정년)	• 소방감 : 4년 • 소방준감 : 6년 • 소방정 : 11년 • 소방령 : 14년

ⓗ 공무원의 일반적 의무
- 성실 의무
- 복종의 의무 : 위반 시 5년 이하의 징역 또는 금고
- 비밀엄수의 의무
- 청렴의 의무
- 품위 유지의 의무
- 제복착용의 의무
- 친절·공정의 의무

ⓢ 공무원의 금지사항
- 허위보고 등의 금지 : 위반 시 5년 이하의 징역 또는 금고
- 직장이탈 금지 : 소방업무 중 소방공무원이 지휘관 승낙 없이 근무지를 이탈하여 위반 시는 5년 이하의 징역 또는 금고
- 지휘권 남용의 금지 : 위반 시 5년 이하의 징역 또는 금고
- 영리업무의 겸직금지
- 정치운동의 금지 : 3년 이하 징역과 3년 이하의 자격정지

> **POINT** 소방공무원법에서 직접 강제하는 의무 및 금지사항
> ㉠ 거짓 보고 등의 금지
> ㉡ 지휘권 남용 등의 금지
> ㉢ 복제
> ㉣ 복무규정

ⓞ 근무규정
- 외근근무 : 화재, 재난 및 그 밖의 위급한 상황에서 효과적 대응을 위하여 야간, 토요일 및 공휴일에 관계없이 상시근무체제를 유지하는 교대제 근무와 소방업무의 특유한 형태의 근무

현장상황 근무	출동대비, 화재진압, 구급업무, 구조업무 등
일반적 근무	민원행정, 장비관리, 전산통신, 경계근무, 소방교육·훈련, 예방순찰, 소방용수시설 및 지리 조사, 소방활동 자료조사, 소방홍보 및 지도, 소방정보수집 등
특수한 근무	소방검사, 화재조사, 소방사법경찰, 상황관리, 교육지도 등

- 당직근무 : 휴일, 국가공무원 복무규정에서 정하는 근무시간 외의 화재, 도난, 그 밖에 사고의 경계와 문서처리 및 업무연락을 위한 근무

TIP
소방총감(소방청장)과 소방본부장은 계급정년이 없다.

• 비상근무 : 화재, 재난·재해 등이 발생하거나 발생할 우려가 있는 경우 또는 다수의 소방수요가 발생하여 소방력을 동원하여 소방활동을 강화할 필요가 있는 비상상황을 위한 근무

- 발령권자 [소방공무원 당직 및 비상업무규칙 제14조]

소방청장	전국 또는 2개 이상 특별시·광역시·도·특별자치도 관할지역 및 2개 이상 시·도의 소방력이 요구되는 상황
소방본부장	해당 시·도 전역 또는 2개 이상의 소방서 관할지역 및 2개 이상 소방서의 소방력이 요구되는 상황
소방서장	단일 소방서 관할지역
중앙119구조본부장	대규모 재난사고 등으로 중앙119구조본부의 소방력이 요구되는 상황

- 비상근무의 종류별 상황 및 사태 [소방공무원 당직 및 비상업무규칙 별표 1]

구분		상황 및 사태
화재비상	1단계	• 화재로 인한 재산 및 인명피해 확대가 예상되는 경우 • 화재로 소방수요가 증가하여 발령 당시 근무자를 제외한 가용소방력의 30% 이내 또는 필수요원을 동원할 필요가 있는 경우
	2단계	• 화재로 인한 재산 및 인명피해가 급격히 증가되는 경우 • 사회적 이목의 집중이 예상되는 화재로 발령 당시 근무자를 제외한 가용소방력의 50% 이내를 동원할 필요가 있는 경우
	3단계	• 화재로 인한 대규모의 재산 및 인명피해가 발생한 경우 • 사회적 이목이 집중되는 화재로 발령 당시 근무자를 제외한 가용소방력의 100%를 동원할 필요가 있는 경우
구조·구급비상	1단계	• 소요·테러·인적재난 등으로 소방질서의 혼란이 예상되는 경우 • 국제행사·기념일 등을 전후하여 소방수요 증가가 예상되어 발령 당시 근무자를 제외한 가용소방력의 30% 이내 또는 필수요원을 동원할 필요가 있는 경우
	2단계	• 대규모 소요·테러·인적재난 등으로 소방질서가 혼란하게 된 경우 • 국제행사·기념일 등을 전후하여 소방수요가 증가하여 발령 당시 근무자를 제외한 가용소방력의 50% 이내를 동원할 필요가 있는 경우
	3단계	• 대규모 소요·테러·인적재난 등으로 소방질서가 극도로 혼란하게 된 경우 • 국제행사·기념일 등을 전후하여 소방수요의 급증으로 발령 당시 근무자를 제외한 가용소방력의 100%를 동원할 필요가 있는 경우
그 밖의 재난비상	1단계	풍수해 등 주의보 또는 일부지역 경보 발령 및 그 밖의 재난으로 예방·대응 활동이 예상되어 발령 당시 근무자를 제외한 필수요원을 동원할 필요가 있는 경우
	2단계	풍수해 등 경보 발령 및 그 밖의 재난으로 예방·대응 활동의 징후가 현저하여 발령 당시 근무자를 제외한 가용소방력의 30% 이내를 동원할 필요가 있는 경우
	3단계	대규모 풍수해 및 그 밖의 재난 등으로 인한 예방·대응 활동이 급격히 증가하여 발령 당시 근무자를 제외한 가용소방력의 50% 이상을 동원할 필요가 있는 경우

(4) 소방장비 등에 대한 국고보조 [소방기본법 제9조]

① 국가는 소방장비의 구입 등 시 · 도의 소방업무에 필요한 경비의 일부를 보조한다.

② 보조 대상사업의 범위와 기준보조율은 대통령령으로 정한다(소방기본법 시행령 제2조).

　㉠ 국고보조 대상사업의 범위
- 소방활동장비와 설비의 구입 및 설치
  - 소방자동차
  - 소방헬리콥터 및 소방정
  - 소방전용통신설비 및 전산설비
  - 그 밖에 방화복 등 소방활동에 필요한 소방장비
- 소방관서용 청사의 건축(「건축법」 제2조 제1항 제8호) : 건축물을 신축 · 증축 · 개축 · 재축(再築)하거나 건축물을 이전하는 것을 말한다.

　㉡ 소방활동장비 및 설비의 종류와 규격은 행정안전부령으로 정한다.

　㉢ 국고보조 대상사업의 기준보조율은 보조금 관리에 관한 법률 시행령에서 정하는 바에 따른다.

(5) 민간소방조직 ✪ 2018 기출

① 의용소방대 … 소방본부장, 소방서장은 소방업무를 보조하게 하기 위하여 그 지역의 주민 중 희망자를 대상으로 구성하며, 시 · 도나 읍 · 면에 두고 근무는 비상근으로 하는 민간조직이다.

② 자체소방대 … 제4류 위험물(휘발유 등 인화성액체)을 저장 · 취급하는 제조소 등으로서 지정수량의 3,000배 이상의 위험물을 저장 취급하는 제조소 또는 일반 취급소에 화재 시 소방대원이 도착하기 전 화재를 진압하는 민간 소방대를 말한다.

③ 자위소방대 … 자위소방대란 소방대상물에 상시근무 또는 거주하는 자로서 소방대상물의 화재 등을 방어하며 소방대원이 도착하기 전 피난유도, 초기소화 등을 행하는 소방안전관리자, 위험물안전관리자 등을 말한다.

기출 2018. 10. 13. 시행

민간 소방조직의 설치에 관한 설명으로 옳지 않은 것은?

① 주유취급소에는 위험물안전관리자를 선임해야 한다.

② 소방안전관리대상물에는 소방안전관리자를 선임해야 한다.

③ 소방업무를 체계적으로 보조하기 위해 의용소방대를 설치한다.

④ 제4류 위험물을 저장 · 취급하는 제조소에는 반드시 자체소방대를 설치해야 한다.

❮정답 ④

2021년 상반기

01 우리나라 소방 역사에 대한 설명으로 옳은 것만을 모두 고른 것은?

> ㉠ 고려시대에는 소방(消防)을 소재(消災)라 하였으며, 화통도감을 신설하였다.
> ㉡ 조선시대 세종 8년에 금화도감을 설치하였다.
> ㉢ 1915년에 우리나라 최초 소방본부인 경성소방서를 설치하였다.
> ㉣ 1945년에 중앙소방위원회 및 중앙소방청을 설치하였다.

① ㉠㉡
② ㉠㉡㉢
③ ㉡㉢㉣
④ ㉠㉡㉢㉣

> **TIPS!**
> ㉢ 우리나라 최소의 소방서인 경성소방서는 1925년에 설치되었다.
> ㉣ 중앙소방위원회는 1946년, 중앙소방청은 1947년에 설치하였다.

2020년 상반기

02 소방조직의 원리에 해당하지 않는 것은?

① 조정의 원리
② 계층제의 원리
③ 명령 분산의 원리
④ 통솔 범위의 원리

> **TIPS!**
> 소방조직의 기본원리
> ㉠ 분업의 원리 : 한 사람이나 한 부서가 한 가지의 주된 업무를 맞는다는 원리
> ㉡ 명령 통일의 원리 : 한 사람의 상급자에게 명령을 받고, 보고하는 원리
> ㉢ 계층제의 원리 : 상하의 계층제를 형성하는 원리
> ㉣ 계선의 원리 : 개인의 의견이 참여되지만 결정을 내리는 것은 소속기관의 기관장이 하는 원리
> ㉤ 업무조정의 원리 : 조직을 통합하고 행동을 통일시키는 원리

Answer 01.① 02.③

2020년 상반기

03 우리나라 소방 역사에 대한 설명으로 옳지 않은 것은?

① 조선 시대인 1426년(세종 8년) 금화도감이 설치되었다.

② 일제강점기인 1925년 최초의 소방서가 설치되었다.

③ 미군정 시대인 1946년 중앙소방위원회가 설치되었다.

④ 대한민국 정부 수립 이후인 1948년 소방법이 제정·공포되었다.

 TIPS!

소방법은 1958년 제정되었다.

2020년 상반기

04 우리나라 소방행정에 관한 설명으로 옳은 것은?

① 미군정 시대에는 소방행정을 경찰에서 분리하여 자치소방행정체제를 도입하였다.

② 1972년 전국 시·도에 소방본부를 설치·운영하고 광역소방행정체제로 전환하였다.

③ 소방공무원은 공무원 분류상 경력직 공무원 중 특수경력직 공무원에 해당한다.

④ 소방공무원의 징계 중 경징계에는 정직, 감봉, 견책이 있다.

TIPS!

② 1972년 전국 시·도에 소방본부를 설치·운영하였는데 이것은 국가와 지방의 이원적 체제이다.

③ 소방공무원은 공무원 분류상 경력직 공무원 중 특정직 공무원에 해당한다.

④ 소방공무원의 징계 중 경징계에는 감봉, 견책이 있다. 정직은 중징계에 해당한다.

Answer 03.④ 04.①

05 우리나라 소방의 발전과정에 대한 설명 중 옳지 않은 것은?

① 최초의 소방관서는 금화도감이다.
② 일제강점기에 최초의 소방서가 설치되었다.
③ 갑오개혁 이후 '소방'이라는 용어를 처음 사용하였다.
④ 대한민국 정부수립과 동시에 소방본부가 설치되었다.

TIPS!

④ 대한민국 정부수립 이후인 1958년 3월 11일 소방법이 제정·시행되면서 중앙은 내무부 치안국 소방과로, 지방은 경찰국 소방과로 예속되었다. 시·도 소방본부가 설치된 것은 1992년 2월이다.
① 금화도감은 1426년(세종 8)에 한성에서 계속적으로 발생하는 화재를 진압하기 위해 설치한 우리나라 최초의 소방관서이다.
② 일제강점기인 1925년 조선총독부 지방관제를 개정하여 개성과 지방에 소방서를 설치하였다.
③ 갑오개혁 이후인 1895년 경무청 직제를 개정하면서 '소방'이라는 용어를 처음 사용하였다.

06 민간 소방조직의 설치에 관한 설명으로 옳지 않은 것은?

① 주유취급소에는 위험물안전관리자를 선임해야 한다.
② 소방안전관리대상물에는 소방안전관리자를 선임해야 한다.
③ 소방업무를 체계적으로 보조하기 위해 의용소방대를 설치한다.
④ 제4류 위험물을 저장·취급하는 제조소에는 반드시 자체 소방대를 설치해야 한다.

TIPS!

④ 위험물안전관리법 제19조(자체소방대)에 따르면 다량의 위험물을 저장·취급하는 제조소 등으로서 제4류 위험물을 취급하는 제조소 또는 일반취급소가 있는 동일한 사업소에서 지정수량의 3천배 이상의 위험물을 저장 또는 취급하는 경우 당해 사업소의 관계인은 대통령령이 정하는 바에 따라 당해 사업소에 자체소방대를 설치하여야 한다.

Answer 05.④ 06.④

2018년 하반기

07 다음 중 우리나라에서 최초로 소방이란 용어를 사용하기 시작한 때로 바른 것은?

① 조선시대 초기

② 갑오개혁 시대

③ 일제 강점기

④ 미군정 시대

 TIPS!

2016년 지방

08 다음 중 근속승진의 요소로 바르지 않은 것은?

① 소방사로 4년 이상 재직하고 있는 자

② 소방교로 5년 이상 재직하고 있는 자

③ 소방장으로 6년 이상 재직하고 있는 자

④ 소방위로 8년 이상 재직하고 있는 자

TIPS!

소방공무원법 제15조(근속승진) … 해당 계급에서 다음의 기간 동안 재직한 사람은 소방교, 소방장, 소방위, 소방경으로 근속승진임용을 할 수 있다.
㉠ 소방사를 소방교로 근속승진 임용하려는 경우 : 해당 계급에서 4년 이상 근속자
㉡ 소방교를 소방장으로 근속승진 임용하려는 경우 : 해당 계급에서 5년 이상 근속자
㉢ 소방장을 소방위로 근속승진 임용하려는 경우 : 해당 계급에서 6년 6개월 이상 근속자
㉣ 소방위를 소방경으로 근속승진 임용하려는 경우 : 해당 계급에서 8년 이상 근속자

2014년 지방 변형

09 다음 중 소방조직에 관한 설명으로 바르지 않은 것은?

① 소방공무원은 특수경력직 공무원 중 특정직 공무원이다.

② 소방공무원 중 소방령 이상 소방감 이하의 직급은 계급정년과 연령정년이 있다.

③ 소방공무원의 직급은 11단계이다.

④ 소방은 현재 광역자치체계로 운영되고 있다.

TIPS!

① 소방공무원은 경력직 공무원 중 특정직 공무원이다.

Answer 07.② 08.③ 09.①

10 다음 중 시보임용 소방공무원에 대한 설명으로 바르지 않은 것은?

① 시보임용기간 중에는 정규소방공무원으로 신분보장을 받는다.

② 휴직기간, 직위해제기간 및 징계에 의한 정직처분 또는 감봉처분을 받은 기간은 시보임용 기간에 포함하지 아니한다.

③ 소방공무원으로 임용되기 전에 그 임용과 관련하여 소방공무원 교육훈련기관에서 교육훈련을 받은 기간은 시보임용 기간에 포함한다.

④ 시보임용 기간 중에 있는 소방공무원이 근무성적 또는 교육훈련성적이 불량할 때에는 직권면직 규정에도 불구하고 면직시키거나 면직을 제청할 수 있다.

> **TIPS!**
>
> ① 시보기간은 정규 소방공무원이 아니기에 공무원의 신분보장이 되지 않아 근무성적 또는 교육훈련성적이 불량할 때는 면직될 수 있다.
>
> ※ 소방공무원법 제10조(시보임용)
>
> ㉠ 소방공무원을 신규채용 할 때에는 소방장 이하는 6개월간 시보로 임용하고, 소방위 이상은 1년간 시보로 임용하며, 그 기간이 만료된 다음 날에 정규 소방공무원으로 임용한다. 다만, 대통령령으로 정하는 경우에는 시보임용을 면제하거나 그 기간을 단축할 수 있다.
>
> ㉡ 휴직기간, 직위해제기간 및 징계에 의한 정직처분 또는 감봉처분을 받은 기간은 시보임용 기간에 포함하지 아니한다.
>
> ㉢ 소방공무원으로 임용되기 전에 그 임용과 관련하여 소방공무원 교육훈련기관에서 교육훈련을 받은 기간은 시보임용 기간에 포함한다.
>
> ㉣ 시보임용 기간 중에 있는 소방공무원이 근무성적 또는 교육훈련성적이 불량할 때에는 「국가공무원법」에 따른 의사에 반하는 신분조치 또는 직권면직 규정 및 「지방공무원법」에 따른 의사에 반하는 신분조치 또는 직권면직 규정 에도 불구하고 면직시키거나 면직을 제청할 수 있다.

11 소방역사 중 소방에 관하여 바른 것을 모두 고른 것은?

> ㉠ 1426년 조선시대 병조에 금화도감이 설치되었다.
>
> ㉡ 1948년 소방업무는 경찰조직의 내무부 치안국 소방과로 예속되었다.
>
> ㉢ 1894년 소방업무는 내무부 지방국이 아닌 한성 5부에서 관장토록 하였다.
>
> ㉣ 1975년 민방위본부가 창설된 후 민방위본부 소방국에서 소방을 관장했다.
>
> ㉤ 2004년 정부조직법 개편으로 국가중앙조직으로 소방방재청이 설립되었다.

① ㉠㉡㉢㉣㉤

② ㉠㉡㉣㉤

③ ㉠㉡㉢㉤

④ ㉠㉣㉡㉤

> **TIPS!**
>
> ㉢ 1894년 소방업무는 내무부 지방국에서 관장토록 하였다.

Answer 10.① 11.②

12 다음 중 사람을 구조하거나 구급활동을 하는 행정행위는?

① 규범적 행정행위

② 일반적 행정행위

③ 비권력적 사실행위

④ 질서 행정행위

 TIPS!

비권력적 사실행위는 사실적 효과 외에 법적 효과로서 권리의무에 영향을 미치는 행위가 아니며, 법률관계의 변동을 결과하는 것이 아니라 사실상의 효과 발생이 목적이다. 그 예로 구조·구급활동, 불심검문 등이 있다.

13 다음 중 우리나라의 소방역사에 대한 설명으로 옳은 것은?

① 1426년 병조에 금화도감이 만들어지면서 멸화군으로 개편하였다.

② 1945년 경찰소속으로 되면서 소방공무원법의 영향을 받게 되었다.

③ 1992년 소방이 광역소방행정체계로 전환되면서 처음으로 소방본부가 설치되었다.

④ 2003년 소방법이 4개의 법령으로 분화되었다.

TIPS!

① 1426년 금화법령의 제정과 금화도감이 설치되었다.

② 1945년 경찰조직에서 소방을 분리·독립하여 자치소방체제가 되었다.

③ 1972년 국가와 자치의 이원적 소방행정체계로 전환되면서 처음으로 소방본부가 설치되었다.

Answer 12.③ 13.④

14 다음 중 소방의 발전 과정을 순서대로 바르게 나열한 것은?

> ㉠ 소방법 제정 ㉡ 소방방재청 개설
> ㉢ 시·도 광역자치소방체제 개편 ㉣ 소방위원회

① ㉠ - ㉡ - ㉢ - ㉣ ② ㉠ - ㉢ - ㉡ - ㉣
③ ㉣ - ㉢ - ㉠ - ㉡ ④ ㉣ - ㉠ - ㉢ - ㉡

TIPS!

㉠ 소방법 제정 : 1958년
㉡ 소방방재청 개설 : 2004년
㉢ 시·도 광역자치소방체제 개편 : 1992년
㉣ 소방위원회 : 1946년

15 특정 사안에 대한 결정에 있어 의사결정 과정에서는 개인의 의견이 참여하지만, 결정을 내리는 것은 개인이 아닌 소속 기관의 기관장이 한다는 원리는?

① 계선의 원리 ② 업무조정의 원리
③ 계층제의 원리 ④ 명령통일의 원리

TIPS!

소방조직의 기본원리
㉠ 분업의 원리 : 한 사람이나 한 부서가 한 가지의 주된 업무를 맞는다는 원리
㉡ 명령통일의 원리 : 한 사람의 상급자에게 명령을 받고, 보고하는 원리
㉢ 계층제의 원리 : 상하의 계층제를 형성하는 원리
㉣ 계선의 원리 : 개인의 의견이 참여되지만 결정을 내리는 것은 소속기관의 기관장이 하는 원리
㉤ 업무조정의 원리 : 조직을 통합하고 행동을 통일시키는 원리

Answer 14.④ 15.①

16 다음 소방공무원에 대한 설명으로 바르지 않은 것은?

① 국가공무원이나 지방공무원을 그 계급에 상응하는 소방공무원으로 임용하는 경우 경력채용시험을 거치지 않고 임용할 수 있다.

② 소방공무원 중 소방령 이상 소방준감 이하의 소방공무원 대한 전보, 휴직, 직위해제, 강등, 정직 및 복직은 대통령이 한다.

③ 행정소송에 있어 시·도 소방본부 소속 소방공무원의 경우에는 해당 시·도지사를 피고로 한다.

④ 소방공무원으로 임용되기 전에 받은 교육훈련 기간은 시보임용기간에 산입한다.

> **TIPS!**
>
> 「소방공무원법」 제6조(임용권자)
> ㉠ 소방령 이상의 소방공무원은 소방청장의 제청으로 국무총리를 거쳐 대통령이 임용한다. 다만, 소방총감은 대통령이 임명하고, 소방령 이상 소방준감 이하의 소방공무원에 대한 전보, 휴직, 직위해제, 강등, 정직 및 복직은 소방청장이 한다.
> ㉡ 소방경 이하의 소방공무원은 소방청장이 임용한다.
> ㉢ 대통령은 임용권의 일부를 대통령령으로 정하는 바에 따라 소방청장 또는 시·도지사에게 위임할 수 있다.
> ※ **임용권의 위임** [소방공무원임용령 제3조 제1항, 제2항, 제3항]
>   ㉠ 대통령은 소방청과 그 소속기관의 소방정 및 소방령에 대한 임용권과 소방정인 지방소방학교장에 대한 임용권을 소방청장에게 위임하고, 시·도 소속 소방령 이상의 소방공무원(소방본부장 및 지방소방학교장은 제외한다)에 대한 임용권을 특별시장·광역시장·특별자치시장·도지사·특별자치도지사에게 위임한다.
>   ㉡ 소방청장은 중앙소방학교 소속 소방공무원 중 소방령에 대한 전보·휴직·직위해제·정직 및 복직에 관한 권한과 소방경 이하의 소방공무원에 대한 임용권을 중앙소방학교장에게 위임한다.
>   ㉢ 소방청장은 중앙119구조본부 소속 소방공무원 중 소방령에 대한 전보·휴직·직위해제·정직 및 복직에 관한 권한과 소방경 이하의 소방공무원에 대한 임용권을 중앙119구조본부장에게 위임한다.

17 다음 중 우리나라 소방행정에 관한 설명으로 바르지 않은 것은?

① 소방서장은 특별시장, 특별자치시장, 도지사, 특별자치도지사의 지휘를 받는다.

② 우리나라 소방은 행정안전부 외청인 소방청 소속으로 소방업무를 담당하며 중앙소방본부장을 중심으로 관장하고 있다.

③ 우리나라 소방행정은 광역시 중심으로 시·도 자치행정의 소방체제로 운영되고 있다.

④ 소방공무원의 계급은 11계급이며, 시·도 소방본부장의 직급은 소방감이다.

> **TIPS!**
>
> ④ 광역시·도의 소방본부장의 직급(계급)은 소방정감이다.

Answer 16.② 17.④

18 다음 중 소방공무원 임용령에 관한 설명으로 바른 것은?

① 소방공무원 중 소방경 이하의 임용은 대통령이 한다.

② 소방사 공개채용시험에 응시할 수 있는 자의 연령은 20세 이상 40세 이하로 한다.

③ 시험을 실시하고자 할 때에는 시험에 관한 제반 사항을 40일 전까지 공고해야 한다.

④ 신규채용 시 채용예정인원이 정해져 있음에도 불구하고 동점자 발생 시에는 모두 합격자로 결정한다.

> **TIPS!**
>
> ④ 공개경쟁채용시험·경력경쟁채용시험 등 및 소방간부후보생 선발시험의 합격자를 결정할 때 선발예정인원을 초과하여 동점자가 있는 경우에는 그 선발예정인원에 불구하고 모두 합격자로 한다. 이 경우 동점자의 결정은 총득점을 기준으로 하되, 소수점 이하 둘째 자리까지 계산한다〈소방공무원 임용령 제47조(동점자의 합격결정)〉.
>
> ① 소방공무원 중 소방경 이하의 임용은 소방청장이 한다.
>
> ② 소방사의 경우 18세 이상 40세 이하로 한다.
>
> ③ 시험을 실시하고자 할 때에는 시험에 관한 제반 사항을 20일 전까지 공고해야 한다.

19 다음 중 소방공무원의 승진시험 제도에 관한 설명으로 바르지 않은 것은?

① 승진 임용은 심사승진, 시험승진, 특별승진으로 분류한다.

② 소방사의 승진소요 최저근무 연수는 2년이다.

③ 휴직자는 승진임용을 할 수 없다.

④ 징계처분·직위해제·시보임용기간 중에 있는 사람은 승진임용을 할 수 없다.

> **TIPS!**
>
> **소방공무원 승진임용 규정 제5조(승진소요최저근무연수)** … 소방공무원이 승진하려면 다음의 구분에 따른 기간 이상 해당 계급에 재직하여야 한다.
> ㉠ 소방정 : 4년
> ㉡ 소방령 : 3년
> ㉢ 소방경 : 3년
> ㉣ 소방위 : 2년
> ㉤ 소방장 : 2년
> ㉥ 소방교 : 1년
> ㉦ 소방사 : 1년

Answer 18.④ 19.②

20 다음 중 소방공무원 용어의 뜻으로 적절하지 않은 것은?

① 직위해제 : 휴직·직위해제 또는 정직 중에서 소방공무원을 직위에 복귀시키는 것을 말한다.

② 임용 : 신규채용·승진·전보·파견·강임·휴직·직위해제·정직·강등·복직·면직·해임·파면을 말한다.

③ 강임 : 동종의 직무 내에서 하위의 직위에 임명되는 것을 말한다.

④ 전보 : 소방공무원의 동일 직위 및 자격 내에서 근무기관이나 부서를 달리하는 임용을 말한다.

> **TIPS!**
>
> ① 직위해제란 공무원에게 그의 직위를 계속 유지시킬 수 없다고 인정되는 사유가 있는 경우에 이미 부여된 직위를 소멸시키는 것을 말한다. 일명 '대기명령(待機命令)'이라고 부른다.
>
> ※ 소방공무원법 제2조(정의)
>   ㉠ 임용 : 신규채용·승진·전보·파견·강임·휴직·직위해제·정직·강등·복직·면직·해임 및 파면을 말한다.
>   ㉡ 전보 : 소방공무원의 동일 직위 및 자격 내에서의 근무기관이나 부서를 달리하는 임용을 말한다.
>   ㉢ 강임 : 동종의 직무 내에서 하위의 직위에 임명하는 것을 말한다.
>   ㉣ 복직 : 휴직·직위해제 또는 정직(강등에 따른 정직을 포함한다) 중에 있는 소방공무원을 직위에 복귀시키는 것을 말한다.
>
> ※ 소방공무원임용령 제2조(정의)
>   ㉠ 임용 : 위와 동일
>   ㉡ 복직 : 위와 동일
>   ㉢ 소방기관 : 소방청, 특별시·광역시·특별자치시·도·특별자치도와 중앙소방학교·국립소방연구원·중앙119구조본부·지방소방학교·서울종합방재센터 및 소방서를 말한다.
>   ㉣ 필수보직기간 : 소방공무원이 다른 직위로 전보되기 전까지 현 직위에서 근무하여야 하는 최소기간을 말한다.

21 다음 중 소방공무원법 임용령에서 소방기관이 아닌 것은?

① 소방청

② 서울특별시

③ 소방서

④ 소방본부

> **TIPS!**
>
> "소방기관"이라 함은 소방청, 특별시·광역시·특별자치시·도·특별자치도와 중앙소방학교·국립소방연구원·중앙119구조본부·지방소방학교·서울종합방재센터 및 소방서를 말한다〈소방공무원임용령 제2조(정의) 제3호〉.
>
> ※ 소방본부, 119안전센터, 119지역대, 구조대 등은 「소방공무원 임용령」제2조의 소방기관 아님

Answer 20.① 21.④

22 다음은 소방공무원법에 관한 내용이다. 다음 중 바른 것은?

① 소방공무원 법의 목적은 소방공무원을 임용하고 교육훈련, 복지, 신분보장의 기본을 규정하고 있다.
② 소방공무원의 계급은 소방사부터 소방총감까지 11단계로 되어 있다.
③ 시 · 도의 소속 모든 소방공무원의 임용권자는 시 · 도지사이다.
④ 소방공무원의 인사의 중요사항에 관하여 소방서에 소방공무원 인사위원회를 둘 수 있다.

> **TIPS!**
>
> ② 소방공무원의 계급은 소방사부터 소방총감까지 11단계이다.
> ① 소방공무원법은 소방공무원의 책임 및 직무의 중요성과 신분 및 근무조건의 특수성에 비추어 그 임용, 교육훈련, 복무, 신분보장 등에 관하여 「국가공무원법」에 대한 특례를 규정하는 것을 목적으로 한다〈소방공무원법 제1조(목적)〉.
> ③ 소방청장은 임용권 위임 규정에 따라 다음의 권한을 시 · 도지사에게 위임한다.
>   ㉠ 시 · 도 소속 소방령 이상 소방준감 이하의 소방공무원(소방본부장 및 지방소방학교장은 제외한다)에 대한 전보, 휴직, 직위해제, 강등, 정직 및 복직에 관한 권한
>   ㉡ 소방정인 지방소방학교장에 대한 휴직, 직위해제, 정직 및 복직에 관한 권한
>   ㉢ 시 · 도 소속 소방경 이하의 소방공무원에 대한 임용권〈소방공무원 임용령 제3조 제5항(임용권의 위임)〉
> ④ 소방공무원의 인사(人事)에 관한 중요사항에 대하여 소방청장의 자문에 응하게 하기 위하여 소방청에 소방공무원인사위원회를 둔다〈소방공무원법 제4조(소방공무원인사위원회의 설치)〉.

23 소방공무원이 불법행위를 했을 때 징계 중 경징계에 해당하는 것은?

① 정직
② 해임
③ 강등
④ 감봉

> **TIPS!**
>
> 징계의 종류(국가공무원법 제79조, 지방공무원법 제70조) … 징계의 종류에는 파면, 해임, 강등, 정직, 감봉, 견책의 6종이 있다. 공무원 신분의 배제 여부에 따라 배제징계(파면, 해임)와 교정징계(강등, 정직, 감봉, 견책)로 구분하고, 징계양정의 경중에 따라 중징계(파면, 해임, 강등, 정직)와 경징계(감봉, 견책)로 구분한다.

Answer 22.② 23.④

24 다음 중 기동소방장비에 해당하지 않는 것은?

① 화재조사차

② 소방정

③ 회전익항공기

④ 화재진압 로봇

25 다음 중 소방서 및 119안전센터의 설치 기준으로 바르지 않은 것은?

① 시·군·구(지방자치단체인 구) 단위로 설치하되, 소방업무의 효율적인 수행을 위하여 특히 필요한 경우에는 인근 시·군·구를 제외한 지역을 단위로 설치할 수 있다.

② 소방서의 관할구역에 설치된 119안전센터의 수가 5개를 초과하는 경우에는 소방서를 추가로 설치할 수 있다.

③ 119안전센터는 특별시(대도시)는 인구 5만 명 이상 또는 면적 2㎢ 이상, 인구 50만 명 이상의 시는 인구 3만 명 이상 또는 면적 5㎢ 이상에 설치할 수 있다.

④ 석유화학단지·공업단지·주택단지 또는 문화관광단지의 개발 등으로 대형 화재의 위험이 있거나 소방 수요가 급증하여 특별한 소방대책이 필요한 경우에는 해당 지역마다 소방서를 설치할 수 있다.

Answer 24.④ 25.①

26 다음 중 위험물제조소 허가를 받아야 하는 법률적 행위로 바른 것은?

① 대물적 허가

② 대인적 허가

③ 혼합적 허가

④ 부작위 허가

 **TIPS!**

허가는 허가를 유보한 상대적 금지가 있음을 전제로 한다. 즉, 영업의 면허, 건축허가 등이 그 예이다. 다만 허가는 학문상의 용어로서 실정법상으로는 면허·인허·인가·승인·등록·지정 등의 용어가 쓰인다.

㉠ 대물적 허가는 물건의 내용·상태 등 객관적 요소를 대상으로 하는 허가(건축허가 등)

㉡ 대인적 허가는 주로 사람의 능력·지식 등 주관적 요소를 대상으로 하는 허가(의사면허·운전면허 등)

㉢ 혼합적 허가는 인적 요소와 물적 요소가 결합된 상태를 대상으로 하는 허가(가스 사업허가)

※ 부작위는 마땅히 해야 할 것으로 기대되는 일정한 행위를 하지 않는 것(부작위 처분, 부작위 하명 등의 용어로 쓰인다)

27 다음 중 소방대장이 소방공무원에게 위험물을 치우게 하는 행정행위와 성격이 같은 행정의 실효성 확보수단은?

① 간접적 강제

② 직접 강제

③ 행정상 즉시강제

④ 인가 및 대리

TIPS!

소방서장이 관계인 또는 소방공무원에게 위험물을 직접 치우게 하는 행위는 행정의 실효성 확보 수단 중 직접 강제에 해당하며, 화재 현장에서 소방대장 등이 급박한 상황의 명령의 경우라면 행정상 즉시 강제에 해당한다.

㉠ 직접강제 : 행정객체의 신체 또는 재산상에 힘을 가하여 행정상 필요한 상태로 만드는 행정행위

㉡ 집행벌 : 일정한 행위를 하지 않아야 할 의무(부작위의 의무)의 불이행 시 그 이행을 간접적으로 강제하기 위하여 처하는 벌

Answer 26.① 27.③

28 소방기본법 제12조에 따르면 소방본부장 또는 소방서장은 화재 예방상 위험하다고 인정되는 행위를 하는 사람에게 흡연, 화기취급 등의 행위를 금지 또는 제한하는 명령을 할 수 있다. 다음 보기 중 소방본부장 또는 소방서장 명령의 성격과 가장 관련이 깊은 것으로만 이루어진 것은?

> ㉠ 법률행위적 행정행위   ㉡ 통지행위
> ㉢ 기속재량   ㉣ 준법률행위적 행정행위
> ㉤ 하명   ㉥ 허가행위
> ㉦ 형성적 행위   ㉧ 확인행위
> ㉨ 행정지도

① ㉠㉢㉤   ② ㉠㉡㉤
③ ㉧㉦㉨   ④ ㉣㉦㉨

 TIPS!

행위의 금지 또는 제한의 명령은 법률행위적 행정행위로서 하명에 해당한다. 또한 화재예방 상 필요하다고 인정되는 경우라는 단서 조항에 의해 기속재량 행위이다

㉠ 기속행위(법규재량) : "~하면 ~한다" 즉 법규상 구성요건에서 정한 요건이 충족되면 행정청이 반드시 어떠한 행위를 발하거나 말아야 하는 행정기관에게 재량의 여지를 주지 아니하고 행정기관은 다만 법규의 내용을 그대로 집행하는 것이다.

㉡ 재량행위 : 행정 법규가 허용하는 범위 안에서 행정청에서 일정한 선택이나 판단의 권한을 부여하는 것, 즉 행정청이 법률에서 규정한 행위 요건을 실현함에 복수(複數) 행위 간의 선택의 자유가 인정되어 있는 행정 행위이다.

29 소방조직은 국가소방조직과 지방소방조직으로 구분한다. 다음 중 지방소방조직으로 바르지 않은 것은?

① 특별시 소방본부   ② 중앙119구조본부
③ 소방서   ④ 서울소방학교

TIPS!

소방기관이라 함은 소방청, 특별시·광역시·특별자치시·도·특별자치도(시·도)와 중앙소방학교·국립소방연구원·중앙119구조본부·지방소방학교·서울종합방재센터 및 소방서를 말한다〈소방공무원임용령 제2조(정의) 제3호〉.

㉠ 국가소방조직 : 소방청, 중앙소방학교·국립소방연구원·중앙119구조본부

㉡ 지방소방조직 : 특별시·광역시·특별자치시·도·특별자치도, 지방소방학교·서울종합방재센터 및 소방서

30 국가소방공무원의 계급순서로 바른 것은?

① 소방총감 > 소방준감 > 소방정감 > 소방정 > 소방감
② 소방총감 > 소방감 > 소방정 > 소방준감 > 소방정감
③ 소방총감 > 소방준감 > 소방정감 > 소방정 > 소방감
④ 소방총감 > 소방정감 > 소방감 > 소방준감 > 소방정

 TIPS!

소방공무원의 계급
㉠ 소방총감(消防總監) : 차관급(중앙소방본부장)
㉡ 소방정감(消防正監) : 1급 상당
㉢ 소방감(消防監) : 2급 상당
㉣ 소방준감(消防准監) : 3급 상당
㉤ 소방정(消防正) : 4급 상당
㉥ 소방령(消防領) : 5급 상당
㉦ 소방경(消防警) : 6급 상당(3년 이상)
㉧ 소방위(消防尉) : 6급 상당
㉨ 소방장(消防長) : 7급 상당
㉩ 소방교(消防校) : 8급 상당
㉪ 소방사(消防士) : 9급 상당

31 다음의 소방장비 중 국고보조 대상으로 보기 어려운 것은?

① 소방자동차
② 소방전용통신시설
③ 소방용수설비
④ 방화복 등 소방활동에 필요한 장비

TIPS!

③ 소방용수설비는 국고보조 대상이 아니다.
※ **소방기본법 시행령**(국고보조 대상사업의 범위와 기준보조율) **제2조 제1항** … 국고보조 대상사업의 범위는 다음과 같다.
　㉠ 다음 각 목의 소방활동장비와 설비의 구입 및 설치
　　• 소방자동차
　　• 소방헬리콥터 및 소방정
　　• 소방전용통신설비 및 전산설비
　　• 그 밖에 방화복 등 소방활동에 필요한 소방장비
　㉡ 소방관서용 청사의 건축

Answer 30.④ 31.③

32 다음 중 우리나라의 소방대에 해당하지 않는 것은?

① 국제구조대　　　　　　　　　　　　　② 자치소방대

③ 자위소방대　　　　　　　　　　　　　④ 자체소방대

 TIPS!

우리나라의 경우 자치소방대는 없는 조직이다. 국가 중앙 소방조직과 광역시도 소방조직(지방소방본부, 지방소방서) 그리고 민간 소방조직(의용소방대, 자체소방대, 자위소방대)으로 나누어진다.

33 다음 중 소방행정의 특수성에서 업무의 특성이 아닌 것은?

① 현장성　　　　　　　　　　　　　　　② 계층성

③ 독립성　　　　　　　　　　　　　　　④ 신속성

TIPS!

소방행정의 특수성에서 업무의 특성에는 현장성, 대기성, 신속성, 정확성, 전문성, 일체성(계층성, 통일성), 가외성, 위험성, 결과성 등이 있다.

34 간접적 소방행정기관의 설명 중 틀린 것은?

① 한국소방산업기술원은 소방산업의 진흥·발전을 효율적으로 지원하기 위하여 설립하며 기술원은 법인으로 하되 민법의 재단법인에 관한 규정을 준용한다.

② 한국소방안전원은 법인으로 하며, 협회에 관하여 일반적으로 민법 가운데 재단법인 규정을 준용한다.

③ 대한소방공제회는 직무수행 중 사망하거나 상이를 입은 사람에 대한 지원사업을 하며 소방기본법에 명시되어 있다.

④ 소방공무원에 대한 효율적인 공제제도를 확립·운영하고, 직무수행 중 사망하거나 상이를 입은 사람에 대한 지원사업을 함으로써 이들의 생활안정과 복지 증진에 이바지함을 목적으로 하여 대한소방공제회를 설립한다.

TIPS!

③ 소방기본법에 명시된 협회는 한국소방안전원이다. 대한소방공제회의 업무는 맞으나 소방기본법에 명시되어 있지는 않다.

Answer　32.② 33.③ 34.③

02 소방기능

기출PLUS

section 1 | 화재의 예방 · 경계 · 진압 · 조사활동

(1) 화재의 예방 · 경계

① 화재의 예방조치 등〈소방기본법 제12조〉

  ㉠ 소방본부장이나 소방서장은 화재의 예방상 위험하다고 인정되는 행위를 하는 사람이나 소화(消火) 활동에 지장이 있다고 인정되는 물건의 소유자 · 관리자 또는 점유자에게 다음의 명령을 할 수 있다.

  • 불장난, 모닥불, 흡연, 화기(火氣) 취급, 풍등 등 소형 열기구 날리기, 그 밖에 화재 예방상 위험하다고 인정되는 행위의 금지 또는 제한

  • 타고 남은 불 또는 화기가 있을 우려가 있는 재의 처리

  • 함부로 버려두거나 그냥 둔 위험물, 그 밖에 불에 탈 수 있는 물건을 옮기거나 치우게 하는 등의 조치

  ㉡ 소방본부장이나 소방서장은 '함부로 버려두거나 그냥 둔 위험물, 그 밖에 불에 탈 수 있는 물건을 옮기거나 치우게 하는 등의 조치'에 해당하는 경우로서 그 위험물 또는 물건의 소유자 · 관리자 또는 점유자의 주소와 성명을 알 수 없어서 필요한 명령을 할 수 없을 때에는 소속 공무원으로 하여금 그 위험물 또는 물건을 옮기거나 치우게 할 수 있다.

  ㉢ 소방본부장이나 소방서장은 ㉡에 따라 옮기거나 치운 위험물 또는 물건을 보관하여야 한다.

  ㉣ 소방본부장이나 소방서장은 위험물 또는 물건을 보관하는 경우에는 그 날부터 14일 동안 소방본부 또는 소방서의 게시판에 그 사실을 공고하고 게시판에 공고하는 기간의 종료일 다음 날부터 7일간 보관 후 폐기 혹은 매각한다.

  ㉤ ㉢에 따라 소방본부장이나 소방서장이 보관하는 위험물 또는 물건의 보관기간 및 보관기간 경과 후 처리 등에 대하여는 대통령령으로 정한다.

② 화재경계지구 지정 등〈소방기본법 제13조〉

  ㉠ 시 · 도지사는 다음의 어느 하나에 해당하는 지역 중 화재가 발생할 우려가 높거나 화재가 발생하는 경우 그로 인하여 피해가 클 것으로 예상되는 지역을 화재경계지구(火災警戒地區)로 지정할 수 있다.

  • 시장지역

  • 공장 · 창고가 밀집한 지역

  • 목조건물이 밀집한 지역

  • 위험물의 저장 및 처리 시설이 밀집한 지역

  • 석유화학제품을 생산하는 공장이 있는 지역

  • 「산업입지 및 개발에 관한 법률」에 따른 산업단지

- 소방시설·소방용수시설 또는 소방출동로가 없는 지역
- 그 밖에 위 지역에 준하는 지역으로서 소방청장·소방본부장 또는 소방서장이 화재 경계지구로 지정할 필요가 있다고 인정하는 지역

ⓛ ㉠에도 불구하고 시·도지사가 화재경계지구로 지정할 필요가 있는 지역을 화재 경계지구로 지정하지 아니하는 경우 소방청장은 해당 시·도지사에게 해당 지역 의 화재경계지구 지정을 요청할 수 있다.

ⓒ 소방본부장이나 소방서장은 대통령령으로 정하는 바에 따라 ㉠에 따른 화재경계 지구 안의 소방대상물의 위치·구조 및 설비 등에 대하여 「화재예방, 소방시설 설치·유지 및 안전관리에 관한 법률」에 따른 소방특별조사를 하여야 한다.

ⓔ 소방본부장이나 소방서장은 ⓒ에 따른 소방특별조사를 한 결과 화재의 예방과 경계를 위하여 필요하다고 인정할 때에는 관계인에게 소방용수시설, 소화기구, 그 밖에 소방에 필요한 설비의 설치를 명할 수 있다.

ⓜ 소방본부장이나 소방서장은 화재경계지구 안의 관계인에 대하여 대통령령으로 정하는 바에 따라 소방에 필요한 훈련 및 교육을 실시할 수 있다.

ⓑ 시·도지사는 대통령령으로 정하는 바에 따라 ㉠에 따른 화재경계지구의 지정 현황, ⓒ에 따른 소방특별조사의 결과, ⓔ에 따른 소방설비 설치 명령 현황, ⓜ 에 따른 소방교육의 현황 등이 포함된 화재경계지구에서의 화재예방 및 경계에 필요한 자료를 매년 작성·관리하여야 한다.

③ 화재로 오인할 만한 우려가 있는 불을 피우거나 연막 소독 시 통지사항〈소방기본법 제19조 제2항〉… 다음의 어느 하나에 해당하는 지역 또는 장소에서 화재로 오인할 만한 우려가 있는 불을 피우거나 연막(煙幕) 소독을 하려는 자는 시·도의 조례로 정하는 바에 따라 관할 소방본부장 또는 소방서장에게 신고하여야 한다.

㉠ 시장지역

ⓛ 공장·창고가 밀집한 지역

ⓒ 목조건물이 밀집한 지역

ⓔ 위험물의 저장 및 처리시설이 밀집한 지역

ⓜ 석유화학제품을 생산하는 공장이 있는 지역

ⓑ 그 밖에 시·도의 조례로 정하는 지역 또는 장소

④ 화재에 관한 위험경보〈소방기본법 제14조〉… 소방본부장이나 소방서장은 기상법에 따른 이상기상(異常氣象)의 예보 또는 특보가 있을 때에는 화재에 관한 경보를 발 령하고 그에 따른 조치를 할 수 있다.

⑤ 불을 사용하는 설비 등의 관리와 특수가연물의 저장·취급〈소방기본법 제15조〉

㉠ 보일러, 난로, 건조설비, 가스·전기시설, 그 밖에 화재 발생 우려가 있는 설비 또는 기구 등의 위치·구조 및 관리와 화재 예방을 위하여 불을 사용할 때 지켜 야 하는 사항은 대통령령으로 정한다.

ⓛ 화재가 발생하는 경우 불길이 빠르게 번지는 고무류·면화류·석탄 및 목탄 등 대통령령으로 정하는 특수가연물(特殊可燃物)의 저장 및 취급 기준은 대통령령 으로 정한다.

대통령령으로 정하는 특수가연물

㉠ 면화류 : 200kg 이상

ⓛ 나무껍질 및 대팻밥 : 400kg 이상

ⓒ 넝마 및 종이부스러기 : 1,000kg 이상

ⓔ 사류(絲類) : 1,000kg 이상

ⓜ 볏짚류 : 1,000kg 이상

ⓑ 가연성고체류 : 3,000kg 이상

ⓢ 석탄·목탄류 : 10,000kg 이상

ⓞ 가연성액체류 : 2㎥ 이상

ⓩ 목재가공품 및 나무부스러기 : 10㎥ 이상

ⓧ 합성수지류
- 발포시킨 것 : 20㎥ 이상
- 그 밖의 것 : 3,000kg 이상

⑥ **소방지원활동**〈소방기본법 제16조의2〉… 소방청장·소방본부장 또는 소방서장은 공공의 안녕질서 유지 또는 복리증진을 위하여 필요한 경우 소방활동 외에 다음의 소방지원활동을 하게 할 수 있다.

　㉠ 산불에 대한 예방·진압 등 지원활동

　㉡ 자연재해에 따른 급수·배수 및 제설 등 지원활동

　㉢ 집회·공연 등 각종 행사 시 사고에 대비한 근접대기 등 지원활동

　㉣ 화재, 재난·재해로 인한 피해복구 지원활동

　㉤ 그 밖에 행정안전부령으로 정하는 활동〈소방기본법 시행규칙 제8조의4〉

　　• 군·경찰 등 유관기관에서 실시하는 훈련지원 활동

　　• 소방시설 오작동 신고에 따른 조치활동

　　• 방송제작 또는 촬영 관련 지원활동

⑦ **생활안전활동**〈소방기본법 제16조의3〉… 소방청장·소방본부장 또는 소방서장은 신고가 접수된 생활안전 및 위험제거 활동(화재, 재난·재해, 그 밖의 위급한 상황에 해당하는 것은 제외한다)에 대응하기 위하여 소방대를 출동시켜 다음의 생활안전활동을 하게 하여야 한다.

　㉠ 붕괴, 낙하 등이 우려되는 고드름, 나무, 위험 구조물 등의 제거활동

　㉡ 위해동물, 벌 등의 포획 및 퇴치 활동

　㉢ 끼임, 고립 등에 따른 위험제거 및 구출 활동

　㉣ 단전사고 시 비상전원 또는 조명의 공급

　㉤ 그 밖에 방치하면 급박해질 우려가 있는 위험을 예방하기 위한 활동

(2) 화재의 진압

① **소방활동**〈소방기본법 제16조〉

　㉠ 소방청장, 소방본부장 또는 소방서장은 화재, 재난·재해, 그 밖의 위급한 상황이 발생하였을 때에는 소방대를 현장에 신속하게 출동시켜 화재진압과 인명구조·구급 등 소방에 필요한 활동을 하게 하여야 한다.

　㉡ 누구든지 정당한 사유 없이 ㉠에 따라 출동한 소방대의 소방활동을 방해하여서는 아니 된다.

② **소방자동차의 우선 통행**… 모든 차와 사람은 소방자동차(지휘를 위한 자동차 및 구조·구급차를 포함)가 화재진압 및 구조·구급활동을 위하여 출동을 할 때에는 이를 방해하여서는 아니 된다〈소방기본법 제21조〉.

③ **소방대의 긴급통행**… 소방대는 화재, 재난·재해, 그 밖의 위급한 상황이 발생한 현장에 신속하게 출동하기 위하여 긴급할 때에는 일반적인 통행에 쓰이지 아니하는 도로·빈터 또는 물 위로 통행할 수 있다〈소방기본법 제22조〉.

④ **소방활동구역의 설정**… 소방대장은 화재, 재난·재해, 그 밖의 위급한 상황이 발생한 현장에 소방활동구역을 정하여 소방활동에 필요한 사람으로서 대통령령이 정하는 사람 외에는 그 구역에 출입하는 것을 제한할 수 있다〈소방기본법 제23조〉.

POINT 소방활동구역의 출입 가능자
- ㉠ 소방활동구역 안에 있는 소방대상물의 소유자·관리자 또는 점유자
- ㉡ 전기·가스·수도·통신·교통의 업무에 종사하는 사람으로서 원활한 소방 활동을 위하여 필요한 사람
- ㉢ 의사·간호사 그 밖의 구조·구급업무에 종사하는 사람
- ㉣ 취재인력 등 보도업무에 종사하는 사람
- ㉤ 수사업무에 종사하는 사람
- ㉥ 그 밖에 소방대장이 소방활동을 위하여 출입을 허가한 사람

⑤ **소방활동 종사 명령**…소방본부장·소방서장 또는 소방대장은 화재, 재난·재해, 그 밖의 위급한 상황이 발생한 현장에서 소방활동을 위하여 필요할 때에는 그 관할구역에 사는 사람 또는 그 현장에 있는 사람으로 하여금 사람을 구출하는 일 또는 불을 끄거나 불이 번지지 아니하도록 하는 일을 하게 할 수 있다〈소방기본법 제24조〉.

⑥ **강제처분 등**…소방본부장·소방서장 또는 소방대장은 사람을 구출하거나 불이 번지는 것을 막기 위하여 필요한 때에는 화재가 발생하거나 불이 번질 우려가 있는 소방대상물 및 토지를 일시적으로 사용하거나 그 사용의 제한 또는 소방활동에 필요한 처분을 할 수 있다〈소방기본법 제25조〉.

⑦ **피난 명령**…소방본부장·소방서장 또는 소방대장은 화재, 재난·재해, 그 밖의 위급한 상황이 발생하여 사람의 생명을 위험하게 할 것으로 인정할 때에는 일정한 구역을 지정하여 그 구역에 있는 사람에게 그 구역 밖으로 피난할 것을 명할 수 있다〈소방기본법 제26조〉.

⑧ **위험시설 등에 대한 긴급조치**…소방본부장·소방서장 또는 소방대장은 화재 진압 등 소방활동을 위하여 필요할 때에는 소방용수 외에 댐·저수지 또는 수영장 등의 물을 사용하거나 수도(水道)의 개폐장치 등을 조작할 수 있다〈소방기본법 제27조〉.

⑨ **소방용수시설의 사용금지 등**〈소방기본법 제28조〉…누구든지 다음에 해당하는 행위를 하여서는 아니 된다.
- ㉠ 정당한 사유 없이 소방용수시설 또는 비상소화장치를 사용하는 행위
- ㉡ 정당한 사유 없이 손상·파괴, 철거 또는 그 밖의 방법으로 소방용수시설 또는 비상소화장치의 효용을 해치는 행위
- ㉢ 소방용수시설 또는 비상소화장치의 정당한 사용을 방해하는 행위

⑩ **화재진압전술**
- ㉠ **공격진압전술**: 소방력이 불길의 세력보다 클 때 화재발생지점에 소방력을 집중한다.
- ㉡ **수비진압전술**: 소방력이 불길보다 약하면 불길확산 방지, 불길이 소방력보다 약하면 공격진압전술을 취한다.
- ㉢ **포위전술**: 노즐을 화재발생지점에 포위 배치하여 진압한다.
- ㉣ **블록전술**: 확대가능한 면을 대응 방어로 포위하여 인접 건물로 확대되는 것을 방지한다.
- ㉤ **중점전술**: 통제 불가능할 정도의 재해 발생 시 사회·경제적으로 중요대상물을 방어한다. 대폭발 등으로부터 인명을 보호하기 위해 피난로, 피난예정지 확보 등을 한다.

ⓗ 집중전술: 부대가 집중하여 일시에 진화하는 작전으로 예컨대 위험물 옥외저장탱크 화재 등에 사용된다.

⑪ 방수(사)활동

　㉠ 직상주수: 대량의 물로 화점을 직접 공격하여 냉각효과를 유도하는 방식

　　• 장점: 원거리로 화점을 직접 타격할 수 있다.

　　• 단점: 대량의 물이 필요하고 호스의 반동이 크다.

　㉡ 분무주수: 물을 작은 물방울이나 안개 형태로 분사하는 방식

　　• 장점

　　　−소량의 물로서 소화를 함으로서 물로 인한 피해를 줄일 수 있다.

　　　−무상(안개 모양, 즉 미립자의 형태로 방사하는 것)으로 분사하므로 가연성 액체의 화재나 수용성 위험물의 화재에도 적응성 있다.

　　　−전기 절연성이 있어 전기화재에도 적응성 있다.

　　　−화재의 확산방지, 열기의 차단효과 등으로 사용할 수 있다. 따라서 직상주수보다 냉각효과가 크다.

　　• 단점

　　　−물방울의 입자가 작고 가벼움으로 열기류나 바람 등의 영향을 받아 비산한다.

　　　−실내·외 등에서 사용이 효과적이나 외부적 요인에 영향을 많이 받기 때문에 밀폐된 공간에서 사용이 가장 효과적이다.

　　　−무상으로 분사하므로 화세에 파괴력이나 침투력은 약하다.

　　　−설비를 작동시키기 위한 가압송수 장치 등의 높은 압력이 필요하다. 높은 압력이 필요한 분사 방식과 무상의 형태 때문에 실수 유효 범위가 짧다.

⑫ 소방대원에게 실시하여야 하는 교육 및 훈련의 종류 … 소방대원에게는 화재 진압 및 인명 구조 등의 교육 및 훈련을 2년에 1회, 2주 이상의 기간으로 실시하여야 한다.

🔊POINT 교육·훈련의 종류 및 교육·훈련을 받아야 할 대상자

종류	교육·훈련의 대상자
화재진압훈련	화재진압 업무 소방공무원, 의무소방원, 의용소방대원
인명구조훈련	구조 업무 소방공무원, 의무소방원, 의용소방대원
응급처치훈련	구급 업무 소방공무원, 의무소방원, 의용소방대원
인명대피훈련	모든 소방공무원, 의무소방원, 의용소방대원
현장지휘훈련	소방정, 소방령, 소방경, 소방위

기출 2018. 10. 13. 시행

화재예방, 소방활동 또는 소방훈련을 위하여 사용되는 소방신호에 해당하는 것은?

① 대응신호
② 경계신호
③ 복구신호
④ 대비신호

⑬ 소방신호의 종류 및 방법〈소방기본법 시행규칙 제10조〉 ★ **2018 기출**

　㉠ 경계신호: 화재예방상 필요하다고 인정되거나 화재위험경보 시 발령

　㉡ 발화신호: 화재가 발생한 때 발령

　㉢ 해제신호: 소화활동이 필요없다고 인정되는 때 발령

　㉣ 훈련신호: 훈련상 필요하다고 인정되는 때 발령

❮정답 ②

POINT 소방신호의 방법〈소방기본법 시행규칙 별표 4〉

구분	타종신호	싸이렌신호
경계신호	1타와 연2타를 반복	5초 간격을 두고 30초씩 3회
발화신호	난타	5초 간격을 두고 5초씩 3회
해제신호	상당한 간격을 두고 1타씩 반복	1분간 1회
훈련신호	연3타 반복	10초 간격 1분씩 3회

[비고]
1. 소방신호의 방법은 그 전부 또는 일부를 함께 사용할 수 있다.
2. 게시판을 철거하거나 통풍대 또는 기를 내리는 것으로 소방활동이 해제되었음을 알린다.
3. 소방대의 비상소집을 하는 경우에는 훈련신호를 사용할 수 있다.

(3) 화재조사

① **화재의 원인 및 피해 조사**〈소방기본법 제29조〉

㉠ 소방청장, 소방본부장 또는 소방서장은 화재가 발생하였을 때에는 화재의 원인 및 피해 등에 대한 조사(이하 "화재조사"라 한다)를 하여야 한다.

㉡ ㉠에 따른 화재조사의 방법 및 전담조사반의 운영과 화재조사자의 자격 등 화재조사에 필요한 사항은 행정안전부령으로 정한다.

② **출입·조사 등**〈소방기본법 제30조〉

㉠ 소방청장, 소방본부장 또는 소방서장은 화재조사를 하기 위하여 필요하면 관계인에게 보고 또는 자료 제출을 명하거나 관계 공무원으로 하여금 관계 장소에 출입하여 화재의 원인과 피해의 상황을 조사하거나 관계인에게 질문하게 할 수 있다.

㉡ ㉠에 따라 화재조사를 하는 관계 공무원은 그 권한을 표시하는 증표를 지니고 이를 관계인에게 보여 주어야 한다.

㉢ ㉠에 따라 화재조사를 하는 관계 공무원은 관계인의 정당한 업무를 방해하거나 화재조사를 수행하면서 알게 된 비밀을 다른 사람에게 누설하여서는 아니 된다.

③ **수사기관에 체포된 사람에 대한 조사**〈소방기본법 제31조〉
소방청장, 소방본부장 또는 소방서장은 수사기관이 방화(放火) 또는 실화(失火)의 혐의가 있어서 이미 피의자를 체포하였거나 증거물을 압수하였을 때에 화재조사를 위하여 필요한 경우에는 수사에 지장을 주지 아니하는 범위에서 그 피의자 또는 압수된 증거물에 대한 조사를 할 수 있다. 이 경우 수사기관은 소방청장, 소방본부장 또는 소방서장의 신속한 화재조사를 위하여 특별한 사유가 없으면 조사에 협조하여야 한다.

④ **소방공무원과 국가경찰공무원의 협력 등**〈소방기본법 제32조〉

㉠ 소방공무원과 경찰공무원은 화재조사를 할 때에 서로 협력하여야 한다.

㉡ 소방본부장이나 소방서장은 화재조사 결과 방화 또는 실화의 혐의가 있다고 인정하면 지체 없이 관할 경찰서장에게 그 사실을 알리고 필요한 증거를 수집·보존하여 그 범죄수사에 협력하여야 한다.

⑤ 소방기관과 관계 보험회사의 협력〈소방기본법 제33조〉

소방본부, 소방서 등 소방기관과 관계 보험회사는 화재가 발생한 경우 그 원인 및 피해상황을 조사할 때 필요한 사항에 대하여 서로 협력하여야 한다.

section 2 소방시설의 설치유지 및 안전관리

(1) 건축허가 등의 동의〈화재예방, 소방시설 설치·유지 및 안전관리에 관한 법률 제7조〉

① 건축물 등의 신축·증축·개축·재축(再築)·이전·용도변경 또는 대수선(大修繕)의 허가·협의 및 사용승인(「주택법」에 따른 승인 및 사용검사, 「학교시설사업 촉진법」에 따른 승인 및 사용승인을 포함하며, 이하 "건축허가 등"이라 한다)의 권한이 있는 행정기관은 건축허가등을 할 때 미리 그 건축물 등의 시공지(施工地) 또는 소재지를 관할하는 소방본부장이나 소방서장의 동의를 받아야 한다.

② 건축물 등의 대수선·증축·개축·재축 또는 용도변경의 신고를 수리(受理)할 권한이 있는 행정기관은 그 신고를 수리하면 그 건축물 등의 시공지 또는 소재지를 관할하는 소방본부장이나 소방서장에게 지체 없이 그 사실을 알려야 한다.

③ ①에 따른 건축허가등의 권한이 있는 행정기관과 ②에 따른 신고를 수리할 권한이 있는 행정기관은 ①에 따라 건축허가등의 동의를 받거나 ②에 따른 신고를 수리한 사실을 알릴 때 관할 소방본부장이나 소방서장에게 건축허가등을 하거나 신고를 수리할 때 건축허가등을 받으려는 자 또는 신고를 한 자가 제출한 설계도서 중 건축물의 내부구조를 알 수 있는 설계도면을 제출하여야 한다. 다만, 국가안보상 중요하거나 국가기밀에 속하는 건축물을 건축하는 경우로서 관계 법령에 따라 행정기관이 설계도면을 확보할 수 없는 경우에는 그러하지 아니하다.

④ 소방본부장이나 소방서장은 ①에 따른 동의를 요구받으면 그 건축물 등이 이 법 또는 이 법에 따른 명령을 따르고 있는지를 검토한 후 행정안전부령으로 정하는 기간 이내에 해당 행정기관에 동의 여부를 알려야 한다.

⑤ ①에 따라 사용승인에 대한 동의를 할 때에는 「소방시설공사업법」에 따른 소방시설공사의 완공검사증명서를 교부하는 것으로 동의를 갈음할 수 있다. 이 경우 ①에 따른 건축허가 등의 권한이 있는 행정기관은 소방시설공사의 완공검사증명서를 확인하여야 한다.

⑥ ①에 따른 건축허가 등을 할 때에 소방본부장이나 소방서장의 동의를 받아야 하는 건축물 등의 범위는 대통령령으로 정한다.

⑦ 다른 법령에 따른 인가·허가 또는 신고 등(건축허가등과 ②에 따른 신고는 제외하며, 이하 이 항에서 "인허가 등"이라 한다)의 시설기준에 소방시설 등의 설치·유지 등에 관한 사항이 포함되어 있는 경우 해당 인허가 등의 권한이 있는 행정기관은

인허가 등을 할 때 미리 그 시설의 소재지를 관할하는 소방본부장이나 소방서장에게 그 시설이 이 법 또는 이 법에 따른 명령을 따르고 있는지를 확인하여 줄 것을 요청할 수 있다. 이 경우 요청을 받은 소방본부장 또는 소방서장은 행정안전부령으로 정하는 기간 이내에 확인 결과를 알려야 한다.

(2) 주택에 설치하는 소방시설〈화재예방, 소방시설 설치·유지 및 안전관리에 관한 법률 제8조〉

① 다음의 주택 소유자는 대통령령으로 정하는 소방시설을 설치하여야 한다.
　　㉠ 「건축법」의 단독주택
　　㉡ 「건축법」의 공동주택(아파트 및 기숙사는 제외한다)

② 국가 및 지방자치단체는 ①에 따라 주택에 설치하여야 하는 소방시설(이하 "주택용 소방시설"이라 한다)의 설치 및 국민의 자율적인 안전관리를 촉진하기 위하여 필요한 시책을 마련하여야 한다.

③ 주택용 소방시설의 설치기준 및 자율적인 안전관리 등에 관한 사항은 특별시·광역시·특별자치시·도 또는 특별자치도의 조례로 정한다.

(3) 소방대상물의 방염 등〈화재예방, 소방시설 설치·유지 및 안전관리에 관한 법률 제12조〉

① 대통령령으로 정하는 특정소방대상물에 실내장식 등의 목적으로 설치 또는 부착하는 물품으로서 대통령령으로 정하는 물품(이하 "방염대상물품"이라 한다)은 방염성능기준 이상의 것으로 설치하여야 한다.

② 소방본부장이나 소방서장은 방염대상물품이 ①에 따른 방염성능기준에 미치지 못하거나 방염성능검사를 받지 아니한 것이면 소방대상물의 관계인에게 방염대상물품을 제거하도록 하거나 방염성능검사를 받도록 하는 등 필요한 조치를 명할 수 있다.

③ ①에 따른 방염성능기준은 대통령령으로 정한다.

---

section 3 위험물 안전관리

(1) 위험물

① **위험물의 정의** … 위험물안전관리법에서 규정하는 인화성 또는 발화성 등의 물품을 말하며, 제1류~제6류 위험으로 나누고 공통적인 물리·화학적인 특성 등으로 화재 위험성이 있는 것을 위험물이라 한다〈위험물안전관리법 제2조〉.

② **위험물의 지정** … 저장, 취급, 운반 과정에서의 안전을 위해 위험물안전관리법에서 위험물에 대하여 제1류~제6류까지 각각의 유별로 품명의 수량을 지정하였다.

방염성능기준
㉠ 버너의 불꽃을 제거한 때부터 불꽃을 올리며 연소하는 상태가 그칠 때까지 시간은 20초 이내일 것
㉡ 버너의 불꽃을 제거한 때부터 불꽃을 올리지 아니하고 연소하는 상태가 그칠 때까지 시간은 30초 이내일 것
㉢ 탄화한 면적은 50제곱센티미터 이내, 탄화한 길이는 20센티미터 이내일 것
㉣ 불꽃에 의하여 완전히 녹을 때까지 불꽃의 접촉 횟수는 3회 이상일 것
㉤ 소방청장이 정하여 고시한 방법으로 발연량을 측정하는 경우 최대연기밀도는 400 이하일 것

　㉠ 품명의 지정 기준

- 화학적 성질 : 화학적 조성, 반응성, 폭발성, 농도에 따른 위험성의 변화 등
- 물리적 성질 : 인화점, 연소점, 발화점, 연소 범위, 취급 형태 등

　㉡ 지정수량

- 위험물안전관리법 시행령에 의하여 위험성을 고려하여 위험물의 종류별로 정하는 수량이며 제조소 등의 설치허가 등에 적용되는 최저의 기준이 되는 수량이다.
- 고체일 경우 kg, 액체일 경우 l로 표시한다(단, 제6류 위험물의 경우 액체이지만 kg으로 표시).

(2) 위험물 안전관리

① 위험물의 저장 및 취급의 제한〈위험물안전관리법 제5조〉

　㉠ 지정수량 이상의 위험물을 저장소가 아닌 장소에서 저장하거나 제조소 등이 아닌 장소에서 취급하여서는 아니 된다.

　㉡ ㉠에도 불구하고 다음의 어느 하나에 해당하는 경우에는 제조소 등이 아닌 장소에서 지정수량 이상의 위험물을 취급할 수 있다. 이 경우 임시로 저장 또는 취급하는 장소에서의 저장 또는 취급의 기준과 임시로 저장 또는 취급하는 장소의 위치 · 구조 및 설비의 기준은 시 · 도의 조례로 정한다.

- 시 · 도의 조례가 정하는 바에 따라 관할소방서장의 승인을 받아 지정수량 이상의 위험물을 90일 이내의 기간 동안 임시로 저장 또는 취급하는 경우
- 군부대가 지정수량 이상의 위험물을 군사목적으로 임시로 저장 또는 취급하는 경우

　㉢ 제조소 등에서의 위험물의 저장 또는 취급에 관하여는 다음의 중요기준 및 세부기준에 따라야 한다.

- 중요기준 : 화재 등 위해의 예방과 응급조치에 있어서 큰 영향을 미치거나 그 기준을 위반하는 경우 직접적으로 화재를 일으킬 가능성이 큰 기준으로서 행정안전부령이 정하는 기준
- 세부기준 : 화재 등 위해의 예방과 응급조치에 있어서 중요기준보다 상대적으로 적은 영향을 미치거나 그 기준을 위반하는 경우 간접적으로 화재를 일으킬 수 있는 기준 및 위험물의 안전관리에 필요한 표시와 서류 · 기구 등의 비치에 관한 기준으로서 행정안전부령이 정하는 기준

　㉣ ㉠에 따른 제조소 등의 위치 · 구조 및 설비의 기술기준은 행정안전부령으로 정한다.

　㉤ 둘 이상의 위험물을 같은 장소에서 저장 또는 취급하는 경우에 있어서 당해 장소에서 저장 또는 취급하는 각 위험물의 수량을 그 위험물의 지정수량으로 각각 나누어 얻은 수의 합계가 1 이상인 경우 당해 위험물은 지정수량 이상의 위험물로 본다.

② 위험물시설의 유지 · 관리〈위험물안전관리법 제14조〉

　㉠ 제조소 등의 관계인은 당해 제조소 등의 위치 · 구조 및 설비가 제조소 등의 위치 · 구조 및 설비의 기술기준에 적합하도록 유지 · 관리하여야 한다.

ⓛ 시·도지사, 소방본부장 또는 소방서장은 ㉠의 규정에 따른 유지·관리의 상황
이 제조소 등의 위치·구조 및 설비의 기술기준에 부적합하다고 인정하는 때에
는 그 기술기준에 적합하도록 제조소 등의 위치·구조 및 설비의 수리·개조 또
는 이전을 명할 수 있다.

③ 정기점검 및 정기검사〈위험물안전관리법 제18조〉

㉠ 대통령령이 정하는 제조소 등의 관계인은 그 제조소 등에 대하여 행정안전부령
이 정하는 바에 따라 제조소 등의 위치·구조 및 설비의 기술기준에 적합한지의
여부를 정기적으로 점검하고 점검결과를 기록하여 보존하여야 한다.

㉡ 정기점검을 한 제조소등의 관계인은 점검을 한 날부터 30일 이내에 점검결과를
시·도지사에게 제출하여야 한다.

㉢ ㉠의 규정에 따른 정기점검의 대상이 되는 제조소 등의 관계인 가운데 대통령령이
정하는 제조소 등의 관계인은 행정안전부령이 정하는 바에 따라 소방본부장 또는
소방서장으로부터 당해 제조소 등이 제조소 등의 위치·구조 및 설비의 기술기준
에 적합하게 유지되고 있는지의 여부에 대하여 정기적으로 검사를 받아야 한다.

④ 위험물 출입·검사〈위험물안전관리법 제22조 제1항〉
소방청장, 시·도지사, 소방본부장 또는 소방서장은 위험물의 저장 또는 취급에 따
른 화재의 예방 또는 진압대책을 위하여 필요한 때에는 위험물을 저장 또는 취급하
고 있다고 인정되는 장소의 관계인에 대하여 필요한 보고 또는 자료제출을 명할 수
있으며, 관계공무원으로 하여금 당해 장소에 출입하여 그 장소의 위치·구조·설비
및 위험물의 저장·취급상황에 대하여 검사하게 하거나 관계인에게 질문하게 하고
시험에 필요한 최소한의 위험물 또는 위험물로 의심되는 물품을 수거하게 할 수 있
다. 다만, 개인의 주거는 관계인의 승낙을 얻은 경우 또는 화재발생의 우려가 커서
긴급한 필요가 있는 경우가 아니면 출입할 수 없다.

(3) 위험물 시설의 종류〈위험물안전관리법 제2조〉

① 제조소 … 위험물을 제조할 목적으로 지정수량 이상의 위험물을 취급하기 위하여 위
험물안전관리법에 따라 허가를 받은 장소이다.

② 저장소 … 지정수량 이상의 위험물을 저장하기 위하여 대통령령이 정하는 장소로서
위험물안전관리법 규정에 따라 허가를 받은 장소이다.

③ 취급소 … 지정수량 이상의 위험물을 제조 외의 목적으로 취급하기 위한 대통령령이
정하는 장소로서, 위험물안전관리법 규정에 따라 허가를 받은 장소이다.

자체소방대
다량의 위험물을 저장·취급하는 제조
소등으로서 제4류 위험물을 취급하는
제조소 또는 일반취급소등이 있는 동
일한 사업소에서 지정수량의 3천배 이
상의 위험물을 저장 또는 취급하는 경
우 당해 사업소의 관계인은 대통령령
이 정하는 바에 따라 당해 사업소에
자체소방대를 설치하여야 한다.

section 4 구조·구급 행정관리

(1) 구조의 개념

구조란 화재, 재난·재해 및 테러, 그 밖의 위급한 상황(이하 "위급상황"이라 한다)에서
외부의 도움을 필요로 하는 사람(이하 "요구조자"라 한다)의 생명, 신체 및 재산을 보호하
기 위하여 수행하는 모든 활동을 말한다〈119구조·구급에 관한 법률 제2조〉.

(2) 구조대

① 구조대의 편성과 운영

㉠ 소방청장·소방본부장 또는 소방서장은 위급상황에서 요구조자의 생명 등을 신속하고 안전하게 구조하는 업무를 수행하기 위하여 대통령령으로 정하는 바에 따라 119구조대를 편성하여 운영하여야 한다〈119구조·구급에 관한 법률 제8조 제1항〉.

㉡ 소방청장은 국외에서 대형재난 등이 발생한 경우 재외국민의 보호 또는 재난발생국의 국민에 대한 인도주의적 구조 활동을 위하여 국제구조대를 편성하여 운영할 수 있다〈119구조·구급에 관한 법률 제9조 제1항〉.

② 구조대 기준

㉠ **구조대원의 자격기준**〈119구조·구급에 관한 법률 시행령 제6조〉

• 소방청장이 실시하는 인명구조사 교육을 받았거나 인명구조사 시험에 합격한 사람

• 국가·지방자치단체 및 「공공기관의 운영에 관한 법률」에 따른 공공기관의 구조 관련 분야에서 근무한 경력이 2년 이상인 사람

• 「응급의료에 관한 법률」에 따른 응급구조사 자격을 가진 사람으로서 소방청장이 실시하는 구조업무에 관한 교육을 받은 사람

㉡ **구조대의 편성·운영**〈119구조·구급에 관한 법률 시행령 제5조〉

구분	내용
일반구조대	시·도의 규칙으로 정하는 바에 따라 소방서마다 1개 대(隊) 이상 설치하되, 소방서가 없는 시·군·구의 경우에는 해당 시·군·구 지역의 중심지에 있는 119안전센터에 설치할 수 있다.
특수구조대	소방대상물, 지역 특성, 재난 발생 유형 및 빈도 등을 고려하여 시·도의 규칙으로 정하는 바에 따라 다음의 구분에 따른 지역을 관할하는 소방서에 다음의 구분에 따라 설치한다. -화학구조대 : 화학공장이 밀집한 지역 -수난구조대 : 내수면어업법에 따른 내수면지역 -산악구조대 : 자연공원법에 따른 자연공원 등 산악지역 -고속국도구조대 : 고속국도법에 따른 고속국도(직할구조대에 설치할 수 있음) -지하철구조대 : 도시철도법에 따른 도시철도의 역사(驛舍) 및 역무시설
직할구조대	대형·특수 재난사고의 구조, 현장 지휘 및 지원 등을 위하여 소방청 또는 시·도 소방본부에 설치하되, 시·도 소방본부에 설치하는 경우에는 시·도의 규칙으로 정하는 바에 따른다.
테러대응구조대	테러 및 특수재난에 전문적으로 대응하기 위하여 소방청과 시·도 소방본부에 각각 설치하며, 시·도 소방본부에 설치하는 경우에는 시·도의 규칙으로 정하는 바에 따른다.

③ **구조·구급활동을 위한 지원요청**〈119구조·구급에 관한 법률 제20조〉

ⓐ 소방청장 등은 구조·구급활동을 함에 있어서 인력과 장비가 부족한 경우에는 대통령령으로 정하는 바에 따라 관할구역 안의 의료기관, 「응급의료에 관한 법률」에 따른 구급차 등의 운용자 및 구조·구급과 관련된 기관 또는 단체(이하 이 조에서 "의료기관등"이라 한다)에 대하여 구조·구급에 필요한 인력 및 장비의 지원을 요청할 수 있다. 이 경우 요청을 받은 의료기관 등은 정당한 사유가 없으면 이에 따라야 한다.

ⓑ ⓐ의 지원요청에 따라 구조·구급활동에 참여하는 사람은 소방청장 등의 조치에 따라야 한다.

ⓒ ⓐ에 따라 지원활동에 참여한 구급차 등의 운용자는 소방청장 등이 지정하는 의료기관으로 응급환자를 이송하여야 한다.

ⓓ 소방청장 등은 행정안전부령으로 정하는 바에 따라 ⓐ에 따른 지원요청대상 의료기관 등의 현황을 관리하여야 한다.

ⓔ 소방청장 등은 ⓐ에 따라 구조·구급활동에 참여한 의료기관 등에 대하여는 그 비용을 보상할 수 있다.

(3) 구급의 개념

구급이란 응급환자에 대하여 행하는 상담, 응급처치 및 이송 등의 활동을 말한다〈119구조·구급에 관한 법률 제2조〉.

(4) 구급대

① **구급대의 편성과 운영**〈119구조·구급에 관한 법률 시행령 제10조〉

ⓐ 일반구급대: 시·도의 규칙으로 정하는 바에 따라 소방서마다 1개 대 이상 설치하되, 소방서가 설치되지 아니한 시·군·구의 경우에는 해당 시·군·구 지역의 중심지에 소재한 119안전센터에 설치할 수 있다.

ⓑ 고속국도구급대: 교통사고 발생 빈도 등을 고려하여 소방청, 시·도 소방본부 또는 고속국도를 관할하는 소방서에 설치하되, 시·도 소방본부 또는 소방서에 설치하는 경우에는 시·도의 규칙으로 정하는 바에 따른다.

② **구급대원의 자격기준**〈119구조·구급에 관한 법률 시행령 제11조〉

ⓐ 「의료법」에 따른 의료인

ⓑ 「응급의료에 관한 법률」에 따라 1급 응급구조사 자격을 취득한 사람

ⓒ 「응급의료에 관한 법률」에 따라 2급 응급구조사 자격을 취득한 사람

ⓓ 소방청장이 실시하는 구급업무에 관한 교육을 받은 사람(구급차 운전과 구급에 관한 보조업무만 할 수 있다)

③ 119구급대에 두는 소방자동차 등의 배치기준〈소방력 기준에 관한 규칙 별표1〉
  ㉠ **구급차** : 소방서에 소속된 119안전센터의 수(數)에 1대를 추가한 수의 구급차를 기본으로 배치한다. 119안전센터 관할에서 관할 인구 3만 명을 기준으로 하여 관할 인구 5만 명 또는 구급활동 건수가 연간 500건 이상 증가할 때마다 구급차 1대를 추가로 배치할 수 있다.
  ㉡ **구급오토바이** : 구급활동을 원활하게 추진하기 위하여 필요한 경우 구급대별로 1대 이상의 구급오토바이를 배치할 수 있다.

section 5 구조·구급활동

(1) 구조 및 구급활동

① **구조·구급활동**〈119구조·구급에 관한 법률 제13조〉
  ㉠ 소방청장 등은 위급상황이 발생한 때에는 구조·구급대를 현장에 신속하게 출동시켜 인명구조 및 응급처치 및 구급차 등의 이송, 그 밖에 필요한 활동을 하게 하여야 한다.
  ㉡ 누구든지 ㉠에 따른 구조·구급활동을 방해하여서는 아니 된다.
  ㉢ 소방청장 등은 대통령령으로 정하는 위급하지 아니한 경우에는 구조·구급대를 출동시키지 아니할 수 있다.

② **유관기관과의 협력**〈119구조·구급에 관한 법률 제14조〉
  ㉠ 소방청장 등은 구조·구급활동을 함에 있어서 필요한 경우에는 시·도지사 또는 시장·군수·구청장에게 협력을 요청할 수 있다.
  ㉡ 시·도지사 또는 시장·군수·구청장은 특별한 사유가 없으면 ㉠의 요청에 따라야 한다.

③ **구조된 사람과 물건의 인도·인계**〈119구조·구급에 관한 법률 제16조〉
  ㉠ 소방청장 등은 구조활동으로 구조된 사람(이하 "구조된 사람"이라 한다) 또는 신원이 확인된 사망자를 그 보호자 또는 유족에게 지체 없이 인도하여야 한다.
  ㉡ 소방청장 등은 구조·구급활동과 관련하여 회수된 물건(이하 "구조된 물건"이라 한다)의 소유자가 있는 경우에는 소유자에게 그 물건을 인계하여야 한다.
  ㉢ 소방청장 등은 다음의 어느 하나에 해당하는 때에는 구조된 사람, 사망자 또는 구조된 물건을 특별자치도지사·시장·군수·구청장(「재난 및 안전관리 기본법」에 따른 재난안전대책본부가 구성된 경우 해당 재난안전대책본부장을 말한다. 이하 같다)에게 인도하거나 인계하여야 한다.
    • 구조된 사람이나 사망자의 신원이 확인되지 아니한 때
    • 구조된 사람이나 사망자를 인도받을 보호자 또는 유족이 없는 때
    • 구조된 물건의 소유자를 알 수 없는 때

④ 구조 · 구급활동을 위한 지원 요청⟨119구조 · 구급에 관한 법률 시행령 제24조⟩

　　㉠ 구조 · 구급에 필요한 인력과 장비의 지원을 요청할 때에는 팩스 · 전화 등의 신속한 방법으로 하여야 한다.

　　㉡ ㉠ 외에 의료기관에 대한 지원 요청에 필요한 사항은 보건복지부장관과 협의하여 소방청장이 정하고, 구조 · 구급과 관련된 기관 또는 단체에 대한 지원 요청에 관하여 필요한 사항은 관할 구역의 구조 · 구급과 관련된 기관 또는 단체의 장과 협의하여 소방본부장 또는 소방서장이 정한다.

⑤ 구조출동 거절사유⟨119구조 · 구급에 관한 법률 시행령 제20조 제1항⟩

　　㉠ 단순 문 개방의 요청을 받은 경우

　　㉡ 시설물에 대한 단순 안전조치 및 장애물 단순 제거의 요청을 받은 경우

　　㉢ 동물의 단순 처리 · 포획 · 구조 요청을 받은 경우

　　㉣ 그 밖에 주민생활 불편해소 차원의 단순 민원 등 구조활동의 필요성이 없다고 인정되는 경우

⑥ 구급출동 거절사유⟨119구조 · 구급에 관한 법률 시행령 제20조 제2항⟩

　　㉠ 단순 치통환자

　　㉡ 단순 감기환자(섭씨 38도 이상의 고열 또는 호흡곤란이 있는 경우는 제외)

　　㉢ 혈압 등 생체징후가 안정된 타박상 환자

　　㉣ 술에 취한 사람(강한 자극에도 의식이 회복되지 아니하거나 외상이 있는 경우는 제외)

　　㉤ 만성질환자로서 검진 또는 입원 목적의 이송 요청자

　　㉥ 단순 열상(裂傷) 또는 찰과상(擦過傷)으로 지속적인 출혈이 없는 외상환자

　　㉦ 병원 간 이송 또는 자택으로의 이송 요청자(의사가 동승한 응급환자의 병원 간 이송은 제외)

　　㉧ 구조 · 구급대원은 요구조자 또는 응급환자가 구조 · 구급대원에게 폭력을 행사하는 등 구조 · 구급활동을 방해하는 경우에는 구조 · 구급활동을 거절할 수 있다.

(2) 구조활동의 구분과 중요사항

① 구조방법에 따른 분류 … 로프구조, 구출, 수상 및 빙상구조, 도시수색구조, 위험물구조가 있다.

② 사고의 유형에 따른 분류 … 교통사고, 기계사고, 건물사고, 추락사고, 산악사고, 수난사고, 가스사고가 있다.

③ 수색 · 구조 활동은 신속, 안전하게 요구조자를 위험지역에서 탈출시켜야 한다.

> **POINT** 황금시간(Golden Hour)
> 일반적으로 지진 · 건축물 붕괴 등의 재난현장에서 고립 또는 부상당한 사람을 24시간 안에 구조한 경우 생존율이 80% 이상으로 높아지기 때문에 사고 후 24시간이 매우 중요하다.

구조활동의 성공요건
• 대응시간의 적시성
• 대응활동의 효과성
• 대응규모의 적절성

④ 재난현장에는 구조자와 요구조자 모두 위험하므로 신속함과 함께 안전에도 주의해야 한다.

⑤ 구조대원은 위험한 상황에서도 신속하고 안전한 구조를 위해 지식, 능력, 기술이 필요하다.

⑥ 구조 … 구조의 현장에서의 안전확보와 명령통일은 구조활동의 원칙이며 구조대원의 능력과 신속한 대응을 필요로 한다. 구조활동의 우선순위는 구명이 최우선 되어야 한다. 신체구출, 고통경감, 피해최소화 순이다. 단, 인명구조순서는 피난유도→인명검색→구출→응급처치→이송 순이다. 또한 초기대응단계에서는 상황파악, 접근, 상황안정화, 후송 절차에 따라야 한다.

> **POINT** 구조활동절차
> ㉠ 구조활동의 우선순위 : 구명이 최우선→신체구출→고통경감→재산보호
> ㉡ 인명구조순서 : 피난유도→인명검색→구출→응급처치→이송

⑦ 구급환자의 중증도 분류

㉠ 환자 분류 기준

환자분류	상황	색상	내용
긴급환자	긴급상황 (토끼 심볼)	적색	• 생명을 위협할 만한 심정지, 쇼크, 기도폐쇄, 대량의 출혈, 저산소증이 나타나거나 임박한 경우 • 즉각적인 처치를 행하면 환자는 안정화될 가능성과 소생 가능성이 있을 때
응급환자	응급상황 (거북이 심볼)	황색	• 손상이 전신적인 증상이나 효과를 유발하지만, 아직까지 쇼크 또는 저산소증 상태가 아닌 경우 • 전신적 반응이 발생하더라도 적절한 조치를 행할 경우 즉각적인 위험 없이 45-60분 정도 견딜 수 있는 상태
비응급환자	비응급상황	녹색	• 전신적인 위험 없이 손상이 국한된 경우 • 최소한의 조치로도 수 시간 이상 아무 문제가 없는 상태
지연환자	사망 (십자가표시)	흑색	• 대량 재난 시에 임상적 및 생물학적 사망이 명확히 구분되지 않는 상태 • 자발 순환이나 호흡이 없는 모든 무반응의 상태

㉡ 환자 이송순위 : 긴급환자→응급환자→비응급환자→지연환자

(3) 분야별 구조활동

① 건물붕괴사고

㉠ 전기, 수도, 가스시설 등의 파손을 수반하므로 요구조자와 구조대원에게 큰 위험을 줄 수 있고 건물의 2차 붕괴 시 1차 붕괴보다 더 큰 피해를 초래하므로 각별히 주의해야 한다.

ⓛ 건물붕괴 구조활동
- 비상대피시설 등 어느 정도 안전한 곳에 있는 요구조자 위치를 파악하기 위한 정찰활동을 수행한다.
- 빈 공간에 있을지 모를 요구조자를 위해 부르고 듣는 방법을 사용한다.

ⓒ 구조활동 순서
- 진입 장애물 제거 : 인적장비와 물적장비의 현장도착을 위해 장애물 제거가 필요하다.
- 2차 위험물 제거 : 건물과 산악도로의 경우처럼 추가붕괴로 인한 요구조자의 구조 어려움을 막기 위한 작업이다.
- 요구조자 구조 : 건물붕괴로 인한 요구조자까지의 위치도달을 위한 통로 확보 작업이다.
- 요구조자 구조 응급조치 : 요구조자를 현장에서 이송하기 전에 사전 응급조치를 해야 한다.

② 차량사고
ⓐ 교통사고는 화재나 충돌 등 2차 사고가 발생할 수 있다.
ⓛ 교통통제를 실시하여 구급차량의 도착을 돕고 2차사고 발생을 방지한다.
ⓒ 유압스프레더, 유압램, 유압절단기 등으로 차량에서 사람을 구출하고 이동식 윈치 등을 이용하여 차량 견인을 한다.
ⓔ 차량을 절단, 해체할 때 불꽃이 발생할 수 있는 장비(가스절단기 등)를 사용할 경우 차량에서 새어 나오는 연료가 착화될 위험이 있으므로 사용하지 않도록 한다.

③ 수난사고 … 시간이 경과하여 구조대가 현장에 도착할 때는 요구조자가 이미 사망한 경우가 많으며 제방·다리 등에서 추락하여 물에 빠진 경우 선박 좌초, 차량의 추락, 수영 미숙에 의한 익사사고 등이 있다.

④ 항공기사고
ⓐ 인명구조, 응급의료, 진화작업이 함께 수행되어야 요구조자를 효과적으로 구조할 수 있다.
ⓛ 항공기 추락현장으로 진입 시 누출된 연료에 의해 만들어진 가연성 증기를 피하기 위해 바람을 등지고 접근하여 구조작업을 한다.
ⓒ 항공기사고는 화재의 위험성이 매우 크며 추락 후 발생한 화재는 확대가 빠르게 진행되어 주변의 건축물을 비롯하여 사람들에게 큰 위험을 초래한다.
ⓔ 연료가 누출된 경우 언제라도 화재가 발생할 수 있으므로 미리 대량의 포를 방사하고 항공기에 접근한다.
ⓜ 비행기의 측면으로 강제진입을 시도할 경우 동체의 하부에 전선, 연료, 유류, 산소 등의 파이프라인이 설치되어 있어 위험하므로 각별히 주의해야 한다.

⑤ 산악사고
ⓐ 암벽 등반·등산 중 실족사고, 산속에서 질병이 발생한 경우 등이 있다.
ⓛ 산악사고는 요구조자의 위치를 파악하는 작업이 필요하고 산속으로 접근하는데 시간이 많이 소요되므로 헬기를 이용한 구조작업이 주로 이용된다.

⑥ 가스사고

　㉠ LNG, LPG, 유독가스 등 누출된 가스에 의한 사고이다.

　㉡ 구조작업은 우선 누출된 가스의 종류·누출범위를 파악하고 구조대원의 보호조치를 취한 뒤, 구조작전을 수행하며 폭발 및 화재 등에 주의한다.

　㉢ 불꽃에 의한 폭발사고에 주의해야 하므로 조명기구, 장비의 선택에 신중해야 하며 유독가스의 경우 보호장비를 준비한다.

⑦ **추락사고** … 일반적인 건물 추락사고는 건물의 형태와 현장주변의 각종 장비들 그리고 화재위험물의 제거가 필수적이다. 산악추락사고의 경우 요구조자의 위치, 접근성, 부상정도를 파악하여 도보에 의한 구조와 헬기에 의한 구조인지를 파악하여야 한다.

　㉠ 구조대원 현장진입 이전에 안전장비 착용유무의 확인과 현장특성상의 필요장비를 파악하여야 한다.

　㉡ 현장지휘자는 구조현장의 2차적인 위험도를 확인 후 구조대원의 진입을 명해야 한다.

　㉢ 건물추락사고는 요구조자의 추락으로 인한 2차 추락물의 확인 과정이 필요하다.

　㉣ 요구조자의 구조활동은 로프를 이용하여 현장의 바스켓 또는 헬기의 바스켓을 이용하여 구조한다.

(4) 헬기구조

① **헬기구조의 특징**

　㉠ 지상에서 접근이 곤란한 장소의 인명구조에 폭넓게 활용된다.

　㉡ 높은 기동성으로 구조대원 및 각종 장비, 의약품 등을 빠르게 수송할 수 있다.

　㉢ 기상상태가 나쁠 경우 운행이 어렵고 추락 등의 헬기사고가 발생하면 피해가 치명적이다.

　㉣ 헬기에 케이블과 기중장치가 부착되어 있어 공중에서 인명구조를 할 수 있다.

　㉤ 공중수색 작업은 장시간 계속해서 주의집중이 필요하므로 숙련된 구조대원이 요구된다.

② **헬기를 이용한 환자수송**

　㉠ 헬기를 이용한 수송 시에 부상자는 다소의 요동 때문에 상태가 악화될 수 있다.

　㉡ **환자의 상태에 따른 수송방법**

　　• 흉부통증환자 : 환자상태가 기압변화에 민감하기 때문에 헬기수송을 피하고 되도록 육상수송 방법을 택한다.

　　• 순환기 계통의 출혈환자, 빈혈환자 : 고도가 높아지면 위험할 수 있으므로 되도록 지표 근처까지 헬기를 운용한다.

(5) 응급의학

① **응급환자**〈응급의료에 관한 법률 제2조 제1호〉… 질병, 분만, 각종 사고 및 재해로 인한 부상이나 그 밖의 위급한 상태로 인하여 즉시 필요한 응급처치를 받지 아니하면 생명을 보존할 수 없거나 심신에 중대한 위해(危害)가 발생할 가능성이 있는 환자 또는 이에 준하는 사람으로서 보건복지부령으로 정하는 사람을 말한다.

② **응급처치**〈응급의료에 관한 법률 제2조 제3호〉… 응급의료행위의 하나로서 응급환자의 기도를 확보하고 심장박동의 회복, 그 밖에 생명의 위험이나 증상의 현저한 악화를 방지하기 위하여 긴급히 필요로 하는 처치를 말한다.

③ **응급구조사**〈응급의료에 관한 법률 제41조〉… 응급환자가 발생한 현장에서 응급환자에 대하여 상담·구조 및 이송 업무를 수행하며, 「의료법」의 무면허 의료행위 금지 규정에도 불구하고 보건복지부령으로 정하는 범위에서 현장에 있거나 이송 중이거나 의료기관 안에 있을 때에는 응급처치의 업무에 종사할 수 있다.

> **POINT** 응급구조사의 업무범위〈응급의료에 관한 법률 시행규칙 별표 14〉
> ㉠ 1급 응급구조사의 업무범위
> • 심폐소생술의 시행을 위한 기도유지(기도기(airway)의 삽입, 기도삽관(intubation), 후두마스크 삽관 등을 포함한다)
> • 정맥로의 확보
> • 인공호흡기를 이용한 호흡의 유지
> • 약물투여 : 저혈당성 혼수시 포도당의 주입, 흉통시 니트로글리세린의 혀아래(설하) 투여, 쇼크시 일정량의 수액투여, 천식발작시 기관지확장제 흡입
> • 2급 응급구조사의 업무
> ㉡ 2급 응급구조사의 업무범위
> • 구강내 이물질의 제거
> • 기도기(airway)를 이용한 기도유지
> • 기본 심폐소생술
> • 산소투여
> • 부목·척추고정기·공기 등을 이용한 사지 및 척추 등의 고정
> • 외부출혈의 지혈 및 창상의 응급처치
> • 심박·체온 및 혈압 등의 측정
> • 쇼크방지용 하의 등을 이용한 혈압의 유지
> • 자동심장충격기를 이용한 규칙적 심박동의 유도
> • 흉통시 니트로글리세린의 혀아래(설하) 투여 및 천식발작시 기관지확장제 흡입(환자가 해당약물을 휴대하고 있는 경우에 한함)

④ 구급차 등에 갖추어야 하는 의료장비·구급의약품 및 통신장비의 기준〈응급의료에 관한 법률 시행규칙 별표 16〉

㉠ 특수구급차

구분	장비 분류	장비
환자 평가용 의료장비	신체 검진	가) 환자감시장치(환자의 심전도, 혈중산소포화도, 혈압, 맥박, 호흡 등의 측정이 가능하고 모니터로 그 상태를 볼 수 있는 장치) 나) 혈당측정기 다) 체온계(쉽게 깨질 수 있는 유리 등의 재질로 되지 않은 것) 라) 청진기 마) 휴대용 혈압계 바) 휴대용 산소포화농도 측정기
응급처치용 의료장비	기도 확보 유지	가) 후두경 등 기도삽관장치(기도삽관튜브 등 포함) 나) 기도확보장치(구인두기도기, 비인두기도기 등)
	호흡 유지	가) 의료용 분무기(기관제 확장제 투여용) 나) 휴대용 간이인공호흡기(자동식) 다) 성인용·소아용 산소 마스크(안면용·비재호흡·백밸브) 라) 의료용 산소발생기 및 산소공급장치 마) 전동식 의료용 흡인기(흡인튜브 등 포함)
	심장 박동 회복	자동심장충격기 (Automated External Defibrillator)
	순환 유지	정맥주사세트
	외상 처치	가) 부목(철부목, 공기 또는 진공부목 등) 및 기타 고정장치(경추·척추보호대 등) 나) 외상처치에 필요한 기본 장비(압박붕대, 일반거즈, 반창고, 지혈대, 라텍스장갑, 비닐장갑, 가위 등)
구급의약품	의약품	가) 비닐 팩에 포장된 수액제제(생리식염수, 5%포도당용액, 하트만용액 등) 나) 에피네프린(심폐소생술 사용용도로 한정한다) 다) 아미오다론(심폐소생술 사용용도로 한정한다) 라) 주사용 비마약성진통제 마) 주사용 항히스타민제 바) 니트로글리세린(설하용) 사) 흡입용 기관지 확장제
	소독제	가) 생리식염수(상처세척용) 나) 알콜(에탄올) 또는 과산화수소수 다) 포비돈액

통신장비		다음의 어느 하나의 장비를 갖추어야 한다. 다만, 「119 구조·구급에 관한 법률」에 따른 119구조대 및 119구급대의 구급차에 대해서는 소방관계 법령에서 따로 정할 수 있다. 가) 응급의료정보통신망 나) 「전파법」에 따라 할당받은 주파수를 사용하는 기간 통신서비스의 이용에 필요한 무선단말기기

ⓛ 일반구급차

구분	장비 분류	장비
환자평가용 의료장비	신체 검진	가) 체온계(쉽게 깨질 수 있는 유리 등의 재질로 되지 않은 것) 나) 청진기 다) 휴대용 혈압계 라) 휴대용 산소포화농도 측정기
응급처치용 의료장비	기도 확보 유지	기도확보장치(구인두기도기, 비인두기도기 등)
	호흡 유지	가) 성인용·소아용 산소 마스크(안면용·비재호흡·백밸브) 나) 의료용 산소발생기 및 산소공급장치 다) 전동식 의료용 흡인기(흡인튜브 등 포함)
	순환 유지	정맥주사세트
	외상 처치	외상처치에 필요한 기본 장비(압박붕대, 일반거즈, 반창고, 지혈대, 라텍스장갑, 비닐장갑, 가위 등)
구급의약품	의약품	가) 비닐 팩에 포장된 수액제제(생리식염수, 5%포도당용액, 하트만용액 등) 나) 에피네프린(심폐소생술 사용용도로 한정한다) 다) 아미오다론(심폐소생술 사용용도로 한정한다)
	소독제	가) 생리식염수(상처세척용) 나) 알콜(에탄올) 또는 과산화수소수 다) 포비돈액

ⓒ 선박 및 항공기에 갖추어야 하는 의료장비·구급의약품 및 통신장비의 기준은 보건복지부장관이 따로 정하여 고시한다.

section **6** 재난대응 시 소방조직 및 기능의 역할

(1) 재난대응 시 소방조직

소방조직의 재난대응 활동은 재난 및 안전관리 기본법에 규정되어 있는 소방관련기관 및 소방공무원의 긴급구조 활동이다.

① 긴급구조〈재난 및 안전관리 기본법 제3조〉… 재난이 발생할 우려가 현저하거나 재난이 발생하였을 때에 국민의 생명·신체 및 재산을 보호하기 위하여 긴급구조기관과 긴급구조지원기관이 하는 인명구조, 응급처치, 그 밖에 필요한 모든 긴급한 조치를 말한다.

> **POINT** 긴급구조〈재난 및 안전관리 기본법 제51조〉
> ㉠ 지역통제단장은 재난이 발생하면 소속 긴급구조요원을 재난현장에 신속히 출동시켜 필요한 긴급구조활동을 하게 하여야 한다.
> ㉡ 지역통제단장은 긴급구조를 위하여 필요하면 긴급구조지원기관의 장에게 소속 긴급구조지원요원을 현장에 출동시키거나 긴급구조에 필요한 장비·물자를 제공하는 등 긴급구조활동을 지원할 것을 요청할 수 있다. 이 경우 요청을 받은 기관의 장은 특별한 사유가 없으면 즉시 요청에 따라야 한다.
> ㉢ ㉡에 따른 요청에 따라 긴급구조활동에 참여한 민간 긴급구조지원기관에 대하여는 대통령령으로 정하는 바에 따라 그 경비의 전부 또는 일부를 지원할 수 있다.
> ㉣ 긴급구조활동을 하기 위하여 회전익항공기(이하 이 항에서 "헬기"라 한다)를 운항할 필요가 있으면 긴급구조기관의 장이 헬기의 운항과 관련되는 사항을 헬기운항통제기관에 통보하고 헬기를 운항할 수 있다. 이 경우 관계 법령에 따라 해당 헬기의 운항이 승인된 것으로 본다.

(2) 긴급구조통제단

① 중앙긴급구조통제단〈재난 및 안전관리 기본법 제49조〉

> ㉠ 긴급구조에 관한 사항의 총괄·조정, 긴급구조기관 및 긴급구조지원기관이 하는 긴급구조활동의 역할 분담과 지휘·통제를 위하여 소방청에 중앙긴급구조통제단(이하 "중앙통제단"이라 한다)을 둔다.
> ㉡ 중앙통제단의 단장은 소방청장이 된다.
> ㉢ 중앙통제단장은 긴급구조를 위하여 필요하면 긴급구조지원기관 간의 공조체제를 유지하기 위하여 관계 기관·단체의 장에게 소속 직원의 파견을 요청할 수 있다. 이 경우 요청을 받은 기관·단체의 장은 특별한 사유가 없으면 요청에 따라야 한다.
> ㉣ 중앙통제단의 구성·기능 및 운영에 필요한 사항은 대통령령으로 정한다.

TIP

중앙통제단의 기능
㉠ 국가 긴급구조대책의 총괄·조정
㉡ 긴급구조활동의 지휘·통제
㉢ 긴급구조지원기관간의 역할분담 등 긴급구조를 위한 현장활동계획의 수립
㉣ 긴급구조대응계획의 집행
㉤ 그 밖에 중앙통제단의 장이 필요하다고 인정하는 사항

② **지역긴급구조통제단**〈재난 및 안전관리 기본법 제50조〉

   ⊙ 지역별 긴급구조에 관한 사항의 총괄·조정, 해당 지역에 소재하는 긴급구조기 관 및 긴급구조지원기관 간의 역할분담과 재난현장에서의 지휘·통제를 위하여 시·도의 소방본부에 시·도긴급구조통제단을 두고, 시·군·구의 소방서에 시·군·구긴급구조통제단을 둔다.

   ⊙ 시·도긴급구조통제단과 시·군·구긴급구조통제단(이하 "지역통제단"이라 한다) 에는 각각 단장 1명을 두되, 시·도긴급구조통제단의 단장은 소방본부장이 되고 시·군·구긴급구조통제단의 단장은 소방서장이 된다.

   ⓒ 지역통제단장은 긴급구조를 위하여 필요하면 긴급구조지원기관 간의 공조체제를 유지하기 위하여 관계 기관·단체의 장에게 소속 직원의 파견을 요청할 수 있 다. 이 경우 요청을 받은 기관·단체의 장은 특별한 사유가 없으면 요청에 따라 야 한다.

   ⓔ 지역통제단의 기능과 운영에 관한 사항은 대통령령으로 정한다.

(3) 긴급구조 현장지휘〈재난 및 안전관리 기본법 제52조 제1항, 제2항〉

① 재난현장에서는 시·군·구긴급구조통제단장이 긴급구조활동을 지휘한다. 다만, 치 안활동과 관련된 사항은 관할 경찰관서의 장과 협의하여야 한다.

② ①에 따른 현장지휘는 다음의 사항에 관하여 한다.

   ⊙ 재난현장에서 인명의 탐색·구조

   ⊙ 긴급구조기관 및 긴급구조지원기관의 인력·장비의 배치와 운용

   ⓒ 추가 재난의 방지를 위한 응급조치

   ⓔ 긴급구조지원기관 및 자원봉사자 등에 대한 임무의 부여

   ⓜ 사상자의 응급처치 및 의료기관으로의 이송

   ⓗ 긴급구조에 필요한 물자의 관리

   ⓢ 현장접근 통제, 현장 주변의 교통정리, 그 밖에 긴급구조 활동을 효율적으로 하 기 위하여 필요한 사항

(4) 긴급대응협력관〈재난 및 안전관리 기본법 제52조의2〉

긴급구조기관의 장은 긴급구조지원기관의 장에게 다음의 업무를 수행하는 긴급대응협 력관을 대통령령으로 정하는 바에 따라 지정·운영하게 할 수 있다.

① 평상시 해당 긴급구조지원기관의 긴급구조대응계획 수립 및 보유자원관리

② 재난대응업무의 상호 협조 및 재난현장 지원업무 총괄

기출PLUS

(5) 긴급구조활동에 대한 평가〈재난 및 안전관리 기본법 제53조〉

① 중앙통제단장과 지역통제단장은 재난상황이 끝난 후 대통령령으로 정하는 바에 따라 긴급구조지원기관의 활동에 대하여 종합평가를 하여야 한다.

② ①에 따른 종합평가결과는 시·군·구긴급구조통제단장은 시·도긴급구조통제단장 및 시장·군수·구청장에게, 시·도긴급구조통제단장은 소방청장에게 보고하거나 통보하여야 한다.

(6) 긴급구조대응계획의 수립〈재난 및 안전관리 기본법 제54조〉

긴급구조기관의 장은 재난이 발생하는 경우 긴급구조기관과 긴급구조지원기관이 신속하고 효율적으로 긴급구조를 수행할 수 있도록 대통령령으로 정하는 바에 따라 재난의 규모와 유형에 따른 긴급구조대응계획을 수립·시행하여야 한다.

2018년 하반기

01 화재예방, 소방활동 또는 소방훈련을 위하여 사용되는 소방신호에 해당하는 것은?

① 대응 신호

② 경계 신호

③ 복구 신호

④ 대비 신호

> **TIPS!**
>
> 소방신호의 종류
> ㉠ 경계신호 : 화재예방상 필요하다고 인정되거나 화재위험경보 시 발령
> ㉡ 발화신호 : 화재가 발생한 때 발령
> ㉢ 해제신호 : 소화활동이 필요없다고 인정되는 때 발령
> ㉣ 훈련신호 : 훈련상 필요하다고 인정되는 때 발령

2018년 특채

02 「소방기본법」상 규정하는 소방지원활동과 생활안전활동을 옳게 연결한 것은?

> 가. 산불에 대한 예방·진압 등 지원활동
> 나. 자연재해에 따른 급수·배수 및 제설 등 지원활동
> 다. 집회·공연 등 각종 행사 시 사고에 대비한 근접대기 등 지원활동
> 라. 화재, 재난·재해로 인한 피해복구 지원활동
> 마. 붕괴, 낙하 등이 우려되는 고드름, 나무, 위험 구조물 등의 제거활동
> 바. 위해동물, 벌 등의 포획 및 퇴치 활동
> 사. 끼임, 고립 등에 따른 위험제거 및 구출 활동
> 아. 단전사고 시 비상전원 또는 조명의 공급

	소방지원활동	생활안전활동
①	가, 나, 다, 라	마, 바, 사, 아
②	가, 라, 마, 사	나, 다, 바, 아
③	마, 바, 사, 아	가, 나, 다, 라
④	나, 다, 바, 아	가, 라, 마, 사

Answer 01.② 02.①

03 재난 및 안전관리 기본법에 관한 설명으로 틀린 것은?

① 긴급구조통제단 단장은 소방서장이다.
② 행정안전부장관, 시 · 도지사, 시장 · 군수 · 구청장은 상시 재난 안전상황실을 운영한다.
③ 중앙통제단장 및 지역통제단장은 현장책임자로서 현장지휘소를 설치 · 운영할 수 있다.
④ 국가나 지방자치단체는 특별재난지역을 선포된 곳에 응급대책 및 재난구호와 복구에 필요한 행정 · 재정 · 금융 · 의료상의 특별지원이 가능하다.

Answer 03.①

04 2급 응급구조사의 업무범위에 해당하지 않는 것은?

① 산소의 투여　　　　　　　　　　　② 기본 심폐소생술

③ 구강 내 이물질 제거　　　　　　　④ 인공호흡기를 이용한 호흡 유지

> **TIPS!**
>
> 2급 응급구조사의 업무범위〈응급의료에 관한 법률 시행규칙 별표 14〉
> ㉠ 구강 내 이물질의 제거
> ㉡ 기도기(airway)를 이용한 기도유지
> ㉢ 기본 심폐소생술
> ㉣ 산소투여
> ㉤ 부목·척추고정기 등을 이용한 사지 및 척추 등의 고정
> ㉥ 외부출혈의 지혈 및 창상의 응급처치
> ㉦ 심박·체온 및 혈압 등의 측정
> ㉧ 쇼크방지용 하의 등을 이용한 혈압의 유지
> ㉨ 자동제세동기를 이용한 규칙적 심박동의 유도
> ㉩ 흉통 시 니트로글리세린의 혀아래(설하) 투여 및 천식발작 시 기관지확장제 흡입(환자가 해당약물을 휴대하고 있는 경우에 한함)
> ※ 1급 응급구조사의 업무범위
> 　㉠ 심폐소생술의 시행을 위한 기도유지[기도기(airway)의 삽입, 기도삽관(intubation), 후두마스크 삽관 등 포함]
> 　㉡ 정맥로의 확보
> 　㉢ 인공호흡기를 이용한 호흡의 유지
> 　㉣ 약물투여 : 저혈당성 혼수 시 포도당의 주입, 흉통 시 니트로글리세린의 혀아래(설하) 투여, 쇼크 시 일정량의 수액투여, 천식발작 시 기관지확장제 흡입
> 　㉤ 2급 응급구조사의 업무

05 소방력의 3요소가 아닌 것은?

① 소방인력　　　　　　　　　　　　② 장비

③ 소방설비　　　　　　　　　　　　④ 물

> **TIPS!**
>
> 소방력의 3요소 및 소방의 4요소
> ㉠ 소방력의 3요소 : 소방인력, 소방장비, 소방용수
> ㉡ 소방의 4요소 : 인력(소방인력), 장비(소방장비), 수리(물 또는 소방용수), 소방통신

Answer　04.④　05.③

06 다음 중 구급출동요청을 거절할 수 있는 사항 중 이송요청 거절사유가 아닌 것은?

① 단순 열상 또는 찰과상으로 지속적인 출혈이 없는 외상환자

② 만성질환자로서 검진 또는 입원목적의 이송 요청자

③ 단순 골절환자

④ 술에 만취되어 있는 자로 강한 자극에도 의식이 있는 경우

> 💡 **TIPS!**
>
> ③ 골절환자의 경우는 단순골절이라 하더라도 이송요청을 거절할 수 없다.
>
> ※ **119구조 · 구급에 관한 법률 시행령 제20조 제2항**… 구급대원은 구급대상자가 다음에 해당하는 비 응급환자인 경우에는 구급 출동 요청을 거절할 수 있다.
> ㉠ 단순 치통환자
> ㉡ 단순 감기환자(섭씨 38도 이상의 고열 또는 호흡곤란이 있는 경우는 제외)
> ㉢ 혈압 등 생체징후가 안정된 타박상 환자
> ㉣ 술에 취한 사람(강한 자극에도 의식이 회복되지 아니하거나 외상이 있는 경우는 제외)
> ㉤ 만성질환자로서 검진 또는 입원 목적의 이송 요청자
> ㉥ 단순 열상(裂傷) 또는 찰과상(擦過傷)으로 지속적인 출혈이 없는 외상환자
> ㉦ 병원 간 이송 또는 자택으로의 이송 요청자(의사가 동승한 응급환자의 병원 간 이송은 제외)

07 다음 중 화재의 출입 · 조사에 관하여 바르지 않은 것은?

① 화재조사를 하는 관계공무원은 그 권한을 표시하는 증표를 지니고 이를 관계인에게 보여주어야 한다.

② 소방청장, 소방본부장 또는 소방서장은 화재조사를 하기 위하여 필요하면 관계인에게 보고 또는 자료제출을 명하거 나 관계공무원으로 하여금 관계 장소를 출입하여 화재의 원인과 피해의 상황을 조사하거나 관계인에게 질문하게 할 수 있다.

③ 화재조사를 하는 관계공무원은 관계인의 정당한 업무를 방해하거나 화재조사를 수행하면서 알게 된 비밀을 다른 사 람에게 누설하여서는 아니된다.

④ 소방청장, 소방본부장 또는 소방서장은 수사기관이 방화 또는 실화의 혐의가 있어서 이미 피의자를 체포하였거나 증거물을 압수하였을 때에는 화재조사를 위하여 경찰 수사 전에 선행하여 그 피의자 또는 압수된 증거물에 대한 조사를 할 수 있다.

> 💡 **TIPS!**
>
> ④ 소방청장, 소방본부장 또는 소방서장은 수사기관이 방화(放火) 또는 실화(失火)의 혐의가 있어서 이미 피의자를 체포하였거 나 증거물을 압수하였을 때에 화재조사를 위하여 필요한 경우에는 수사에 지장을 주지 아니하는 범위에서 그 피의자 또는 압수 된 증거물에 대한 조사를 할 수 있다〈소방기본법 제31조(수사기관에 체포된 사람에 대한 조사)〉.

Answer 06.③ 07.④

2013년 중앙/지방

08 119구급대가 의료행위를 하기 위해 갖춰야 할 자격기준이 바르지 않은 것은?

① 적십자사 총재가 실시하는 구급업무의 교육을 받은 자

② 응급의료에 관한 법률에 따라 1급 응급구조사 자격을 취득한 자

③ 응급의료에 관한 법률에 따라 2급 응급구조사 자격을 취득한 자

④ 의료법에 따른 의료인

> **TIPS!**
>
> 119구조·구급에 관한 법률 시행령 제11조
> ㉠ 의료인
> ㉡ 1급 응급구조사 자격을 취득한 사람
> ㉢ 2급 응급구조사 자격을 취득한 사람
> ㉣ 소방청장이 실시하는 구급업무에 관한 교육을 받은 사람

2013년 중앙/지방

09 다음 중 특수구조대가 아닌 것은?

① 화학구조대 ② 산악구조대

③ 지하철구조대 ④ 테러구조대

> **TIPS!**
>
> 구조대의 종류
> ㉠ 일반구조대
> ㉡ 특수구조대
> • 화학구조대 : 화학공장이 밀집한 지역
> • 수난구조대 : 내수면지역
> • 산악구조대 : 자연공원 등 산악지역
> • 고속국도구조대 : 고속국도
> • 지하철구조대 : 도시철도의 역사(驛舍) 및 역 시설
> ㉢ 직할구조대
> ㉣ 테러대응구조대
> ㉤ 국제구조대
> ㉥ 119항공대

Answer 08.① 09.④

2013년 지방

10 다음 중 응급처치법으로 바르지 않은 것은?

① 의식이 없는 대상자는 복와위나 측위가 좋지만 이 체위가 불가능 하다면 똑바로 눕혀 머리만 한쪽으로 돌려놓는다.

② 쇼크는 산소를 충분히 공급하지 못하므로 환자의 경구를 통하여 물이나 음료 등을 많이 섭취하게 한다.

③ 출혈이 계속적으로 있다면 생명을 잃기 쉽기 때문에 상처부위에 먼지나 세균의 침입을 막기 위해 소독된 거즈나 붕대를 이용하여 드레싱을 하고 즉시 지혈을 하도록 한다.

④ 턱을 위로 올려 기도가 직선이 되어 개방된 상태를 유지하며 질식을 막기 위해 기도 내의 이물을 제거하여 호흡을 자유롭게 한다. 호흡장애 시 즉시 인공호흡을 시행 한다.

> **TIPS!**
> ② 의식이 없는 환자, 심한 출혈 환자, 복부부상환자는 경구부에 아무것도 투여 하지 않는다.
> ※ 응급처치의 일반적인 원칙
> ㉠ 긴급한 상황이라도 구조자 자신의 안전에 주의를 기울인다.
> ㉡ 쇼크를 예방하는 처치를 한다.
> ※ 응급처치활동의 일반적인 순서
> ㉠ 구급대원 자신 및 요구조자의 안전을 우선적으로 확보한다.
> ㉡ 요구조자의 생명 및 안전을 위협하는 요소를 제거한다.
> ㉢ 기본 인명구조술(기도확보, 호흡유지, 순환유지)을 시행한다.
> ㉣ 응급처치가 끝나면 의료기관으로 이송한다.

2011년 하반기

11 다음 중 분무방수에 대한 내용 중 바르지 않은 것은?

① 분무방수는 유류화재에 적용이 가능하다.

② 물분무는 입자가 적당할수록 질식소화에 용이하다.

③ 분무방수는 화점에 대한 명중률이 좋다.

④ 분무방수는 단거리 공격에 해당되며, 실외 등 개방된 공간에 효과적이다.

> **TIPS!**
> ③ 화점에 대한 명중률은 직사방수가 좋다.

Answer 10.② 11.③

12 다음 중 응급처치에 대한 일반원칙이 아닌 것은?

① 환자의 쇼크를 예방한다.

② 피가 나는 상처 부위의 지혈을 처리한다.

③ 신속하고 침착하게 그리고 질서 있게 대처한다.

④ 어떠한 경우라도 본인보다 환자보호를 우선한다.

> **TIPS!**
>
> ④ 어떠한 경우라도 구조자는 환자를 무리하게 구조하지 않는다. 또한 자신의 안전을 최우선으로 해야 한다.

13 다음 중 「119구조·구급에 관한 법률 시행령」에 따른 구조대원의 자격기준이 아닌 것은?

① 소방청장이 실시하는 인명구조사 교육을 받은 사람

② 소방청장이 실시하는 인명구조사 시험에 합격한 사람

③ 국가·지방자치단체 및 공공기관의 구조 관련 분야에서 근무한 경력이 1년 이상인 사람

④ 응급구조사 자격을 가진 사람으로서 소방청장이 실시하는 구조업무에 관한 교육을 받은 사람

> **TIPS!**
>
> 구조대원의 자격기준〈「119구조·구급에 관한 법률 시행령」 제6조 제1항〉… 구조대원은 소방공무원으로서 다음의 어느 하나에 해당하는 자격을 갖추어야 한다.
> 1. 소방청장이 실시하는 인명구조사 교육을 받았거나 인명구조사 시험에 합격한 사람
> 2. 국가·지방자치단체 및 「공공기관의 운영에 관한 법률」에 따른 공공기관의 구조 관련 분야에서 근무한 경력이 2년 이상인 사람
> 3. 「응급의료에 관한 법률」에 따른 응급구조사 자격을 가진 사람으로서 소방청장이 실시하는 구조업무에 관한 교육을 받은 사람

Answer 12.④ 13.③

14 수분, 수시간 내에 처치하지 않으면 생명이 위험한 환자는?

① 긴급환자   ② 응급환자

③ 비응급환자   ④ 지연환자

> **TIPS!**
>
> 환자의 구분
> ㉠ 수분, 수시간 내에 처치하지 않으면 생명이 위험한 환자를 긴급환자라 한다.
> ㉡ 손상이 전신적인 증상이나 효과를 유발하지만, 아직까지 쇼크 또는 저산소증 상태가 아닌 경우를 응급환자라 한다.
> ㉢ 전신적인 위험 없이 손상이 국한된 경우, 최소한의 조치로도 수 시간 이상 아무 문제가 없는 상태를 비응급환자라 한다.

15 다음 설명 중 바르지 않은 것은?

① 모든 차와 사람은 소방자동차가 화재진압 및 구조·급을 위하여 출동하는 때에는 이를 방해해서는 안 된다.

② 소방자동차의 우선통행에 관하여는 도로교통법에 따른다.

③ 관계인은 소방대가 현장에 도착할 때까지 경보기를 울리거나 대피유도를 하는 등의 방법으로 사람을 구출하는 인명구조 또는 불이 번지지 아니하도록 소화작업 등의 필요한 조치를 취하여야 한다.

④ 사이렌은 화재진압 및 구조·구급활동을 위한 출동 시가 아니면 사용할 수 없다.

> **TIPS!**
>
> ④ 사이렌은 화재진압 및 구조·구급활동, 훈련 시에 사용 가능하다.

Answer 14.① 15.④

16 다음 중 화재예방 조치에 관한 설명으로 바르지 않은 것은?

① 소방본부장 또는 소방서장은 불장난, 모닥불, 흡연, 화기(火氣) 취급, 그 밖에 화재예방상 위험하다고 인정되는 행위의 금지 또는 제한할 수 있다.

② 소방본부장이나 소방서장은 그냥 둔 위험물의 소유자·관리자 또는 점유자의 주소와 성명을 알 수 없을 때에는 소속 공무원으로 하여금 그 위험물 또는 물건을 옮기거나 치우게 할 수 있다.

③ 소방본부장 또는 소방서장은 소유자가 없는 위험물을 14일 동안 보관한 후 종료일로부터 7일 이내에 매각 혹은 폐기할 수 있다.

④ 소방청장·소방본부장 또는 소방서장은 공공의 안녕질서 유지 또는 복리증진을 위하여 필요한 경우 소방활동 외에 소방지원활동을 하게 할 수 있다.

 TIPS!

소방본부장이나 소방서장은 위험물 또는 물건을 보관하는 경우에는 그 날부터 14일 동안 소방본부 또는 소방서의 게시판에 그 사실을 공고하고 게시판에 공고하는 기간의 종료일 다음 날부터 7일간 보관 후 폐기 혹은 매각한다.

17 다음 중 화재예방활동이 아닌 것은?

① 화재경계지구 지정
② 소방활동 종사 명령
③ 불에 탈 수 있는 위험물의 이동
④ 화기취급의 제한

TIPS!

소방활동 종사 명령은 화재, 재난·재해 그 밖의 위급한 상황이 발생한 현장에서의 활동이다〈소방기본법 제24조〉.

Answer 16.③ 17.②

18 다음 중 소방지원활동에 관한 설명으로 틀린 것은?

① 방송제작, 촬영관련 지원활동
② 119에 접수된 위험제거 활동
③ 산불에 대한 예방·진압 등 지원활동
④ 자연재해에 따른 급수, 제설 등 지원활동

TIPS!

② 119에 접수된 생활안전 및 위험제거 활동은 생활안전활동에 해당된다.

19 소방지원활동으로 옳지 않은 것은?

① 방송제작 관련 지원활동
② 자연재해에 따른 인명구조 활동
③ 소방시설 오작동 신고에 따른 조치활동
④ 산불에 대한 예방·진압 등 지원활동

TIPS!

② 자연재해에 따른 인명구조활동은 소방활동이다.
※ **소방지원활동**〈소방기본법 제16조의2〉
  ㉠ 산불에 대한 예방·진압 등 지원활동
  ㉡ 자연재해에 따른 급수·배수 및 제설 등 지원활동
  ㉢ 집회·공연 등 각종 행사 시 사고에 대비한 근접대기 등 지원활동
  ㉣ 화재, 재난·재해로 인한 피해복구 지원활동
  ㉤ 그 밖에 행정안전부령으로 정하는 활동〈시행규칙 8조의3(소방지원활동)〉
   • 군·경찰 등 유관기관에서 실시하는 훈련지원 활동
   • 소방시설 오작동 신고에 따른 조치활동
   • 방송제작 또는 촬영 관련 지원활동

Answer 18.② 19.②

20 도시의 건물밀집지역 등 화재가 발생할 우려가 높거나 화재가 발생하는 경우 그로 인하여 피해가 클 것으로 예상되는 일정 구역을 무엇이라 하는가?

① 화재경계지구
② 화재예방지구
③ 특별화재지구
④ 화재위험지구

TIPS!

시·도지사는 다음의 어느 하나에 해당하는 지역 중 화재가 발생할 우려가 높거나 화재가 발생하는 경우 그로 인하여 피해가 클 것으로 예상되는 지역을 화재경계지구(火災警戒地區)로 지정할 수 있다〈소방기본법 제13조 제1항〉.
1. 시장지역
2. 공장·창고가 밀집한 지역
3. 목조건물이 밀집한 지역
4. 위험물의 저장 및 처리 시설이 밀집한 지역
5. 석유화학제품을 생산하는 공장이 있는 지역
6. 「산업입지 및 개발에 관한 법률」 제2조 제8호에 따른 산업단지
7. 소방시설·소방용수시설 또는 소방출동로가 없는 지역
8. 그 밖에 제1호부터 제7호까지에 준하는 지역으로서 소방청장·소방본부장 또는 소방서장이 화재경계지구로 지정할 필요가 있다고 인정하는 지역

21 화재경계지구에 대한 설명으로 바르지 않은 것은?

① 화재경계지구 안에서 소방본부장, 소방서장의 업무는 소방특별조사 및 소방훈련·교육이 있다.
② 화재경계지구는 소방본부장이 지정한다.
③ 소방특별조사는 소방대상물의 위치구조설비 등에 대해 연1회 이상 실시한다.
④ 소방본부장 또는 소방서장은 화재경계지구 안의 관계인에 대하여 연 1회 이상 소방특별조사를 실시하여야 하고 훈련 및 교육을 실시 할 수 있다.

TIPS!

② 화재경계지구는 시·도지사가 지정한다.

Answer 20.① 21.②

22 화재경계지구 지정 대상지역으로 바르지 않은 것은?

① 상가지역
② 공장·창고가 밀집한 지역
③ 위험물의 저장 및 처리 시설이 밀집한 지역
④ 소방시설·소방용수시설 또는 소방출동로가 없는 지역

> ☀ **TIPS!** ┄┄
>
> 화재경계지구 지정 대상 지역〈소방기본법 제13조(화재경계지구의 지정 등)〉
> ㉠ 시장지역
> ㉡ 공장·창고가 밀집한 지역
> ㉢ 목조건물이 밀집한 지역
> ㉣ 위험물의 저장 및 처리 시설이 밀집한 지역
> ㉤ 석유화학제품을 생산하는 공장이 있는 지역
> ㉥ 「산업입지 및 개발에 관한 법률」에 따른 산업단지
> ㉦ 소방시설·소방용수시설 또는 소방출동로가 없는 지역
> ㉧ 소방청장·소방본부장 또는 소방서장이 화재경계지구로 지정할 필요가 있다고 인정하는 지역

23 「기상법」에 따른 이상기상(異常氣象)의 예보 또는 특보가 있을 때 화재에 관한 경보를 발령하고 그에 따른 조치를 할 수 있는 권한권자로 바른 것은?

① 시·도지사
② 행정안전부장관
③ 소방청장
④ 소방본부장

> ☀ **TIPS!** ┄┄
>
> 소방본부장이나 소방서장은 「기상법」에 따른 이상기상(異常氣象)의 예보 또는 특보가 있을 때에는 화재에 관한 경보를 발령하고 그에 따른 조치를 할 수 있다〈소방기본법 제14조(화재에 관한 위험경보)〉.

Answer 22.① 23.④

24 화재로 오인할 만한 우려가 있는 불을 피우거나 연막 소독 시 소방서장에게 신고하여야하는 지역으로 바르지 않은 것은?

① 시장지역
② 공장·창고가 밀집한 지역
③ 위험물의 저장 및 처리 시설이 밀집한 지역
④ 소방시설·소방용수시설 또는 소방출동로가 없는 지역

TIPS!

④ 소방시설·소방용수시설 또는 소방출동로가 없는 지역은 화재경계지구이다.

※ 화재로 오인할 만한 우려가 있는 불을 피우거나 연막 소독 시 통지사항〈소방기본법 제19조 제2항〉… 다음의 어느 하나에 해당하는 지역 또는 장소에서 화재로 오인할 만한 우려가 있는 불을 피우거나 연막(煙幕) 소독을 하려는 자는 시·도의 조례로 정하는 바에 따라 관할 소방본부장 또는 소방서장에게 신고하여야 한다.
㉠ 시장지역
㉡ 공장·창고가 밀집한 지역
㉢ 목조건물이 밀집한 지역
㉣ 위험물의 저장 및 처리시설이 밀집한 지역
㉤ 석유화학제품을 생산하는 공장이 있는 지역
㉥ 그 밖에 시·도의 조례로 정하는 지역 또는 장소

25 소방기본법에서 소방활동 종사 명령을 할 수 있는 사람에 해당하지 않는 사람은?

① 소방본부장
② 소방대장
③ 소방서장
④ 소방청장

TIPS!

소방본부장, 소방서장 또는 소방대장은 화재, 재난·재해, 그 밖의 위급한 상황이 발생한 현장에서 소방활동을 위하여 필요할 때에는 그 관할구역에 사는 사람 또는 그 현장에 있는 사람으로 하여금 사람을 구출하는 일 또는 불을 끄거나 불이 번지지 아니하도록 하는 일을 하게 할 수 있다. 이 경우 소방본부장, 소방서장 또는 소방대장은 소방활동에 필요한 보호장구를 지급하는 등 안전을 위한 조치를 하여야 한다〈소방기본법 제24조(소방활동 종사 명령)〉.

Answer 24.④ 25.④

26 소방활동구역을 설정하여 화재 시 출입할 수 없는 자는?

① 전기 · 가스 · 경찰 · 교통업무 종사자
② 소방대장이 소방활동을 위하여 출입을 허가한 자
③ 소방활동구역 안의 소유자, 관리자, 점유자
④ 의사, 간호사, 구조, 구급, 수사, 보도업무 종사자

> **TIPS!**
>
> 경찰의 경우 수사업무에 필요한 경우이며, 전기 · 가스 · 수도 · 통신 · 교통의 업무에 종사하는 자는 원활한 소방활동을 위하여 필요 경우이다.
>
> ※ **소방활동구역의 출입자**〈소방기본법 시행령 제8조〉
> ㉠ 소방활동구역 안에 있는 소방대상물의 소유자 · 관리자 또는 점유자
> ㉡ 전기 · 가스 · 수도 · 통신 · 교통의 업무에 종사하는 사람으로서 원활한 소방활동을 위하여 필요한 사람
> ㉢ 의사 · 간호사 그 밖의 구조 · 구급업무에 종사하는 사람
> ㉣ 취재인력 등 보도업무에 종사하는 사람
> ㉤ 수사업무에 종사하는 사람
> ㉥ 그 밖에 소방대장이 소방활동을 위하여 출입을 허가한 사람

27 화재, 재난 · 재해, 그 밖의 위급한 상황이 발생한 현장에 소방활동구역을 정하여 소방활동에 필요한 사람을 정하고, 그 지정된 사람 외에는 그 구역에 출입하는 것을 제한 하는것을 소방활동구역 설정이라 한다. 다음 중 소방활동구역 설정의 권한을 가진 자는?

① 소방서장   ② 소방대장
③ 소방본부장   ④ 소방청장

> **TIPS!**
>
> 소방대장은 화재, 재난 · 재해, 그 밖의 위급한 상황이 발생한 현장에 소방활동구역을 정하여 소방활동에 필요한 사람으로서 대통령령이 정하는 사람 외에는 그 구역에 출입하는 것을 제한할 수 있다〈소방기본법 제23조(소방활동구역의 설정)〉.

Answer 26.① 27.②

28 다음 중 소방신호의 종류가 아닌 것은?

① 경방신호

② 훈련신호

③ 발화신호

④ 해제신호

> **TIPS!**
>
> 소방신호는 경계신호, 훈련신호, 발화신호, 해제신호가 있다. 경방신호는 소방신호에 해당되지 않는다.
>
> ※ **소방신호의 종류 및 방법**〈소방기본법 시행규칙 제10조〉
>   ㉠ 경계신호 : 화재예방상 필요하다고 인정되거나 화재위험경보 시 발령
>   ㉡ 발화신호 : 화재가 발생한 때 발령
>   ㉢ 해제신호 : 소화활동이 필요없다고 인정되는 때 발령
>   ㉣ 훈련신호 : 훈련상 필요하다고 인정되는 때 발령

29 소방기본법에서 정하는 소방 교육·훈련 중 그 대상자가 가장 다른 훈련은?

① 인명대피훈련

② 응급처치훈련

③ 화재진압훈련

④ 현장지휘훈련

> **TIPS!**
>
> 소방대원에게 실시할 교육·훈련의 종류는 화재진압훈련, 인명구조훈련, 응급처치훈련, 인명대피훈련, 현장지휘훈련이 있다〈소방기본법 시행규칙 제9조〉.
>
> ※ **교육·훈련의 종류 및 교육·훈련을 받아야 할 대상자**〈소방기본법 시행규칙 별표 3의2〉
>
> | 종류 | 교육·훈련의 대상자 |
> |---|---|
> | 화재진압훈련 | 화재진압 업무 소방공무원, 의무소방원, 의용소방대원 |
> | 인명구조훈련 | 구조업무 소방공무원, 의무소방원, 의용소방대원 |
> | 응급처치훈련 | 구급업무 소방공무원, 의무소방원, 의용소방대원 |
> | 인명대피훈련 | 모든 소방공무원, 의무소방원, 의용소방대원 |
> | 현장지휘훈련 | 소방정, 소방령, 소방경, 소방위 |

Answer 28.① 29.④

30 인접건물의 화재확대 방지 차원에서 블록의 4방면 중, 바람이 불어나가는 쪽이나 비화되는 쪽의 경우 화재확대가 가능한 면을 동시에 방어하는 전술을 무엇이라고 하는가?

① 블록전술   ② 포위전술
③ 중점전술   ④ 집중전술

> **TIPS!**
>
> 소방전술
> ㉠ 포위전술 : 노즐을 화재발생지점에 포위 배치하여 진압한다.
> ㉡ 블록전술 : 확대가능한 면을 대응 방어로 포위하여 인접 건물로 확대되는 것을 방지한다.
> ㉢ 중점전술 : 통제 불가능할 정도의 재해 발생 시 사회·경제적으로 중요대상물을 방어한다. 대폭발 등으로부터 인명을 보호하기 위해 피난로, 피난예정지 확보 등을 한다.
> ㉣ 집중전술 : 부대가 집중하여 일시에 진화하는 작전으로 예컨대 위험물 옥외저장탱크 화재 등에 사용된다.

31 다음 중 소방신호의 종류 및 방법에 대한 설명으로 옳지 않은 것은?

① 경계신호 : 1타와 연2타를 반복

② 발화신호 : 난타

③ 해제신호 : 상당한 간격을 두고 1타씩 반복

④ 훈련신호 : 연3타 반복(단, 소방대의 비상소집을 할 경우에는 훈련신호를 사용할 수 없다.)

> **TIPS!**
>
> **소방신호의 종류 및 방법**〈소방기본법 시행규칙 제10조〉
> ㉠ 경계신호 : 화재예방상 필요하다고 인정되거나 화재위험경보 시 발령
> ㉡ 발화신호 : 화재가 발생한 때 발령
> ㉢ 해제신호 : 소화활동이 필요 없다고 인정되는 때 발령
> ㉣ 훈련신호 : 훈련상 필요하다고 인정되는 때 발령
> ※ **소방신호의 방법**〈소방기본법 시행규칙 별표 4〉
>
> | 구분 | 타종신호 | 싸이렌신호 |
> |------|----------|------------|
> | 경계신호 | 1타와 연2타를 반복 | 5초 간격을 두고 30초씩 3회 |
> | 발화신호 | 난타 | 5초 간격을 두고 5초씩 3회 |
> | 해제신호 | 상당한 간격을 두고 1타씩 반복 | 1분간 1회 |
> | 훈련신호 | 연3타 반복 | 10초 간격 1분씩 3회 |
>
> [비고]
> 1. 소방신호의 방법은 그 전부 또는 일부를 함께 사용할 수 있다.
> 2. 게시판을 철거하거나 통풍대 또는 기를 내리는 것으로 소방활동이 해제되었음을 알린다.
> 3. 소방대의 비상소집을 하는 경우에는 훈련신호를 사용할 수 있다.

Answer 30.① 31.④

32 다음 중 화재 진압 시 수비전술을 펼쳐야 하는 상황으로 바른 것은?

① 소방력이 불길의 세력보다 클 때 화재발생지점에 소방력을 집중하는 전술

② 소방력이 불길보다 약하여 불길확산 방지 등의 전술

③ 부대가 집중하여 일시에 진화하는 작전 전술

④ 노즐을 화재발생지점에 포위 배치하여 진압하는 전술

> **TIPS!**
> ① 소방력이 불길의 세력보다 클 때 화재발생지점에 소방력을 집중하는 전술 – 공격전술
> ③ 부대가 집중하여 일시에 진화하는 작전 전술 – 집중 전술
> ④ 노즐을 화재발생지점에 포위 배치하여 진압하는 전술 – 포위전술

33 소방전술에서 물을 뿌리는 주수방법 중 바르지 않은 것은?

① 직사주수는 유리창 틀 같은 곳의 이물질을 제거할 수 있다.

② 분무주수는 직상주수보다 냉각효과가 작다.

③ 직사주수는 분무주수에 비하여 소화시간이 짧다.

④ 분무주수는 유류화재 초기 시 질식효과가 있다.

> **TIPS!**
> ② 분무주수는 직상주수보다 냉각효과가 크다.

34 다음 중 위험물안전관리법에서 제시된 제조소 등에 해당하지 않는 것은?

① 제조소   ② 보관소
③ 저장소   ④ 취급소

> **TIPS!**
> 제조소 등이라 함은 제조소·저장소 및 취급소를 말한다〈위험물안전관리법 제2조〉.

Answer 32.② 33.② 34.②

35 다음 보기의 밑줄친 부분에 들어갈 용어로 바른 것은?

> _____란 화재, 재난·재해 및 테러, 그 밖의 위급한 상황에서 외부의 도움을 필요로 하는 사람의 생명, 신체 및 재산을 보호하기 위하여 수행하는 모든 활동을 말한다.

① 구급
③ 재난관리
② 구조
④ 응급처치

> **☀TIPS!**
>
> 구조란 화재, 재난·재해 및 테러, 그 밖의 위급한 상황(위급상황)에서 외부의 도움을 필요로 하는 사람(요구조자)의 생명, 신체 및 재산을 보호하기 위하여 수행하는 모든 활동을 말한다〈119구조·구급에 관한 법률 제2조〉.

36 다음 중 구조·구급에 관한 설명으로 바르지 않은 것은?

① 특수구조대로는 화학구조대, 수난구조대, 고속국도구조대, 119항공대가 있다.
② 일반구조대는 119구조대 또는 119안전센터·119지역마다 각각 1대 이상 설치한다.
③ 고속국도구급대는 소방대장, 소방서장, 소방본부장이 교통사고의 발생빈도 등을 고려하여 설치한다.
④ 소방청과 소방본부에 항공구조구급대를 설치할 수 있다.

> **☀TIPS!**
>
> ① 특수구조대로는 화학구조대, 수난구조대, 산악구조대, 고속국도구조대, 지하철구조대가 있다.
>
> ※ 119항공대의 편성과 운영
> ㉠ 소방청장은 119항공대를 소방청에 설치하는 직할구조대에 설치할 수 있다.
> ㉡ 소방본부장은 시·도 규칙으로 정하는 바에 따라 119항공대를 편성하여 운영하되, 효율적인 인력 운영을 위하여 필요한 경우에는 시·도 소방본부에 설치하는 직할구조대에 설치할 수 있다.

Answer 35.② 36.①

37 다음 중 구조 활동의 우선순위가 바르게 배열된 것은?

> ㉠ 요구조자의 구명에 필요한 조치를 한다.
> ㉡ 위험현장에서 격리하여 재산을 보전한다.
> ㉢ 요구자의 상태 악화 방지에 필요한 조치를 한다.
> ㉣ 안전구역으로 구출활동을 침착하게 개시한다.

① ㉠ - ㉢ - ㉣ - ㉡
② ㉠ - ㉡ - ㉢ - ㉣
③ ㉢ - ㉠ - ㉣ - ㉡
④ ㉠ - ㉣ - ㉢ - ㉡

 TIPS!

구조활동의 우선순위 … 구명 → 신체 구출 → 고통경감 → 재산보호

38 다음 중 구조대 설치기준에 대한 설명으로 틀린 것은?

① 소방청장·소방본부장 또는 소방서장은 위급상황에서 요구조자의 생명 등을 신속하고 안전하게 구조하는 업무를 수행하기 위하여 대통령령으로 정하는 바에 따라 119구조대를 편성하여 운영하여야 한다.
② 소방청장은 여름철 물놀이 장소에서의 안전을 확보하기 위하여 민간 자원봉사자로 구성된구조대를 지원할 수 있다.
③ 119시민수상구조대의 운영, 그 밖에 필요한 사항은 시·도 조례로 정한다.
④ 구조대의 출동구역은 대통령령으로 정한다.

TIPS!

④ 구조대의 출동구역은 행정안전부령으로 정한다〈119구조·구급에 관한 법률 시행령 제5조 제2항〉.

39 다음 중 소방장비에 관한 설명으로 옳지 않은 것은?

① 기동장비: 자체에 동력원이 부착되어 자력으로 이동하거나 견인되어 이동할 수 있는 장비
② 화재진압장비: 화재진압활동에 직접 사용되는 필수장비
③ 구조장비: 소방업무 수행을 위한 의사전달 및 정보교환·분석에 필요한 장비
④ 측정장비: 소방업무 수행에 수반되는 각종 조사 및 측정을 위하여 사용되는 장비

> **TIPS!**
>
> **소방장비의 분류〈소방장비관리법 시행령 별표 1〉**
> ㉠ 기동장비: 자체에 동력원이 부착되어 자력으로 이동하거나 견인되어 이동할 수 있는 장비
> ㉡ 화재진압장비: 화재진압활동에 직접 사용되는 필수장비
> ㉢ 구조장비: 구조활동에 사용되는 장비
> ㉣ 구급장비: 구급활동에 사용되는 장비
> ㉤ 정보통신장비: 소방업무 수행을 위한 의사전달 및 정보교환·분석에 필요한 장비
> ㉥ 측정장비: 소방업무 수행에 수반되는 각종 조사 및 측정을 위하여 사용되는 장비
> ㉦ 보호장비: 소방현장에서 소방대원의 신체를 보호하는 장비
> ㉧ 보조장비: 소방업무 수행을 위하여 간접 또는 부수적으로 필요한 장비

Answer 39.③

40 다음 중 위험물 출입·검사에 관한 설명으로 옳지 않은 것은?

① 소방서장은 위험물의 저장 또는 취급에 따른 화재의 예방 또는 진압대책을 위하여 필요한 때에는 위험물을 저장 또는 취급하고 있다고 인정되는 장소의 관계인에 대하여 필요한 보고 또는 자료제출을 명할 수 있다.

② 소방서장은 관계공무원으로 하여금 당해 장소에 출입하여 그 장소의 위치·구조·설비 및 위험물의 저장·취급상황에 대하여 검사하게 할 수 있다.

③ 소방서장은 관계공무원으로 하여금 관계인에게 질문하게 하고 시험에 필요한 최소한의 위험물 또는 위험물로 의심되는 물품을 수거하게 할 수 있다.

④ 개인의 주거는 관계인의 승낙을 얻은 경우 또는 화재발생의 우려가 커서 긴급한 필요가 있는 경우가 아니면 출입할 수 있다.

TIPS!

소방청장, 시·도지사, 소방본부장 또는 소방서장은 위험물의 저장 또는 취급에 따른 화재의 예방 또는 진압대책을 위하여 필요한 때에는 위험물을 저장 또는 취급하고 있다고 인정되는 장소의 관계인에 대하여 필요한 보고 또는 자료제출을 명할 수 있으며, 관계공무원으로 하여금 당해 장소에 출입하여 그 장소의 위치·구조·설비 및 위험물의 저장·취급상황에 대하여 검사하게 하거나 관계인에게 질문하게 하고 시험에 필요한 최소한의 위험물 또는 위험물로 의심되는 물품을 수거하게 할 수 있다. 다만, 개인의 주거는 관계인의 승낙을 얻은 경우 또는 화재발생의 우려가 커서 긴급한 필요가 있는 경우가 아니면 출입할 수 없다〈위험물안전관리법 제22조 제1항〉.

Answer 40.④

PART

02

재난관리

01 재난 및 재난관리의 개념
02 재난 및 안전관리 기본법

01 재난 및 재난관리의 개념

기출PLUS

section 1 재난관리의 의의 및 재해

(1) 재난의 개념

우리나라의 경우 「재난 및 안전관리 기본법」 제3조(정의)에서 재난을 국민의 생명·신체·재산과 국가에 피해를 주거나 줄 수 있는 것으로 정의하고 있고, 자연재난·사회적재난·해외재난으로 구분하고 있으며, 「자연재해대책법」 제2조(정의)에서는 재난으로 인하여 발생하는 피해를 재해로 정의하고 있다.

(2) 재난의 유형

① **자연재난** ⋯ 태풍, 홍수, 호우, 강풍, 풍랑, 해일, 대설, 한파, 낙뢰, 가뭄, 폭염, 지진, 황사, 조류대발생, 조수, 화산활동, 소행성·유성체 등 자연우주물체의 추락·충돌, 그 밖에 이에 준하는 자연현상으로 인해 발생하는 재해를 말한다.

> **POINT** 자연재해대책법에서는 자연재난으로 인하여 발생하는 재해를 "자연재해"로, 태풍·홍수·호우·강풍·풍랑·해일·조수·대설, 그 밖에 이에 준하는 자연현상으로 인하여 발생하는 재해를 "풍수해"로 정의한다.

② **사회재난** ⋯ 화재·붕괴·폭발·교통사고(항공사고 및 해상사고를 포함한다)·화생방사고·환경오염사고 등으로 인하여 발생하는 대통령령으로 정하는 규모 이상의 피해와 국가핵심기반의 마비, 「감염병의 예방 및 관리에 관한 법률」에 따른 감염병 또는 「가축전염병예방법」에 따른 가축전염병의 확산, 「미세먼지 저감 및 관리에 관한 특별법」에 따른 미세먼지 등으로 인한 피해를 말한다.

> **POINT** 재난의 범위〈「재난 및 안전관리 기본법 시행령」 제2조〉 ⋯ "대통령령으로 정하는 규모 이상의 피해란 다음의 어느 하나에 해당하는 것을 말한다.
> ① 국가 또는 지방자치단체 차원의 대처가 필요한 인명 또는 재산의 피해
> ② 그 밖에 ①의 피해에 준하는 것으로서 소방청장이 재난관리를 위하여 필요하다고 인정하는 피해

③ **해외재난** ⋯ 대한민국의 영역 밖에서 대한민국 국민의 생명·신체 및 재산에 피해를 주거나 줄 수 있는 재난으로서 정부차원에서 대처할 필요가 있는 재난을 말한다.

TIP
기존 재난분류에서는 인적재난·사회적 재난·자연적 재난·해외재난으로 분류하였으나, 현재는 인적재난이 사회적 재난에 포함되었다.

(3) 학자에 의한 분류

① 아네스(Anesth)의 재난분류

대분류	세 분류	재난 종류
자연재난	기후성 재난	• 태풍
	지진성 재난	• 지진 • 화산폭발 • 해일
인위재난	사고성 재난	• 생물학적 사고(바이러스 · 박테리아 · 독혈증 등 • 화학적 사고(유독물질 등) • 화재사고 • 교통사고(차량 · 항공 · 선박 · 철도) • 산업사고(건축물 붕괴) • 폭발사고(가스 갱도 화학 폭발물) • 방사능 재해
	계획적 재난	• 테러 • 폭동 • 전쟁

② 존스(Jones)의 재난분류 ✪ 2019 기출

재난					
자연재난				준자연재난	인위재난
지구물리학적 재해			생물학적 재해		
지질학적 재난	지형학적 재난	기상(후)학적 재난			
• 지진 • 화산 • 쓰나미 등	• 산사태 • 염수토양 등	• 안개 • 눈 • 해일 • 번개 • 토네이도 • 폭풍 • 태풍 • 가뭄 • 이상기온 등	• 세균질병 • 유독식물 • 유독동물	• 스모그현상 • 온난화현상 • 사막화현상 • 염수화현상 • 눈사태 • 산성화 • 홍수 • 토양침식 등	• 공해 • 광화학연무 • 폭동 • 교통사고 • 폭발사고 • 태업 • 전쟁 등

③ 하인리히 법칙(Heinrich's Law) – 도미노이론(연쇄반응이론) ···

하인리히(Herbert William Heinrich, 1881~1962)는 재해가 발생하는 과정이 도미노(domino)의 연쇄적 붕괴과정과 비슷하다고 보고 이를 재해발생 모델로 정립했다. 즉, 재해는 일련의 시간축 상의 여러 사건들의 연속적 작용으로 나타나는 것이다. 이러한 연속적 작용 중 가정환경과 사회환경의 결함은 재해발생의 최초 원인이다. 이는 "1 : 29 : 300 법칙"이라고도 한다.

㉠ 제1단계 유전적 요인 및 사회적 환경

• 무모 · 완고 · 탐욕 등 바람직하지 못한 성격은 유전적일 가능성이 높다고 평가된다.
• 부적절한 환경은 성격 이상을 불러오고, 교육방해는 인적 결함의 원인이 된다.

기출 2019. 4. 6. 시행

존스(Jones)의 재해분류 중 기상학적 재해가 아닌 것은?

① 번개
② 폭풍
③ 쓰나미
④ 토네이도

❮정답 ③

ⓛ 제2단계 개인적 결함
- 무모함·신경질적·흥분 등 선천적·후천적인 인격 결함은 불안전한 행동을 유발한다.
- 기계적·물리적인 위험성의 존재에 따른 인적 결함도 포함한다.

ⓒ 제3단계 불안전한 행동 및 불안전 상태
- 안전장치 기능을 제거하거나 위험한 기계설비에 접근하는 불안전한 행동이 발생한다.
- 부적당한 방호상태, 불충분한 조명 등 불안전 상태는 직접적 사고의 원인이 된다.

ⓔ 제4단계 사고 : 제3단계가 진행되어 작업능률 저하, 직접·간접적인 인명피해와 재산손실을 가져온다.

ⓜ 제5단계 상해 : 직접적인 사고로 인한 재해로 사고발생의 최종결과 인적·물적 손실을 가져온다.

④ **프랭크 버드(Frank E. Bird.)의 법칙(Bird's Domino Law) - 도미노이론(연쇄성이론)** … 직접원인은 사고 발생 시 어느 정도 그 원인을 쉽게 알 수 있는 것으로, 하인리히의 불안전 상태나 불안전 행동 등이 이에 해당된다. 버드의 이론에서는 사고의 발생원인 중 불안전한 상태나 불안전한 행동을 사고의 직접원인으로 보지만, 이러한 원인이 나타나게 한 기본 원인에 보다 초점을 두고 있다. 이는 "1 : 10 : 30 : 600의 법칙"이라고도 한다.

ⓛ 제1단계 제어의 부족 : 연쇄성 재해에서 가장 중요한 것은 안전관리자가 미리 확립된 상태에서 전문 안전관리의 원리를 충분히 이해하고 이를 이행하는 것이다.

ⓛ 제2단계 기본원인 : 재해나 사고 발생 시 기본적인 배후 원인이 되는 것
- 개인적 요인 : 지식 및 기능의 부족, 부적당한 동기부여, 육체적·정신적 문제 등이다.
- 작업상의 요인 : 기계설비의 경험, 부적당한 기기의 사용방법, 부적절한 작업기준 및 작업체계 등

ⓒ 제3단계 직접원인 : 불안전한 행동 또는 불안전한 성태로서 하인리히를 비롯하여 프랭크 버드의 연쇄이론에서도 가장 중요한 대책사항으로 취급되었다.

ⓔ 제4단계 사고 : 사고란 육체적 손상·손해·재해로 인한 손실의 결과로서 바람직하지 못한 상태나 사상을 의미하며, 사고와의 접촉단계에 해당한다.

ⓜ 제5단계 상해(손실) : 작업장에서 발생하는 신경적·정신적·육체적인 영향인 외상적 상해와 질병 등을 의미한다.

section **2** 재난관리

(1) 재난관리의 개념

재난의 속성은 불확실성과 위험을 내포하고 있으므로 이러한 재난의 속성을 관리하는 것이다. 우리나라는 「재난 및 안전관리 기본법」에서 재난관리란 재난의 예방·대비·대응 및 복구를 위하여 하는 모든 활동으로 정의하고 있다.

(2) 재난관리 단계 ✪ 2020 기출

우리나라는 「재난 및 안전관리 기본법」에서 재난관리 단계를 예방·대비·대응·복구 단계의 4단계로 구분하고 있다.

① 예방단계 … 재난이 실제로 발생하기 전에 재난촉진 요인을 미리 제거하거나, 재난 요인이 가급적 발생하지 않도록 억제 또는 완화시키는 과정으로 재난완화활동이라고도 한다.

> **POINT** 예방단계의 주요 활동
> ㉠ 재난영향의 예측 및 평가 및 위험지도 마련
> ㉡ 재난취약시설에 대한 주기적인 검사와 규제
> ㉢ 위험시설이나 취약시설 보수·보강
> ㉣ 재난의 감소를 위한 강제규정 마련
> ㉤ 기상정보수집·분석 및 경보시스템 마련
> ㉥ 수해상습지역 설정 및 수해방지시설 공사
> ㉦ 안전기준 설정 및 비상활동 계획 수립

② 대비단계 … 사전에 재난상황에서 수행하여야 할 제반 사항을 계획·준비·교육·훈련을 함으로써 재난능력을 제고시키고, 재난발생 시 즉각적으로 대응할 수 있도록 태세를 강화시키기 위해 개인·집단·조직·국가에 의해서 취해지는 모든 활동과정을 말하며, 준비단계라고도 한다.

> **POINT** 대비단계의 주요 활동
> ㉠ 대응조직 관리 및 재난관리 우선순위체계 수립
> ㉡ 재난대응시스템의 가동연습 및 대응요원의 교육훈련
> ㉢ 경보시스템 및 비상방송시스템 구축·관리
> ㉣ 긴급대응계획의 수립 및 연습
> ㉤ 자원관리체계구축, 자원의 수송 및 통제계획 수립
> ㉥ 표준 운영절차 확립
> ㉦ 응급복구를 위한 자재비축 및 장비의 가동준비

③ 대응단계 … 실제 재난발생 시 국가의 모든 자원과 역량을 효과적으로 활용하고 신속하게 대처함으로써 인적·물적 피해를 최소화하고 2차 재난발생 가능성을 감소시키려는 일련의 활동을 포함하는 단계이다.

기출PLUS

기출 2020. 6. 20. 시행

「재난 및 안전관리 기본법」상 재난관리에 관한 내용으로 옳은 것은?

① 예방 – 재난 발생을 사전에 방지하기 위하여 매년 재난대비훈련 계획을 수립하고, 관계기관과 합동으로 재난대비훈련을 실시한다.

② 대비 – 재난을 효율적으로 관리하기 위하여 재난유형에 따라 위기관리 매뉴얼을 작성·운용한다.

③ 대응 – 재난 피해지역을 재해 이전 상태로 회복시키기 위하여 피해상황을 조사하고, 자체 복구계획을 수립·시행한다.

④ 복구 – 재난의 수습활동을 효율적으로 하기 위하여 재난관리자원의 비축·관리 및 긴급통신수단을 마련한다.

< 정답 ②

기출 2018. 10. 13. 시행

재난관리의 단계별 주요 활동 중 '긴급통신수단 구축'이 해당되는 단계로 옳은 것은?

① 대응 단계
② 대비 단계
③ 예방 단계
④ 복구 단계

< 정답 ②

POINT 대응단계의 주요활동
- ㉠ 비상방송 및 경보시스템 가동
- ㉡ 긴급대응계획 가동 및 대응자원 동원
- ㉢ 시민들에게 비상대비 방어 긴급지시
- ㉣ 긴급 대피 및 은신
- ㉤ 피해주민 수용·구호 및 응급의료 지원활동 전개
- ㉥ 탐색·구조

④ **복구단계**…실제 재난이 발생한 후부터 피해지역이 재난발생 이전으로 원상회복되는 장기적인 과정일 뿐만 아니라 초기 회복기간으로부터 피해지역이 정상상태로 돌아올 때까지 지속적인 지원을 제공하는 단계이다. 즉 발생된 재난에 의한 피해를 재난 이전의 상태로 회복시키고, 제도개선 및 운영체계 보완 등을 통해 재발방지와 재난관리 능력을 보완하는 사후관리 활동을 포함하는 단계다.

POINT 복구단계의 주요활동
- ㉠ 피해평가 및 대부·보조금 지급·이재민 구호
- ㉡ 피해주민 대응활동요원에 대한 재난심리상담(외상 후 스트레스증후군 관리)
- ㉢ 피해자 보상 및 배상관리
- ㉣ 재난 발생 및 문제점 조사
- ㉤ 복구 개선안 및 재발방지대책 마련
- ㉥ 임시통신망 구축 및 전염병 통제를 위한 방제활동

(3) 재난관리 특징

재난관리는 행정체제의 환경은 일반적 행정환경과는 달리 불확실성과 상호작용성 그리고 복잡성이라는 대표적 3대 특성이 있다.

① **불확실성**…재난발생의 불확실성은 실제 재난발생 시 일정한 유형의 피해가 일어난다는 사실은 알고 있지만, 재난으로 인한 피해발생 확률, 시기 및 규모가 사전에 알려지지 않은 상태를 의미한다. 재난에 대한 행정관리체제는 재난대응에 필요한 범위와 시기, 대응력의 규모를 재난발생 전에 알 수 없는 불확실한 재난발생의 환경을 관리하여야 한다는 데 있다. 재난의 불확실성으로 인해 재난관리는 시장에 의해 통제가 어렵고, 규제나 직접적인 활동을 위해서 반드시 정부의 개입이 필요하기 때문에 공공재적 성격을 지닌다.

② **상호작용성**…실제 재난발생의 경우 재난 자체와 피해주민 및 피해지역의 주요 기반시설이 상호 영향을 끼치면서 여러 가지 다양한 사건으로 전개될 수 있음을 말하는 것이다. 예를 들면 폭우나 태풍이 발생한 경우 피해지역의 전기, 가스, 교량 등 핵심기반시설이 어느 정도 파괴되는가에 의해 실질적인 피해범위와 강도가 달라질 수 있다.

③ 복잡성 … 재난관리 특성 중 불확실성과 상호작용의 산물로 이들 두 요인이 복합적으로 작용함으로써 다수의 행정체제가 실제 처리하여야 할 업무를 재난발생 전에 전부 파악하는 것은 거의 불가능하다는 것이다. 재난은 불확실성과 복잡성으로 인해 경계성 및 가외성의 원리가 무엇보다 우선되어야 한다.

section 3 재해 예방

(1) 재해 예방의 4원칙

① 예방가능의 원칙 … 천재지변은 막을 수 없지만 인위적인 재난은 예방이 가능하다는 원칙

② 손실우연의 원칙 … 사고의 결과로 생긴 재해손실은 사고 당시 조건에 따라 우연적으로 발생한다는 원칙

③ 원인 연계의 원칙 … 사고발생에는 반드시 원인이 있고 대부분 복합적으로 연계된다는 원칙

④ 대책선정의 원칙 … 사고원인이나 불완전요소가 발견되면 반드시 대책을 선정하여야 한다는 원칙

(2) 사고 예방대책의 원리 5단계

① 안전 조직 … 조직체계의 확립

② 사실의 발견 … 현황파악

③ 분석평가 … 원인규명

④ 시정방법의 선정 … 대책선정

⑤ 시정정책의 적용 … 목표달성

(3) 위험예지 훈련

위험예지 훈련이란 미리 훈련을 예습하는 것으로 특정한 상황을 설정하고 작업 중 발생할 수 있는 위험요인을 발견, 파악하고 그 대책을 강구함으로써 사전에 위험요인을 제거할 수 있도록 하는 훈련이다.

① 위험사실의 파악 … 현상파악

② 위험요인의 조사 … 본질추구

③ 대책강구 … 대책수립

④ 행동계획 결정 … 목표달성

재난 및 안전관리 기본법

section 1 화재의 예방 · 경계 · 진압 · 조사활동

(1) 목적 [법 제1조]

이 법은 각종 재난으로부터 국토를 보존하고 국민의 생명 · 신체 및 재산을 보호하기 위하여 국가와 지방자치단체의 재난 및 안전관리체제를 확립하고, 재난의 예방 · 대비 · 대응 · 복구와 안전문화활동, 그 밖에 재난 및 안전관리에 필요한 사항을 규정함을 목적으로 한다.

(2) 기본이념 [법 제2조]

이 법은 재난을 예방하고 재난이 발생한 경우 그 피해를 최소화하는 것이 국가와 지방자치단체의 기본적 의무임을 확인하고, 모든 국민과 국가 · 지방자치단체가 국민의 생명 및 신체의 안전과 재산보호에 관련된 행위를 할 때에는 안전을 우선적으로 고려함으로써 국민이 재난으로부터 안전한 사회에서 생활할 수 있도록 함을 기본이념으로 한다.

(3) 용어의 정의 [법 제3조]

① "재난"이란 국민의 생명 · 신체 · 재산과 국가에 피해를 주거나 줄 수 있는 것으로서 다음의 것을 말한다. ☆ 2020 기출
   ㉠ 자연재난 : 태풍, 홍수, 호우(豪雨), 강풍, 풍랑, 해일(海溢), 대설, 한파, 낙뢰, 가뭄, 폭염, 지진, 황사(黃砂), 조류(藻類) 대발생, 조수(潮水), 화산활동, 소행성 · 유성체 등 자연우주물체의 추락 · 충돌, 그 밖에 이에 준하는 자연현상으로 인하여 발생하는 재해
   ㉡ 사회재난 : 화재 · 붕괴 · 폭발 · 교통사고(항공사고 및 해상사고를 포함한다) · 화생방사고 · 환경오염사고 등으로 인하여 발생하는 대통령령으로 정하는 규모 이상의 피해와 국가핵심기반의 마비, 「감염병의 예방 및 관리에 관한 법률」에 따른 감염병 또는 「가축전염병예방법」에 따른 가축전염병의 확산, 「미세먼지 저감 및 관리에 관한 특별법」에 따른 미세먼지 등으로 인한 피해

기출 2020. 6. 20. 시행

「재난 및 안전관리 기본법」상 재난의 분류가 다른 하나는?

① 「감염병의 예방 및 관리에 관한 법률」에 따른 감염병의 확산
② 황사로 인하여 발생하는 재해
③ 환경오염사고로 인하여 발생하는 대통령령으로 정하는 규모 이상의 피해
④ 「미세먼지 저감 및 관리에 관한 특별법」에 따른 미세먼지 등으로 인한 피해

❮ 정답 ②

② "해외재난"이란 대한민국의 영역 밖에서 대한민국 국민의 생명·신체 및 재산에 피해를 주거나 줄 수 있는 재난으로서 정부차원에서 대처할 필요가 있는 재난을 말한다.

③ "재난관리"란 재난의 예방·대비·대응 및 복구를 위하여 하는 모든 활동을 말한다.

④ "안전관리"란 재난이나 그 밖의 각종 사고로부터 사람의 생명·신체 및 재산의 안전을 확보하기 위하여 하는 모든 활동을 말한다.

⑤ "안전기준"이란 각종 시설 및 물질 등의 제작, 유지관리 과정에서 안전을 확보할 수 있도록 적용하여야 할 기술적 기준을 체계화한 것을 말하며, 안전기준의 분야, 범위 등에 관하여는 대통령령[시행령 2조의2]으로 정한다.

ⓐ 건축 시설 분야 : 다중이용업소, 문화재 시설, 유해물질 제작·공급시설 등 관련 구조나 설비의 유지·관리 및 소방 관련 안전기준

ⓑ 생활 및 여가 분야 : 생활이나 여가활동에서 사용하는 기구, 놀이시설 및 각종 외부활동과 관련된 안전기준

ⓒ 환경 및 에너지 분야 : 대기환경·토양환경·수질환경·인체에 위험을 유발하는 유해성 물질과 시설, 발전시설 운영과 관련된 안전기준

ⓓ 교통 및 교통시설 분야 : 육상교통·해상교통·항공교통 등과 관련된 시설 및 안전 부대시설, 시설의 이용자 및 운영자 등과 관련된 안전기준

ⓔ 산업 및 공사장 분야 : 각종 공사장 및 산업현장에서의 주변 시설물과 그 시설의 사용자 또는 관리자 등의 안전부주의 등과 관련된 안전기준(공장시설을 포함한다)

ⓕ 정보통신 분야(사이버 안전 분야는 제외한다) : 정보통신매체 및 관련 시설과 정보보호에 관련된 안전기준

ⓖ 보건·식품 분야 : 의료·감염, 보건복지, 축산·수산·식품 위생 관련 시설 및 물질 관련 안전기준

ⓗ 그 밖의 분야 : ⓐ부터 ⓖ까지에서 정한 사항 외에 안전기준심의회에서 안전관리를 위하여 필요하다고 정한 사항과 관련된 안전기준

⑥ "재난관리책임기관"이란 재난관리업무를 하는 다음의 기관을 말한다.

ⓐ 중앙행정기관 및 지방자치단체(「제주특별자치도 설치 및 국제자유도시 조성을 위한 특별법」에 따른 행정시를 포함한다)

ⓑ 지방행정기관·공공기관·공공단체(공공기관 및 공공단체의 지부 등 지방조직을 포함) 및 재난관리의 대상이 되는 중요시설의 관리기관 등으로서 대통령령으로 정하는 기관

⑦ "재난관리주관기관"이란 재난이나 그 밖의 각종 사고에 대하여 그 유형별로 예방·대비·대응 및 복구 등의 업무를 주관하여 수행하도록 대통령령으로 정하는 관계 중앙행정기관을 말한다.

ⓐ 교육부 : 학교 및 학교시설에서 발생한 사고

ⓑ 과학기술정보통신부
  • 우주전파 재난
  • 정보통신 사고

기출PLUS

기출 2021. 4. 3. 시행

「재난 및 안전관리 기본법」상 재난관리 단계별 조치 사항의 연결이 옳지 않은 것은?

① 예방단계 – 재난방지시설의 관리
② 대비단계 – 재난현장 긴급통신 수단의 마련
③ 대응단계 – 특별재난지역의 선포
④ 복구단계 – 피해조사 및 복구계획 수립·시행

< 정답 ③

- 위성항법장치(GPS) 전파혼신
- 자연우주물체의 추락·충돌

ⓒ **외교부** : 해외에서 발생한 재난

ⓔ **법무부** : 법무시설에서 발생한 사고

ⓜ **국방부** : 국방시설에서 발생한 사고

ⓗ **행정안전부**

- 정부중요시설 사고
- 공동구(共同溝) 재난(국토교통부가 관장하는 공동구는 제외)
- 내륙에서 발생한 유도선 등의 수난 사고
- 풍수해(조수는 제외)·지진·화산·낙뢰·가뭄·한파·폭염으로 인한 재난 및 사고로서 다른 재난관리주관기관에 속하지 아니하는 재난 및 사고

ⓢ **문화체육관광부** : 경기장 및 공연장에서 발생한 사고

ⓞ **농림축산식품부**

- 가축 질병
- 저수지 사고

ⓩ **산업통상자원부**

- 가스 수급 및 누출 사고
- 원유수급 사고
- 원자력안전 사고(파업에 따른 가동중단으로 한정)
- 전력 사고
- 전력생산용 댐의 사고

ⓒ **보건복지부** : 보건의료 사고

ⓚ **보건복지부 질병관리청** : 감염병 재난

ⓣ **환경부**

- 수질분야 대규모 환경오염 사고
- 식용수 사고
- 유해화학물질 유출 사고
- 조류(藻類) 대발생(녹조에 한정)
- 황사
- 환경부가 관장하는 댐의 사고
- 미세먼지

ⓟ **고용노동부** : 사업장에서 발생한 대규모 인적 사고

ⓗ **국토교통부**

- 국토교통부가 관장하는 공동구 재난
- 고속철도 사고
- 도로터널 사고
- 육상화물운송 사고
- 도시철도 사고

- 항공기 사고
- 항공운송 마비 및 항행안전시설 장애
- 다중밀집건축물 붕괴 대형사고로서 다른 재난관리주관기관에 속하지 아니하는 재난 및 사고

㉮ **해양수산부**
- 조류 대발생(적조에 한정)
- 조수(潮水)
- 해양 분야 환경오염 사고
- 해양 선박 사고

㉯ **금융위원회** : 금융 전산 및 시설 사고

㉰ **원자력안전위원회**
- 원자력안전 사고(파업에 따른 가동중단은 제외)
- 인접국가 방사능 누출 사고

㉱ **소방청**
- 화재 · 위험물 사고
- 다중 밀집시설 대형화재

㉲ **문화재청** : 문화재 시설 사고

㉳ **산림청**
- 산불
- 산사태

㉴ **해양경찰청** : 해양에서 발생한 유도선 등의 수난 사고

㉵ 재난관리주관기관이 지정되지 않았거나 분명하지 않은 경우에는 행정안전부장관 이 「정부조직법」에 따른 관장 사무와 피해 시설의 기능 또는 재난 및 사고 유형 등을 고려하여 재난관리주관기관을 정한다.

⑧ "긴급구조"란 재난이 발생할 우려가 현저하거나 재난이 발생하였을 때에 국민의 생 명 · 신체 및 재산을 보호하기 위하여 긴급구조기관과 긴급구조지원기관이 하는 인 명구조, 응급처치, 그 밖에 필요한 모든 긴급한 조치를 말한다.

⑨ "긴급구조기관"이란 소방청 · 소방본부 및 소방서를 말한다. 다만, 해양에서 발생한 재난의 경우에는 해양경찰청 · 지방해양경찰청 및 해양경찰서를 말한다. ✪ **2020 기출**

⑩ "긴급구조지원기관"이란 긴급구조에 필요한 인력 · 시설 및 장비, 운영체계 등 긴급 구조능력을 보유한 기관이나 단체로서 대통령령으로 정하는 기관과 단체를 말한다.

㉠ 대통령령으로 정하는 긴급구조지원기관
- 교육부, 과학기술정보통신부, 국방부, 산업통상자원부, 보건복지부, 환경부, 국토교 통부, 해양수산부, 방송통신위원회, 경찰청, 기상청 및 산림청
- 국방부장관이 탐색구조부대로 지정하는 군부대와 그 밖에 긴급구조지원을 위하여 국방부장관이 지정하는 군부대
- 「대한적십자사 조직법」에 따른 대한적십자사
- 「의료법」에 따른 종합병원

- •「응급의료에 관한 법률」에 따른 응급의료기관, 같은 법에 따른 응급의료정보센터 및 구급차등의 운용자
- •「재해구호법」에 따른 전국재해구호협회
- • 긴급구조기관과 긴급구조활동에 관한 응원협정을 체결한 기관 및 단체

ⓒ 행정안전부령으로 정하는 긴급구조지원기관

- • 유역환경청 또는 지방환경청
- • 지방국토관리청
- • 지방항공청
- •「지역보건법」에 따른 보건소
- •「지방공기업법」에 따른 지하철공사 및 도시철도공사
- •「한국가스공사법」에 따른 한국가스공사
- •「고압가스 안전관리법」에 따른 한국가스안전공사
- •「한국농어촌공사 및 농지관리기금법」에 따른 한국농어촌공사
- •「전기사업법」에 따른 한국전기안전공사
- •「한국전력공사법」에 따른 한국전력공사
- •「대한석탄공사법」에 따른 대한석탄공사
- •「한국광물자원공사법」에 따른 한국광물자원공사
- •「한국수자원공사법」에 따른 한국수자원공사
- •「한국도로공사법」에 따른 한국도로공사
- •「한국공항공사법」에 따른 한국공항공사
- •「항만공사법」에 따른 항만공사
- •「한국원자력안전기술원법」에 따른 한국원자력안전기술원 및 「방사선 및 방사성동위원소 이용진흥법」에 따른 한국원자력의학원
- •「자연공원법」에 따른 국립공원관리공단
- •「전기통신사업법」에 따른 기간통신사업자로서 소방청장이 정하여 고시하는 기간통신사업자

⑪ "국가재난관리기준"이란 모든 유형의 재난에 공통적으로 활용할 수 있도록 재난관리의 전 과정을 통일적으로 단순화·체계화한 것으로서 행정안전부장관이 고시한 것을 말한다.

⑫ "안전문화활동"이란 안전교육, 안전훈련, 홍보 등을 통하여 안전에 관한 가치와 인식을 높이고 안전을 생활화하도록 하는 등 재난이나 그 밖의 각종 사고로부터 안전한 사회를 만들어가기 위한 활동을 말한다.

⑬ "안전취약계층"이란 어린이, 노인, 장애인 등 재난에 취약한 사람을 말한다.

⑭ "재난관리정보"란 재난관리를 위하여 필요한 재난상황정보, 동원가능 자원정보, 시설물정보, 지리정보를 말한다.

⑮ "재난안전의무보험"이란 재난이나 그 밖의 각종 사고로 사람의 생명·신체 또는 재산에 피해가 발생한 경우 그 피해를 보상하기 위한 보험 또는 공제(共濟)로서 이 법 또는 다른 법률에 따라 일정한 자에 대하여 가입을 강제하는 보험 또는 공제를 말한다.

⑯ "재난안전통신망"이란 재난관리책임기관·긴급구조기관 및 긴급구조지원기관이 재난관리업무에 이용하거나 재난현장에서의 통합지휘에 활용하기 위하여 구축·운영하는 무선통신망을 말한다.

⑰ "국가핵심기반"이란 에너지, 정보통신, 교통수송, 보건의료 등 국가경제, 국민의 안전·건강 및 정부의 핵심기능에 중대한 영향을 미칠 수 있는 시설, 정보기술시스템 및 자산 등을 말한다.

(4) 중앙안전관리위원회 및 안전정책조정위원회 [법 제9조, 제10조] ✪ 2019 기출

① 재난 및 안전관리에 관한 다음의 사항을 심의하기 위하여 국무총리 소속으로 중앙안전관리위원회(중앙위원회)를 둔다.

  ㉠ 재난 및 안전관리에 관한 중요 정책에 관한 사항

  ㉡ 제22조(국가안전관리기본계획의 수립 등)에 따른 국가안전관리기본계획에 관한 사항

  ㉢ 제10조의2(재난 및 안전관리 사업예산의 사전협의 등)에 따른 재난 및 안전관리 사업 관련 중기사업계획서, 투자우선순위 의견 및 예산요구서에 관한 사항

  ㉣ 중앙행정기관의 장이 수립·시행하는 계획, 점검·검사, 교육·훈련, 평가 등 재난 및 안전관리업무의 조정에 관한 사항

  ㉤ 안전기준관리에 관한 사항

  ㉥ 제36조(재난사태 선포)에 따른 재난사태의 선포에 관한 사항

  ㉦ 제60조(특별재난지역의 선포)에 따른 특별재난지역의 선포에 관한 사항

  ㉧ 재난이나 그 밖의 각종 사고가 발생하거나 발생할 우려가 있는 경우 이를 수습하기 위한 관계 기관 간 협력에 관한 중요 사항

  ㉨ 재난안전의무보험의 관리·운용 등에 관한 사항

  ㉩ 중앙행정기관의 장이 시행하는 대통령령으로 정하는 재난 및 사고의 예방사업 추진에 관한 사항

  ㉪ 그 밖에 위원장이 회의에 부치는 사항

② 중앙위원회의 위원장은 국무총리가 되고, 위원은 대통령령으로 정하는 중앙행정기관 또는 관계 기관·단체의 장이 된다.

③ 중앙위원회에 상정될 안건을 사전에 검토하고 다음의 사무를 수행하기 위하여 중앙위원회에 안전정책조정위원회(조정위원회)를 둔다.

  ㉠ 제9조 제1항 제3호(중앙행정기관의 장이 수립·시행하는 계획, 점검·검사, 교육·훈련, 평가 등 재난 및 안전관리업무의 조정에 관한 사항), 제3호의2(안전기준관리에 관한 사항), 제6호의2(재난안전의무보험의 관리·운용 등에 관한 사항) 및 제7호(중앙행정기관의 장이 시행하는 대통령령으로 정하는 재난 및 사고의 예방사업 추진에 관한 사항)의 사항에 대한 사전 조정

  ㉡ 제23조(집행계획)에 따른 집행계획의 심의

  ㉢ 제26조(국가기반시설의 지정 등)에 따른 국가기반시설의 지정에 관한 사항의 심의

  ㉣ 제71조의2(재난 및 안전관리기술개발 종합계획의 수립 등)에 따른 재난 및 안전관리기술 종합계획의 심의

  ㉤ 그 밖에 중앙위원회가 위임한 사항

④ 조정위원회의 위원장은 행정안전부장관이 되고, 위원은 대통령령으로 정하는 중앙행정기관의 차관 또는 차관급 공무원과 재난 및 안전관리에 관한 지식과 경험이 풍부한 사람 중에서 위원장이 임명하거나 위촉하는 사람이 된다.

(5) 재난사태 선포 [법 제36조] ★ 2021 기출

① 행정안전부장관은 대통령령으로 정하는 재난이 발생하거나 발생할 우려가 있는 경우 사람의 생명·신체 및 재산에 미치는 중대한 영향이나 피해를 줄이기 위하여 긴급한 조치가 필요하다고 인정하면 중앙위원회의 심의를 거쳐 재난사태를 선포할 수 있다. 다만, 행정안전부장관은 재난상황이 긴급하여 중앙위원회의 심의를 거칠 시간적 여유가 없다고 인정하는 경우에는 중앙위원회의 심의를 거치지 아니하고 재난사태를 선포할 수 있다.

② 행정안전부장관은 재난사태를 선포한 경우에는 지체 없이 중앙위원회의 승인을 받아야 하고, 승인을 받지 못하면 선포된 재난사태를 즉시 해제하여야 한다.

▷POINT 재난지역의 선포는 행정안전부장관이 중앙위원회 심의를 거쳐 선포할 수 있다.

③ 행정안전부장관 및 지방자치단체의 장은 재난사태가 선포된 지역에 대하여 다음의 조치를 할 수 있다.
　㉠ 재난경보의 발령, 인력·장비 및 물자의 동원, 위험구역 설정, 대피명령, 응급지원 등이 법에 따른 응급조치
　㉡ 해당 지역에 소재하는 행정기관 소속 공무원의 비상소집
　㉢ 해당 지역에 대한 여행 등 이동 자제 권고
　㉣ 「유아교육법」, 「초·중등교육법」 및 「고등교육법」에 따른 휴업명령 및 휴원·휴교 처분의 요청
　㉤ 그 밖에 재난예방에 필요한 조치

(6) 특별재난지역의 선포 [법 제60조]

① 중앙대책본부장은 대통령령으로 정하는 규모의 재난이 발생하여 국가의 안녕 및 사회질서의 유지에 중대한 영향을 미치거나 피해를 효과적으로 수습하기 위하여 특별한 조치가 필요하다고 인정하거나 지역대책본부장의 요청이 타당하다고 인정하는 경우에는 중앙위원회의 심의를 거쳐 해당 지역을 특별재난지역으로 선포할 것을 대통령에게 건의할 수 있다.

② 특별재난지역의 선포를 건의 받은 대통령은 해당 지역을 특별재난지역으로 선포할 수 있다.

③ 지역대책본부장은 관할지역에서 발생한 재난으로 인하여 사유가 발생한 경우에는 중앙대책본부장에게 특별재난지역의 선포 건의를 요청할 수 있다.

POINT 특별재난사태 선포는 중앙대책본부장의 건의를 중앙심의위원회 심의를 거쳐 대통령이 선포한다.

(7) 중앙재난안전대책본부 등 [법 제14조]

대규모 재난의 대응·복구(수습) 등에 관한 사항을 총괄·조정하고 필요한 조치를 하기 위하여 행정안전부에 중앙재난안전대책본부(중앙대책본부)를 둔다.

(8) 지역재난안전대책본부 [법 제16조]

해당 관할 구역에서 재난의 수습 등에 관한 사항을 총괄·조정하고 필요한 조치를 하기 위하여 시·도지사는 시·도재난안전대책본부(이하 "시·도대책본부"라 한다)를 두고, 시장·군수·구청장은 시·군·구재난안전대책본부(이하 "시·군·구대책본부"라 한다)를 둔다.

(9) 재난안전상황실 설치·운영 및 보고 단계 [법 제18조, 법 제20조]

① 재난안전상황실 설치·운영자 … 행정안전부장관, 시·도지사, 시장·군수·구청장

② 시장·군수·구청장, 소방서장, 해양경찰서장, 재난관리책임기관의 장 또는 국가핵심기반을 관리하는 기관·단체의 장은 그 관할구역, 소관 업무 또는 시설에서 재난이 발생하거나 발생할 우려가 있으면 대통령령으로 정하는 바에 따라 재난상황에 대해서는 즉시, 응급조치 및 수습현황에 대해서는 지체 없이 각각 행정안전부장관, 관계 재난관리주관기관의 장 및 시·도지사에게 보고하거나 통보하여야 한다. 이 경우 관계 재난관리주관기관의 장 및 시·도지사는 보고받은 사항을 확인·종합하여 행정안전부장관에게 통보하여야 한다.

> **POINT** 보고사항[시행령 제24조(재난상황의 보고)]
> ㉠ 재난 발생의 일시·장소와 재난의 원인
> ㉡ 재난으로 인한 피해내용
> ㉢ 응급조치 사항
> ㉣ 대응 및 복구활동 사항
> ㉤ 향후 조치계획
> ㉥ 그 밖에 해당 재난을 수습할 책임이 있는 중앙행정기관의 장이 정하는 사항

(10) 응급조치 [법 제37조]

① 시·도긴급구조통제단 및 시·군·구긴급구조통제단의 단장(지역통제단장)과 시장·군수·구청장은 재난이 발생할 우려가 있거나 재난이 발생하였을 때에는 즉시 관계 법령이나 재난대응활동계획 및 위기관리 매뉴얼에서 정하는 바에 따라 수방(水防)·진화·구조 및 구난(救難), 그 밖에 재난 발생을 예방하거나 피해를 줄이기 위하여 필요한 다음의 응급조치를 하여야 한다.

기출PLUS

TIP
중앙재난안전안전대책본부 등
=중앙대책본부 등=중앙본부 등

㉠ 경보의 발령 또는 전달이나 피난의 권고 또는 지시

㉡ 재난 예방을 위한 안전조치

㉢ 진화·수방·지진방재, 그 밖의 응급조치와 구호

㉣ 피해시설의 응급복구 및 방역과 방범, 그 밖의 질서 유지

㉤ 긴급수송 및 구조 수단의 확보

㉥ 급수 수단의 확보, 긴급피난처 및 구호품의 확보

㉦ 현장지휘통신체계의 확보

㉧ 그 밖에 재난 발생을 예방하거나 줄이기 위하여 필요한 사항으로서 대통령령으로 정하는 사항

② 시·군·구의 관할 구역에 소재하는 재난관리책임기관의 장은 시장·군수·구청장이나 지역통제단장이 요청하면 관계 법령이나 시·군·구안전관리계획에서 정하는 바에 따라 시장·군수·구청장이나 지역통제단장의 지휘 또는 조정하에 그 소관 업무에 관계되는 응급조치를 실시하거나 시장·군수·구청장이나 지역통제단장이 실시하는 응급조치에 협력하여야 한다.

⑾ 위기경보의 발령 등 [법 제38조]

재난관리주관기관의 장은 대통령령으로 정하는 재난에 대한 징후를 식별하거나 재난발생이 예상되는 경우에는 그 위험 수준, 발생 가능성 등을 판단하여 그에 부합되는 조치를 할 수 있도록 위기경보를 발령할 수 있다.

⑿ 위험구역의 설정 [법 제41조]

시장·군수·구청장과 지역통제단장(대통령령으로 정하는 권한을 행사하는 경우에만 해당)은 재난이 발생하거나 발생할 우려가 있는 경우에 사람의 생명 또는 신체에 대한 위해 방지나 질서의 유지를 위하여 필요하면 위험구역을 설정하고, 응급조치에 종사하지 아니하는 사람에게 다음의 조치를 명할 수 있다.

① 위험구역에 출입하는 행위나 그 밖의 행위의 금지 또는 제한

② 위험구역에서의 퇴거 또는 대피

⒀ 중앙긴급구조통제단 [법 제49조] ★ 2019 기출

① 긴급구조에 관한 사항의 총괄·조정, 긴급구조기관 및 긴급구조지원기관이 하는 긴급구조활동의 역할 분담과 지휘·통제를 위하여 소방청에 중앙긴급구조통제단(이하 "중앙통제단"이라 한다)을 둔다.

② 중앙통제단의 단장은 소방청장이 된다.

③ 중앙통제단에는 총괄지휘부·대응계획부·자원지원부·긴급복구부 및 현장지휘대를 둔다.

기출 2019. 4. 6. 시행

「재난 및 안전관리 기본법」상 긴급구조에 대한 설명으로 옳지 않은 것은?

① 중앙긴급구조통제단의 단장은 행정안전부장관이 된다.
② 시·도 긴급구조통제단의 단장은 소방본부장이 된다.
③ 시·군·구 긴급구조통제단의 단장은 소방서장이 된다.
④ 재난현장에서는 시·군·구 긴급구조통제단장이 긴급구조활동을 지휘한다.

❮정답 ①

⑷ 지역긴급구조통제단 [법 제50조]

① 지역별 긴급구조에 관한 사항의 총괄·조정, 해당 지역에 소재하는 긴급구조기관 및 긴급구조지원기관 간의 역할분담과 재난현장에서의 지휘·통제를 위하여 시·도의 소방본부에 시·도긴급구조통제단을 두고, 시·군·구의 소방서에 시·군·구긴급구조통제단을 둔다.

② 시·도긴급구조통제단과 시·군·긴급구조통제단(이하 "지역통제단"이라 한다)에는 각각 단장 1명을 두되, 시·도긴급구조통제단의 단장은 소방본부장이 되고 시·군·구긴급구조통제단의 단장은 소방서장이 된다.

⑸ 긴급구조 현장지휘 [법 제52조] ⭐ 2021 기출

① 재난현장에서는 시·군·구긴급구조통제단장이 긴급구조활동을 지휘한다. 다만, 치안활동과 관련된 사항은 관할 경찰관서의 장과 협의하여야 한다.

② 현장지휘는 다음의 사항에 관하여 한다.
- ㉠ 재난현장에서 인명의 탐색·구조
- ㉡ 긴급구조기관 및 긴급구조지원기관의 인력·장비의 배치와 운용
- ㉢ 추가 재난의 방지를 위한 응급조치
- ㉣ 긴급구조지원기관 및 자원봉사자 등에 대한 임무의 부여
- ㉤ 사상자의 응급처치 및 의료기관으로의 이송
- ㉥ 긴급구조에 필요한 물자의 관리
- ㉦ 현장접근 통제, 현장 주변의 교통정리, 그 밖에 긴급구조활동을 효율적으로 하기 위하여 필요한 사항

③ 시·도긴급구조통제단장은 필요하다고 인정하면 직접 현장지휘를 할 수 있다.

④ 중앙통제단장은 대통령령으로 정하는 대규모 재난이 발생하거나 그 밖에 필요하다고 인정하면 직접 현장지휘를 할 수 있다.

⑤ 재난현장에서 긴급구조활동을 하는 긴급구조요원과 긴급구조지원기관의 인력·장비·물자에 대한 운용은 현장지휘를 하는 긴급구조통제단장(이하 "각급통제단장")의 지휘·통제에 따라야 한다.

⑥ 지역대책본부장은 각급통제단장이 수행하는 긴급구조활동에 적극 협력하여야 한다.

⑦ 시·군·구긴급구조통제단장은 통합지원본부의 장에게 긴급구조에 필요한 인력이나 물자 등의 지원을 요청할 수 있다. 이 경우 요청받은 기관의 장은 최대한 협조하여야 한다.

⑧ 재난현장의 구조활동 등 초동 조치상황에 대한 언론 발표 등은 각급통제단장이 지명하는 자가 한다.

⑨ 각급통제단장은 재난현장의 긴급구조 등 현장지휘를 효과적으로 하기 위하여 재난현장에 현장지휘소를 설치·운영할 수 있다. 이 경우 긴급구조활동에 참여하는 긴

기출PLUS

기출 2021. 4. 3. 시행

「재난 및 안전관리 기본법」상 재난현장에서 시·군·구긴급구조통제단장의 긴급구조 현장지휘 사항을 모두 고른 것은?

┌ 보기 ┐
- ㉠ 재난현장에서 인명의 탐색·구조
- ㉡ 추가 재난의 방지를 위한 응급조치
- ㉢ 사상자의 응급처치 및 의료기관으로의 이송
- ㉣ 긴급구조에 필요한 물자의 관리

① ㉠, ㉡
② ㉠, ㉡, ㉢
③ ㉡, ㉢, ㉣
④ ㉠, ㉡, ㉢, ㉣

❮정답 ④

급구조지원기관의 현장지휘자는 현장지휘소에 대통령령으로 정하는 바에 따라 연락관을 파견하여야 한다.

⑩ 각급통제단장은 긴급구조 활동을 종료하려는 때에는 재난현장에 참여한 지역사고수습본부장, 통합지원본부의 장 등과 협의를 거쳐 결정하여야 한다. 이 경우 각급통제단장은 긴급구조 활동 종료 사실을 지역대책본부장 및 긴급구조지원기관의 장에게 통보하여야 한다.

⑪ 해양에서 발생한 재난의 긴급구조활동에 관하여는 ①부터 ⑩까지의 규정을 준용한다. 이 경우 시·군·구긴급구조통제단장, 시·도긴급구조통제단장, 중앙긴급구조통제단장은 「수상에서의 수색·구조 등에 관한 법률」에 따른 지역구조본부의 장, 광역구조본부의 장, 중앙구조본부의 장으로 각각 본다.

⑯ 긴급구조대응계획의 수립 [시행령 제63조]

긴급구조기관의 장이 수립하는 긴급구조대응계획은 기본계획, 기능별 긴급구조대응계획, 재난유형별 긴급구조대응계획으로 구분하되, 구분된 계획에 포함되어야 하는 사항은 다음과 같다.

① 기본계획
  ㉠ 긴급구조대응계획의 목적 및 적용범위
  ㉡ 긴급구조대응계획의 기본방침과 절차
  ㉢ 긴급구조대응계획의 운영책임에 관한 사항

② 기능별 긴급구조대응계획
  ㉠ 지휘통제 : 긴급구조체제 및 중앙통제단과 지역통제단의 운영체계 등에 관한 사항
  ㉡ 비상경고 : 긴급대피, 상황 전파, 비상연락 등에 관한 사항
  ㉢ 대중정보 : 주민보호를 위한 비상방송시스템 가동 등 긴급 공공정보 제공에 관한 사항 및 재난상황 등에 관한 정보 통제에 관한 사항
  ㉣ 피해상황분석 : 재난현장상황 및 피해정보의 수집·분석·보고에 관한 사항
  ㉤ 구조·진압 : 인명 수색 및 구조, 화재진압 등에 관한 사항
  ㉥ 응급의료 : 대량 사상자 발생 시 응급의료서비스 제공에 관한 사항
  ㉦ 긴급오염통제 : 오염 노출 통제, 긴급 감염병 방제 등 재난현장 공중보건에 관한 사항
  ㉧ 현장통제 : 재난현장 접근 통제 및 치안 유지 등에 관한 사항
  ㉨ 긴급복구 : 긴급구조활동을 원활하게 하기 위한 긴급구조차량 접근 도로 복구 등에 관한 사항
  ㉩ 긴급구호 : 긴급구조요원 및 긴급대피 수용주민에 대한 위기 상담, 임시 의식주 제공 등에 관한 사항
  ㉪ 재난통신 : 긴급구조기관 및 긴급구조지원기관 간 정보통신체계 운영 등에 관한 사항

③ 재난유형별 긴급구조대응계획

　　㉠ 재난 발생 단계별 주요 긴급구조 대응활동 사항

　　㉡ 주요 재난유형별 대응 매뉴얼에 관한 사항

　　㉢ 비상경고 방송메시지 작성 등에 관한 사항

기출PLUS

⒄ 긴급구조지휘대의 구성 및 기능 [긴급구조대응활동 및 현장지휘에 관한 규칙 제16조]

① 긴급구조지휘대는 규정에 따라 구성·운영하되, 소방본부 및 소방서의 긴급구조지휘대는 상시 구성·운영하여야 한다.

② 긴급구조지휘대는 다음의 기능을 수행한다.

　　㉠ 통제단이 가동되기 전 재난초기 시 현장지휘

　　㉡ 주요 긴급구조지원기관과의 합동으로 현장지휘의 조정·통제

　　㉢ 광범위한 지역에 걸친 재난발생시 전진지휘

　　㉣ 화재 등 일상적 사고의 발생시 현장지휘

③ 긴급구조지휘대를 구성하는 사람은 통제단이 설치·운영되는 경우 다음의 구분에 따라 통제단의 해당부서에 배치된다.

　　㉠ **상황분석요원** : 대응계획부

　　㉡ **자원지원요원** : 자원지원부

　　㉢ **통신지휘요원** : 구조진압반

　　㉣ **안전담당요원** : 연락공보담당 또는 안전담당

　　㉤ **경찰파견 연락관** : 현장통제반

　　㉥ **응급의료파견 연락관** : 응급의료반

⒅ 재난지역에 대한 국고보조 등의 지원 [법 제66조]

① 국고보조 등이 인정되는 재난(다만, 동원명령 또는 대피명령을 방해하거나 위반하여 발생한 피해에 대하여는 그러하지 아니하다.)

　　㉠ 자연재난

　　㉡ 사회재난 중 특별재난지역으로 선포된 지역의 재난

② 국고보조 등의 지원

　　㉠ 사망자·실종자·부상자 등 피해주민에 대한 구호

　　㉡ 주거용 건축물의 복구비 지원

　　㉢ 고등학생의 학자금 면제

　　㉣ 자금의 융자, 보증, 상환기한의 연기, 그 이자의 감면 등 관계 법령에서 정하는 금융지원

　　㉤ 세입자 보조 등 생계안정 지원

ⓗ 관계 법령에서 정하는 바에 따라 국세·지방세, 건강보험료·연금보험료, 통신 요금, 전기요금 등의 경감 또는 납부유예 등의 간접지원

ⓢ 주 생계수단인 농업·어업·임업·염생산업(鹽生産業)에 피해를 입은 경우에 해당 시설의 복구를 위한 지원

ⓞ 공공시설 피해에 대한 복구사업비 지원

ⓩ 그 밖에 중앙재난안전대책본부회의에서 결정한 지원 또는 지역재난안전대책본부 회의에서 결정한 지원

⒆ 재난관리기금의 적립 [법 제67조]

① 지방자치단체는 재난관리에 드는 비용에 충당하기 위하여 매년 재난관리기금을 적립하여야 한다.

② 재난관리기금의 매년도 최저적립액은 최근 3년 동안의 「지방세법」에 의한 보통세의 수입결산액의 평균연액의 100분의 1에 해당하는 금액으로 한다.

⒇ 벌칙

① 벌칙 [재난 및 안전관리 기본법 제78조의3] ··· 재난예방을 위한 안전조치에 따른 안전조치명령을 이행하지 아니한 자는 3년 이하의 징역 또는 3천만 원 이하의 벌금에 처한다.

② 벌칙 [재난 및 안전관리 기본법 제78조의4] ··· 재난 대응 이외의 목적으로 정보를 사용하거나 업무가 종료되었음에도 해당 정보를 파기하지 아니한 자는 2년 이하의 징역 또는 2천만 원 이하의 벌금에 처한다.

③ 1년 이하의 징역 또는 1천만 원 이하의 벌금 [재난 및 안전관리 기본법 제79조]

ⓐ 정당한 사유 없이 긴급안전점검을 거부 또는 기피하거나 방해한 자

ⓑ 정당한 사유 없이 위험구역에 출입하는 행위나 그 밖의 행위의 금지명령 또는 제한명령을 위반한 자

ⓒ 정당한 사유 없이 중앙대책본부장 또는 지역대책본부장의 요청에 따르지 아니한 자

ⓓ 업무상 알게 된 재난안전의무보험 관련 자료 또는 정보를 누설하거나 권한 없이 다른 사람이 이용하도록 제공하는 등 부당한 목적으로 사용한 자

④ 500만 원 이하의 벌금 [재난 및 안전관리 기본법 제80조]

ⓐ 정당한 사유 없이 따른 토지·건축물·인공구조물, 그 밖의 소유물의 일시 사용 또는 장애물의 변경이나 제거를 거부 또는 방해한 자

ⓑ 직무상 알게 된 재난관리정보를 누설하거나 권한 없이 다른 사람이 이용하도록 제공하는 등 부당한 목적으로 사용한 자

⑤ 양벌규정 [재난 및 안전관리 기본법 제81조] ··· 법인의 대표자나 법인 또는 개인의 대리인, 사용인, 그 밖의 종업원이 그 법인 또는 개인의 업무에 관하여 위반행위를 하면 그 행위자를 벌하는 외에 그 법인 또는 개인에게도 해당 조문의 벌금형을 과(科)한다. 다만, 법인 또는 개인이 그 위반행위를 방지하기 위하여 해당 업무에 관하여 상당한 주의와 감독을 게을리 하지 아니한 경우에는 그러하지 아니하다.

⑥ 과태료 [재난 및 안전관리 기본법 제82조]

⑤ 200만 원 이하의 과태료

- 위기상황 매뉴얼을 작성·관리하지 아니한 소유자·관리자 또는 점유자
- 주기적 훈련을 실시하지 아니한 소유자·관리자 또는 점유자
- 개선명령을 이행하지 아니한 소유자·관리자 또는 점유자
- 대피명령을 위반한 사람
- 위험구역에서의 퇴거명령 또는 대피명령을 위반한 사람

ⓒ 보험 또는 공제에 가입하지 않은 자에게는 300만 원 이하의 과태료를 부과한다.

ⓒ 과태료는 대통령령으로 정하는 바에 따라 다음의 자가 부과·징수한다.

- 시·도지사 또는 시장·군수·구청장 : 200만 원에 해당하는 과태료
- 보험 또는 공제의 가입 대상 시설의 허가·인가·등록·신고 등의 업무를 처리한 관계 행정기관의 장 : 보험 또는 공제에 가입하지 않은 자의 과태료

checkpoint

과태료 부과의 개별기준〈재난 및 안전관리 기본법 시행령 별표 5〉

위반행위	과태료 금액(단위 : 만 원)		
	1회	2회	3회 이상
다중이용시설 등의 소유자·관리자 또는 점유자가 위기상황 매뉴얼을 작성·관리하지 않은 경우	30	50	100
다중이용시설 등의 소유자·관리자 또는 점유자가 훈련을 주기적으로 실시하지 않은 경우	30	50	100
다중이용시설 등의 소유자·관리자 또는 점유자가 개선명령을 이행하지 않은 경우	50	100	200
대피명령을 따르지 않거나 방해한 경우			
1) 대피명령을 따르지 않은 경우	30	50	100
2) 대피명령을 방해한 경우	50	100	200
대피 또는 퇴거명령을 따르지 않거나 방해한 경우			
1) 위험구역 내에서 대피명령을 따르지 않은 경우	30	50	100
2) 위험구역 내에서 퇴거명령을 따르지 않은 경우	50	100	150
3) 위험구역 내에서 대피 또는 퇴거 명령을 방해한 경우	50	100	200
보험 또는 공제에 가입하지 않은 경우			
1) 가입하지 않은 기간이 10일 이하인 경우	10		
2) 가입하지 않은 기간이 10일 초과 30일 이하인 경우	10만 원에 11일째부터 계산하여 1일마다 1만 원을 더한 금액		
3) 가입하지 않은 기간이 30일 초과 60일 이하인 경우	30만 원에 31일째부터 계산하여 1일마다 3만 원을 더한 금액		
4) 가입하지 않은 기간이 60일 초과인 경우	120만 원에 61일째부터 계산하여 1일마다 6만 원을 더한 금액. 다만, 과태료의 총액은 300만 원을 넘지 못한다.		

01

2021년 상반기

「재난 및 안전관리 기본법」상 재난현장에서 시·군·구긴급구조통제단장의 긴급구조 현장지휘 사항을 모두 고른 것은?

○ 재난현장에서 인명의 탐색·구조
○ 추가 재난의 방지를 위한 응급조치
○ 사상자의 응급처치 및 의료기관으로의 이송
○ 긴급구조에 필요한 물자의 관리

① ㉠㉡
② ㉠㉡㉢
③ ㉡㉢㉣
④ ㉠㉡㉢㉣

> **TIPS!**
>
> 긴급구조 현장지휘 〈재난 및 안전관리 기본법 제52조〉
> ① 재난현장에서는 시·군·구긴급구조통제단장이 긴급구조활동을 지휘한다. 다만, 치안활동과 관련된 사항은 관할 경찰관서의 장과 협의하여야 한다.
> ② 제1항에 따른 현장지휘는 다음의 사항에 관하여 한다.
> 1. 재난현장에서 인명의 탐색·구조
> 2. 긴급구조기관 및 긴급구조지원기관의 인력·장비의 배치와 운용
> 3. 추가 재난의 방지를 위한 응급조치
> 4. 긴급구조지원기관 및 자원봉사자 등에 대한 임무의 부여
> 5. 사상자의 응급처치 및 의료기관으로의 이송
> 6. 긴급구조에 필요한 물자의 관리
> 7. 현장접근 통제, 현장 주변의 교통정리, 그 밖에 긴급구조활동을 효율적으로 하기 위하여 필요한 사항

Answer 01.④

02 「재난 및 안전관리 기본법」에 대한 내용이다. (   ) 안에 들어갈 용어로 옳은 것은?

> (가)은 대통령령으로 정하는 재난이 발생하거나 발생할 우려가 있는 경우 사람의 생명 · 신체 및 재산에 미치는 중대한 영향이나 피해를 줄이기 위하여 긴급한조치가 필요하다고 인정하면 (나)의 심의를 거쳐 (다)을/를 선포할 수 있다.

	(가)	(나)	(다)
①	중앙재난안전대책본부장	안전정책조정위원회	재난사태
②	행정안전부장관	중앙안전관리위원회	재난사태
③	중앙재난안전대책본부장	중앙안전관리위원회	특별재난지역
④	행정안전부장관	안전정책조정위원회	특별재난지역

TIPS!

행정안전부장관은 대통령령으로 정하는 재난이 발생하거나 발생할 우려가 있는 경우 사람의 생명 · 신체 및 재산에 미치는 중대한 영향이나 피해를 줄이기 위하여 긴급한 조치가 필요하다고 인정하면 중앙위원회의 심의를 거쳐 재난사태를 선포할 수 있다〈「재난 및 안전관리 기본법」 제36조(재난사태 선포) 제1항 전단〉.

03 「재난 및 안전관리 기본법」상 재난관리 단계별 조치 사항의 연결이 옳지 않은 것은?

① 예방단계 – 재난방지시설의 관리
② 대비단계 – 재난현장 긴급통신수단의 마련
③ 대응단계 – 특별재난지역의 선포
④ 복구단계 – 피해조사 및 복구계획 수립 · 시행

TIPS!

③ 특별재난지역의 선포는 복구단계에 해당한다.
※ 재난관리의 단계별 조치 사항
  ㉠ **예방단계** : 특정관리대상시설 지정 · 관리, 긴급안전점검, 재난관리실태 공시 등
  ㉡ **대비단계** : 재난대비훈련, 재난관리자원 비축 · 관리, 위기관리매뉴얼 작성 · 운용 등
  ㉢ **대응단계** : 응급조치(예 · 경보 발령, 대피명령, 통행제한), 긴급구조
  ㉣ **복구단계** : 재난피해조사, 복구계획 수립 · 시행 등

Answer 02.② 03.③

04 「재난 및 안전관리 기본법」상 우리나라 재난관리체계에 관한 설명으로 옳지 않은 것은?

① 재난 및 안전관리에 관한 중요 정책을 심의하기 위하여 국무총리 소속으로 중앙안전관리위원회를 둔다.

② 대통령령으로 정하는 대규모 재난의 대응·복구를 총괄하기 위하여 행정안전부에 중앙재난안전대책본부를 둔다.

③ 소방서는 인명구조, 응급처치 등 긴급 조치를 담당하는 긴급구조지원기관에 해당한다.

④ 시·군·구 재난안전대책본부장은 시장·군수·구청장 이며, 시·군·구 긴급구조통제단장은 소방서장이다.

 **TIPS!**

소방서는 소방청·소방본부와 함께 '긴급구조기관'에 해당한다. '긴급구조지원기관'이란 긴급구조에 필요한 인력·시설 및 장비, 운영체계 등 긴급구조능력을 보유한 기관이나 단체로서 대통령령으로 정하는 기관과 단체를 말한다.

05 「재난 및 안전관리 기본법」상 재난의 분류가 다른 하나는?

① 「감염병의 예방 및 관리에 관한 법률」에 따른 감염병의 확산

② 황사로 인하여 발생하는 재해

③ 환경오염사고로 인하여 발생하는 대통령령으로 정하는 규모 이상의 피해

④ 「미세먼지 저감 및 관리에 관한 특별법」에 따른 미세 먼지 등으로 인한 피해

TIPS!

②는 자연재난, ①③④는 사회재난에 해당한다.

※ "재난"이란 국민의 생명·신체·재산과 국가에 피해를 주거나 줄 수 있는 것으로서 다음 각 목의 것을 말한다〈「재난 및 안전관리 기본법」제3조(정의) 제1호〉.

　가. 자연재난 : 태풍, 홍수, 호우, 강풍, 풍랑, 해일, 대설, 한파, 낙뢰, 가뭄, 폭염, 지진, 황사, 조류 대발생, 조수, 화산활동, 소행성·유성체 등 자연우주물체의 추락·충돌, 그 밖에 이에 준하는 자연현상으로 인하여 발생하는 재해

　나. 사회재난 : 화재·붕괴·폭발·교통사고(항공사고 및 해상사고를 포함한다)·화생방사고·환경오염사고 등으로 인하여 발생하는 대통령령으로 정하는 규모 이상의 피해와 국가핵심기반의 마비, 「감염병의 예방 및 관리에 관한 법률」에 따른 감염병 또는 「가축전염병예방법」에 따른 가축전염병의 확산, 「미세먼지 저감 및 관리에 관한 특별법」에 따른 미세먼지 등으로 인한 피해

Answer 04.③ 05.②

2020년 상반기

06 「재난 및 안전관리 기본법」상 재난관리에 관한 내용으로 옳은 것은?

① 예방 – 재난 발생을 사전에 방지하기 위하여 매년 재난대비훈련 계획을 수립하고, 관계 기관과 합동으로 재난대비 훈련을 실시한다.

② 대비 – 재난을 효율적으로 관리하기 위하여 재난유형에 따라 위기관리 매뉴얼을 작성·운용한다.

③ 대응 – 재난 피해지역을 재해 이전 상태로 회복시키기 위하여 피해상황을 조사하고, 자체복구계획을 수립·시행한다.

④ 복구 – 재난의 수습활동을 효율적으로 하기 위하여 재난관리자원의 비축·관리 및 긴급통신수단을 마련 한다.

TIPS!

단계별 재난관리

예방단계	위험성 분석 및 위험지도 작성, 재해보험, 토지이용 관리, 안전관련법 재정, 조세유도
대비단계	재난대응계획, 비상경보체계 구축, 통합대응체계 구축, 비상통신망 구축, 교육훈련 및 연습
대응단계	재난대응계획의 적용, 재해의 진압, 구조·구난, 응급의료체계의 운영, 대책본부의 가동 등
복구단계	잔해물 제거, 전염 예방, 이재민 지원, 임시거주지 마련, 시설복구

2018년 하반기

07 다음은 「재난 및 안전관리기본법」상 특별재난지역의 선포와 관련된 내용이다. ( ) 안에 들어갈 내용으로 옳은 것은?

(㉠)은(는) 대통령령으로 정하는 규모의 재난이 발생하여 특별한 조치가 필요하다고 인정하거나 지역대책본부장의 요청이 타당하다고 인정하는 경우에는 (㉡)의 심의를 거쳐 해당 지역을 특별재난지역으로 선포할 것을 대통령에게 건의할 수 있다.

	㉠	㉡
①	중앙재난안전대책본부장	안전정책조정위원회
②	중앙안전관리위원회	중앙사고수습본부
③	중앙안전관리위원회	중앙재난안전대책본부장
④	중앙재난안전대책본부장	중앙안전관리위원회

TIPS!

중앙대책본부장은 대통령령으로 정하는 규모의 재난이 발생하여 국가의 안녕 및 사회질서의 유지에 중대한 영향을 미치거나 피해를 효과적으로 수습하기 위하여 특별한 조치가 필요하다고 인정하거나 제3항에 따른 지역대책본부장의 요청이 타당하다고 인정하는 경우에는 중앙위원회의 심의를 거쳐 해당 지역을 특별재난지역으로 선포할 것을 대통령에게 건의할 수 있다〈재난 및 안전관리 기본법 제60조(특별재난지역의 선포) 제1항〉.

Answer 06.② 07.④

2018년 하반기

08 재난관리의 단계별 주요 활동 중 '긴급통신수단 구축'이 해당되는 단계로 옳은 것은?

① 대응단계   ② 대비단계

③ 예방단계   ④ 복구단계

> **TIPS!**
>
> 「재난 및 안전관리 기본법」에서는 재난관리 단계를 예방 · 대비 · 대응 · 복구단계의 4단계로 구분하고 있다. 대비단계의 주요 활동은 다음과 같다.
> ㉠ 재난관리자원의 비축 · 관리
> ㉡ 재난현장 긴급통신수단의 마련
> ㉢ 국가재난관리기준의 제정 · 운용
> ㉣ 기능별 재난대응 활동계획의 작성 · 활용
> ㉤ 재난분야 위기관리 매뉴얼 작성 · 운용
> ㉥ 다중이용시설 등의 위기상황 매뉴얼 작성 · 관리 및 훈련
> ㉦ 안전기준의 등록 및 심의 등
> ㉧ 재난안전통신망의 구축 · 운영
> ㉨ 재난대비훈련 기본계획 수립 및 실시

2016년 지방

09 다음 중 국가적 차원에서 관리가 필요한 재난에 대하여 재난관리 체계와 관계 기관의 임무와 역할을 규정한 재난관리 주관기관의 장이 작성하는 문서는?

① 위기관리 표준메뉴얼   ② 위기관리 대응메뉴얼

③ 현장조치 행동메뉴얼   ④ 재난대응 실무메뉴얼

> **TIPS!**
>
> 재난 및 안전관리 기본법 제34조의5 제1항(재난분야 위기관리 매뉴얼 작성 · 운용) … 재난관리책임기관의 장은 재난을 효율적으로 관리하기 위하여 재난유형에 따라 다음의 위기관리 매뉴얼을 작성 · 운용하여야 한다. 이 경우 재난대응활동계획과 위기관리 매뉴얼이 서로 연계되도록 하여야 한다.
> ㉠ 위기관리 표준매뉴얼 : 국가적 차원에서 관리가 필요한 재난에 대하여 재난관리 체계와 관계 기관의 임무와 역할을 규정한 문서로 위기대응 실무매뉴얼의 작성 기준이 되며, 재난관리주관기관의 장이 작성한다. 다만, 다수의 재난관리주관기관이 관련되는 재난에 대해서는 관계 재난관리주관기관의 장과 협의하여 행정안전부장관이 위기관리 표준매뉴얼을 작성할 수 있다.
> ㉡ 위기대응 실무매뉴얼 : 위기관리 표준매뉴얼에서 규정하는 기능과 역할에 따라 실제 재난대응에 필요한 조치사항 및 절차를 규정한 문서로 재난관리주관기관의 장과 관계 기관의 장이 작성한다. 이 경우 재난관리주관기관의 장은 위기대응 실무매뉴얼과 위기관리 표준매뉴얼을 통합하여 작성할 수 있다.
> ㉢ 현장조치 행동매뉴얼 : 재난현장에서 임무를 직접 수행하는 기관의 행동조치 절차를 구체적으로 수록한 문서로 위기대응 실무매뉴얼을 작성한 기관의 장이 지정한 기관의 장이 작성하되, 시장 · 군수 · 구청장은 재난유형별 현장조치 행동매뉴얼을 통합하여 작성할 수 있다. 다만, 현장조치 행동매뉴얼 작성 기관의 장이 다른 법령에 따라 작성한 계획 · 매뉴얼 등에 재난유형별 현장조치 행동매뉴얼에 포함될 사항이 모두 포함되어 있는 경우 해당 재난유형에 대해서는 현장조치 행동매뉴얼이 작성된 것으로 본다.

Answer   08.②   09.①

10 재난의 4단계에 대한 내용이 바르지 않은 것은?

① 예방단계 : 재난영향의 예측 및 평가 및 위험지도 마련, 재난취약시설에 대한 주기적인 검사
② 대응단계 : 대응조직 관리 및 재난관리 우선순위체계 수립, 안전기준 설정
③ 대응단계 : 비상방송 및 경보시스템 가동, 긴급대응계획 가동
④ 복구단계 : 피해평가 및 대부·보조금 지급·이재민 구호, 재난심리상담

TIPS!

② 안전기준 설정은 예방 단계이다.
※ **각 단계의 주요 활동**
  ㉠ 예방단계의 주요 활동
  • 재난영향의 예측 및 평가 및 위험지도 마련
  • 재난취약시설에 대한 주기적인 검사와 규제
  • 위험시설이나 취약시설 보수·보강
  • 재난의 감소를 위한 강제규정 마련
  • 기상정보수집·분석 및 경보시스템 마련
  • 수해상습지역 설정 및 수해방지시설 공사
  • 안전기준 설정 및 비상활동 계획 수립
  ㉡ 대비단계의 주요 활동
  • 대응조직 관리 및 재난관리 우선순위체계 수립
  • 재난대응시스템의 가동연습 및 대응요원의 교육훈련
  • 경보시스템 및 비상방송시스템 구축·관리
  • 긴급대응계획의 수립 및 연습
  • 자원관리체계구축, 자원의 수송 및 통제계획 수립
  • 표준 운영절차 확립
  • 응급복구를 위한 자재비축 및 장비의 가동준비
  ㉢ 대응단계의 주요 활동
  • 비상방송 및 경보시스템 가동
  • 긴급대응계획 가동 및 대응자원 동원
  • 시민들에게 비상대비 방어 긴급지시
  • 긴급 대피 및 은신
  • 피해주민 수용·구호 및 응급의료 지원활동 전개
  • 긴급대피·은신 및 탐색·구조
  ㉣ 복구단계의 주요 활동
  • 피해평가 및 대부·보조금 지급·이재민 구호
  • 피해주민 대응활동요원에 대한 재난심리상담(외상 후 스트레스증후군 관리)
  • 피해자 보상 및 배상관리
  • 재난 발생 및 문제점 조사
  • 복구 개선안 및 재발방지대책 마련
  • 임시통신망 구축 및 전염병 통제를 위한 방제활동

Answer 10.②

11 다음 중 재난사태 대상지역 선포는 누가 하는가?

① 소방본부장이 중앙위원회의 심의를 거쳐 직접 선포
② 행정안전부장관이 중앙위원회의 심의를 거쳐 직접 선포
③ 중앙대책본부장이 대통령에게 선포 건의
④ 중앙대책본부장이 소방청장에게 선포 건의

> **⚡ TIPS!**
>
> **재난사태 선포**〈재난 및 안전관리 기본법 제36조〉… 행정안전부장관은 대통령령으로 정하는 재난이 발생하거나 발생할 우려가 있는 경우 사람의 생명·신체 및 재산에 미치는 중대한 영향이나 피해를 줄이기 위하여 긴급한 조치가 필요하다고 인정하면 중앙위원회의 심의를 거쳐 재난사태를 선포할 수 있다. 다만, 행정안전부장관은 재난상황이 긴급하여 중앙위원회의 심의를 거칠 시간적 여유가 없다고 인정하는 경우에는 중앙위원회의 심의를 거치지 아니하고 재난사태를 선포할 수 있다.
>
> ※ **특별재난지역의 선포**〈재난 및 안전관리 기본법 제60조〉… 중앙대책본부장은 대통령령으로 정하는 규모의 재난이 발생하여 국가의 안녕 및 사회질서의 유지에 중대한 영향을 미치거나 피해를 효과적으로 수습하기 위하여 특별한 조치가 필요하다고 인정하거나 지역대책본부장의 요청이 타당하다고 인정하는 경우에는 중앙위원회의 심의를 거쳐 해당 지역을 특별재난지역으로 선포할 것을 대통령에게 건의할 수 있다.

12 재난관리기금 금액에 대한 설명으로 옳은 것은?

① 3년 동안 보통세의 수입결산액의 평균연액의 1/100(1%)에 해당하는 금액
② 3년 동안 보통세의 수입결산액의 평균연액의 3/100(3%)에 해당하는 금액
③ 5년 동안 보통세의 수입결산액의 평균연액의 3/100(3%)에 해당하는 금액
④ 5년 동안 보통세의 수입결산액의 평균연액의 5/100(5%)에 해당하는 금액

> **⚡ TIPS!**
>
> **재난 및 안전관리 기본법 제67조(재난관리기금의 적립)**
> ㉠ 지방자치단체는 재난관리에 드는 비용에 충당하기 위하여 매년 재난관리기금을 적립하여야 한다.
> ㉡ 재난관리기금의 매년도 최저적립액은 최근 3년 동안의 「지방세법」에 의한 보통세의 수입결산액의 평균연액의 100분의 1에 해당하는 금액으로 한다.

Answer 11.② 12.①

13 다음 중 재난에 대한 예방, 대비, 대응 및 복구 중에 종류가 다른 하나는?

① 재난 유형별 사전교육 및 훈련실시　　　② 비상방송 시스템 구축

③ 재난 취약 시설 점검　　　　　　　　　④ 자원 관리 체계 구축

TIPS!

재난관리 단계

㉠ 예방단계 : 위험성 분석 및 위험지도 작성, 재해보험, 토지이용 관리, 안전관련법 재정, 조세유도

㉡ 대비단계 : 재난대응계획, 비상경보체계 구축, 통합대응체계 구축, 비상통신망 구축, 교육훈련 및 연습

㉢ 대응단계 : 재난대응계획의 적용, 재해의 진압, 구조·구난, 응급의료체계의 운영, 대책본부의 가동 등

㉣ 복구단계 : 잔해물 제거, 전염 예방, 이재민 지원, 임시거주지 마련, 시설복구

※ 각 단계의 주요 활동

　㉠ 예방단계의 주요 활동

　• 재난영향의 예측 및 평가 및 위험지도 마련

　• 재난취약시설에 대한 주기적인 검사와 규제

　• 위험시설이나 취약시설 보수·보강

　• 재난의 감소를 위한 강제규정 마련

　• 기상정보수집·분석 및 경보시스템 마련

　• 수해상습지역 설정 및 수해방지시설 공사

　• 안전기준 설정 및 비상활동 계획 수립

　㉡ 대비단계의 주요 활동

　• 대응조직 관리 및 재난관리 우선순위체계 수립

　• 재난대응시스템의 가동연습 및 대응요원의 교육훈련

　• 경보시스템 및 비상방송시스템 구축·관리

　• 긴급대응계획의 수립 및 연습

　• 자원관리체계구축, 자원의 수송 및 통제계획 수립

　• 표준 운영절차 확립

　• 응급복구를 위한 자재비축 및 장비의 가동준비

　㉢ 대응단계의 주요 활동

　• 비상방송 및 경보시스템 가동

　• 긴급대응계획 가동 및 대응자원 동원

　• 시민들에게 비상대비 방어 긴급지시

　• 긴급 대피 및 은신

　• 피해주민 수용·구호 및 응급의료 지원활동 전개

　• 긴급대피·은신 및 탐색·구조

　㉣ 복구단계의 주요 활동

　• 피해평가 및 대부·보조금 지급·이재민 구호

　• 피해주민 대응활동요원에 대한 재난심리상담(외상 후 스트레스증후군 관리)

　• 피해자 보상 및 배상관리

　• 재난 발생 및 문제점 조사

　• 복구 개선안 및 재발방지대책 마련

　• 임시통신망 구축 및 전염병 통제를 위한 방제활동

Answer　13.③

14 다음 중 지역통제단장 및 중앙통제단장을 운영할 때 구성할 수 있는 부서로 바르지 않은 것은?

① 대응계획부   ② 자원지원부

③ 긴급복구부   ④ 총괄완화부

> **TIPS!**
>
> 재난 및 안전관리 기본법 시행령 제55조(중앙통제단의 구성 및 운영)
> ㉠ 중앙통제단장은 중앙통제단을 대표하고, 그 업무를 총괄한다.
> ㉡ 중앙통제단에는 부단장을 두고 부단장은 중앙통제단장을 보좌하며 중앙통제단장이 부득이한 사유로 직무를 수행할 수 없을
> 경우에는 그 직무를 대행한다.
> ㉢ 부단장은 소방청 차장이 되며, 중앙통제단에는 총괄지휘부·대응계획부·자원지원부·긴급복구부 및 현장지휘대를 둔다.

15 긴급구조지휘대의 구성 및 기능에서 긴급구조지휘대 구성에 해당하는 자는 통제단이 설치·운영되는 경우 구분에 따라
해당부서에 배치되는데 구조진압반과 가장관계가 있는 요원은?

① 자원지원요원   ② 안전담당요원

③ 통신지휘요원   ④ 상황분석요원

> **TIPS!**
>
> 긴급구조지휘대의 구성 및 기능〈긴급구조대응활동 및 현장지휘에 관한 규칙 제16조 제2항〉
> ㉠ 신속기동요원 : 대응계획부
> ㉡ 자원지원요원 : 자원지원부
> ㉢ 통신지휘요원 : 구조진압반
> ㉣ 안전담당요원 : 연락공보담당 또는 안전담당
> ㉤ 경찰파견 연락관 : 현장통제반
> ㉥ 응급의료파견 연락관 : 응급의료반

Answer 14.④ 15.③

16 재난이 발생하여 현장을 통제해야 할 경우 긴급구조기관으로 바르지 않은 것은?

① 소방청   ② 해양경찰청
③ 경찰청   ④ 소방서

> **TIPS!**
>
> "긴급구조기관"이란 소방청·소방본부 및 소방서를 말한다. 다만, 해양에서 발생한 재난의 경우에는 해양경찰청·지방해양경찰청 및 해양경찰서를 말한다〈재난 및 안전관리 기본법 제3조 제7호〉.

17 소방청장, 지방자치단체장이 재난지역에 할 수 있는 조치로 바르지 않은 것은?

① 재난경보의 발령, 인력·장비 및 물자의 동원, 위험구역 설정, 대피명령, 응급지원 등
② 재난 발생지역에 소재하는 행정기관 소속 공무원의 비상소집
③ 재난이 확산되지 않도록 재난예방에 필요한 조치
④ 재난지역에 대한 여행 등 이동 금지 명령

> **TIPS!**
>
> 재난 및 재난관리 기본법 제36조 제3항 … 행정안전부장관 및 지방자치단체의 장은 재난사태가 선포된 지역에 대하여 다음의 조치를 할 수 있다.
> ㉠ 재난경보의 발령, 인력·장비 및 물자의 동원, 위험구역 설정, 대피명령, 응급지원 등이 법에 따른 응급조치
> ㉡ 해당 지역에 소재하는 행정기관 소속 공무원의 비상소집
> ㉢ 해당 지역에 대한 여행 등 이동 자제 권고
> ㉣ 「유아교육법」, 「초·중등교육법」 및 「고등교육법」에 따른 휴업명령 및 휴원·휴교 처분의 요청
> ㉤ 그 밖에 재난예방에 필요한 조치

Answer   16.③   17.④

18 재난이 발생하였을 때 소방서장이 수행할 수 있는 업무가 아닌 것은?

① 시·군·구 긴급구조 통제단장 ② 소방서 현장지휘대

③ 긴급구조지휘대 구성·운영 ④ 재난안전상황실 설치·운영

> **TIPS!**
>
> ④ 재난안전상황실 설치·운영은 소방청장, 시·도지사, 시장·군수·구청장의 권한이다.
>
> ※ 재난 및 안전관리 기본법 제19조 제2항(재난 신고 등) … 신고를 받은 시장·군수·구청장과 그 밖의 관계 행정기관의 장은 관할 긴급구조기관의 장에게, 긴급구조기관의 장은 그 소재지 관할 시장·군수·구청장 및 재난관리주관기관의 장에게 통보하여 응급대처방안을 마련할 수 있도록 조치하여야 한다.
>
> ※ 재난 및 안전관리 기본법 제50조(지역긴급구조통제단)
>
> ㉠ 지역별 긴급구조에 관한 사항의 총괄·조정, 해당 지역에 소재하는 긴급구조기관 및 긴급구조지원기관 간의 역할분담과 재난현장에서의 지휘·통제를 위하여 시·도의 소방본부에 시·도긴급구조통제단을 두고, 시·군·구의 소방서에 시·군·구긴급구조통제단을 둔다.
>
> ㉡ 시·도긴급구조통제단과 시·군·구긴급구조통제단(지역통제단)에는 각각 단장 1명을 두되, 시·도긴급구조통제단의 단장은 소방본부장이 되고 시·군·구긴급구조통제단의 단장은 소방서장이 된다.
>
> ㉢ 지역통제단장은 긴급구조를 위하여 필요하면 긴급구조지원기관 간의 공조체제를 유지하기 위하여 관계 기관·단체의 장에게 소속 직원의 파견을 요청할 수 있다. 이 경우 요청을 받은 기관·단체의 장은 특별한 사유가 없으면 요청에 따라야 한다.

19 재난현장에서 긴급대피, 상황 전파, 비상연락 등을 담당하는 기능별 긴급구조 대응계획으로 옳은 것은?

① 피해상황분석 ② 대중정보

③ 지휘통제 ④ 비상경고

> **TIPS!**
>
> 기능별 긴급구조대응계획〈재난 및 안전관리 기본법 시행령 제63조 제1항 제2호〉
>
> ㉠ 지휘통제 : 긴급구조체제 및 중앙통제단과 지역통제단의 운영체계 등에 관한 사항
>
> ㉡ 비상경고 : 긴급대피, 상황 전파, 비상연락 등에 관한 사항
>
> ㉢ 대중정보 : 주민보호를 위한 비상방송시스템 가동 등 긴급 공공정보 제공에 관한 사항 및 재난상황 등에 관한 정보 통제에 관한 사항
>
> ㉣ 피해상황분석 : 재난현장상황 및 피해정보의 수집·분석·보고에 관한 사항
>
> ㉤ 구조·진압 : 인명 수색 및 구조, 화재진압 등에 관한 사항
>
> ㉥ 응급의료 : 대량 사상자 발생 시 응급의료서비스 제공에 관한 사항
>
> ㉦ 긴급오염통제 : 오염 노출 통제, 긴급 감염병 방제 등 재난현장 공중보건에 관한 사항
>
> ㉧ 현장통제 : 재난현장 접근 통제 및 치안 유지 등에 관한 사항
>
> ㉨ 긴급복구 : 긴급구조활동을 원활하게 하기 위한 긴급구조차량 접근 도로 복구 등에 관한 사항
>
> ㉩ 긴급구호 : 긴급구조요원 및 긴급대피 수용주민에 대한 위기 상담, 임시 의식주 제공 등에 관한 사항
>
> ㉪ 재난통신 : 긴급구조기관 및 긴급구조지원기관 간 정보통신체계 운영 등에 관한 사항

Answer 18.④ 19.④

20 하인리히의 도미노 이론 중 2단계, 1단계의 원인 내용 순서를 바르게 배열한 것은?

① 개인적 결함 – 유전적요인 및 사회적 환경

② 유전적요인 및 사회적 환경 – 개인적 결함

③ 개인적 결함 – 불안전한 행동 및 불안전 상태

④ 불안전한 행동 및 불안전 상태 – 개인적 결함

> **TIPS!**
>
> 하인리히의 도미노 5단계 이론
> ㉠ 제1단계 유전적요인 및 사회적 환경
>   • 무모 · 완고 · 탐욕 등 바람직하지 못한 성격은 유전적 일 가능성이 높다고 평가
>   • 부적절한 환경은 성격 이상을 불러오고, 교육방해는 인적 결함의 원인이 된다.
> ㉡ 제2단계 개인적 결함
>   • 무모함 · 신경질적 · 흥분 등 선천적 · 후천적인 인격 결함은 불안전한 행동을 유발한다.
>   • 기계적 · 물리적인 위험성의 존재에 따른 인적 결함도 포함
> ㉢ 제3단계 불안전한 행동 및 불안전 상태
>   • 안전장치 기능을 제거하거나 위험한 기계설비에 접근하는 불안전한 행동
>   • 부적당한 방호상태, 불충분한 조명 등 불안전 상태는 직접적 사고의 원인이 된다.
> ㉣ 제4단계 사고
>   • 제3단계가 진행되어 작업능률 저하, 직접 · 간접적인 인명피해와 재산손실을 가져온다.
> ㉤ 제5단계 상해
>   • 직접적인 사고로 인한 재해로 사고발생의 최종결과 인적 · 물적 손실을 가져온다.

21 다음 중 현행법령상 긴급구조관련기관의 범위에 들지 않는 것은?

① 긴급구조기관　　　　　　　　　　② 긴급구조지원기관

③ 재난관리책임기관　　　　　　　　④ 현장에 참여하는 자원봉사기관

> **TIPS!**
>
> 긴급구조대응활동 및 현장지휘에 관한 규칙 제2조(정의) 제1호 … 긴급구조관련기관이란 다음에 해당하는 기관을 말한다.
> ㉠ 「재난 및 안전관리 기본법」에 따른 긴급구조기관
> ㉡ 「재난 및 안전관리 기본법」 및 「재난 및 안전관리 기본법 시행령」에 따른 긴급구조지원기관
> ㉢ 현장에 참여하는 자원봉사기관 및 단체

Answer 20.① 21.③

22 재난 및 안전관리 기본법에서 정하는 내용으로 옳지 않은 것은?

① 해외재난 : 대한민국의 영역 밖에서 대한민국 국민의 생명·신체 및 재산에 피해를 주거나 줄 수 있는 재난으로서 정부차원에서 대처할 필요가 있는 재난
② 긴급구조기관 : 소방청·소방본부 및 소방서, 경찰청, 지방경찰청, 경찰서
③ 안전관리 : 재난이나 그 밖의 각종 사고로부터 사람의 생명·신체 및 재산의 안전을 확보하기 위하여 하는 모든 활동
④ 재난관리책임기관 : 중앙행정기관 및 지방자치단체(「제주특별자치도 설치 및 국제자유도시 조성을 위한 특별법」에 따른 행정시를 포함한다) 및 재난관리의 대상이 되는 중요시설의 관리기관 등으로서 대통령령으로 정하는 기관

TIPS!
② "긴급구조기관"이란 소방청·소방본부 및 소방서를 말한다. 다만, 해양에서 발생한 재난의 경우에는 해양경찰청·지방해양경찰청 및 해양경찰서를 말한다〈재난 및 안전관리 기본법 제3조 제7호〉.

23 존스(Jones)의 재해분류 중 지질학적 재난인 것은?

① 번개
② 폭풍
③ 쓰나미
④ 토네이도

TIPS!
존스(Jones)의 재난분류 … 존스(Jones)는 재난을 발생원인과 재난현상에 따라 자연재난, 준자연재난, 인위재난으로 분류하였다. 자연재난은 지구물리학적 재난과 생물학적 재난으로 구분한 후 지구물리학적 재난을 지질학적 재난, 지형학적 재난, 기상학적 재난으로 세분화하고 있어 그 범위가 광범위하다.

재난					
자연재난				준자연재난	인위재난
지구물리학적 재해			생물학적 재해	• 스모그현상	• 공해
지질학적 재난	지형학적 재난	기상(후)학적 재난	• 세균질병	• 온난화현상	• 광하학연무
• 지진 • 화산 • 쓰나미 등	• 산사태 • 염수토양 등	• 안개 • 눈 • 해일 • 번개 • 토네이도 • 폭풍 • 태풍 • 가뭄 • 이상기온 등	• 유독식물 • 유독동물	• 사막화현상 • 염수화현상 • 눈사태 • 산성화 • 홍수 • 토양침식 등	• 폭동 • 교통사고 • 폭발사고 • 태업 • 전쟁 등

Answer 22.② 23.③

24 다음의 재난 중 그 분류가 다른 것은?

① 황사

② 미세먼지의 피해

③ 교통사고

④ 환경오염사고

25 다음 중 재난 및 안전관리 기본법에 명시된 재난 중 사회적 재난에 해당하지 않는 것은?

① 환경오염 사고

② 국가핵심기반의 마비로 인한 피해

③ 미세먼지 저감 및 관리에 관한 특별법에 따른 미세먼지 등으로 인한 피해

④ 황사에 의한 재해

Answer 24.① 25.④

26 다음 중 긴급구조통제단을 구성 및 운영할 수 있는 자로 바른 것은?

① 소방서장, 소방본부장. 소방청장

② 소방서장, 소방본부장, 중앙소방본부장

③ 시 · 군 · 구청장, 시 · 도지사, 소방청장

④ 시 · 군 · 구청장, 시 · 도지사, 행정안전부장관

 TIPS!

재난 및 안전관리 기본법 제49조(중앙긴급구조통제단)

㉠ 긴급구조에 관한 사항의 총괄 · 조정, 긴급구조기관 및 긴급구조지원기관이 하는 긴급구조활동의 역할 분담과 지휘 · 통제를 위하여 소방청에 중앙긴급구조통제단(중앙통제단)을 둔다.

㉡ 중앙통제단의 단장은 소방청장이 된다.

㉢ 중앙통제단장은 긴급구조를 위하여 필요하면 긴급구조지원기관 간의 공조체제를 유지하기 위하여 관계 기관 · 단체의 장에게 소속 직원의 파견을 요청할 수 있다. 이 경우 요청을 받은 기관 · 단체의 장은 특별한 사유가 없으면 요청에 따라야 한다.

※ 재난 및 안전관리 기본법 제50조(지역긴급구조통제단)

　㉠ 지역별 긴급구조에 관한 사항의 총괄 · 조정, 해당 지역에 소재하는 긴급구조기관 및 긴급구조지원기관 간의 역할분담과 재난현장에서의 지휘 · 통제를 위하여 시 · 도의 소방본부에 시 · 도긴급구조통제단을 두고, 시 · 군 · 구의 소방서에 시 · 군 · 구긴급구조통제단을 둔다.

　㉡ 시 · 도긴급구조통제단과 시 · 군 · 구긴급구조통제단(지역통제단)에는 각각 단장 1명을 두되, 시 · 도긴급구조통제단의 단장은 소방본부장이 되고 시 · 군 · 구긴급구조통제단의 단장은 소방서장이 된다.

　㉢ 지역통제단장은 긴급구조를 위하여 필요하면 긴급구조지원기관 간의 공조체제를 유지하기 위하여 관계 기관 · 단체의 장에게 소속 직원의 파견을 요청할 수 있다. 이 경우 요청을 받은 기관 · 단체의 장은 특별한 사유가 없으면 요청에 따라야 한다.

　㉣ 지역통제단의 기능과 운영에 관한 사항은 대통령령으로 정한다.

27 재난으로 인한 피해를 최소화하기 위하여 재해의 예방, 대비, 대응, 복구에 관한 정책의 개발과 집행과정을 총칭하는 것은 무엇인가?

① 재난관리　　　　　　　　　　　　② 위험관리

③ 안전관리　　　　　　　　　　　　④ 국가재난관리

TIPS!

"재난관리"란 재난의 예방 · 대비 · 대응 및 복구를 위하여 하는 모든 활동을 말한다〈재난 및 재난관리 기본법 제3조(정의)〉.

Answer 26.① 27.①

28 다음 중 재난 및 안전관리기본법에서 다루는 재난의 단계로 바르지 않은 것은?

① 예방단계   ② 사고단계
③ 대응단계   ④ 복구단계

 TIPS!

우리나라는 재난 및 안전관리기본법에서 재난관리단계를 예방·대비·대응·복구단계의 4단계로 구분하고 있다.

29 다음 중 재난이 발생하였을 때 시·군·구 긴급통제단장이 할 수 있는 임무가 아닌 것은?

① 재난이 발생할 때에는 진화, 구조·구급 그 밖에 필요한 업무를 수행한다.
② 시·군·구 관할지역 안에 있는 긴급수송 군부대 및 행정기관장에게 파견을 요청할 수 있다.
③ 재난사고 현장에서 필요한 경우는 직접 현장을 지휘 할 수 있다.
④ 재난사태가 특별한 때에는 직접 재난사태 선포를 할 수 있다.

 TIPS!

④ 재난 및 안전관리 기본법 제36조에 의해 재난 사태는 행정안전부장관이 법 제60조에 의해 특별재난의 경우 대통령이 선포할 수 있다.
※ 지역긴급구조통제단〈재난 및 안전관리 기본법 제50조〉
　㉠ 지역별 긴급구조에 관한 사항의 총괄·조정, 해당 지역에 소재하는 긴급구조기관 및 긴급구조지원기관 간의 역할분담과 재난현장에서의 지휘·통제를 위하여 시·도의 소방본부에 시·도긴급구조통제단을 두고, 시·군·구의 소방서에 시·군·구긴급구조통제단을 둔다.
　㉡ 시·도긴급구조통제단과 시·군·구긴급구조통제단(지역통제단)에는 각각 단장 1명을 두되, 시·도긴급구조통제단의 단장은 소방본부장이 되고 시·군·구긴급구조통제단의 단장은 소방서장이 된다.
　㉢ 지역통제단장은 긴급구조를 위하여 필요하면 긴급구조지원기관 간의 공조체제를 유지하기 위하여 관계 기관·단체의 장에게 소속 직원의 파견을 요청할 수 있다. 이 경우 요청을 받은 기관·단체의 장은 특별한 사유가 없으면 요청에 따라야 한다.

30 국가 및 지방자치단체가 행하는 재난 및 안전관리 업무를 총괄·조정하는 사람은 누구인가?

① 소방본부장   ② 행정안전부장관
③ 대통령   ④ 소방청장

 TIPS!

행정안전부장관은 국가 및 지방자치단체가 행하는 재난 및 안전관리 업무를 총괄·조정한다〈재난 및 안전관리 기본법 제6조〉.

Answer　28.②　29.④　30.②

31 재난으로 인해 피해를 입은 이재민이 발생했을 경우 국가 및 지방자치단체는 주민의 생계안정을 위하여 지원을 할 수 있다. 다음 중 국가가 지원할 수 있는 것으로 바르지 않은 것은?

① 사망자 · 실종자 · 부상자 등 피해주민에 대한 구호
② 고등학교를 다니고 있는 학생의 학자금 대출
③ 생계가 불안정한 세입자를 보조해 준다
④ 농림 · 어업을 생계로 하는 사람들의 자금을 상환기한연기 및 그 이자 감면

> 💡 **TIPS!**
>
> 재난 및 안전관리 기본법 제66조(재난지역에 대한 국고보조 등의 지원) 제3항 … 국가와 지방자치단체는 재난으로 피해를 입은 시설의 복구와 피해주민의 생계 안정을 위하여 다음의 지원을 할 수 있다. 다만, 다른 법령에 따라 국가 또는 지방자치단체가 같은 종류의 보상금 또는 지원금을 지급하거나, 재난으로 피해를 유발한 원인자가 보험금 등을 지급하는 경우에는 그 보상금, 지원금 또는 보험금 등에 상당하는 금액은 지급하지 아니한다.
> ㉠ 사망자 · 실종자 · 부상자 등 피해주민에 대한 구호
> ㉡ 주거용 건축물의 복구비 지원
> ㉢ 고등학생의 학자금 면제
> ㉣ 자금의 융자, 보증, 상환기한의 연기, 그 이자의 감면 등 관계 법령에나 정하는 금융지원
> ㉤ 세입자 보조 등 생계안정 지원
> ㉥ 관계 법령에서 정하는 바에 따라 국세 · 지방세, 건강보험료 · 연금보험료, 통신요금, 전기요금 등의 경감 또는 납부유예 등의 간접지원
> ㉦ 주 생계수단인 농업 · 어업 · 임업 · 염생산업(鹽生産業)에 피해를 입은 경우에 해당 시설의 복구를 위한 지원
> ㉧ 공공시설 피해에 대한 복구사업비 지원
> ㉨ 그 밖에 중앙재난안전대책본부회의에서 결정한 지원 또는 지역재난안전대책본부회의에서 결정한 지원

32 재난 및 안전관리 기본법상의 중앙안전관리위원회에 대한 설명으로 옳지 않은 것은?

① 국무총리 소속으로 중앙안전관리위원회를 둔다.
② 위원장은 국무총리가 된다.
③ 중앙위원회에 간사 1명을 두며, 간사는 행정안전부장관이 된다.
④ 중앙위원회는 사무가 국가안전보장과 관련된 경우에는 국방부와 협의하여야 한다.

> 💡 **TIPS!**
>
> ④ 중앙위원회는 사무가 국가안전보장과 관련된 경우에는 국가안전보장회의와 협의하여야 한다〈재난 및 안전관리 기본법 제9조 제7항〉.

Answer 31.② 32.④

33 국가의 재난 및 안전관리업무에 관한 기본계획의 수립지침을 작성하여 통보하는 사람은?

① 대통령
② 국무총리
③ 행정안전부장관
④ 중앙재난안전대책본부장

 TIPS!

국무총리는 대통령령으로 정하는 바에 따라 국가의 재난 및 안전관리업무에 관한 기본계획의 수립지침을 작성하여 관계 중앙행정기관의 장에게 통보하여야 한다〈재난 및 안전관리 기본법 제22조 제1항〉.

34 재난 및 안전관리 기본법상 재난사태 선포와 관련된 내용으로 틀린 것은?

① 재난사태의 선포권자는 대통령이다.
② 재난사태의 선포 시 중앙위원회의 심의를 거쳐야 한다.
③ 예외적으로 재난상황이 긴급하여 중앙위원회의 심의를 거칠 시간적 여유가 없다고 인정하는 경우에는 중앙위원회의 심의를 거치지 아니하고 재난사태를 선포할 수 있다.
④ 행정안전부장관은 재난으로 인한 위험이 해소되었다고 인정하는 경우 또는 재난이 추가적으로 발생할 우려가 없어진 경우에는 선포된 재난사태를 즉시 해제하여야 한다.

TIPS!

행정안전부장관은 대통령령으로 정하는 재난이 발생하거나 발생할 우려가 있는 경우 사람의 생명·신체 및 재산에 미치는 중대한 영향이나 피해를 줄이기 위하여 긴급한 조치가 필요하다고 인정하면 중앙위원회의 심의를 거쳐 재난사태를 선포할 수 있다. 다만, 행정안전부장관은 재난상황이 긴급하여 중앙위원회의 심의를 거칠 시간적 여유가 없다고 인정하는 경우에는 중앙위원회의 심의를 거치지 아니하고 재난사태를 선포할 수 있다〈재난 및 안전관리 기본법 제36조 제1항〉.

35 재난관리 개념과 단계별 관리상황 중 옳은 것은?

① 예방단계 - 위험지도의 작성
② 대비단계 - 토지이용 관리
③ 대응단계 - 비상방송시스템 구축
④ 복구단계 - 피해주민 수용 및 구호

TIPS!

재난관리 단계
㉠ 예방단계 : 위험성 분석 및 위험지도 작성, 재해보험, 토지이용 관리, 안전관련법 재정, 조세유도
㉡ 대비단계 : 재난대응계획, 비상경보체계 구축, 통합대응체계 구축, 비상통신망 구축, 교육훈련 및 연습
㉢ 대응단계 : 재난대응계획의 적용, 재해의 진압, 구조·구난, 응급의료체계의 운영, 대책본부의 가동 등
㉣ 복구단계 : 잔해물 제거, 전염 예방, 이재민 지원, 임시거주지 마련, 시설복구

Answer 33.② 34.① 35.①

PART

03

연소이론

01 연소개요

02 연기 및 화염

03 폭발이론

01 연소개요

기출PLUS

section 1 연소

(1) 연소의 개념

연소는 가연물이 공기 중의 산소(O_2)등과 반응하여 열과 빛을 발생하면서 산화하는 현상을 말하며, 발열반응을 동반한다. 즉 산소와 화합하여 열과 화염을 동반하는 급격한 산화반응을 의미한다. 산소분자가 다른 물질의 분자와 결합하여 새로운 물질을 만들어 내는 과정을 산화반응(산화작용)이라 한다.

① 연소의 화학반응은 가연물질이 공기 중의 산소나 산소를 함유하고 있는 산화제에서도 일어난다.

② 연소 반응을 일으키기 위해서는 활성화 에너지(최소 점화에너지)가 필요한데 이 에너지를 점화에너지 · 점화원 · 발화원 또는 최소점화(착화)에너지라고 한다.

③ 가연물의 활성화를 위해 필요한 에너지는 충격 · 마찰 · 자연발화 · 전기불꽃 · 정전기 · 고온표면 · 단열압축 · 자외선 · 충격파 · 낙뢰 · 나화 · 화학열 등에 의해 공급되고 있다.

④ 물질이 발열반응을 지속하면 고열이 발생될 뿐만 아니라 연쇄반응으로 이어지면서 연소는 계속된다.

(2) 완전연소와 불완전연소

완전연소는 공기 중에 산소(O_2)의 공급이 충분할 때 일어나며, 불완전연소는 공기 중의 산소(O_2)가 충분하게 공급되지 않을 때 일어난다. 특히 불완전연소를 하면 일산화탄소(CO), 완전연소를 하면 이산화탄소(CO_2)가 발생한다. 금속(Fe)에서 붉은색으로 녹이 발생하는 것도 산화반응에 해당하나 열이 발생하지 않기 때문에 연소는 아니다.

section 2 연소의 요소

가연물이 공기 중의 산소(O_2)와 결합하여 열과 빛을 발생하는 연소반응을 지속하기 위해서 사용되는 가연물, 산소(O_2, 산소공급원), 점화원(열)을 연소의 3요소라 하며, 화학적 연쇄반응을 포함하여 연소의 4요소로 총칭된다. 연소의 요소 중 어느 한 요소라도 제거된다면 연소반응은 더 이상 일어나지 않는다. 즉 발화가 진행된 상황에서 어느 한 요소가 연소반응으로부터 제거되면 연소반응은 더 이상 일어나지 않는다. 다시 말해, 발화가 진행된 상황에서 어느 한 요소가 연소반응으로부터 제거되면 화재는 더 이상 진행되지 못한다.

(1) 연소의 3요소 ⭐ 2019, 2021 기출

① 가연물

　　㉠ 고체 가연물 : 종이류, 섬유류, 고무류, 코크스, 목재류와 그 가공물 또는 부산물, 플라스틱 제품 등

　　㉡ 액체 가연물 : 휘발유, 등유, 경유, 중유, 알코올류, 동식물유 등

　　㉢ 기체 가연물 : 프로판, 부탄, LPG, LNG, 아세틸렌 등

　　🔖POINT 탄화수소계 가연성 가스의 완전연소식 및 주요 탄화수소계 가연성 가스의 연소식

　　　㉠ 탄화수소계 가연성 가스의 완전연소식 : $C_mH_n + \left(m + \dfrac{n}{4}\right)O_2 \rightarrow mCO_2 + \dfrac{n}{2}H_2O$

　　　㉡ 주요 탄화수소계 가연성 가스의 연소식
　　　• 메탄(CH_4) : $CH_4 + 2O_2 \rightarrow CO_2 + 2H_2O + 212.80$kcal
　　　• 에탄(C_2H_6) : $C_2H_6 + 3.5O_2 \rightarrow 2CO_2 + 3H_2O + 372.82$kcal
　　　• 프로판(C_3H_8) : $C_3H_8 + 5O_2 \rightarrow 3CO_2 + 4H_2O + 530.60$kcal ⭐ 2019 기출
　　　• 부탄(C_4H_{10}) : $C_4H_{10} + 6.5O_2 \rightarrow 4CO_2 + 5H_2O + 687.64$kcal

② 산소공급원

　　🔖POINT 최소산소농도(MOC ; Minimum Oxygen Concentration)
　　　㉠ 화염이 전파되기 위해 필요한 임계산소농도
　　　㉡ 산소의 몰수 × 연소하한계
　　　㉢ 주요 탄화수소계 최소산소농도
　　　• 메탄(CH_4) : $2 \times 5 = 10\%$
　　　• 에탄(C_2H_6) : $3.5 \times 3 = 10.5\%$
　　　• 프로판(C_3H_8) : $5 \times 2.1 = 10.5\%$
　　　• 부탄(C_4H_{10}) : $6.5 \times 1.8 = 11.7\%$

③ 점화원(에너지 = 원인 = 불씨)

④ 산소공급원은 산소 외에 조연성물질(연소를 돕는 물질)인 불소, 염소, 오존 등도 포함한다. 또한, 제1류 위험물(산화성 고체), 제5류 위험물(자기반응성 물질), 제6류 위험물(산화성 액체)처럼 물질자체가 산소를 함유한 물질도 포함한다.
　　㉠ 위험물 중에서 제1류 위험물과 제6류 위험물은 연소를 돕는 물질이다.
　　　• 제6류 위험물 : 불연성으로서 위험물 중에서 위험성이 가장 떨어진다.
　　㉡ 제5류 위험물은 자체적으로 연소가 가능하다.
　　　• 제5류 위험물 : 화기엄금, 충격주의 등으로 산소를 내주어 연소하는 물질이다

⑤ 연소의 3요소만으로는 연소가 지속될 수 없다. 연소의 3요소가 합쳐져서 불이 붙었다 하더라도 금방 다시 꺼질 수 있기 때문이다. 단, 불이 10℃(약 5초) 이상으로 지속된다면 연소점이므로 불은 꺼지지 않고 계속될 수 있다.

(2) 연소의 4요소

① 가연물

② 산소공급원

③ 점화원(에너지 = 원인 = 불씨)

④ 연쇄반응

　　㉠ 연소의 3요소까지 온도 : 불이 붙었으니, 인화점(인화물질을 사용하여 불 붙는 최저온도)에 해당 된다.

　　㉡ 연소의 4요소까지 온도 : 불이 꺼지지 않으니, 연소점(연소상황을 가질 수 있는 최저온도)에 해당 된다.

(3) 가연물의 구비조건

① 발열량과 비표면적이 클 것 … 발열량과 건조한 공기(산소)와 접촉하는 표면적이 커야 한다.

② 연쇄반응을 일으킬 수 있을 것 … 순조로운 화학적 변화를 일으킬 수 있어야 한다.

③ 열전도도가 작을 것 … 열전도율이 작은 것일수록 가연물의 구비조건을 갖춘다(즉 내부열의 축적이 용이해야 한다).

④ 활성화 에너지가 작을 것 … 점화에너지가 작을수록(즉 작은 불씨로도 연소가 가능할 때), 발화온도가 작을수록 가연물 구비조건을 갖춘다.

⑤ 화학적 활성도가 클 것 … 산소와 친화력이 커야 한다(즉, 산소가 많을수록).

⑥ 일반적으로 산화되기 쉬운 물질로서 산소와 결합할 때 발열량이 커야 한다.

⑦ 탄소 · 수소 · 산소 등으로 구성된 유기화합물이 많다.

⑧ 한계산소농도(LOI)가 낮을수록 낮은 농도의 산소 조건에서도 연소가 가능하므로 위험하다.

> **POINT** 가연물이 될 수 없는 물질
>
> 가연성 물질과는 반대로 아무리 많은 열과 산소가 제공된다 하더라도 연소가 이루어지지 않는 물질을 불연성 물질이라고 하며 불연성 물질은 다음과 같다.
> 　㉠ 이미 산소와 결합하여 더 이상 산소와 화학반응을 일으킬 수 없는 물질로, CO_2, P_2O_5, SO_3, CrO_3, Al_2O_3, H_2O 등이 있다.
> 　㉡ 산소와 화합하여 산화물을 생성하나 산화 발열반응을 일으킬 수 없는 물질로, $N_2(N_2+O_2 \rightarrow 2NO-43.2Kcal)$ 등이 이에 해당한다.
> 　㉢ 활성(결합력)이 없는 물질로 Ar, He, Kr, Xe, Rn 등이 이에 해당한다.
> 　㉣ 돌, 흙과 같이 그 자체가 연소하지 않는 물질도 가연물이 될 수 없다.

TIP

표면적의 대소

기체 > 액체 > 고체

TIP

열전도도의 대소

기체 < 액체 < 고체

(4) 가연물의 특성

가연물의 특성은 물질에 따라 차이가 있다.

① **인화점** ··· 인화점이 낮을수록 위험하다. 즉 낮은 온도에서 인화되는 물질이 위험하다.
  예 휘발유가 등유·경유보다 위험하다.

② **착화점** ··· 착화점이 낮을수록 위험하다. 즉 낮은 온도에서 착화되는 물질이 위험하다.
  예 휘발유가 등유·경유보다 위험하다.

③ **점성** ··· 점성이 낮을수록 위험하다. 점성이란 끈끈한 성질을 말하는데, 점성이 작을 수록 이물질이 적다는 것으로 더 순수하기 때문에 불이 더욱 빨리 붙는다.
  예 끈끈할수록 불이 안 붙는다. 등유가 휘발유보다 끈끈하다.

④ **비점(비등점)** ··· 비점이 낮을수록 위험하다.

⑤ **융점(녹는점)** ··· 융점이 낮을수록 위험하다.

⑥ **증발열** ··· 증발열이 작을수록 위험하다.

⑦ **비중** ··· 비중이 작을수록 위험하다. 기체는 공기와 액체·고체는 물하고 비교한 중량이다.

⑧ **표면장력** ··· 표면장력이 작을수록 위험하다. 표면장력이란 표면을 끌어당기는 힘을 말한다. 예컨대 물방울을 유지시키는 힘 등이다. 이는 표면이 끈끈하다는 뜻으로 점성과 비슷한 개념이다.
  예 표면이 끈끈할수록 불이 안 붙는다.

⑨ **LOI(Limited Oxygen Index)** ··· 한계산소지수는 작을수록 위험하다. 한계산소지수란 가연물을 수직으로 한 상태에서 가장 윗부분에 착화하였을 때 연소를 계속 유지시킬 수 있는 산소의 최저체적농도를 말한다. 예컨대 면류의 LOI가 17%라 하면 공기중의 산소농도가 17% 이하로 줄어들면 열원을 제거한 후 연소가 지속할 수 없다.
  예 산소가 16%와 21%에서 불 붙는 2개의 불질이 있다며, 16% 물질이 더 위험하다.

⑩ **활성화 에너지** ··· 활성화 에너지는 작을수록 위험하다. 활성화 에너지란 처음 착화될 때 작은 점화에너지를 말한다. 즉 활성화 에너지가 작다는 것은 작은 불씨로도 착화될 수 있다는 것이므로 활성화 에너지가 작으면 더 위험하다.

⑪ **비열** ··· 비열은 작을수록 위험하다. 비열이란 어떤 물질 1g을 1℃ 올리는 데 필요한 열량을 말한다. 작은 열로 물질 내부에 고온을 형성하여 착화된다면 그 물질은 더 위험하다.

⑫ **열전도율** ··· 열전도율이 작을수록 위험하다. 열이 물질 내부에 늦게 흐를수록 내부에 열이 더욱 축적되므로 열전도율이 낮을수록 더 위험하다.

⑬ **전기전도율** ··· 전기전도율이 작을수록 위험하다. 전기가 축적되고 정지된 정전기가 모여 늦게 흐를수록 순간적으로 착화됨으로 전기전도율이 낮을수록 위험하다.

(5) 점화원(점화에너지·활성화에너지)

연소가 이루어지기 위해서는 가연물과 산소공급원 이외에 일정한 온도와 일정한 양의 열이 있어야 하는데 이를 점화원이라고 한다. 점화원의 강도는 온도로 표시하게 되며, 화학열, 전기열, 기계열, 원자력 에너지로 분류할 수 있다.

① 화학적 에너지

   ⊙ **연소열** : 물질이 연소하는 과정에서 발생되는 열이며, 탄소와 수소의 화합물 또는 탄소 및 산소와 수소의 화합물은 대부분 산화과정에서 열을 발생하게 된다.

   ⓒ **자연발화** : 물질이 외부로부터 열을 공급받지 않고 내부의 반응열 축적만으로 온도가 상승하여 발화점에 도달하여 연소를 일으키는 현상을 말한다. 자연발화는 열의 확산속도와 물질의 자연발열 속도 간의 균형이 깨져 열의 축적이 일어남에 따라 일어나게 된다.

   ⓒ **분해열** : 화합물이 분해될 때 발생하는 열을 분해열이라 하며, 산업용이나 군용 폭발물은 불안정한 화합물의 급격한 분해를 이용하는 것이 대부분이다.

   ⓔ **용해열** : 물질이 액체에 용해될 때 발생되는 열을 말하며, 모든 물질의 용해열이 화재를 발생시킬 정도의 위험한 에너지를 가지는 것은 아니지만 진한 황산이 물로 희석되는 과정에서 발생되는 열은 위험상태에 이르기도 한다.

② 전기적 에너지

   ⊙ **저항열** : 물체에 전류를 흘려보내면 각 물질이 갖는 전기저항 때문에 전기에너지 일부가 열로 변하게 되며, 백열전구에서 열이 발생하는 것은 전구 내의 필라멘트의 저항에 의한 것이다. 도체에 발생하는 열량이 공기 중의 발산하는 열량보다 많을 경우 화재를 일으키는 점화원이 될 수 있다.

   ⓒ **유도열** : 어떤 도체에 유도된 전류가 흐르는 경우, 그 도체에 유도전류의 크기에 적당한 전류용량을 갖지 못하면 저항 때문에 열이 발생하게 된다.

   ⓒ **유전열** : 일반적으로 절연물질로 사용되는 물질도 완전한 절연능력을 갖고 있지는 못하다. 따라서 전열물질에 전류가 흐르는데 이러한 전류를 누설전류라 하며, 누설전류에 의해 발생되는 열이 점화원이 될 수 있다.

   ⓔ **아크열** : 전기흐름에 있어 접촉 또는 접점이 느슨하여 전류의 흐름이 끊어질 때 발생할 수 있으며, 아크에 의해 발생되는 온도는 매우 높다.

   ⓜ **정전기열** : 두 물질이 접촉하였다가 떨어질 때 각 물질의 표면에 양과 음의 전하가 축적되어 스파크 방전이 일어난다. 이러한 정전기 방전에 의한 에너지는 가연성 증기나 기체 또는 분진을 점화시킬 수 있다.

   ⓗ **낙뢰에 의한 열** : 번개는 구름에 축적된 전하가 다른 구름이나 반대 전하를 가진 지면으로의 방전 현상을 말한다.

③ 기계적 에너지

  ㉠ 마찰 및 충격의 불꽃 : 두 개 이상의 물체가 서로 충격·마찰을 일으키면서 열에 너지를 발생시켜 순간적으로 최대 1,000℃에 가까운 열을 발생시킨다. 사람의 출입이 없는 산속에서 겨울철에 많이 일어나는 산불은 건조한 날씨와 강풍으로 나무와 나무가 마찰되어 발생하는 수가 있으며, 정이나 망치로 바위를 깨뜨릴 때 생기는 불꽃은 충격에 의한 불꽃이라 할 수 있다.

  ㉡ 단열압축 : 단열압축에 의한 발화현상은 디젤기관에서 착화원리를 이용하는 것으로서 기체를 압축시키면 기체분자 간의 충돌횟수가 증가되어 내부에너지의 증가를 가져오며 결국 주위온도를 증가시켜 점화원의 역할을 하게 된다.

④ 원자력 에너지 … 원자핵에 중성자를 충돌시키면 막대한 에너지가 방출된다. 이때 발생되는 에너지는 열압력, 방사선 등의 형태로 방출된다.

section 3 │ 위험물의 분류와 상성

(1) 제1류 위험물(위험물의 위험도 : 3·5류 > 4류 > 2류 > 1·6류) ★ 2018, 2019, 2021 기출

위험물			지정수량
유별	성질	품명	
제1류	산화성 고체	1. 아염소산염류	50킬로그램
		2. 염소산염류	50킬로그램
		3. 과염소산염류	50킬로그램
		4. 무기과산화물	50킬로그램
		5. 브롬산염류	300킬로그램
		6. 질산염류	300킬로그램
		7. 요오드산염류	300킬로그램
		8. 과망간산염류	1,000킬로그램
		9. 중크롬산염류	1,000킬로그램
		10. 그 밖에 행정안전부령으로 정하는 것 11. 1~10의 물질 중 어느 하나 이상을 함유한 것	50킬로그램, 300킬로그램 또는 1,000킬로그램

① 일반적 성질

  ㉠ 산소를 함유한 강한 산화제이며 가열, 충격, 마찰 등에 의해 분해하여 산소를 방출한다.
    • 산소 함유 + 불연성

기출 2018. 10. 13. 시행

제1류 위험물의 일반적 성질에 대한 설명으로 옳지 않은 것은?

① 불연성 물질이다.
② 강력한 환원제이다.
③ 대부분 무기화합물이다.
④ 다른 가연물의 연소를 돕는 지연성 물질이다.

‹정답 ②

ⓛ 자신은 불연성이나 산소를 방출하여 다른 가연물의 연소를 돕는 조연성 물질이다.

ⓒ 대부분 무색 결정이거나 백색 분말이다.

ⓔ 비중은 1보다 크다(물보다 무겁다).

② 예방대책

㉠ 가열(화기), 충격, 마찰, 타격 등에 주의하고 연쇄적인 분해를 방지한다.

ⓛ 위험물 게시판표지에 무기과산화물 중 알칼리금속의 과산화물은 "물기엄금"을 표시한다.

ⓒ 제2류~제5류 위험물과 접촉 및 혼합을 금한다.

ⓔ 강산류(제6류 위험물)와 절대 접촉(혼촉)을 금한다. 다만, 혼재는 가능하다.

ⓜ 질산염류 중 조해성 물질은 방습하고 용기를 밀전하여 통풍이 잘 되는 냉암소에 저장한다.

③ 소화대책

㉠ 무기과산화물류를 제외하고는 다량의 물을 사용하는 것이 유효하다.

ⓛ 무기과산화물류는 건조사 등을 이용하여 질식소화가 유효하다.

(2) 제2류 위험물(위험물의 위험도 : 3·5류 > 4류 > 2류 > 1·6류) ★ 2018, 2019 기출

위험물			지정수량
유별	성질	품명	
제2류	가연성 고체	1. 황화린	100킬로그램
		2. 적린	100킬로그램
		3. 유황	100킬로그램
		4. 철분	500킬로그램
		5. 금속분	500킬로그램
		6. 마그네슘	500킬로그램
		7. 그 밖에 행정안전부령으로 정하는 것 8. 1~7의 물질 중 어느 하나 이상을 함유한 것	100킬로그램 또는 500킬로그램
		9. 인화성고체	1,000킬로그램

① 일반적 성질

㉠ 가연성 고체(이연성, 속연성) 물질이다.

ⓛ 평소에 산소를 멀리하고(산소를 함유하지 않음), 수소를 가까이하는 강력한 환원성 물질이다.

ⓒ 금속분은 물이나 혹은 산과 접촉하여 발열하게 된다.

② 예방대책

    ⊙ 산화제(제1·6류)와의 혼합·혼촉을 피하며, 통풍이 잘되는 냉암소에 보관·저장한다.

    ⊙ 위험물 게시판은 "화기주의" (인화성고체는 "화기엄금")이다.

    ⊙ 인화성고체는 불에 빨리는 붙지만 지정수량 때문에 그렇게 위험하지 않다.

       예 휴대용 고체연료

③ 소화대책

    ⊙ 황화린, 철분, 금속분, 마그네슘은 건조사, 건조분말 등으로 질식소화한다.

    ⊙ 적린과 인화성고체 등은 물에 의한 냉각소화가 적당하다.

    ⊙ 유황은 물분무가 적당하다.

> **POINT**
> • 유황 : 순도 60% 이상
> • 알코올류 : 농도 60% 이상
> • 철분 : 53um의 표준체를 통과하는 것(50wt% 미만은 제외)
> • 금속분 : 150um의 표준체를 통과하는 것(50wt% 미만은 제외)
> • 마그네슘 : 2mm의 체를 통과하는 것으로서 직경 2mm 이상의 막대 모양의 것은 제외

(3) 제3류 위험물(위험물의 위험도 : 3·5류 > 4류 > 2류 > 1·6류) ✪ 2018 기출

유별	성질	품명	지정수량
제3류	자연발화성 물질 및 금수성 물질	1. 칼륨	10킬로그램
		2. 나트륨	10킬로그램
		3. 알킬알루미늄	10킬로그램
		4. 알킬리튬	10킬로그램
		5. 황린	20킬로그램
		6. 알칼리금속(칼륨 및 나트륨을 제외) 및 알칼리토금속	50킬로그램
		7. 유기금속화합물(알킬알루미늄 및 알킬리튬을 제외)	50킬로그램
		8. 금속의 수소화물	300킬로그램
		9. 금속의 인화물	300킬로그램
		10. 칼슘 또는 알루미늄의 탄화물	300킬로그램
		11. 그 밖에 행정안전부령으로 정하는 것 12. 1~11의 물질 중 어느 하나 이상을 함유한 것	10킬로그램, 20킬로그램, 50킬로그램 또는 300킬로그램

① 일반적 성질

　㉠ 알킬알루미늄, 알킬리튬, 유기금속화합물류는 유기화합물이다.

　㉡ 물에 대해 위험한 반응을 초래하는 고체 및 액체물질이다. 단, 황린은 제외

② 예방대책

　㉠ 저장용기는 밀전하여 공기와의 접촉을 방지하고 물과 수분의 침투 및 접촉을 금
　　 지하여야 한다.
　　 예컨대 "물기엄금" 위험물 게시판

　㉡ 칼륨, 나트륨, 알칼리금속은 석유류(등유, 경유 등)에 저장한다.

　㉢ 황린(인, 백린, 노란인)은 공기 중에 발화한다. 따라서 황린은 물속에 저장한다.
　　 (황린은 30℃에서 자연발화됨)

　㉣ 칼륨, 나트륨은 물과 접촉하여 발화하며 알킬알루미늄은 물과 공기 중 발화할
　　 수 있다.

③ 소화대책

　㉠ 금수성이므로 절대 물의 주수를 금한다. (단 황린은 제외)

　㉡ 포·이산화탄소·할로겐 소화약제도 적용이 어렵다. 따라서 상황에 따라 건조분
　　 말, 건조사, 팽창질석, 건조석회를 사용한다.

(4) 제4류 위험물(위험물의 위험도 : 3·5류 > 4류 > 2류 > 1·6류)

위험물				지정수량
유별	성질	품명		
제4류	인화성 액체	1. 특수인화물 : 이황화탄소, 디에틸에테르 등		50리터
		2. 제1석유류(아세톤, 휘발유, 초산메테르)	비수용성액체	200리터
			수용성액체	400리터
		3. 알코올류(60wt% 이상) : 메탄올, 에탄올, 프로판올 등		400리터
		4. 제2석유류(등유, 경유, 크로크벤젠 등)	비수용성액체	1,000리터
			수용성액체	2,000리터
		5. 제3석유류(중유, 클레오소트유, 아닐린 등)	비수용성액체	2,000리터
			수용성액체	4,000리터
		6. 제4석유류(기어유, 실린더유 등)		6,000리터
		7. 동식물유류(건성유, 아마인류)		10,000리터

석유를 제외한 4류는 모두 비수용성이다. 즉, 석유만 수용성이다.

POINT 제4류 위험물의 종류 ★ 2019 기출

ⓐ **특수인화물** : 이황화탄소, 디에틸에테르 그 밖에 1기압에서 발화점이 섭씨 100도 이하인 것 또는 인화점이 섭씨 영하 20도 이하이고 비점이 섭씨 40도 이하인 것을 말한다.

ⓑ **알코올류** : 1분자를 구성하는 탄소원자의 수가 1개부터 3개까지인 포화1가 알코올(변성알코올을 포함)을 말한다. 다만, 다음에 해당하는 것은 제외한다.
- 1분자를 구성하는 탄소원자의 수가 1개 내지 3개의 포화1가 알코올의 함유량이 60중량퍼센트 미만인 수용액
- 가연성액체량이 60중량퍼센트 미만이고 인화점 및 연소점(태그개방식인화점측정기에 의한 연소점)이 에틸알코올 60중량퍼센트 수용액의 인화점 및 연소점을 초과하는 것

ⓒ **동식물유류** : 동물의 지육 등 또는 식물의 종자나 과육으로부터 추출한 것으로서 1기압에서 인화점이 섭씨 250도 미만인 것을 말한다. 다만, 행정안전부령으로 정하는 용기기준과 수납·저장기준에 따라 수납되어 저장·보관되고 용기의 외부에 물품의 통칭명, 수량 및 화기엄금(화기엄금과 동일한 의미를 갖는 표시를 포함한다)의 표시가 있는 경우를 제외한다.

ⓓ **제1석유류** : 아세톤, 휘발유 그 밖에 1기압에서 인화점이 섭씨 21도 미만인 것을 말한다.

ⓔ **제2석유류** : 등유, 경유 그 밖에 1기압에서 인화점이 섭씨 21도 이상 70도 미만인 것을 말한다. 다만, 도료류 그 밖의 물품에 있어서 가연성 액체량이 40중량퍼센트 이하이면서 인화점이 섭씨 40도 이상인 동시에 연소점이 섭씨 60도 이상인 것은 제외한다.

ⓕ **제3석유류** : 중유, 클레오소트유 그 밖에 1기압에서 인화점이 섭씨 70도 이상 섭씨 200도 미만인 것을 말한다. 다만, 도료류 그 밖의 물품은 가연성 액체량이 40중량퍼센트 이하인 것은 제외한다.

ⓖ **제4석유류** : 기어유, 실린더유 그 밖에 1기압에서 인화점이 섭씨 200도 이상 섭씨 250도 미만의 것을 말한다. 다만 도료류 그 밖의 물품은 가연성 액체량이 40중량퍼센트 이하인 것은 제외한다.

① **일반적 성질**

ⓐ 인화되기 쉬우며, 자연 발화점이 낮다.("화기엄금" 위험물 게시판)

ⓑ 주로 비수용성이며, 전기 부도체이다.(즉, 유류는 전기가 안 통한다)

ⓒ 주로 물보다 가벼운 유류가 더 많다.

ⓓ 연소 시 증기 비중은 공기보다 무겁다.

ⓔ 인화성은 가연성보다 불이 빨리 붙는 물질이므로, 가연성보다 대부분 더 위험할 수 있다.

② **예방대책**

ⓐ **누출방지** : 밀폐용기의 사용, 배관의 이용, 바위 속 시원한 냉암소에 저장한다.

ⓑ 폭발혼합기의 형성방지(환기 철저), 정전기나 스파크에 주의한다.

기출PLUS

기출 2019. 4. 6. 시행

다음은 제1석유류에 대한 설명이다. ( ) 안에 들어갈 내용으로 옳은 것은?

┌ 보기 ┐
제1석유류는 아세톤, 휘발유 그 밖에 1기압에서 (가)이 섭씨 (나)도 미만인 것이다.
└──────┘

① (가) 발화점, (나) 21
② (가) 발화점, (나) 25
③ (가) 인화점, (나) 21
④ (가) 인화점, (나) 25

≪정답 ③

기출PLUS

③ 소화대책

　㉠ 유류화재는 포에 의한 질식소화가 좋다.

　㉡ 물에 혼합되는 수용성 위험물에는 알코올포(내알콜올포)를 사용하여 질식소화
하거나 다량의 물로 희석시켜 희석소화 한다.

(5) 제5류 위험물(위험물의 위험도 : 3 · 5류 > 4류 > 2류 > 1 · 6류) ✪ **2019, 2020 기출**

위험물			지정수량
유별	성질	품명	
제5류	자기반응성 물질	1. 유기과산화물	10킬로그램
		2. 질산에스테르류	10킬로그램
		3. 니트로화합물	200킬로그램
		4. 니트로소화합물	200킬로그램
		5. 아조화합물	200킬로그램
		6. 디아조화합물	200킬로그램
		7. 히드라진 유도체	200킬로그램
		8. 히드록실아민	100킬로그램
		9. 히드록실아민염류	100킬로그램
		10. 그 밖에 행정안전부령으로 정하는 것 11. 1~10의 물질 중 어느 하나 이상을 함유한 것	10킬로그램, 100킬로그램 또는 200킬로그램

기출 2019. 4. 6. 시행

위험물의 종류에 따른 일반적 성상을 나타낸 것으로 옳은 것은?

① 산화성 고체는 환원성 물질이며 황린과 철분을 포함한다.

② 인화성 액체는 전기 전도체이며 휘발유와 등유를 포함한다.

③ 가연성 고체는 불연성 물질이며 질산염류와 무기과산화물을 포함한다.

④ 자기반응성 물질은 연소 또는 폭발을 일으킬 수 있는 물질이며 유기과산화물, 질산에스테르류를 포함한다.

《 정답 ④

① 일반적 성질

　㉠ 자체산소가 있어 공기 중 산소의 공급 없이 충격 등으로 연소폭발이 가능한 물질이다. (불연성이 아니다)

　㉡ 모든 가연성의 고체 혹은 액체의 산화제 물질이고, 연소 시 다량의 가스가 발생한다.

② 예방대책

　㉠ 화염, 불꽃 등 점화원의 엄금("화기엄금"), 가열, 충격, 마찰, 타격을 피한다.

　㉡ 자신이 산소를 내어 자기연소(내부연소)한다.

기출 2020. 6. 20. 시행

화재진압 시 주수소화에 적응성 있는 위험물로 옳은 것은?

① 황화린

② 질산에스테르류

③ 유기금속화합물

④ 알칼리금속의 과산화물

《 정답 ②

③ 소화대책

　㉠ 물질자체 내부에 산소를 함유하여 질식소화가 어렵다.

　㉡ 물에 반응하는 물질이 없기 때문에 화재 초기 시에만 다량의 냉각 소화하는 것이 적당하다.

(6) 제6류 위험물(위험물의 위험도 : 3 · 5류 > 4류 > 2류 > 1 · 6류)

유별	성질	품명	지정수량
		위험물	
		품명	지정수량
제6류	산화성 액체	1. 과염소산	300킬로그램
		2. 과산화수소	300킬로그램
		3. 질산	300킬로그램
		4. 그 밖에 행정안전부령으로 정하는 것	300킬로그램
		5. 1~4의 물질 중 어느 하나 이상을 함유한 것	300킬로그램

① 일반적 성질

　㉠ 무기화합물로 비중이 1보다 크다.(물보다 무겁다)

　㉡ 불연성 물질이며 접촉 시 산소를 발생하여 다른 물질을 산화시킨다.(조연성)

　㉢ 증기는 유독하며 피부와 접촉 시 점막을 부식시킨다.

② 예방대책

　㉠ 직사광선을 차단하고 강환원제 · 유기물질 · 가연성 위험물과 접촉을 피한다.

　㉡ 염기 및 물 또는 제1류 위험물과 접촉을 피한다.

③ 소화대책

　㉠ 화재 시에는 가연물과 격리하도록 하며 유출사고에는 마른 모래 및 중화제를 사용한다.

　㉡ 원칙적으로 주수는 금지한다. 단, 초기화재 시 상황에 따라 다량의 물로 세척한다.

section 4 연소의 종류와 연소조건

(1) 연소의 종류 및 연소형태

① 연소의 종류

　㉠ 정상연소 : 가연물이 정상적인 대기상태에서 서서히 타는 현상을 말한다.

　㉡ 접염연소 : 전도, 대류, 복사의 3가지의 형태에 의해 이루어지며, 불꽃에 직접 닿는 곳에는 전도, 가까운 곳에는 복사, 원거리이면 대류에 의해 연소가 이루어진다.

　㉢ 대류연소 : 열기류에 의해 가연물의 온도를 높여 착화하는 형태의 연소현상을 말한다.

　㉣ 복사연소 : 가연물이 연소할 때 발산하는 복사열에 의하여 착화되는 연소현상을 말한다.

　㉤ 비화연소 : 불티가 날려서 화재 인근에 있는 가연물질을 인화시키는 연소를 말한다.

기출PLUS

② **연소형태** … 연소형태는 가연성 물건의 형태에 따라 달라진다. 크게 정상연소와 비정상연소로 나누어지며 연소의 형태는 기체가연물, 액체가연물, 고체가연물에 따라 그 양상이 달라지게 된다.

㉠ **정상연소**: 발생하는 열과 발산하는 열이 균형을 이루는 형태를 말한다.

㉡ **비정상연소**: 가연성 기체와 공기와의 혼합기체가 밀폐된 공간에 존재할 때, 점화원이 주어져 폭발적으로 연소하는 현상을 말한다.

가연물의 연소형태

종류	내용		연소형식	예
기체	기체가 그대로 연소		확산연소	수소, 아세틸렌, 프로판
액체	액체 자신은 연소하지 않음	발생기체가 공기와 혼합하여 연소	증발연소	가솔린, 에테르, 알코올
		열분해로 생성된 기체가 연소	분해연소	지방산, 기계유, 중유
고체	고체 자신은 연소하지 않음	발생 증기가 연소	증발연소	황린, 나프탈렌
		열분해로 생성된 기체가 연소	분해연소	파라핀, 양초
	고체가 그대로 연소		표면연소	목탄, 코크스, 금속분, 숯
	고체자신이 열분해로 생긴 기체와 함께 연소		분해연소	목재, 석탄, 플라스틱, 종이

㉢ **기체 연소형태**: 수소, 일산화탄소, 메탄, 아세틸렌, 프로판 등 가연성 가스와 공기 중의 산소가 혼합하여 연소하는 형태로서 혼합연소와 확산연소로 크게 구분된다.

• 혼합연소

–가연성 기체와 산소가 미리 혼합된 상태에서 연소하는 상태이다.

–반응이 빠르고 연소온도가 높으며, 화염의 전파속도가 빨라 예혼합연소에 해당된다.

–혼합연소는 폭발적인 연소현상을 일으키므로 비정상연소이다.

• 확산연소

–가연성 기체와 산소가 상호 확산에 의하여 혼합되면서 연소하는 것이다.

–일정량의 가연성 기체가 산소와 접하고 있는 부분부터 불꽃과 그을음이 발생하는 불완전한 확산연소를 정상연소라고 한다.

㉣ **액체 연소형태**: 액체가연물의 연소형태는 대부분 증발연소라고 할 수 있으며, 일부 액체가연물은 분해연소와 표면연소를 하기도 한다.

• 증발연소(석유, 알코올, 휘발유 등)

–연소할 때 액체 자체가 아니라 액체 표면으로부터 증발된 증기가 연소하는 것이다.

–액체가연물에서 발생되는 증기가 연소하는 것으로서 액체 표면에서 발생된 가연성 증기가 공기와 혼합되어 연소범위 내에 있을 때 열원(점화원)에 의해 연소되는 형태이다.

중발연소의 폭발범위

상한계

발화층
(폭발범위)

하한계

공기중
에서의
확산층

포화
증기층

액 체

• 분해연소(중유, 타르 등)
−점도가 높고, 비중이 큰 중질유인 중유 등에서 볼 수 있는 연소형태이다.
−비휘발성이거나 끓는점이 높은 가연성 액체가 연소할 때 먼저 열분해하여 탄소를 발생시키면서 연소하는 현상을 말한다.

ⓜ 고체 연소형태 ✿ 2018 기출

• 표면연소
−고체표면에 부착된 산소분자를 산소공급원으로 하여 열분해에 의한 가연성 가스를 발생하지 않고 그 자체가 연소하는 형태이다.
−발염을 동반하지 않아 무염연소, 고체표면의 산소와 반응하여 그 자체가 연소하는 형태이므로 직접연소라고도 한다.
−숯, 목탄, 코크스, 금속, 마그네슘 등이 표면연소를 하는 대표적인 가연물이다.

• 분해연소
−물질을 가열하여 연소생성물의 발생을 열분해라고 하며, 열분해 생성물 중 가연성 가스인 일산화탄소, 수소, 메탄, 이외에 탄화수소 등이 산소와 반응하여 연소할 경우 이를 분해연소라고 한다.
−목재, 종이, 석탄, 플라스틱 등이 분해연소를 하는 대표적인 가연물이다.

• 증발연소
−고체 가연물 중 가열하면 열분해를 일으키지 않고, 물질자체가 용융하여 물질의 표면에서 가연성 증기를 발생시키고 이것이 산소와 반응하여 연소하는 형태를 증발연소라고 한다.
−황, 나프탈렌 등이 증발연소를 한다.

• 자기연소 : 가연성 물질이면서 자체 내에 산소를 함유하고 있어 외부에서 열을 가하면 분해되어 가연성 기체와 산소를 발생시켜 공기 중의 산소를 필요로 하지 않고 연소하는 형태를 자기연소라고 한다.
−질산에스테르류, 셀룰로이드류, 니트로화합물류 등이 해당한다.

기출 2018. 10. 13. 시행

〈보기〉에서 표면연소에 해당하는 것을 옳게 고른 것은?

┌ 보기 ┐
ⓝ 숯   ⓞ 목탄
ⓒ 코크스   ⓡ 플라스틱

① ⓝ, ⓞ, ⓒ
② ⓝ, ⓞ, ⓡ
③ ⓝ, ⓒ, ⓡ
④ ⓞ, ⓒ, ⓡ

〈정답 ①

(2) 연소의 조건

① 기체의 연소조건

　㉠ 가연성 가스
- 일반적인 공기 중에 포함되어 있는 산소와 반응하여 연소할 수 있는 가스이다.
- 가스는 연소 및 폭발범위를 갖는다.
- 가연성 가스가 액체로 변해도 비등점은 언제나 인화점보다 높다.

　▷POINT 가연성 기체 연소과정에서 산소농도 증가 시 발생하는 현상 ✪ 2019 기출
　　　㉠ 화염온도가 급격하게 상승한다.
　　　㉡ 연소속도가 빨라진다.
　　　㉢ 연소물의 점화에너지가 작아진다.
　　　㉣ 발화온도가 낮아진다.
　　　㉤ 넓은 폭발한계를 가진다.

　㉡ 불연성 가스
- 산소와 반응하여 연소하지 않는 가스이며, 불연성이라도 조연성 또는 산화성 가스가 있다.
- 스스로 연소하지 않으며 조연성의 성질을 갖지도 않는 가스들을 불활성 가스라고 한다.
　예 질소, 아르곤, 헬륨, 이산화탄소 등

　㉢ 반응성 가스
- 연소하지는 않으나 다른 물질과 반응 또는 스스로 격렬히 반응하는 가스로 열, 압력, 충격 등이 가해질 경우 급격히 열 또는 압력을 발생하거나 다른 물질을 만들기도 한다.
- 아세틸렌, 불소, 염화비닐가스 등이 있다.

　㉣ 유독성 가스
- 흡입할 경우 위험하며 인명사고의 주된 원인이다.
- 염소, 이황화수소, 암모니아, 이산화황, 일산화탄소 등이 있다.

② 액체의 연소조건

　㉠ 액체의 연소는 액체 자체가 아니라 열이 가해져 액체에서 증발한 가연성 증기가 연소되는 것이다. 가연성 액체의 인화점은 이러한 증기가 연소범위의 하한계에 이루러 점화되는 최저온도를 말한다. ✪ 2019 기출

　㉡ 공기보다 비중이 높은 가솔린 증기 등은 지표면에 체류하여 확산되지 않기 때문에 난로 등 점화원에 의한 플래시백 현상이 일어나기도 한다.

　㉢ 증기압은 포화상태하의 액체와 증기의 온도가 같을 때 측정한 증기의 압력이다. 증기압은 혼합가스 형성과 관련이 있으므로 인화점과 증기압을 바탕으로 가연성 증기의 연소범위와 폭발범위를 예측할 수 있다.

　㉣ 위험물의 인화점은 위험물의 증기압에서 가연성 가스를 생성할 수 있는 최저온도이다.

　㉤ 액체의 비중 : 물을 1로 볼 때 비중이 물보다 작을 경우 물에 떠 확산되므로 물로는 소화하기 어렵지만 비중이 물보다 클 경우 물에 가라앉아 물로 소화할 수 있다.

기출PLUS

기출 2019. 4. 6. 시행

가연성 가스를 공기 중에서 연소시키고자 할 때 공기 중의 산소농도가 증가하면 발생되는 현상으로 맞는 것만을 모두 고른 것은?

― 보기 ―
㉠ 연소속도가 빨라진다.
㉡ 발화점이 높아진다.
㉢ 화염의 온도가 높아진다.
㉣ 폭발범위가 좁아진다.
㉤ 점화에너지가 작아진다.

① ㉠, ㉡, ㉣
② ㉠, ㉢, ㉣
③ ㉠, ㉢, ㉤
④ ㉡, ㉢, ㉤

≪정답 ③

기출 2019. 4. 6. 시행

가연성 액체의 인화점에 대한 설명으로 옳은 것은?

① 증기가 연소범위의 하한계에 이르러 점화되는 최저온도
② 증기가 발생하기 시작하는 최저온도
③ 물질이 자체의 열만으로 착화하는 최저온도
④ 발생한 화염이 지속적으로 연소하는 최저온도

≪정답 ①

ⓑ 증발도는 주어진 압력과 온도에서 액체가 증기로 변하는 정도이며 증발도가 높을
수록 인화성이 크다.

ⓢ 점도는 액체가 용기나 물체의 표면에 퍼지는 정도를 나타낸 것으로 점도가 낮을
수록 넓게 퍼지게 되므로 화재의 확대현상이 유발된다.

③ **고체의 연소조건**

㉠ 목재는 탄소, 수소, 산소로 구성되어 있고 수분을 함유하고 있다. 목재의 수분
함유 15% 이상일 경우 불이 붙기 어렵다.

㉡ 부드러운 목재는 불이 붙기 쉬운데 나무 조직 사이에 공기가 들어있기 때문이다.

㉢ 난연처리나, 회반죽으로 덧칠하여 불이 쉽게 붙는 것을 막는다.

㉣ 목재 등의 고체 가연물질은 상온에서는 가연성 증기를 발생시키지 않는다.

> **POINT** 목재의 상태에 따른 연소상태
> ㉠ **두께·굵기**: 얇고 가는 것이 연소상태가 빠르고, 반대의 경우는 느리게 진행
> 된다.
> ㉡ **표면**: 표면이 거친 것이 연소상태가 빠르며, 매끈한 것은 연소상태가 느리
> 게 진행된다.
> ㉢ **건조정도**: 수분이 많은 것은 연소상태가 느리게 진행된다.
> ㉣ **형상**: 각진것은 연소상태가 빠르며, 둥근 것은 연소상태가 느리게 진행된다.
> ㉤ **내화성·방화성**: 내화·방화성의 처리 정도에 따라 연소의 속도가 다르다.
> ㉥ **페인트**: 페인트를 칠하지 않은 것이 연소상태가 느리게 진행된다.

(3) 연소속도 ✪ 2021 기출

① 가연물질에 공기가 공급되어 연소가 되면서 반응하여 연소생성물을 생성할 때의 반
응속도를 말하며, 연소생성물 중에서 불연성 물질인 질소(N_2), 물(H_2O), 이산화탄
소(CO_2) 등의 농도가 높아져서 가연물질에 산소가 공급되는 것을 방해 또는 억제
시킴으로써 연소속도는 느려진다.

② **연소속도에 영향을 미치는 요인** … 가연물의 종류, 가연물의 온도, 산소의 농도에 따
른 가연물의 질과 접촉속도, 산화반응을 일으키는 속도, 촉매, 압력, 공기 중의 산
소량, 가연물과 산화제의 당량비 등

③ 온도가 높아질수록 반응속도가 상승하며, 압력을 증가시키면 단위부피 중의 입자수
가 증가하므로 결국 기체의 농도가 증가하며 반응속도도 상승한다.

④ 촉매는 반응속도를 변화시키는 물질로 반응속도를 빠르게 하는 정촉매와 반응속도
를 느리게 하는 부촉매가 있다.

기출PLUS

기출 2021. 4. 3. 시행

**연소속도에 영향을 미치는 요인을
모두 고른 것은?**

┌ 보기 ┐
㉠ 가연성 물질의 종류
㉡ 촉매의 존재 유무와 농도
㉢ 공기 중 산소량
㉣ 가연성 물질과 산화제의 당량비
└─────────────┘

① ㉠, ㉡
② ㉠, ㉡, ㉢
③ ㉡, ㉢, ㉣
④ ㉠, ㉡, ㉢, ㉣

‹ 정답 ④

기출PLUS

section 5 발화의 과정 및 조건

(1) 발화의 개념

물질 자체의 산화반응 결과 열과 빛이 발생하는 현상으로서 외부에서 연소에 이르게 할 만한 에너지의 공급 없이 산화작용에 의한 자체 열로 발화되는 현상으로 온도는 인화점 < 연소점 < 발화점 순으로 발화되는 최저온도가 가장 높다.

(2) 발화의 과정

① 발화점

ⓐ 발화점이라고도 하며, 물체를 마찰시키거나 가열하여 어느 정도의 온도가 되면, 불꽃을 가까이 대지 않더라도 연소가 시작하는데 이때의 온도를 그 물체의 발화점이라고 한다.

ⓑ 가연물이 점화원 없이 자체 축적된 열만 가지고 스스로 연소가 시작되는 최저의 온도를 말하며, 보편적으로 인화점보다 수백℃ 높은 온도이다.

ⓒ 가연물질의 발화점

가연물질	발화온도	가연물질	발화온도	가연물질	발화온도
목재	410~450℃	적린	260℃	이황화탄소	100℃
노송·자작나무	253~263℃	메탄	645℃	수소	580~600℃
석탄	230~400℃	에탄	520~630℃	프로판	510℃
코크스	430~600℃	아세톤	538℃	황린	34℃
고무	440~450℃	일산화탄소	610~660℃	셀룰로이드	180℃

 POINT
ⓐ **반응열** : 화학반응 과정에서 흡수 또는 방출되는 열량으로 화학반응 전후의 물질의 에너지 차이를 말한다. 생성물의 에너지가 반응물보다 높으면 흡열반응이고 반응물의 에너지가 생성물보다 낮으면 발열반응이다.

ⓑ **연소열** : 물질 1mol 또는 1g이 완전 연소할 때 생성되는 열을 말하며, 표준연소열이란 가연물질이 공기 중의 산소와 반응하여 발생하는 연소의 열을 말한다.

TIP
발화과정에는 입력, 발열량, 화학적 활성도의 크기 등이 영향을 미친다.

② **인화점** … 기체 또는 휘발성 액체에서 발생하는 증기가 공기와 섞여서 가연성 혼합 기체를 형성하고, 여기에 불꽃을 가까이 댔을 때 순간적으로 섬광을 내면서 연소하는, 즉 인화되는 최저의 온도이다.

가연물질	인화점	가연물질	인화점	가연물질	인화점
메틸알코올	11℃	가솔린	−40~0℃	아세톤	−18℃
에틸알코올	13℃	등유	30~60℃	벤젠	−11℃
디에틸에테르	−45℃	중유	60~150℃	경유	50~70℃

③ **기체물질의 발화** … 가연물질이 가연성기체와 산화제가 가연조건하에 혼합되어 있는 상태에서 열이 가해져 연소반응이 시작되고 외부로 열을 방출한다.

④ **액체물질의 발화** … 가연액체증기가 산화제 중에 혼합되고 충격이나 불꽃과 같은 열의 발생 또는 유입으로 액체증기혼합물이 발화된다.

⑤ **고체물질의 발화** … 가연성고체 또한 가연성액체와 유사하게 가연성 기체로의 기화 과정(분해, 증발, 승화)이 필요하며 가연액체물질의 발화과정처럼 발화한다.

⑥ **발화의 형태** … 연소반응을 일으키는 점화원은 외부적 요인에 의한 강제점화와 자연 발화로 양분하고 있다.
  ㉠ **강제점화(forced ignition)** : 점화원이 가연물질에 직접적으로 연소반응을 일으키는 것으로 불꽃, 마찰, 단열압축, 정전기, 복사열 등이 있다.
  ㉡ **자연발화(spontaneous ignition)** : 외부의 가연물질에 화학반응을 일으키는 산화 제나 첨가제의 영향없이 내부에서 생성된 열에 의해 발화가 시작되는 것으로 자동발화라고도 한다.

⑦ **발열량** … 가연성물질이 완전연소 하였을 때 발생하는 열량으로서 모든 물질이 완전 연소를 하지 않으므로 실제 발열량은 이론상의 발열량보다 적게 나온다. 발열량 측정은 열량계를 사용한다.
  ㉠ **고위발열량(Higher Heating Value)** : 연료가 연소 후 발생한 연소가스의 온도를 최초 온도까지 내릴 때 발생하는 열량이며, 수증기는 액체로 응축할 때 응축열 을 발산한다. 즉 그 응축열까지 포함한 것을 고위 발열량(총발열량)이라 한다.
  ㉡ **저위발열량(Lower Heating Value)** : 저위발열량은 고위발열량에서 연소가스 중에 증발열(잠열)을 뺀 열량을 말한다.
  ㉢ 가연물질이 고체와 액체인 경우에 열량 계산은 저위발열량으로 하는데 고체와 액체의 가연물은 연소를 위해 기화시키는 과정에서 수증기를 증발시키는데 열이 필요하기 때문이다.

고위발열량 = 저위발열량 + 증발열

(3) 발화의 조건

① 연소의 3요소인 가연성물질, 산소공급원, 점화원만으로 발화가 되는 것이 아니라 연소 3요소에 일정량 이상의 열에너지가 공급되어야 발화가 일어난다.

② 연소범위

　　㉠ 연소범위의 표시 : 최저농도를 연소의 하한계, 최고농도를 연소 상한계로 하여 백분율로 나타낸다. 예를 들어 휘발유의 연소범위는 1.4%(연소하한계) ~ 7.6%(연소 상한계)이다.

　　　• 연소 하한계 : 연소현상을 위한 최저 농도
　　　• 연소 상한계 : 연소현상을 위한 최고 농도

　　㉡ 연소의 반응속도와 요인

　　　• 온도 : 온도가 높을수록 반응속도는 빨라지고 연소범위도 넓어진다.
　　　• 압력 : 기체물질의 반응에 있어서 압력의 증가에 따라 반응속도는 빨라지고 연소범위의 상한계는 높아지며 하한계는 낮아진다.
　　　• 농도 : 농도는 물질의 입자들이 일정한 부피 속에 존재하는 양의 대소를 나타내는 것으로서, 농도가 클수록 분자의 충돌회수가 많아져 반응속도가 커지고 반응물질도 많아진다.
　　　• 촉매 : 반응을 일으키는 물질들 사이에 포함되어 자기 자신은 변화하지 않고 반응속도에 영향을 미치는 물질을 촉매라고 한다.
　　　－정촉매 : 반응속도를 빠르게 하는 물질
　　　－부촉매 : 반응속도를 느리게 하는 물질
　　　• 반응입자의 크기 : 반응을 일으키는 물질의 입자가 클수록, 다시 말하여 표면적이 클수록 반응속도는 빨라진다.

　　㉢ 가연물질의 연소범위

가연물질	분자식	연소범위
이황화탄소	CS_2	1.2~44%
수소	H_2	4~75%
아세틸렌	C_2H_2	2.5~81%
일산화탄소	CO	12.5~74%
메틸알코올	CH_3OH	7.3~36%
에틸알코올	C_2H_5OH	4.3~19%
암모니아	NH_3	1.6~25%
에틸렌	C_2H_4	2.7~36%
프로판	C_3H_8	2.1~9.5%

ⓔ 연소범위에 관한 내용 ✪ 2020 기출

- 가연성 가스의 온도가 높아지면 연소범위는 넓어진다.
- 가연성 가스의 압력이 높아지면 연소범위는 넓어진다.
- 공기 중에서 보다 산소 중에서 연소범위는 넓어진다.
- 불활성가스의 농도에 비례하여 좁아진다.
- 연소범위 변화요인 : 온도, 압력, 농도, 습도

ⓜ 위험도(H) ··· H의 수치가 클수록 위험하다. 위험도를 구하는 공식은 $H=\dfrac{상한-하한}{하한}$

으로, 예를 들어 CS_2의 연소범위 1.2 ~ 44%이므로, 위험도는 $\dfrac{44-1.2}{1.2}=35.67$이 된다.

③ 자연발화의 조건 ✪ 2018 기출

ⓘ 외부환경에 에너지가 쉽게 전달되지 않고 열의 축적이 쉬운 분말상, 섬유상의 물질은 공기를 포함하기 때문에 열전도율이 작은 쪽이 좋다.

ⓛ 발화물 내부의 발열량이 커야 열 축적이 잘 이루어진다.

ⓒ 주변온도가 높은 발화물질의 열 발생은 그 증가속도가 빠르며, 반응속도 또한 빠르다.

ⓔ 표면적이 넓어야 발화가 쉽고 분말이나 액체가 종이 등에 부착되어 있는 상태가 쉽다.

> ▶POINT 자연발화 방지법
> ㉠ 저장실의 온도를 낮춘다.
> ㉡ 습도가 높은 곳을 피한다.
> ㉢ 통풍을 잘 시킨다.
> ㉣ 퇴적 및 수납 시 열이 쌓이지 않게 한다.

④ 발화를 일으키는 과정에서 외부적인 요인에 의해 발화(착화)의 온도가 낮아질 수 있다.

ㄱ 점화원 없는 자연발화 종류

- 산화열로 인한 자연발화 : 석탄, 건성유, 고무분말 등
- 분해열로 인한 자연발화 : 셀룰로이드, 니트로셀룰로이드 등
- 미생물로 인한 자연발화 : 퇴비, 먼지 등
- 흡착열로 인한 자연발화 : 목탄, 활성탄 등

ㄴ 발화점이 낮아지는 이유

- 분자구조가 복잡할 때
- 증기압 및 습도가 낮을 때
- 산소와 친화력이 좋을 때
- 열전도율이 낮을 때

기출PLUS

기출 2020. 6. 20. 시행

가연성 가스 중 위험도가 가장 큰 물질은? (단, 연소범위는 메탄 5%~15%, 에탄 3%~12.4%, 프로판 2.1%~9.5%, 부탄 1.8%~8.4%이다.)

① 메탄
② 에탄
③ 프로판
④ 부탄

《정답 ④

기출 2018. 10. 13. 시행

자연발화가 되기 쉬운 가연물의 조건으로 옳은 것은?

① 발열량이 적다.
② 표면적이 작다.
③ 열전도율이 낮다.
④ 주위 온도가 낮다.

《정답 ③

01 위험물의 종류에 따른 소화 방법으로 옳지 않은 것은?

2021년 상반기

① 제1류 위험물인 알칼리금속의 과산화물은 물을 사용한다.
② 제2류 위험물인 마그네슘은 건조사를 사용한다.
③ 제3류 위험물인 알킬알루미늄은 건조사를 사용한다.
④ 제4류 위험물인 알코올은 내알코올포(泡, foam)를 사용한다.

> **TIPS!**
>
> ① 알칼리금속의 과산화물은 물과 반응하면 발열하므로 주수소화는 금물이며, 건조사로 피복소화하는 것이 바람직하다.

02 최소산소농도(MOC : Minimum Oxygen Concentration)에 대한 설명으로 옳지 않은 것은?

2021년 상반기

① 연소상한계에 의해 최소산소농도가 결정된다.
② 연소할 때 화염이 전파되는 데 필요한 임계산소농도를 말한다.
③ 완전연소반응식의 산소 몰수에 의해 최소산소농도가 결정된다.
④ 프로판(C_3H_8) 1몰(mol)이 완전 연소하는 데 필요한 최소산소농도는 10.5%이다.

> **TIPS!**
>
> ① 최소산소농도(MOC : Minimum oxygen concentration)란 화염이 전파될 수 있는 최소한의 산소농도를 말한다. 최소산소농도는 '산소의 화학양론적 계수 × 폭발하한계'로 구하므로 연소하한계에 의해 최소산소농도가 결정된다.

03 1기압, 20℃인 조건에서 메탄(CH_4) $2m^3$가 완전 연소하는 데 필요한 산소 부피는 몇 m^3인가?

2021년 상반기

① 2
② 3
③ 4
④ 5

> **TIPS!**
>
> 표준상태에서 메탄의 완전연소 반응식은 $CH_4 + 2O_2 \rightarrow CO_2 + 2H_2O$이므로, 메탄 $2m^3$가 완전 연소하는 데 필요한 산소 부피는 4 m^3이다.

Answer 01.① 02.① 03.③

2021년 상반기

04 연소속도에 영향을 미치는 요인을 모두 고른 것은?

㉠ 가연성 물질의 종류
㉡ 촉매의 존재 유무와 농도
㉢ 공기 중 산소량
㉣ 가연성 물질과 산화제의 당량비

---

① ㉠, ㉡
② ㉠, ㉡, ㉢
③ ㉡, ㉢, ㉣
④ ㉠, ㉡, ㉢, ㉣

> **TIPS!**
>
> ㉠~㉣ 모두 연소속도에 영향을 미친다. 이 밖에 가연물의 온도, 산소의 농도에 따라 가연물질과 접촉하는 속도, 산화반응을 일으키는 속도, 압력 등이 있다.

2020년 상반기

05 연소에 대한 설명으로 옳지 않은 것은?

① 액체가연물의 인화점은 액면에서 증발된 증기의 농도가 연소하한계에 도달하여 점화되는 최저온도이다.
② 연소하한계가 낮고 연소범위가 넓을수록 가연성 가스의 연소위험성이 증가한다.
③ 액체가연물의 연소점은 점화된 이후 점화원을 제거하여도 자발적으로 연소가 지속되는 최저온도이다.
④ 파라핀계 탄화수소화합물의 경우 탄소수가 적을수록 발화점이 낮아진다.

> **TIPS!**
>
> 파라핀계 탄화수소화합물의 경우 탄소수가 많을수록 발화점이 낮아진다.

2020년 상반기

06 제4류 위험물에 대한 설명으로 옳지 않은 것은?

① 물보다 가볍고 물에 녹지 않는 것이 많다.
② 일반적으로 부도체 성질이 강하여 정전기 축적이 쉽다.
③ 발생 증기는 가연성이며, 증기비중은 대부분 공기보다 가볍다.
④ 사용량이 많은 휘발유, 경유 등은 연소하한계가 낮아 매우 인화하기 쉽다.

> **TIPS!**
>
> 발생 증기는 가연성이며, 증기비중은 대부분 공기보다 무겁다.

Answer 04.④ 05.④ 06.③

07 가연성 가스 중 위험도가 가장 큰 물질은?
(단, 연소범위는 메탄 5%~15%, 에탄 3%~12.4%, 프로판 2.1%~9.5%, 부탄 1.8%~8.4%이다.)

① 메탄
② 에탄
③ 프로판
④ 부탄

> **TIPS!**
>
> 위험도 $= \dfrac{\text{연소범위}}{\text{하한계}} = \dfrac{\text{상한계} - \text{하한계}}{\text{하한계}}$ 로 구한다. 보기에 제시된 가연성 가스의 위험도를 구하면 메탄 = 2, 에탄 = 약 3.1, 프로판 = 약 3.5, 부탄 = 약 3.7이다.

08 화재진압 시 주수소화에 적응성 있는 위험물로 옳은 것은?

① 황화린
② 질산에스테르류
③ 유기금속화합물
④ 알칼리금속의 과산화물

> **TIPS!**
>
> 질산에스테르류는 제5류위험물인 자기반응성물질로 산소를 함유하고 있어 내부연소를 일으키기 쉬운 물질이다. 물에 반응하는 물질이 없기 때문에 화재초기에 대량의 주수소화가 효과적이다. 황화린, 유기금속화합물, 알칼리금속의 과산화물은 마른모래 등으로 질식소화하거나 금속화재용 분말소화제를 사용한다.

09 〈보기〉에서 표면연소에 해당하는 것을 옳게 고른 것은?

〈보기〉	
㉠ 숯	㉡ 목탄
㉢ 코크스	㉣ 플라스틱

① ㉠, ㉡, ㉢
② ㉠, ㉡, ㉣
③ ㉠, ㉢, ㉣
④ ㉡, ㉢, ㉣

> **TIPS!**
>
> 표면연소란 고체표면에 부착된 산소분자를 산소공급원으로 하여 열분해에 의한 가연성 가스를 발생하지 않고 그 자체가 연소하는 형태로 숯, 목탄, 코크스, 금속, 마그네슘 등이 표면연소를 하는 대표적인 가연물이다.
> ㉣ 플라스틱은 분해연소를 한다.

Answer 07.④ 08.② 09.①

10 「위험물안전관리법령」상 위험물의 분류 중 가연성 고체가 아닌 것은?

① 황린　　　　　　　　　　　　　② 적린

③ 유황　　　　　　　　　　　　　④ 황화린

> **TIPS!**
>
> 제2류 위험물에 속하는 가연성고체로는 황화린, 적린, 유황, 철분, 금속분, 마그네슘 등이 있다.
> ① 황린은 제3류 위험물에 속하는 자연발화성 물질이다.

11 자연발화가 되기 쉬운 가연물의 조건으로 옳은 것은?

① 발열량이 적다.　　　　　　　　② 표면적이 작다.

③ 열전도율이 낮다.　　　　　　　④ 주위 온도가 낮다.

> **TIPS!**
>
> ③ 외부환경에 에너지가 쉽게 전달되지 않고 열의 축적이 쉬운 분말상, 섬유상의 물질은 공기를 포함하기 때문에 열전도율이 작은 쪽이 좋다.
> ※ 가연물의 구비조건
> 　　㉠ 발열량과 비표면적이 클 것
> 　　㉡ 연쇄반응을 일으킬 수 있을 것
> 　　㉢ 열전도도가 작을 것
> 　　㉣ 활성화 에너지가 작을 것
> 　　㉤ 화학적 활성도가 클 것

12 제1류 위험물의 일반적 성질에 대한 설명으로 옳지 않은 것은?

① 불연성 물질이다.　　　　　　　② 강력한 환원제이다.

③ 대부분 무기화합물이다.　　　　④ 다른 가연물의 연소를 돕는 지연성 물질이다.

> **TIPS!**
>
> ② 제1류 위험물은 산소를 함유한 강한 산화제이다.

Answer　10.①　11.③　12.②

2016년 중앙/지방

13 가연성 물질에 관한 설명으로 바른 것은?

① 가연물은 일반적으로 산소와 화합물을 만들 수 있는 원소들로 이루어져 있다.

② 기체연료와 연소용 공기를 별도로 공급하는 방법은 예혼합연소이다.

③ 액체의 연소는 주로 그 액체에서 가열된 증기 즉 가스가 연소하는 형태이다.

④ 숯 및 코크스는 유염연소이다.

> **TIPS!**
> ① 가연물은 일반적으로 탄소와 화합물을 만들 수 있는 원소들로 이루어져 있다.
> ② 예혼합연소는 가연성 물질과 공기(산소)가 미리 혼합된 상태에서 점화에너지를 제공하여 연소시키거나 스스로 연소할 때이다. 예컨대 분지버너의 경우처럼 소공으로부터 분출시켜 그 속도(운동량)에 의해서 주위로부터 공기와 연료가 혼합하면서 관을 통과하여(이때 예혼합 됨) 관의 상단에 화염을 만든다.
> ④ 숯 및 코크스는 무염연소이다. 유염연소란 불에 잘 타는 성질을 가진 물질이 빛과 열을 내며 타는 현상을 말하며 가스버너가 대표적인 예이다.
> ※ 고체의 연소는 분해연소, 표면연소, 증발연소, 자기연소 등으로 나눌 수 있다.

2016년 중앙/지방

14 연소이론에 대한 설명으로 바른 것은?

① 산화반응속도는 연소속도에 영향을 미친다.

② 목탄, 활성탄은 산화열에 의하여 자연발화 가능하다.

③ 공기 중에 있는 가연성 가스 중 수소의 연소범위가 가장 넓다.

④ 증발연소를 하는 고체 가연물질 중에는 석탄, 플라스틱, 고무류가 있다.

> **TIPS!**
> ① 산화반응속도가 클수록 연소속도가 빨라진다.
> ② 목탄, 활성탄은 흡착열에 의하여 자연발화가 가능하다
> ③ 공기 중에 있는 가연성 가스 중 연소범위가 가장 넓은 것은 아세틸렌(2.5~81이다.
> ④ 증발연소 하는 고체 가연물질 중에는 유황, 파라핀, 나프탈렌, 왁스, 고체알코올, 장뇌 등이다.

Answer 13.③ 14.①

15 다음 중 연소에 대한 설명으로 바른 것은?

① 표면연소는 발염을 동반하지 않고 무염연소에 해당한다.

② 예혼합연소는 산소의 공급을 가스의 확산에 의하여 주위의 공기와 혼합하는 연소이다.

③ 불꽃연소는 가연물이 탈 때 움직이는 모습을 갖는 무염연소이다.

④ 확산연소는 느린 속도로 기화를 일으키지 못하여 액화상태인 응축으로 표면에서 산화반응 하는 연소이다.

> **☀ TIPS!**
> ② 확산연소   ③ 유염연소   ④ 응축연소

16 불완전연소의 원인으로 바르지 않은 것은?

① 공급되는 공기의 양이 부족할 때

② 연소생성물이 배기량이 불량할 때

③ 공급되는 가연물의 양이 많을 때

④ 주위의 온도가 높을 때

> **☀ TIPS!**
> ④ 주위의 온도가 너무 낮을 때 불완전연소를 한다.

17 프로판 1몰이 완전연소 하기 위하여 필요한 최소산소농도(MOC)는 몇 %인가?

① 4.5%

② 10.5%

③ 12.5%

④ 46.5%

> **☀ TIPS!**
>
> | | 산소의 몰수 | 연소범위(%) | 최소산소농도 |
> |---|---|---|---|
> | 메탄(CH_4) | $2O_2$ | 5~15 | 10% |
> | 프로판(C_3H_8) | $5O_2$ | 2.1~9.5 | 10.5% |
> | 부탄(C_4H_{10}) | $6.5O_2$ | 1.8~8.4 | 11.7% |
>
> 프로판의 최소산소농도 = 5(산소의 몰수) × 2.1(연소하한계) = 10.5%

Answer 15.① 16.④ 17.②

18 다음 중 연소물과 연소형태가 맞지 않은 것은?

① 목탄 - 표면연소

② 나프탈렌 - 증발연소

③ 플라스틱 - 자기연소

④ 목재 - 분해연소

> **TIPS!**
>
> 분해연소는 불꽃연소의 한 형태로 가연성 고체가 뜨거운 열을 만나 으스러지며 분해생성물이 공기와 혼합기체를 만들어 연소하는 현상으로 플라스틱은 분해연소에 해당한다. 자기연소는 질산에스테르류(10kg)에 속한 니트로셀룰로오스, 셀룰로이드, 니트로글리세린 및 니트로화합물(200kg)에 속한 트리니트로톨루엔(TNT), 트리니트로로페놀(피크린산)과 같은 과산화물이 해당한다.

19 프로판 가스의 완전 연소되는 화학식이 변하는 과정이다. 여기서 X의 값은 얼마인가?

$$C_3H_8 + XO_2 \rightarrow 3CO_2 + 4H_2O$$

① 1   ② 3

③ 4   ④ 5

> **TIPS!**
>
> 탄화수소계 가연성 가스의 완전연소식 및 주요 탄화수소계 가연성 가스의 연소식
>
> ㉠ 탄화수소계 가연성 가스의 완전연소식 : $C_mH_n + \left(m + \dfrac{n}{4}\right)O_2 \rightarrow mCO_2 + \dfrac{n}{2}H_2O$
>
> ㉡ 주요 탄화수소계 가연성 가스의 연소식
> - 메탄(CH_4) : $CH_4 + 2O_2 \rightarrow CO_2 + 2H_2O + 212.80\text{kcal}$
> - 에탄(C_2H_6) : $C_2H_6 + 3.5O_2 \rightarrow 2CO_2 + 3H_2O + 372.82\text{kcal}$
> - 프로판(C_3H_8) : $C_3H_8 + 5O_2 \rightarrow 3CO_2 + 4H_2O + 530.60\text{kcal}$
> - 부탄(C_4H_{10}) : $C_4H_{10} + 6.5O_2 \rightarrow 4CO_2 + 5H_2O + 687.64\text{kcal}$

Answer 18.③ 19.④

20 다음은 물질과 열의 정의에 관한 설명이다. 바르지 않은 것은?

① 현열은 온도의 변화를 수반하지 않고 상의 변화로 생성되는 에너지이며 상의 변화를 수반하지 않고 온도 1도를 올릴 때 필요한 에너지를 말한다.

② 비열은 단위질량의 물체 1g을 1℃ 올리는데 필요한 열량과 물 1g의 온도를 1℃ 올리는 데 필요한 열량과 비율을 말한다.

③ 1[Btu]는 1[Lb]의 물을 1[℉] 높이는데 필요한 열량을 말한다.

④ 융점은 대기압 하에서 고체가 용융하여 액체가 되는 온도를 말한다.

TIPS!

① 현열(감열) : 물질에 가해진 열이 상의 변화가 없는 경우 보유하고 있는 열량을 말한다(현열은 온도만 따진다).

21 다음 중 가스의 연소범위에 관한 설명으로 바르지 않은 것은?

① 가연성 기체의 혼합비율의 범위이다.

② 공기 중 연소에 필요한 혼합가스의 농도이다.

③ 기체는 항상 압력이 높으면 연소범위가 넓어진다.

④ 연소범위는 압력의 변화에 따라 차이가 있다.

TIPS!

③의 예외로 CO와 H_2가 있다.
- CO의 연소범위는 압력이 증가하면 반대로 좁아진다.
- H_2의 연소범위는 압력이 낮거나 높을 때 일시적으로 좁아진다.

Answer 20.① 21.③

22 고체의 연소형태로 발염을 동반하지 않는 것은?

① 혼합연소 ② 표면연소

③ 확산연소 ④ 분해연소

> **TIPS!**
> ② 표면연소는 고체표면에 부착된 산소분자를 산소공급원으로 하여 열분해에 의한 가연성 가스를 발생하지 않고 그 자체가 연소하는 형태이다. 발염을 동반하지 않아 무염연소라고도 한다.

23 온도가 높은 순서로 바른 것은?

① 인화점 < 연소점 < 발화점 ② 인화점 > 연소점 < 발화점

③ 인화점 > 연소점 > 발화점 ④ 인화점 < 연소점 > 발화점

> **TIPS!**
> ㉠ 인화점(Flash Point) : 불꽃에 의하여 불이 붙는 가장 낮은 온도
> ㉡ 발화점(Ignition Point) : 점화원 없이 스스로 발화되는 최저온도
> ㉢ 연소점(Fire Point) : 점화원을 제거하여 지속적으로 발화되는 온도(보통 인화점보다 약 5~10℃ 높다)

24 불완전연소가 되는 조건이 아닌 것은?

① 온도가 높을 때 ② 가연물 양이 많을 때

③ 공기가 부족할 때 ④ 수분이 많을 때

> **TIPS!**
> 불완전연소는 물질이 연소할 때 산소의 공급이 불충분하거나 온도가 낮아 그을음이나 일산화탄소가 생성되면서 연료가 완전히 연소되지 못하는 현상이다.

Answer 22.② 23.① 24.①

25 다음 중 자연발화 방지법에 대한 설명으로 옳지 않은 것은?

① 저장실의 온도를 낮춘다.

② 습도는 촉매작용과 밀접한 관계가 없다.

③ 퇴적 및 수납 시 열이 축적되지 않도록 한다.

④ 작업장에서 플라스틱 제품을 사용하여 정전지 축적을 방지한다.

> **TIPS!**
>
> ② 수분이 자연발화의 촉매로 작용하여 수분이 적으면 자연발화가 일어날 가능성이 적다.
>
> ※ 자연발화의 조건
>   ⊙ 열전도율이 작아야 한다.
>   ⓛ 발열량이 커야한다.
>   ⓒ 주위온도가 높아야 한다.
>   ⓔ 표면적이 넓어야 한다.

26 다음 중 기체의 연소형태로 옳지 않은 것은?

① 수소 – 산소

② 이산화탄소 – 산소

③ 분젠버너, 가솔린 엔진

④ 중유, 글리세린

> **TIPS!**
>
> ② 연소가 되지 않는다.
>
> ① 확산연소(발염연소) : 연소 주변에 가연성 가스를 확산시켜 산화접촉하는 연소형태
>
> ③ 예혼합연소 : 연소 전에 연소 가능한 혼합가스를 만들어 연소시키는 연소형태
>
> ④ 액체분해연소 : 휘발성 액체에 열분해에 의해 발생한 가스로 연소시키는 형태

27 다음 중 연소의 형태가 다른 것은?

① 촛불

② 가스라이터

③ 모닥불

④ 연탄불

> **TIPS!**
>
> ①③④ 고체연소 ② 기체연소

Answer 25.② 26.② 27.②

28 다음 중 셀룰로이드류에 화재가 발생할 때 연소방법으로 옳은 것은?

① 분해연소   ② 표면연소
③ 자기연소   ④ 증발연소

> **TIPS!**
> ①②④ 고체 가연물의 연소 설명이다.
> ③ 질산에스테르류, 니트로화합물류 등의 위험물은 자체 내에 산소를 함유하고 있어 열분해 시에 산소를 발생하여 그 산소로 연소한다. 이러한 연소를 자기연소라 한다.

29 다음 중 소화활동 중에 열기류에 의해 가연물의 온도를 높여 발화되는 연소로 옳은 것은?

① 대류   ② 전도
③ 복사   ④ 비화

> **TIPS!**
> ② 불꽃에 직접 닿는 전도연소이다.
> ③ 불꽃이 가까운 곳에서 착화되는 복사연소이다.
> ④ 불티가 기류에 날려 가연물질을 인화시키는 비화연소이다.

30 다음 중 연소를 증대시키는 가연물의 특성으로 옳지 않은 것은?

① 온도 또는 압력상승 시 위험하다.
② 열의 축적이 용이할수록, 열전도도가 높을수록 위험하다.
③ 열량, 연소속도, 연소범위가 클수록 위험하다.
④ 인화점, 착화점, 융점, 비점, 비중, 융점은 낮을수록 위험하다.

> **TIPS!**
> ② 가연물의 열의 축적이 용이할수록, 열전도도가 작을수록 자연발화가 쉽다.
> ※ 위험도가 높아지는 경우
>   ㉠ 인화점, 착화점, 융점, 비점, 증발열, 비열, 표면장력 등이 낮을수록(작을수록)
>   ㉡ 온도, 압력, 연소속도, 증기압, 연소열이 높을수록(클수록)
>   ㉢ 연소범위(폭발한계)가 넓을수록

Answer 28.③ 29.① 30.②

31 다음에서 설명하는 연소형식으로 옳은 것은?

> 물질의 표면에서 증발한 가연성 증기가 공기 중 산소와 혼합된 상태에서 적당한 열에너지를 방출하는 연소

① 증발연소 ② 분해연소
③ 혼합연소 ④ 확산연소

💡 **TIPS!**
② 고온에서 가연물의 열분해가 진행되어 가연성 가스와 산소가 결합하여 표면에서 연소하는 현상
③ 가연성 기체와 산소가 미리 혼합된 상태로 연소하는 현상
④ 주위의 공기로부터 산소를 공급받아 연소하는 현상

32 다음 중 자연발화를 저지하기 위한 방법으로 옳지 않은 것은?

① 통풍이 잘 되게 한다. ② 실내에 습도를 높인다.
③ 열축적이 되지 않도록 한다. ④ 실내온도를 낮춘다.

💡 **TIPS!**
자연발화 억제
㉠ 습도가 높은 곳을 피한다.
㉡ 통풍이 잘 되도록 한다.
㉢ 저장실의 온도를 낮춘다.
㉣ 퇴적 및 수납 시 열이 쌓이지 않도록 한다.

33 다음 중 스스로 산소를 가지고 있는 상태에서 연소하는 것은?

① 표면연소 ② 증발연소
③ 분해연소 ④ 자기연소

💡 **TIPS!**
④ 가연성 물질이면서 자체 내에 산소를 함유하고 있어 공기 중의 산소를 필요로 하지 않고 연소하는 형태이다.

Answer 31.① 32.② 33.④

34 다음 〈보기〉의 밑줄 친 부분에 들어갈 내용으로 바르게 연결된 것은?

〈보기〉

제1석유류인 가솔린은 인화점이 섭씨 −43℃∼−20℃로써 전기 ___⑦___ 이며 ___ⓒ___ 결합으로 인해서 500㎖ 비커에 20㎖의 가솔린을 넣은 후 담뱃불을 던져도 ___ⓒ___.

	⑦	ⓒ	ⓒ
①	부도체	공유	연소하지 않는다
②	부도체	이온	연소하지 않는다
③	도체	공유	연소한다
④	도체	이온	연소한다

TIPS!

가솔린은 전기가 통하지 않는 부도체며 공유 결합을 한다.

35 다음 중 PVC 제품이나 난연재료의 연소 시에 발생하며 호흡기와 눈에 자극을 주는 기체는?

① 이산화탄소 ② 염화수소

③ 시안화수소 ④ 황화수소

TIPS!

② PVC 등의 염소가 함유된 수지류가 연소할 때 주로 발생하며 피부, 눈의 결막, 목구멍과 기관지의 점막 등에 자극을 주고 폐혈관계 손상을 일으킨다.
① 이산화탄소 : 화재 시 호흡속도를 매우 빠르게 하여 독성가스를 더 많이 흡입하게 한다.
③ 시안화수소 : 청산가스라고도 하며 무색의 자극성으로 신경계통에 영향을 준다.
④ 황화수소 : 고무, 털 등의 물질이 불완전 연소할 때 발생하며 후각이 마비된다.

Answer 34.① 35.②

36 연소의 4요소란 연소의 3요소에 무엇을 포함시킨 것인가?

① 점화원

② 산소와 반응하여 발열만을 하는 물질

③ 공기 중의 18% 이상의 산소

④ 연쇄반응

> **TIPS!**
>
> 연소의 4요소
> ㉠ 가연물
> ㉡ 산소공급원
> ㉢ 점화원
> ㉣ 연쇄반응

37 다음 중 가연물의 자연발화 조건으로 옳지 않은 것은?

① 습도가 낮을 것

② 표면적이 넓고, 발열량이 많은 것

③ 열전도가 낮을 것

④ 발화물보다 주위 온도가 높은 것

> **TIPS!**
>
> ① 습도가 낮으면 자연발화는 활성화되지 않는다.
> ※ 자연발화의 활성화 요인 … 주위 온도가 높고, 표면적이 크고, 습도가 높고, 열의 축적이 잘 되고, 공기의 유동이 적고, 열전도율이 작은 가연물

38 다음 중 가연물이 되기 위한 조건으로 옳지 않은 것은?

① 활성화 에너지가 작다.

② 산화되기 쉬운 물질이다.

③ 열전도율이 작다.

④ 표면적이 작다.

> **TIPS!**
>
> 가연물의 조건
> ㉠ 연소반응을 일으키는 점화원인 활성화 에너지 값이 적어야 한다.
> ㉡ 산화되기 쉬운 물질로서 산소와 결합할 때 발열량이 커야 한다.
> ㉢ 열의 축적이 용이하여야 하므로, 열전도도가 적어야 한다.
> ㉣ 연쇄반응을 일으킬 수 있는 물질이어야 한다.
> ㉤ 산소와 접촉할 수 있는 표면적이 큰 물질이어야 한다. 기체는 액체보다, 액체는 고체보다 표면적이 크므로 연소가 잘 일어난다.

Answer 36.④ 37.① 38.④

39 가연성 기체의 연소범위와 착화위험과의 관계에 대한 설명으로 옳지 않은 것은?

① 연소범위 하한계가 낮을수록 착화가 용이하다.

② 연소범위는 주위온도에 영향을 받는다.

③ 연소범위의 상한계가 높을수록 착화가 용이하지 않다.

④ 연소범위의 하한계와 상한계사이의 범위가 클수록 위험하다.

> **TIPS!**
>
> **연소범위** … 연소에 필요한 혼합가스의 농도범위, 즉 가연성 가스 또는 증기와 산소 또는 공기를 혼합한 혼합기체에 점화원을 주었을 때 연소(폭발)가 일어나는 혼합기체의 농도범위를 말한다.
> ③ 연소범위의 상한계가 높을수록 착화가 쉽다.
>
> ※ **연소범위에 관한 내용**
> ㉠ 가연성 가스의 온도가 높아지면 연소범위는 넓어진다.
> ㉡ 가연성 가스의 압력이 높아지면 연소범위는 넓어진다.
> ㉢ 공기 중보다 산소 중에서 연소범위는 넓어진다.
> ㉣ 불활성가스의 농도에 비례하여 좁아진다.
> ㉤ 연소범위 변화요인 : 온도, 압력, 농도, 습도

40 다음 중 착화점에 대한 내용으로 옳지 않은 것은?

① 점화원 접촉 없이 연소할 수 있는 최저온도를 말한다.

② 황린의 발화점은 약 30℃이다.

③ 분자구조가 복잡하고, 발열량이 적을수록 착화점이 낮다.

④ 목재의 발화온도는 약 410℃이다.

> **TIPS!**
>
> **착화점** … 가연물이 점화원 없이 자체 축적된 열만 가지고 스스로 연소가 시작되는 최저의 온도를 말하며, 보편적으로 인화점보다 수백℃ 높은 온도이다. 목재의 발화온도는 410~450℃이며, 황린은 34℃이다.
> ③ 분자구조가 복잡하고, 발열량이 높을수록 착화점이 낮다.

Answer 39.③ 40.③

41 다음 중 자연발화의 위험이 없는 것으로 옳은 것은?

① 석탄

② 팽창질석

③ 셀룰로이드

④ 퇴비

42 다음 중 표면연소의 형태를 보여주는 물질은?

① 목재

② 경유

③ 숯

④ 종이

43 사람의 눈으로 화재의 불꽃색깔을 보면 대략 화재의 온도를 알 수 있다. 불꽃의 온도를 육안으로 식별할 때 색깔순서가 저온으로부터 고온의 순서로 된 것은?

① 암적, 주황, 진홍, 백, 황

② 주황, 암적, 진홍, 황, 백

③ 암적, 진홍, 주황, 황, 백

④ 진홍, 암적, 주황, 백, 황

Answer   41.② 42.③ 43.③

44 다음 중 질소가 불에 타지 않는 이유로 옳은 것은?

① 질소 자체가 연소하는 물질이 아니다.

② 연소성이 대단히 작다.

③ 흡열반응을 한다.

④ 발열반응을 하지만 발열량이 적다.

> **TIPS!**
> ③ 질소는 불연성 물질로 산소와는 반응을 하지만 발열반응이 아닌 흡열반응을 하기 때문에 불에 잘 타지 않는다.
> $N_2 + O_2 \rightarrow 2NO - Qkcal$

45 다음 중 불완전 연소의 형태를 보여주지 않는 물질은?

① 벤젠   ② 알코올

③ 등유   ④ 식용유

> **TIPS!**
> ② 알코올은 매연을 발생하지 않고 완전연소를 한다. 알코올은 외부의 열원에 의해 가연성가스를 발생시키지 않고 증발 기화하여 연소된다.

46 다음 중 연소기의 노즐에서 불꽃이 떨어져 연소하는 현상은?

① 플래시오버 현상   ② 리프팅 현상

③ 슬롭오버 현상   ④ 보일오버 현상

> **TIPS!**
> **리프팅 현상** … 가스의 분출속도가 연소속도보다 클 때 불꽃이 노즐에서 떨어져 연소하는 현상이다.
> ① 플래시오버 : 밀폐된 화재실에서 고온의 가연성가스에 순간적인 산소유입으로 폭발하는 현상
> ③ 슬롭오버 : 중질유와 같은 유류에 물이 비점 이상으로 상승하여 외부로 분출하는 현상
> ④ 보일오버 : 원유나 중질유 등이 섞여 있을 때 두 성분의 비점차로 인한 열류층 형성으로 유류가 탱크외부로 분출하는 현상

Answer   44.③   45.②   46.②

47 다음 중 촛불이 타고 있는 것과 같은 연소의 종류는?

① 표면연소   ② 증발연소
③ 분해연소   ④ 자기연소

48 다음 중 착화온도가 가장 낮은 것은?

① 목재   ② 석탄
③ 이황화탄소   ④ 황린

49 다음 중 일반적으로 화재에서 황적색 불꽃의 온도는?

① 700℃   ② 850℃
③ 950℃   ④ 1,100℃

Answer 47.② 48.④ 49.④

02 연기 및 화염

기출PLUS

section 1 연기

(1) 연기의 정의

가연성 물질의 연소 중에 발생하는 가스와 그을음의 고체입자, 미세한 액체입자 등이 공기 중에 확산되는 것이다. 연소가스의 독성은 인체에 피해를 주며 연기입자에 의하여 빛이 산란되어 시야가 가려지므로 화재건물에서 탈출이 어렵게 된다.

(2) 연기의 영향

① 시각적 영향…화재시 가연가스 또는 불완전연소 가스에 의해 시야에 제약을 받아 주변사물의 인지능력이 떨어져 피난구역을 찾지 못하는 경우가 생긴다.

② 생리적 영향…연기는 시각장애뿐만 아니라 고온의 가스까지 동반하여 인체에 유해한 일산화탄소, 이산화탄소 등의 유독가스로 인해 의식불명과 같은 상태에 빠질 수 있다.

③ 심리적 영향…인간의 시각적 공포에 의해 밀폐된 공간에 놓이면 패닉상태에 빠져 평소 쉽게 분별할 수 있는 상황을 분별하지 못하는 상태에 빠진다.

④ 패닉으로 빠지기 쉬운 상태
  ㉠ 심리적 불안에 의해 위험상태로 인식될 때
  ㉡ 탈출가능성은 보이지만 그 경로에 장애요인이 있을 때
  ㉢ 구성원간의 대립으로 인한 분열 상태에 놓였을 때

POINT 인간의 피난본능
  ㉠ **귀소본능**: 화재 시 인간은 평소의 습관처럼 출입구, 통로를 향하는 경향이 있다. 따라서 이동방향의 마지막을 안전지대로 만드는 것이 좋다.
  ㉡ **퇴피본능**: 화재 발생 시 초기의 상황 파악을 위해 소수 인원만 모이지만 화재가 확대되면 위험을 감지하고 발화지점의 반대 방향으로 이동한다.
  ㉢ **지광본능**: 화재 시 연기와 화염에 의해 시야가 흐려지면 개구부, 조명이 있는 곳으로 모이기 때문에 출입구, 계단 등에 유도등을 설치하고 외부 피난계단을 설치한다.
  ㉣ **추종본능**: 불특정 다수가 모이면 화재에 최초 대응자를 따라 전체가 움직이는 본능 때문에 피해가 확대되는 현상이 나타나기도 한다.
  ㉤ **좌회본능**: 일반적으로 오른손잡이는 오른쪽으로 행동하기 때문에 화재와 같은 어두운 환경에서는 왼쪽으로 이동한다는 연구결과가 있다.
  ㉥ **기타본능**: 화재 시 두려움과 같은 공포에 의해 인간의 이상행동이 나타난다. 또는 평소의 애장품, 애완동물을 구조하기 위해 뛰어들기도 한다.

(3) 연기의 확산과 유동 ✪ **2021 기출**

① 가연물의 연소과정 중에 발생한 불안전연소물의 하나로서 공기보다 고온이기 때문에 기류를 동반하지 않는다면 천장 하단을 따라서 흐르게 된다. 이 연기층은 벽면 가까운 곳부터 하강하는 것이 특징이다.

    ㉠ **수평방향의 연기전파** : 화재실의 천장 면을 따라 대량의 연기가 인근의 복도로 전파되며 연기 진행 속도는 외풍에 의한 영향이 없다면 약 0.5m/s~1.0m/s정도이다.

    ㉡ **수직방향의 연기전파** : 계단과 같은 수직공간에서의 연기 상승속도는 수평속도의 3~5배의 정도인 3m/s~5m/s이며 최상층이 아래층보다 빨리 연기가 충만 된다.

② **건물에서 연기의 유동** ··· 건물 내에서 연기의 유동 및 확산은 건물의 내·외부 공기의 온도차이로 발생하며, 공기의 온도가 높으면 부력에 의해 공기가 유동하고 연기도 확산된다.

③ **복도에서 연기의 유동** ··· 복도에서는 연기가 밑으로 내려가지 않고 상층부에서 멀리까지 유동하며, 아래쪽에는 주위에서 발화점 근처로 공기가 이동한다.

④ **지하터널에서 연기의 유동** ··· 지하통로에서는 연기유동속도는 1.0m/sec이지만 인위적인 공조장치(공기유입을 위한 장치, 유독가스 배출장치)로 인해 그 속도가 점증될 수 있다.

> **POINT** 가시거리 및 감광계수
>   ㉠ **가시거리** : 화재 시 발생된 연기 속에서 재실자가 표시 또는 발광체를 식별할 수 있는 거리
>   ㉡ **감광계수** : 빛의 산란과 흡수한 정도를 나타낸 계수
>
> $$Cs = \sigma_s + \sigma_{ab}$$
>   • σ_s : 산란계수
>   • σ_{ab} : 흡수계수
>
>   ㉢ 감광계수는 연기밀도의 척도로 사용되며 감광계수가 크면 가시거리는 짧아진다.

기출 2021. 4. 3. 시행

화재 시 발생하는 연기(smoke)에 대한 설명으로 옳지 않은 것은?

① 연기의 수직 이동속도는 수평 이동속도보다 빠르다.

② 연기의 감광계수가 증가할수록 가시거리는 짧아진다.

③ 중성대는 실내 화재 시 실내와 실외의 온도가 같은 면을 의미한다.

④ 굴뚝효과는 건축물의 내부와 외부의 온도차에 의해 내부의 더운 공기가 상승하는 현상이다.

❮ 정답 ③

section 2 연소가스

(1) 연소가스

연소가스는 연소과정 중에 발생하는 생성물의 하나이다.

연소물질과 생성가스	
연소물질	생성가스
탄화수소류	연소성 가스
셀룰로이드, 폴리우레탄 등	질소산화물
질소성분을 갖고 있는 모사, 비단, 피혁 등	시안화수소
합성수지, 레이온	아크릴로레인
나무, 종이 등	아황산가스
PVC 방염수지, 불소수지류 등	수소의 할로겐화물(HF, HCl, HBr, 포스겐 등)
멜라민, 나일론, 요소수지 등	암모니아
페놀수지, 나일론, 폴리에스테르수지 등	알데히드류(RCHO)
폴리스티렌(스티로폴) 등	벤젠

(2) 연소가스의 종류

① 일산화탄소(CO)

    ㉠ 무색, 무취의 가스이다.

    ㉡ 가벼운 중독 증상으로는 두통, 현기증 등이 나타나고 중독이 진행되면 의식상실, 경련, 사망에 이른다. 또한 중독증상이 진행된 경우에는 회복되어도 정신신경장애가 남는 일이 있다.

    ㉢ 불완전 연소에 따른 생성물로 독성의 허용농도는 50ppm이며 혈액중의 헤모글로빈과 결합하여 카르복시헤모글로빈을 만들어 산소의 혈중농도를 낮추고 질식을 일으킨다. 일산화탄소는 산소보다 헤모글로빈에 250배 더 강하게 결합한다.

농도에 대한 증상	
공기 중 농도[ppm]	증상
100(0.01%)	8시간 흡입으로 거의 무증상
500(0.05%)	1시간 흡입으로 무증상 또는 경도의 증상(두통 현기증, 주의력·사고력의 둔화, 마비 등)
700(0.07%)	두통이 심하고 때로는 구토, 호흡곤란과 동시에 시각·청각장애, 심한 보행장애
0.1~0.2%	1~2시간 중에 의식이 몽롱한 상태로부터 호흡곤란, 혼수, 의식상실 때로는 경련, 2~3시간으로 사망
0.3~0.5%	20~30분 내에 급사

② 시안화수소(HCN) ⭐ 2019 기출

　⊙ 청산가스라고도 하며 무색의 자극성이 높은 냄새를 갖는 가스로서 신경계통에 영향을 주며, 중독증상으로는 현기증, 두통, 의식불명, 경련 등이 있다.

　ⓒ 우레탄, 아크릴, 동물의 털 등 질소성분이 포함된 물질이 연소할 때 주로 발생한다.

　ⓒ 불완전연소 시에 많은 양이 발생하며 독성이 강하고 가연성 기체이다.

농도에 대한 증상	
공기 중 농도[ppm]	증상
18~36	수 시간 후 큰 변화 없음
45~54	30분~1시간 견딜 수 있음
110~135	30분~1시간 호흡으로 위험 또는 사망
135	20분 호흡으로 사망
181	10분 호흡으로 사망
270	즉사

③ 염화수소(HCl)

　⊙ 염화가스라고도 하고 PVC 등의 염소가 함유된 수지류가 연소할 때 주로 발생하며 독성의 허용농도는 5ppm이다.

　ⓒ 피부와 눈의 결막, 목구멍과 기관지의 점막 등에 자극을 주고 폐혈관계 손상을 일으킨다.

농도에 대한 증상	
공기 중 농도[ppm]	증상
0.5~1.0	가벼운 자극을 느낌
5	코에 자극이 있고 불쾌감을 동반
10	코에 자극이 강하며 30분 이상 견딜 수 없음
35	단시간 견딜 수 있는 한계
50~100	작업불능이 되며 견딜 수 없음
1,000~2,000	단시간 노출로 위험
2,000	수분으로 사망

④ 질소산화물(NOx)

　⊙ 질소산화물 중 특히 NO_2는 대단히 위험도가 높아서 수분이 있으면 질산을 생성하여 강철도 부식시킬 정도이다.

　ⓒ 고농도의 경우 눈, 코, 목을 강하게 자극하여 기침, 인후통을 일으키고 현기증, 두통 등을 악화시킨다.

기출PLUS

기출 2019. 4. 6. 시행
다음 설명에 해당하는 연소가스는?

ㅡ 보기 ㅡ
청산가스라고도 하며, 인체에 대량 흡입되면 헤모글로빈과 결합되지 않고도 질식을 유발할 수 있다.

① 암모니아(NH_3)
② 시안화수소(HCN)
③ 이산화황(SO_2)
④ 일산화탄소(CO)

≪정답 ②

농도와 생리장애의 관계	
공기 중 농도[ppm]	증상
25~75	급성의 기도 및 코의 자극
150~300	폐색성 선유성 세기관지염 및 기관지 폐염을 야기하며 치명적
500	치명적인 급성 폐수종이 일어나 48시간 이내에 사망

⑤ 이산화탄소(CO_2)

    ㉠ 화재 시에 발생하는 이산화탄소는 호흡속도를 매우 빠르게 하여 다른 독성의 가스를 더 많이 흡입하는 원인이 되게 한다.

    ㉡ 흡기 중 산소분압을 저하시켜 산소결핍증을 유발하여 호흡곤란, 질식을 초래한다.

⑥ 암모니아(NH_3) … 멜라민수지, 아크릴, 나일론 등의 질소함유물이 연소할 때 주로 발생하며 강한 자극성의 유독성 기체로, 허용농도는 25ppm이다. ✪ **2018 기출**

⑦ 황화수소(H_2S)

    ㉠ 고무, 동물의 털·가죽 등의 물질이 불완전 연소할 때 발생하며 계란 썩은 냄새가 난다.

    ㉡ 후각이 쉽게 마비되며 농도가 높아지면 독성이 강해져 호흡기가 무력해지고 신경계통에 영향을 준다.

⑧ 포스겐($COCl_2$)

    ㉠ 열가소성 수지인 폴리염화비닐(PVC), 수지류 등이 연소할 때 발생되는 매우 독성이 강한 가스로, 허용농도는 0.1ppm이다.

    ㉡ 일반적으로 물질이 연소할 때는 생성되는 경우가 드물지만, 염소와 일산화탄소가 반응하면 생성되기도 한다.

기출 2018. 10. 13. 시행

다음과 관계있는 연소생성가스로 옳은 것은?

┌ 보기 ┐
질소 함유물인 열경화성 수지 또는 나일론 등의 연소 시 발생하고, 냉동시설의 냉매로 많이 쓰이고 있으므로 냉동 창고 화재 시 누출가능성이 크며, 허용 농도는 25ppm이다.
└─────┘

① 포스겐($COCl_2$)
② 암모니아(NH_3)
③ 일산화탄소(CO)
④ 시안화수소(HCN)

<정답 ②

---

section **3** 화염의 형태 및 열방사

(1) 화염의 형태

① 화염 … 화염(불꽃)은 연소와 동시에 발생되며 공기의 흐름이 있을 경우 불규칙적이고 멀리 전달될 수도 있어 연소가 확대될 수 있다.

② 분출화염(Jet flames) … 수직, 수평의 화염 분출상태를 말하며 분출속도와 관계되는 원인으로 레이놀즈 값의 변화에 따라 화염높이가 변화된다.

POINT 레이놀즈 수에 따른 상태

ㄱ　　　　　　　　: 유체 또는 연기, 화염의 일정한 유동

ㄴ　　　　　　　　: 층류와 난류의 중간상태

ㄷ　　　　　　　　: 유체 또는 연기, 화염이 비정상적인 유동현상으로서 열이나
　　　물질의 확산이 매우 강함

③ **수평화염**(Horizontal flame) … 화염이 발생되는 현상으로서 폐쇄된 건물의 천장에 화염이 충돌하면 공기의 인입속도가 감소되기 때문에 그 화염의 길이가 수평으로 연장되고 이를 수평화염이라 한다.

④ **천정제트흐름**(Ceilling jet flow) … 수직방향으로 이동하는 화재기류가 상승하면서 천장에 의해 제한을 받으면 연소가스들이 수평방향으로 방향 이동을 하면서 고온의 연소 생성물이 발생하는 현상이다.

(2) 열방사

① **열방사** … 물체가 전자파(電磁波)의 형태로 열에너지를 방출하거나 흡수하는 현상을 말한다. 화재발생시 연소과정 중에 발생하는 연소생성물의 열반응식에서 볼 수 있는 열에너지로서 복사열 또는 방사열이라고 한다.

② **가스방사** … 가는 분자의 결속력이 고체나 액체와 달리 상호간의 간섭이 작아 내부의 진동이나 회전에 의해 방사 또는 흡수를 한다. 수소, 산소, 질소는 특별한 외부의 자극이 있지 않는 한 에너지의 방사 또는 흡수작용을 하지 않는다. 반면 일산화탄소, 암모니아, 알코올 등은 분자의 작용 또는 이동을 통하여 에너지를 방사한다.

③ **고체방사** … 산소가 부족한 상태로 고온으로 올라간 가연물이 응집을 반복하여 구형의 입자로 만들어져 결정체를 형성한다. 이들 입자는 응집과정 중에 흡수한 열을 방사한다. 이 그을음 입자들은 흡수 또는 방사와 스펙트럼상 산란도 한다.

④ **열방사의 성질**

ㄱ 물체의 표면 물질과 표면온도에 밀접한 관련이 있으며, 단위면적당 방사하는 열량(熱量)은 절대 온도의 4제곱에 비례한다.

ㄴ 열방사의 세기는 온도가 높을수록 커지며 복사선을 잘 흡수하는 물체일수록 복사선을 내는 작용도 강하게 일어난다.

ㄷ 대류나 열전도와 달리 복사에 의한 열 전달방식은 중간 매개체 없이도 고온의 연소물질에서 저온의 가연물로 열이 전달된다.

다음은 열의 전달 형태에 대한 설명이다. ( ) 안에 들어갈 내용으로 옳은 것은?

┌ 보기 ┐

가. 일반적으로 화재의 초기단계에서 열의 전달은 (㉠)에 기인한다.

나. 화재 시 연기가 위로 향하는 것이나 화로(火爐)에 의해 실내의 공기가 따뜻해지는 것은 (㉡)에 의한 현상이다.

① ㉠ 전도, ㉡ 대류
② ㉠ 복사, ㉡ 전도
③ ㉠ 전도, ㉡ 비화
④ ㉠ 대류, ㉡ 전도

〈정답 ①

---

section 4 열전달 방식 ✪ 2018 기출

(1) 전도

물체와 물체가 직접 접촉하였을 때 열이 전달되는 현상이다. 물질 내 두 지점 사이의 온도차이로 인하여 온도가 높은 곳에서 낮은 곳으로 열에너지가 퍼져 나가게 된다.

① 고체 내에서는 원자운동에 의해 일어나며 기체에서보다 열전도는 더 우수하다.

② 정지된 유체에서도 전도의 의해 열이 전달되기도 한다.

③ 열이 전달되는 양은 열전도도, 면적, 온도 차이에 비례하며, 전도율은 기체 〈 액체 〈 고체 순으로 높다.

④ 일반적으로 화재의 초기단계에서 열의 전달은 전도에 기안한다.

(2) 대류

기체나 액체가 이동하는 것과 같이 열의 흐름에 의하여 열이 전달되는 현상이다. 대류는 연소가 확대됨에 따라서 주위의 가연물을 가열하고 강력한 힘도 갖게 되며 물질의 밀도 값이 큰 것은 무거워 아래 부분에 존재하고 밀도 값이 작은 것은 가벼워 상부로 올라가게 되며 열교환이 일어난다.

(3) 복사

열에너지가 전자파의 형태로 사방으로 전달되는 현상이다. 전도, 대류가 물질을 매개로 하여 열에너지가 전달되는 것에 반해 복사는 서로 떨어져 있는 두 물체 사이에 열에너지가 전자파 형태로 물체에 복사되며 이것이 다른 물체에 전파되어 흡수되면 열로 변하는 현상을 말한다.

① 화재시 열의 이동에 가장 크게 작용하는 열 이동 방식이다.

② 물질 또는 물체의 내부에서 발생되는 복사는 표면을 통해서 방사된다.

③ 화재에서 화염의 유입 없이 연소가 확산되는 것은 화염의 복사열에 의해서이다.

(4) 접염연소와 비화

① 접염연소 … 화염이 가연물의 표면에 접촉하여 연소가 확대되는 것으로 대류에 의한 열이동의 현상으로 볼 수 있다.

② 비화 … 화재발생시 불티가 외부의 요인(바람)에 의해 화점에서 멀리 떨어진 곳으로 이동하여 연소가 일어나는 것으로 화재 발생 시의 기상상태, 가연물들 간의 거리, 연소물질의 종류 등에 따라 화재발생 시 화재의 크기가 확산될 수도 있다.

2021년 상반기

01 화재 시 발생하는 연기(smoke)에 대한 설명으로 옳지 않은 것은?

① 연기의 수직 이동속도는 수평 이동속도보다 빠르다.

② 연기의 감광계수가 증가할수록 가시거리는 짧아진다.

③ 중성대는 실내 화재 시 실내와 실외의 온도가 같은 면을 의미한다.

④ 굴뚝효과는 건축물의 내부와 외부의 온도차에 의해 내부의 더운 공기가 상승하는 현상이다.

> **TIPS!**
>
> ③ 건물화재가 발생하면 연소열에 의한 온도가 상승함으로서 부력에 의해 실의 천정 쪽으로 고온기체가 축적되고 온도가 높아져 기체가 팽창하여 실내와 실외의 압력이 달라지는데, 실의 상부는 실외보다 압력이 높고 하부는 압력이 낮다. 따라서 그 사이 어느 지점에 실내와 실외의 정압이 같아지는 경계면(0포인트)이 형성되는데 그 면을 중성대(neutral plane)라고 한다.

2020년 상반기

02 고층건축물에서 연기유동을 일으키는 요인을 모두 고른 것은?

㉠ 부력효과	㉡ 바람에 의한 압력차
㉢ 굴뚝효과	㉣ 공기조화설비의 영향

① ㉠, ㉡

② ㉠, ㉢

③ ㉡, ㉢, ㉣

④ ㉠, ㉡, ㉢, ㉣

> **TIPS!**
>
> 고층 건물에서 연기유동을 일으키는 요인
> ㉠ 온도에 의한 가스의 팽창 : 화재로 인한 대류현상(부력현상)
> ㉡ 굴뚝효과
> ㉢ 외부 풍압의 영향
> ㉣ 건물 내에서의 강제적인 공기유동 등→공기조화설비, 환기설비
> ㉤ 중성대
> ㉥ 건물구조

Answer 01.③ 02.④

2018년 하반기

03 다음과 관계있는 연소생성가스로 옳은 것은?

> 질소 함유물인 열경화성 수지 또는 나일론 등의 연소 시 발생하고, 냉동시설의 냉매로 많이 쓰이고 있으므로 냉동 창고 화재 시 누출가능성이 크며, 허용 농도는 25ppm이다.

① 포스겐($COCl_2$)　　　　　　　　　　② 암모니아(NH_3)

③ 일산화탄소(CO)　　　　　　　　　　④ 시안화수소(HCN)

● TIPS!

암모니아는 멜라민수지, 아크릴, 나일론 등의 질소함유물이 연소할 때 주로 발생하며 강한 자극성의 유독성 기체이다.
① 포스겐 : 열가소성 수지인 폴리염화비닐(PVC), 수지류 등이 연소할 때 발생되는 매우 독성이 강한 가스로, 허용농도는 0.1ppm이다.
③ 일산화탄소 : 불완전 연소에 따른 생성물로 독성의 허용농도는 50ppm이다.
④ 시안화수소 : 청산가스라고도 하며 무색의 자극성이 높은 냄새를 갖는 가스로, 우레탄, 아크릴, 동물의 털 등 질소성분이 포함된 물질이 연소할 때 주로 발생한다.

2018년 하반기

04 다음은 열의 전달 형태에 대한 설명이다. (　　) 안에 들어갈 내용으로 옳은 것은?

> 가. 일반적으로 화재의 초기단계에서 열의 전달은 (㉠)에 기인한다.
> 나. 화재 시 연기가 위로 향하는 것이나 화로(火爐)에 의해 실내의 공기가 따뜻해지는 것은 (㉡)에 의한 현상이다.

	㉠	㉡
①	전도	대류
②	복사	전도
③	전도	비화
④	대류	전도

● TIPS!

열전달의 방식
㉠ 전도 : 물체와 물체가 직접 접촉하였을 때 열이 전달되는 현상이다. 일반적으로 화재의 초기단계에서 열의 전달은 전도에 기인한다.
㉡ 대류 : 기체나 액체가 이동하는 것과 같이 열의 흐름에 의하여 열이 전달되는 현상이다.
㉢ 복사 : 열에너지가 전자파의 형태로 사방으로 전달되는 현상이다.

Answer　03.②　04.①

05 다음 중 물질과 열에 대한 설명으로 옳지 않은 것은?

① 현열은 상태가 변하는 동안 물질에 가해진 모든 열이며, 잠열은 가열된 물질이 상태 변화가 없는 경우 보유하고 있는 열량이다.

② 비열은 물질 1g을 온도 1℃ 또는 1K 높이는 데 필요한 열량이다.

③ 용융점은 일정 압력하에서 고체물질이 액체와 평행하여 존재한다.

④ 연소속도는 연료가 발화하여 연소하고, 화염이 가스와 화학 반응을 일으키면서 차례로 퍼져 나가는 속도이다.

 TIPS!

현열과 잠열
㉠ 현열 : 가열된 물질의 상태 변화가 없는 경우 보유하고 있는 열량
㉡ 잠열 : 상태가 변하는 동안 물질에 가해진 모든 열

06 다음 중 연소과정 중에 생긴 연소가스에 대한 설명으로 옳은 것은?

① 일산화탄소는 산소보다 헤모글로빈 결합력이 250배 이상 강하다.

② 염화수소가스(HCl)의 공기 중 농도가 0.01% 정도면 사망한다.

③ 질소산화물(NOx)의 공기 중 농도가 0.5% 정도면 사망한다.

④ 시안화수소(HCN)는 청산가스라고도 하며 0.3% 정도에서 사망한다.

TIPS!

② 염화수소가스는 0.01%에서는 작업불능이고 0.2% 정도면 사망한다.
③ 질소산화물은 0.05% 정도에서 사망한다.
④ 시안화수소는 0.03% 정도에서 사망한다.

07 다음 중 연소가스에 관한 설명으로 옳은 것은?

① 염화수소(HCl)는 피부와 눈의 결막, 기관지 점막 자극 등 폐혈관 손상을 일으킨다.

② 암모니아는 고무, 털, 가죽 등의 물질이 불완전 연소할 때 발생한다.

③ 황하수소는 아크릴, 나일론 등의 질소함유물이 연소할 때 발생한다.

④ 일산화탄소는 헤모글로빈과 결합하지 않고 백혈구와 결합한다.

TIPS!

① PVC 등의 염소가 함유된 수지류를 연소할 때 발생하는 독성의 가스이다.
② 황화수소에 대한 설명이다.
③ 암모니아에 대한 설명이다.
④ 적혈구속에 포함된 헤모글로빈과 결합한다.

Answer 05.① 06.① 07.①

08 다음 중 피난 본성에서 화재가 발생한 곳으로부터 피난하여 멀어지려는 본성은?

① 지광본능   ② 좌회본능

③ 추종본능   ④ 퇴피본능

> **TIPS!**
>
> 피난계획 시 고려해야 할 인간의 본능
> ㉠ 귀소본능 : 자신의 신체를 보호하기 위해 일상의 경로를 따라가는 본능이다.
> ㉡ 퇴피본능 : 위급 시 그 지점에서 멀어지려는 현상이다.
> ㉢ 지광본능 : 화재나 연기의 유동 시 어두운 곳을 피하려는 현상이다.
> ㉣ 좌회본능 : 오른손잡이가 많아 긴급상황에는 왼쪽으로 대피하는 현상이다.
> ㉤ 추종본능 : 많은 군중이 피난할 경우 리더를 따라가려는 본능이다.

09 다음 중 연기 유동의 원인으로 옳지 않은 것은?

① 중력   ② 공기조화설비

③ 비중   ④ 연돌효과(굴뚝효과)

> **TIPS!**
>
> 연기의 유동 … 화재실에서 유출된 연기는 화재실의 출입구에서 복도를 지나 계단을 통하여 상층으로 유동한다. 이 때 연기는 공기보다 고온이기 때문에 기류를 동반하지 않는다면 천장 하단을 따라서 흐르게 된다. 공기조화설비나 연돌효과는 기류를 동반하는 원인이 되며, 비중은 온도 및 압력에 따라 달라지므로 연기 유동의 원인이라고 할 수 있다.

10 다음 중 연소에 대한 설명으로 옳지 않은 것은?

① 가연물, 산소공급원, 점화원은 연소현상에 필요한 3요소이다.

② 점화원에는 기계적점화원, 전기적점화원, 화학적점화원으로 분류할 수 있다.

③ 대표적인 산소공급원은 공기이다.

④ 가연물 중에서 활성화 에너지가 큰 물질은 그만큼 위험한 물질이라고 볼 수 있다.

> **TIPS!**
>
> ④ 연소반응을 일으키는 점화원인 활성화 에너지 값이 적을수록 위험한 물질이다.

Answer   08.④   09.①   10.④

11 기체 중 불연소 가스로 옳은 것은?

① 프레온   ② 암모니아
③ 일산화탄소   ④ 메탄

> **TIPS!**
> ① 직·간접적인 연소 작용을 하지 않는 불연소 가스이다.

12 다음 중 연기의 유동속도에 대한 것으로 옳은 것은?

① 수평 < 계단 < 수직 순으로 이동이 빠르다.
② 수평 < 수직 < 계단 순으로 이동이 빠르다.
③ 수직 < 계단 < 수평 순으로 이동이 빠르다.
④ 계단 < 수직 < 수평 순으로 이동이 빠르다.

> **TIPS!**
> 연기의 유동 속도 … 수평(0.5~1m/s) → 수직(2~3m/s) → 계단(3~5m/s)

13 목재를 가열할 때 가열온도 160~360℃에서 많이 발생되는 기체로 옳은 것은?

① 일산화탄소   ② 수소가스
③ 아세틸렌가스   ④ 유화수소가스

> **TIPS!**
> ① 160~360℃에서 많이 발생되는 기체는 일산화탄소이며, 361~500℃에서 많이 발생되는 기체는 이산화탄소이다.

14 화재발생시 열의 이동방법 중 가장 큰 비중을 차지하는 열전달 방법은?

① 대류   ② 복사
③ 전도   ④ 비화

> **TIPS!**
> ② 화재 발생 시에 열전달 방법 중 복사열에 의한 열의 이동이 가장 크다.
> ① 열의 흐름에 의한 대류연소
> ③ 가연성물질이 직접적 접촉에 의한 전도연소
> ④ 불티의 이동에 의한 비화연소

15 다음 가스 중 소량으로도 인체에 가장 치명적인 것은?

① H_2S ② CO_2
③ SO_2 ④ NO_2

> **TIPS!**
> 인체에 치명적인 영향을 주는 순서 … $NO_2 > SO_2 > H_2S > CO_2$
> ※ 이산화질소(NO_2)
> ㉠ 질소산화물 중 특히 위험하다.
> ㉡ 수분이 있으면 질산을 생성하여 강철도 부식시킨다.
> ㉢ 고농도의 경우 눈, 코, 목을 강하게 자극하여 기침, 인후통을 일으키고 현기증, 두통 등을 악화시킨다.

16 다음 중 화재 시 발생하는 유독가스가 아닌 것은?

① 일산화탄소   ② 인산암모늄
③ 시안화수소   ④ 염화수소

> **TIPS!**
> ② 분말소화약제(제3종 분말소화약제)의 주성분으로 불연성 물질이며 화재가 발생했을 때 나오는 유독가스가 아니다.

Answer 14.② 15.④ 16.②

17 다음 중 목재류의 화재 시 발생하는 유독성 가스로 인명피해를 가장 많이 주는 것은?

① 이산화탄소

② 일산화탄소

③ 암모니아

④ 시안화탄소

> **TIPS!**
> ② 목재가 불완전 연소하면 일산화탄소를 가장 많이 발생시키는데 이는 많은 인명피해의 원인이 된다.
> ※ 일산화탄소(CO)
> ㉠ 무색, 무취의 가스
> ㉡ 헤모글로빈과 결합하여 산소농도를 낮춤
> ㉢ 0.3% 이상 0.5% 이하면 20~30분 이내 사망

18 다음 중 화재발생시 인간의 피난 특성으로 옳지 않은 것은?

① 무의식중 평상시에 사용하는 출입구나 통로로 이동한다.

② 화재의 공포감으로 인하여 빛을 피해 어두운 곳으로 움직인다.

③ 화재 시 처음 행동을 시작한 사람을 따라 전체가 움직이는 경향이 있다.

④ 화염, 연기에 대한 공포감으로 발화의 반대방향으로 이동한다.

> **TIPS!**
> ② 화재에 대한 공포감으로 인해 빛을 따라 외부로 움직이려고 한다.
> ① 귀소본능 ③ 추종본능 ④ 퇴피본능

19 연기에 관한 설명으로 옳지 않은 것은?

① 화재 진압활동을 어렵게 한다.

② 수직방향보다 수평방향의 흐름이 빠르다.

③ 산소의 존재유무에 영향을 받는다.

④ 연기의 유동방향은 대류현상과 비슷하다.

> **TIPS!**
> ② 화염에 의한 열의 대류현상으로 연기는 수평방향보다 수직방향의 흐름이 빠르다.

Answer 17.② 18.② 19.②

20 다음 중 수지류 및 모직물, 견직물 등의 질소함유물이 불완전 연소되어 발생하는 것은?

① 이산화질소 ② 이산화탄소
③ 암모니아 ④ 시안화수소

> **TIPS!**
> 시안화수소 … 질소성분을 주로 함유하고 있는 우레탄, 아크릴, 폴리아미드, 동물의 털과 같은 섬유 등이 연소할 때 발생하는 것으로 불완전 연소 시에 상대적으로 많은 양이 발생하며, 청산가스라고도 불린다.

21 다음 중 화재 시 연기로 인한 사람의 투시거리에 영향을 주는 것으로 옳은 것은?

① 연기의 밀도 ② 연기의 온도
③ 연기의 형상 ④ 연기 발생속도

> **TIPS!**
> 투시거리 영향요인
> ㉠ 연기 흐름속도
> ㉡ 연기 밀도
> ㉢ 보는 표식의 휘도, 색, 형상

Answer 20.④ 21.①

03 폭발이론

section **1** 폭발

(1) 폭발의 개념 및 분류

① **폭발의 개념** … 폭발은 밀폐공간에서 물리적·화학적 변화의 결과로 발생하는 데, 급격한 압력 상승에 의한 에너지가 외계로 전환되는 과정에서 파열, 후폭풍, 폭음 등을 동반하는 현상이다. 즉 폭발이란 압력파의 전달로 폭음을 동반한 충격파를 가진 이상 팽창을 말한다.

② **폭발의 분류** … 폭발은 공정 별 분류에서 핵폭발, 물리적 폭발, 화학적 폭발, 물리적·화학적 병렬에 의한 폭발로 나누기도 한다.

> **POINT 연소와 폭발의 비교**
> ㉠ 연소는 지속적인 연쇄반응을 일으키는 것을 말한다.
> ㉡ 폭발은 물리적·화학적 변화의 결과로 발생한 급격한 압력 상승에 의한 에너지가 파열, 후폭풍, 폭음 등을 동반하는 현상이다.

③ **폭발의 성립조건** … 물리적·화학적 에너지가 기계적 에너지가 열이나 압력파 등으로 변화하는 과정에서 나타나는 폭발은 밀폐된 공간, 점화원(점화에너지), 폭발범위(연소범위=공기 중 필요한 혼합가스의 농도 조건)의 폭발의 3대 조건을 갖춘 경우에 발생한다. 또한 가스의 폭발 조건은 일반적으로 밀폐된 공간의 배관이나 병 혹은 통 속에서 발화원이 존재하는 에너지조건과 조성조건인 농도조건으로 이루어진다. 폭발은 화염을 동반하지 않는다.

④ **폭발의 분류와 영향** … 물리적·화학적 폭발의 개념
  ㉠ **물리적 폭발**(원인계와 생성계가 동일하다) : 화염 등을 접촉하지 않고, 물질의 성질(분자구조)이 변하지 않고 그 상태(고체·액체·기체)가 변하거나 온도, 압력 등의 조건이 변한다.
  ㉡ **화학적 폭발**(원인계와 생성계가 다르다) : 화염 등을 접촉하여 물질의 성질이 변하는 폭발이다.

폭발의 성립조건
㉠ 폭발의 3대 조건 : 밀폐된 공간, 점화원, 폭발범위
㉡ 가스의 폭발조건 : 에너지조건(점화원), 폭발범위(가스는 밀폐된 배관이 기본이다)

기출PLUS

기출 2021. 4. 3. 시행

블레비(BLEVE : Boiling Liquid Expanding Vapor Explosion) 현상의 특징으로 옳지 않은 것은?

① 액화가스 저장탱크에서 일어날 수 있다는 점에서는 증기운 폭발과 같다.
② 액화가스 저장탱크에서 물리적 폭발이 순간적으로 화학적 폭발로 이어지는 현상이다.
③ 블레비의 규모는 파열 시 액체의 기화량에는 차이가 있으나 탱크의 용량에 따른 차이는 없다.
④ 직접 열을 받은 부분이 액화가스 저장탱크의 인장 강도를 초과할 경우 기상부에 면하는 지점에서 파열하게 된다.

‹ 정답 ③

TIP
블레비 현상에 영향을 주는 인자
㉠ 저장된 물질의 종류와 형태
㉡ 저장용기의 재질
㉢ 저장(내용)물질의 물리적 역학상태
㉣ 주위의 온도와 압력상태
㉤ 저장(내용)물질의 인화성 등의 여부

(2) 가스저장탱크 화재

① 블레비(BLEVE) 현상…블레비 현상은 끓는 액체팽창증기폭발(Boiling Liquid Expanding Vapor Explosion)이라 하며 탱크 속으로는 화염을 동반하지 않고 외부 탱크벽으로부터 화재 시 뜨거운 열이 가해졌을 때 과열상태의 탱크에서 내부의 액화가스가 분출·착화되어 폭발하는 현상이다.

㉠ 화재 시 탱크 내부의 액화가스가 열로 인하여 급격한 팽창과 비등으로 내부압력이 증가되어 탱크의 안전장치 압력 완화율을 넘어서 용기벽면 등이 균열·파괴되고 분해되었을 때 물리적 폭발이 화염에 착화되어 순간적으로 화학적 폭발로 이어지는 폭발 현상으로서 일반적으로 옥외탱크폭발 현상이다.

㉡ 그 위력은 수 km까지 미친다. 이후 불기둥이 버섯구름과 같이 상부로 화구를 형성하여 화염의 덩어리가 만들어지는데 이를 곧 파이어볼(Fire Ball, 약 1,500℃)이라고 한다.

㉢ BLEVE(블레비) 현상의 폭발 원인은 물리적 폭발로 구분하며, 순간적으로 화학적 폭발로 이어지지만 그 결과가 화염을 동반하는 순간부터 화학적 폭발로 분류하고 있다. 즉, 물리적 폭발과 화학적 폭발이 병립하며, 일반적으로는 원인이 기준이기 때문에 물리적 폭발로 본다.

▶POINT BLEVE(Boiling Liquid Vapor Explosion)의 개념
㉠ 옥외의 가스저장탱크의 지역의 화재발생 시 저장탱크가 가열되어 탱크 내부의 액체 부분은 급격히 증발하고 가스부분은 온도 상승과 비례하여 탱크 내 압력의 급격한 상승을 초래하게 된다. 이때 탱크 속에는 아직 화염을 동반하지 않는다.
㉡ 탱크가 계속 가열되면 용기 강도가 저하되고 내부압력은 상승하여 어느 시점이 되면 저장탱크의 설계압력을 초과하게 되고 탱크가 파괴되어 급격한 폭발(물리적→화학적) 현상을 일으킨다. 이때 폭발하면서 화염을 동반한다.
※ 원인에 의한 분류는 물리적 폭발이며, 화염이 동반되는 순간부터 화학적 폭발이다. 따라서 일반적으로 물리적 폭발로 분류한다.

② 블래비 형성과정

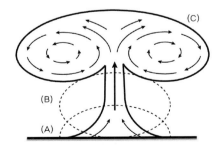

㉠ 주변화재로 액화가스의 탱크가 가열되어 탱크 내 증기압이 발생하면서 탱크가 파열하면 순간증발을 일으켜 가연성 가스의 혼합물이 외부로 대량 방출 후 착화

ⓛ 지면에서 반구상(A)의 화염을 만들어 부력에 의해 상승

ⓒ 화염은 공모양(B)을 형성하고, 부력에 의해 상승하여 버섯모양(C)의 화염 형성

ⓔ 블래비현상의 세부 형성과정의 예시

- 프로판(C_3H_8) 등 액화저장탱크 외부에서 화재 발생
- 가열된 저장탱크 내부의 액체에 높은 증기압 발생
- 저장탱크의 내압 초과
- 탱크파열(균열, 파손)
- 탱크 내 액화가스가 급격히 기화하여 파열지점을 통해 외부로 확산
- 외부 확산 가스는 대기 중 공기(산소)와 혼합하여 폭발성 혼합기 형성
- 착화에너지에 의해 폭발
- 화염은 초기에 지표면 부근에서 생성되어 성장
- 화염은 부력에 의해 상승 버섯모양의 파이어볼(Fire Ball) 형성

③ 블래비에 영향을 주는 핵심 요인

ⓛ 압력상태와 주위 온도

ⓒ 저장용기(탱크)의 재질

ⓔ 저장된 물질의 종류와 형태

ⓐ 저장물의 물질적 역학 상태

ⓜ 저장물의 인화성 여부

> **POINT 블레비 현상 발생 메커니즘**
> ⓛ **액온상승** : 열이 가해졌을 때 액화가스의 온도 상승으로 인하여 안전밸브가 작동하여 증기가 조금씩 방출하므로 액면이 낮아지면 탱크 내 공간이 커진다.
> ⓒ **연성파괴** : 탱크 벽이 가열되어 강도가 떨어지고 내부압력이 상승하며 그 결과 탱크 내 증기가 방출되고 내부압력은 급격히 낮아진다.
> ⓔ **액격현상** : 액화가스의 비점이 낮아지고 과열상태가 된 액화가스는 격렬하게 위력을 발하여 액체를 비산시키고 증기폭발로 인하여 탱크 내 벽에 강한 충격을 준다.
> ⓐ **취성파괴** : 액격현상에 의하여 탱크 용기가 파열되며 파이어볼로 발전된다.

④ **파이어볼(Fire Ball)** ⋯ 대량의 증발한 가연성 액체가 갑자기 연소할 때 형성되는 공모양의 둥근 불꽃을 말하며, 약 1,500℃의 고온으로 복사열에 의한 피해가 심각하고, 수백 미터 이내의 가연물을 연소시킬 수 있는 위력이다.

⑤ **블래비(BLEVE) 현상 예방법** ⋯ 실재 화재 시 블래비 현상 방지를 위한 최상의 방법은 저장탱크에 살수설비 또는 소방차를 이용하여 물을 뿌려 탱크를 냉각시키는 것이다.

ⓛ 고정식 살수설비(물분무 등으로 탱크 상층부 냉각) 설치→현재 가장 많이 사용됨

ⓒ 입열 억제→용기 외부 단열 시공조치 및 탱크를 지하에 설치

ⓒ 화염이 탱크에 접하지 않도록 한다. → 내부바닥 기초를 경사지게 하여 액체를 흘림

ⓓ 용기 내압강도 유지 → 경년 부식을 고려하여 여유 있는 탱크의 두께가 필요

ⓔ 폭발 방지장치 → 탱크 내벽에 열전도가 좋고 큰 알루미늄 합금박판 등 설치

ⓕ 감압시스템으로 탱크 압력을 낮추며 탱크 용기의 수 및 크기의 최소화

ⓖ 가스감지기 설치, 화재 시 탱크내용물 긴급이송조치, 가연물 누출 시 유도구 설치 등

(3) 폭발의 원인에 따른 분류 ✪ 2020, 2021 기출

급격한 압력발생이 폭발의 선행조건이므로 압력이 발생하게 된 원인에 따라 물리적 폭발과 화학적 폭발로 분류할 수 있다.

① **물리적 폭발(기계적 폭발)** … 물리적 폭발은 화학적 변화 없이 상변화 등에 의한 폭발이다. (화염을 동반하지 않음) 화학적 변화는 물질의 성질인 분자구조가 변하는 것이지만 물리적 변화는 물질의 상태(기체·액체·고체)가 변하거나 온도, 압력 등의 조건이 변하는 단순한 내압상승이라 할 수 있다.

> **POINT** 증기폭발(물리적 폭발) ≠ 증기운 폭발(화학적 폭발)
> ⊙ 증기폭발이란 높은 열에너지를 갖는 용융금속 등이 저온의 물과 접촉하면 급격히 증기를 발생시켜 이것에 의한 압력파가 발생하여 기계적 파괴를 동반하는 현상을 말한다. 예컨대 물이 끓으면 기체가 되어 물을 담고 있는 용기가 기체의 압력이 높아져 폭발하는 것이다.
> ⊙ 증기운 폭발(Vapor Cloud Exposion)이란 화학공정 산업에서 가장 위험하고 파괴적인 폭발로 다량의 가연성 증기가 급격히 방출(압축된 액체의 용기가 과열로 파열될 때 발생)되는 증기가 분산되어 공기와 혼합하고 증기운이 점화되는 현상이다.

> ⊙ **증기폭발** : 밀폐된 공간 속의 액체물질이 급속히 기화되면서 많은 양의 증기가 발생함으로써 증기압이 높아져 용기나 구조물의 내압을 초과하여 파열되는 증기폭발 현상이다. 즉 증기폭발이란 액화가스(LPG, LNG) 등이 분출되었을 때 급격한 기화에 동반하는 비등현상을 나타낸다.

> ⊙ **수증기폭발** : 밀폐된 공간에 용융금속 등 고온 물질이 물속에 투입되었을 때 물은 순간적으로 급격하게 비등하고 이러한 상태변화에 따른 폭발현상을 말한다. 예컨대 주전자의 구멍을 막고 끓일 때

> ⊙ **물리적 폭발의 종류** : 일반적으로 화염을 동반하지 않는 가스탱크폭발이 일종으로 진공용기의 (수)증기폭발을 비롯하여 고압용기의 파열, 탱크의 감압파열, 보일러 폭발, 기체물질의 열팽창에 의한 폭발, 폭발적 증발, 폭발성 화합물의 폭발, 혼합위험성 물질에 의한 폭발 등이 있다

② **화학적 폭발(기상 폭발)** … 화학적 폭발은 급격한 화학적 변화에 의한 폭발이다. (화염을 동반한다)

⊙ 분해

ⓛ 중합폭발 등 분자구조가 변하는 폭발

ⓒ 산화(가스, 분무, 분진)

> **POINT** 폭발은 분해, 중합폭발, 산화, 미생물열, 흡착열에 의한 폭발로 나누어진다. 그 중 화학적 폭발은 자연발화의 종류 중 그 성질이 약한 미생물열과 흡착열을 제외한 것이다.
>
> ⊙ **분해폭발** : 산소와 관계 없이 단독으로 발열분해 반응을 하는 물질에 의해서 발생하는 폭발이다. 대표적인 물질은 아세틸렌, 산화에틸렌, 에틸렌, 다이너마이트, 제5류 위험물의 과산화물 등이다.
>
> ⓛ **중합폭발** : 모노머(단량체)의 중축합반응에 따른 발열량에 의한 폭발이다. 산화에틸렌, 시안화수소(청산가스), 염화비닐 등은 중합에 의한 폭발로 한 장소에 장시간 저장하지 않는다.
>
> ⓒ **산화폭발** : 가연성 기체, 액체, 고체가 공기 중 산소와 화합하여 비정상연소에 의한 연소폭발이다.
>
> • **가스폭발(기체)** : 가연성가스가 폭발범위 내의 농도로 공기나 조연성 가스 중에 존재할 때 점화원에 의해 폭발하는 현상으로 가장 일반적인 폭발이다.
>
> • **분무폭발(액체)** : 무상으로 분류한 가연성 액적(윤활유 등)이 주체가 되는 폭발이다.
>
> • **분진폭발(고체)** : 공기 중에 부유하고 있는 가연성 티끌이 주체가 되는 폭발이다.
>
> • **촉매폭발** : 수소와 산소, 수소와 염소 등에 빛이 쪼일 때 반응하는 폭발이다.
>
> • **반응폭주** : 화학반응기 내에서 반응속도가 증대함으로서 반응이 과격화되는 현상이다.

(4) 폭발원인 물질의 물리적 상태에 따른 분류

학설은 폭발원인 물질의 물리적 상태에 따라 기상폭발과 응상폭발로 분류하기도 한다. 여기서 분진 혹은 분무폭발은 물질 자체는 고체 및 액체이나 연소반응이 기체 상태에서 일어나므로 기상폭발로 분류하고 있다.

① **기상폭발**(화학적 폭발의 종류)

⊙ **가스폭발** : 가연성 기체와 공기와 혼합기의 폭발

ⓛ **분무폭발** : 공기 중에 분출된 미세한 기름방울 등 액적이 무상으로 되어 착화 에너지가 주어지면 폭발하는 가연성 액체의 폭발

ⓒ **분진폭발** : 가연성 고체 미분의 폭발

ⓔ **분해폭발** : 분해연소성 기체 폭발

② **응상폭발**(물리적 폭발의 종류)

⊙ **증기폭발** : 액상폭발과 고상폭발에 해당하며 액체 및 고체의 불안정한 물질의 연쇄폭발현상으로 극저온 액화가스의 수면 유출에 의한 폭발이다.

ⓛ **수증기폭발** : 액체의 급속가열에 의한 폭발

기출 2021. 4. 3. 시행

폭발에 대한 설명으로 옳지 않은 것은?

① 폭연은 폭굉보다 폭발압력이 낮다.

② 분해폭발은 산소에 관계없이 단독으로 발열 분해반응을 하는 물질에서 발생한다.

③ 물리적 폭발은 물질의 상태(기체, 액체, 고체)가 변하거나 온도, 압력 등 조건의 변화에 따라 발생한다.

④ 중합폭발은 가연성 액체의 무적(霧滴, mist)이 일정 농도 이상으로 조연성 가스 중에 분산되어 있을 때 착화하여 발생한다.

〈정답 ④

폭발의 진행과정
① 분진입자표면에 열 전달
↓
② 열분해로 입자 주위에 가연성 가스
발생
↓
③ 공기(산소)와 혼합
↓
④ 폭발성 혼합기체 생성
↓
⑤ 발화
↓
⑥ 열분해로 건류 작용 촉진
↓
⑦ 폭발

정전기에 의한 분진폭발 예방법은 정
전기 방지 대책과 같다.

---

(5) 분진폭발(띠끌폭발) ✪ 2018 기출

분진폭발은 화학적 폭발로서 가연성 고체의 미분이 공기 중에 부유하고 있을 때에는 어떠한 착화원에 의해 에너지가 주어지면 폭발하는 현상이다.

분진입자의 크기는 보통 10um(1~100um) 이하이지만 분자의 발화폭발 조건으로 가는 가연성 물질로서 200mesh(76um) 이하가 적합하여 휘발성분이 커야 한다.

① 분진입자와 밀도가 작을수록 표면적이 커서(산소와 접촉이 크다) 폭발성이 강하다.

② 분진 내 수분은 불활성가스의 역할을 하게 되어 점화온도를 높여주며 산소와 반응성이 큰 분진은 공기 중의 노출시간이 클수록 산화피막을 형성하여 폭발성이 약해진다.

③ 분진이 발화·폭발하기 위한 조건은 가연성, 미분상태, 점화원의 존재, 공기 중에서 교반과 운동, 폭발범위 이내 등이 있다.

④ 분진폭발 영향인자는 산소농도, 수분, 화학적 성질과 조성, 가연성 가스, 입도와 입도분포 입자의 표면상태와 형상 등이다.

⑤ 분진폭발의 종류는 금속분(알루미늄, 마그네슘, 아연 등), 솜, 담배, 황, 석탄, 쌀·보리, 비누, 경질고무 등 100종 이상에 달한다.

⑥ 분진폭발이 잘 이루어 지지 않는 종류 … 석회종류, 가성소다, 탄산칼슘, 생석회, 시멘트가루, 대리석가루, 유리 등이 있다.

▶POINT 탄산칼슘 ≠ 탄화칼슘
ⓐ 탄산칼슘은 산에서 캔 석회석으로 분진폭발이 일어날 수 없다.
ⓑ 탄화칼슘은 제3류 위험물로서 물과 혼합 시 아세틸렌가스를 생성한다.
ⓒ 탄산칼륨은 동결방지제로서 물과 혼합하여 강화액 소화약제를 만든다.

⑦ 분진(띠끌)폭발의 특성
ⓐ **분진폭발의 조건**: 가연성, 미분상태, 점화원의 존재, 공기 중에서 교반과 운동, 폭발범위 이내
ⓑ **분진폭발에 미치는 영향**: 산소농도, 수분, 화학적 성질과 조성, 가연성 가스, 입도와 입도 분포 입자의 표면상태와 형상
ⓒ **분진에 의한 정전기 발생의 주요 원인**
• 배관 등의 안에 비전도성액체나 분진이 유동할 때
• 탱크 안에 비전도성액체 속을 금속성시료채취 통 등을 이동시킬 때
• 고무의 풀칠, 도료의 분무도장, 종이·비닐천을 되감기 할 때

⑧ 입자의 속도 숫자의 비교

　ⓐ 연기입자의 크기 : 0.01~10um

　ⓑ 화염 전파속도(폭연 속도) : 0.1~10m/s

　ⓒ 분진입자의 크기 : 1~100um

(6) 분진폭발과 가스폭발의 비교

① 가스폭발보다 분진폭발은 최소발화에너지(MIE)가 크다.

② 가스폭발에 비해 분진폭발은 불완전연소가 심하므로 일산화탄소(CO)가 발생한다.

③ 1차 분진폭발의 영향으로 주위의 분진을 날리게 하여 2·3차 폭발이 발생할 수 있다. 분진폭발은 특이하게 2·3차 폭발이 발생할 수 있다.

④ 가스폭발보다 분진폭발은 연소속도, 폭발압력은 작으나 연소시간이 길고 발생에너지가 크기 때문에 그 파괴력과 그을음이 크다.

⑤ 입자가 비산하므로 접촉하는 가연물은 국부적으로 심한 탄화 또는 화상도 유발한다.

POINT 분진폭발과 가스폭발 대소의 요약

구분	가스폭발 = 기체폭발	분진폭발 = 고체폭발
발화(발생)에너지		
파괴력	작다	크다
CO(일산화탄소) 발생물		
2차, 3차 연쇄폭발현상	없다	있다
최초폭발		
연소속도	크다	작다
폭발압력		

TIP

폭굉과 폭연은 화염의 전파속도에 분류한다.

section 2 폭굉과 폭연의 비교

(1) 폭굉(폭효)

데토네이션(Detonation)이라 하며 반응의 전파가 초음속이다.

(2) 폭연

데플러그레이션(Deflagation)이라 하며 반응의 전파속도가 아음속이다.

구분	폭굉 = 폭효 = Detonation	폭연 = Deflagration
속도	• 음속보다 빠르다(초음속) • 약 1,000 이상~3,500m/sec 이하	• 음속보다 느리다(아음속) • 약 0.1이상~10m/sec 이하
압력	• 압력은 약 1,000kgf/cm² 압력상승이 폭연의 경우 보다 10 이상이다 • 동압이다.	• 충격파압력은 수기압(kgf/cm²) 정도이고 폭굉으로 변화될 수 있다. • 정압이다.
에너지	에너지 방출 속도가 물질전달 속도에 기인하지 않고 아주 짧다.	에너지 방출속도가 물질전달 속도에 영향을 받는다.
온도	온도의 상승은 충격파의 압력에 기인한다.	열(전도, 대류, 복사)에 의한 전파에 기인한다.
파면	파면(화염면)에서 온도, 압력, 밀도가 불연속적으로 나타난다.	반응 또는 화염면의 전파가 분자량이나 공기 등의 난류 확산에 영향을 받는다.

(3) 폭굉(초음속)

① 폭연에서 폭굉 전이가 일어나기 쉬운 정도 … 정상 연소속도가 큰 가스일수록, 압력이 클수록, 관경이 가늘수록, 관경이 거칠수록, 돌출물이 있을수록 폭굉이 되기 쉽다.

② 폭굉파는 음파와 달리 폭굉파가 통과한 곳은 화학적 조성이 변하므로 가역적인 탄성파로 취급되지 않으며 비가역적인 탄성파로 취급한다.

(4) 폭굉유도거리(DID)

폭발성 혼합가스가 있는 관(pipe)에서 한 쪽 끝에 점화하면 처음에는 비교적 천천히 연소반응이 진행되지만 점차 가속되어 어느 지점에 이를 때 갑자기 폭굉으로 전이하게 된다. 이렇게 최초의 완만한 연소에서 격렬한 폭굉으로 발전할 때까지의 거리를 폭굉유도거리라 한다.

POINT 폭굉(초음속)의 유도거리가 짧아질 수 있는 요인
- ㉠ 압력이 높을수록 폭굉 유도거리가 짧아진다.
- ㉡ 점화에너지가 강할수록 유도거리가 짧아진다.
- ㉢ 연소속도가 큰 가스일수록 유도거리가 짧아진다.
- ㉣ 관경이 좁을수록 유도거리가 짧아진다.
- ㉤ 관속에 이물질이 있을수록 유도거리가 짧아진다.

section 3 자유공간 증기운 폭발
(UVCE = Unconfined Vapor Cloud Explosion)

화학폭발로서 화재 시 복사열 등으로 인하여 인근 저장탱크에서 발생할 수 있으며 유출된 가스가 구름을 형성하며 떠다니다가 점화원과 접촉하는 동시에 일어나는 폭발현상이다. 즉, 개방된 대기 중에 대량의 가연성 가스나 가연성 액체가 유출되어 그로부터 발생하는 증기가 공기와 혼합하여 가연성 혼합기체를 형성하고 발화원에 의해 발생하는 현상이다.

section 4 전기설비 방폭구조

(1) 내압방폭구조

용기 내부에서 폭발성 가스 또는 증기가 폭발하였을 때 용기가 그 압력에 견디며 또한 접합면 개구부 등을 통해서 외부의 폭발성 가스증기에 인화되지 않도록 한 구조

(2) 압력방폭구조

용기 내부의 압력을 외부 압력보다 높게 유지하여 내부에 가연성 가스 또는 증기가 유입되지 못하도록 보호하는 방폭구조로 용기 내부에는 불활성 가스를 압입하여 외부 폭발성 가스의 침입을 방지하고 점화원과 폭발성 가스를 격리하는 구조

(3) 안전증가방폭구조

정상운전 중에 폭발성 가스 또는 증기에 점화원이 될 전기불꽃 아크 또는 고온 부분 등의 발생을 방지하기 위하여 기계적, 전기적 구조상 또는 온도상승에 대해서 특히 안전도를 증가시킨 구조

(4) 비점화방폭구조

정상 동작상태에서 주변의 폭발성 가스 또는 증기에 점화시키지 않고, 점화시킬 수 있는 고장이 유발되지 않도록 한 구조

(5) 본질안전방폭구조

폭발 분위기에 노출되어 있는 기계 기구 내의 전기에너지 권선˙상호접속에 의한 전기 불꽃 또는 열영향을 점화에너지 이하의 수준까지 제한하는 것을 기반으로 하는 방폭구조

(6) 분진방폭구조

전폐 구조로서 틈새 깊이를 일정치 이상으로 하거나 또는 접합면에 패킹을 사용하여 분진이 용기 내부로 침입하기 어렵게 한 구조

(7) 유입방폭구조

가스·증기에 대한 전기기기 방폭구조의 한 형식으로 용기 내의 전기 불꽃을 발생하는 부분을 유(油)중에 내장시켜 유면상 및 용기의 외부에 존재하는 폭발성 분위기에 점화할 염려가 없게 한 방폭구조

2021년 상반기

01 블레비(BLEVE : Boiling Liquid Expanding Vapor Explosion)현상의 특징으로 옳지 않은 것은?

① 액화가스 저장탱크에서 일어날 수 있다는 점에서는 증기운 폭발과 같다.

② 액화가스 저장탱크에서 물리적 폭발이 순간적으로 화학적 폭발로 이어지는 현상이다.

③ 블레비의 규모는 파열 시 액체의 기화량에는 차이가 있으나 탱크의 용량에 따른 차이는 없다.

④ 직접 열을 받은 부분이 액화가스 저장탱크의 인장 강도를 초과할 경우 기상부에 면하는 지점에서 파열하게 된다.

> **TIPS!**
>
> 액화가스 저장탱크에서 화재 발생 시 저장탱크가 가열되어 탱크 내부의 액체 부분은 급격히 증발하고 가스 부분은 온도 상승과 비례하여 탱크 내 압력의 급격한 상승을 초래하게 된다. 이때, 저장탱크의 설계압력을 초과하게 되면 탱크가 파괴되어 급격한 폭발 현상을 일으키게 되는데 이를 블레비(BLEVE : Boiling Liquid Expanding Vapor Explosion)라고 한다.
> ③ 블레비의 규모는 액체의 기화량은 물론 탱크의 용량에 따라 차이가 있다.

2021년 상반기

02 폭발에 대한 설명으로 옳지 않은 것은?

① 폭연은 폭굉보다 폭발압력이 낮다.

② 분해폭발은 산소에 관계없이 단독으로 발열 분해반응을 하는 물질에서 발생한다.

③ 물리적 폭발은 물질의 상태(기체, 액체, 고체)가 변하거나 온도, 압력 등 조건의 변화에 따라 발생한다.

④ 중합폭발은 가연성 액체의 무적(霧滴, mist)이 일정 농도 이상으로 조연성 가스 중에 분산되어 있을 때 착화하여 발생한다.

> **TIPS!**
>
> ④ 가연성 액체의 무적(霧滴, mist)이 일정 농도 이상으로 조연성 가스 중에 분산되어 있을 때 착화하여 발생하는 분무폭발은 산화폭발에 해당한다. 중합폭발은 시안화수소와 같이 단량체(모노머)가 일정 온도와 압력으로 반응이 진행되어 분자량이 큰 중합체가 되어 폭발하는 현상을 말한다.

Answer 01.③ 02.④

03 폭발에 대한 설명으로 옳지 않은 것은?

① 증기폭발은 폭발물질의 물리적 상태에 따른 분류 중 기상폭발에 해당한다.

② 폭굉은 연소반응으로 발생한 화염의 전파 속도가 음속보다 빠른 것을 말한다.

③ 블레비(BLEVE)는 액화가스저장탱크 등에서 외부열원에 의해 과열되어 급격한 압력 상승의 원인으로 파열되는 현상이며, 폭발의 분류 중 물리적 폭발에 해당한다.

④ 폭발은 물리적, 화학적 변화의 결과로 발생된 급격한 압력 상승에 의한 에너지가 외계로 전환되는 과정에서 파열, 폭음 등을 동반하는 현상을 말한다.

> **TIPS!**
>
> ① 증기폭발은 폭발물질의 물리적 상태에 따른 분류 중 증기폭발에 해당한다. 기상폭발은 폭발원인 물질의 물리적 상태에 따른 분류에 따를 때 화학적 폭발로 본다.
>
> ※ **기상폭발**(화학적 폭발의 종류)
> ㉠ 가스폭발 : 가연성 기체와 공기와 혼합기의 폭발
> ㉡ 분무폭발 : 공기 중에 분출된 미세한 기름방울 등 액적이 무상으로 되어 착화 에너지가 주어지면 폭발하는 가연성 액체의 폭발
> ㉢ 분진폭발 : 가연성 고체 미분의 폭발
> ㉣ 분해폭발 : 분해연소성 기체 폭발

04 다음 설명에 해당하는 것은?

> 가연성 고체의 미분이 공기 중에 부우하고 있을 때에 어떤 점화원에 의해 에너지가 주어지면 폭발하는 현상을 말한다.

① 가스폭발   ② 분무폭발

③ 분해폭발   ④ 분진폭발

> **TIPS!**
>
> 분진폭발은 화학적 폭발로서 가연성 고체의 미분이 공기 중에 부유하고 있을 때에는 어떠한 착하원에 의해 에너지가 주어지면 폭발하는 현상이다.
>
> ※ **화학적 폭발의 종류**
> ㉠ 가스폭발 : 가연성 기체와 공기와 혼합기의 폭발
> ㉡ 분무폭발 : 공기 중에 분출된 미세한 기름방울 등 액적이 무상으로 되어 착화 에너지가 주어지면 폭발하는 가연성 액체의 폭발
> ㉢ 분진폭발 : 가연성 고체 미분의 폭발
> ㉣ 분해폭발 : 분해연소성 기체 폭발

Answer 03.① 04.④

2017년 중앙/지방

05 다음 중 폭연과 폭굉에 대한 설명으로 바른 것은?

① 폭굉은 화염면에서 상대적으로 완만한 에너지 변화에 의해서 온도, 압력 밀도가 연속적이다.

② 폭연은 열에 의한 전파보다 충격파에 의한 압력에 영향을 받는다.

③ 폭굉은 반응 또는 화염면의 전파가 물질의 분자량이나 공기의 난류확산에 영향을 받는다.

④ 폭연은 물질의 전달속도에 영향을 받는다.

> **TIPS!**
>
> ① 폭연은 화염면에서 상대적으로 완만한 에너지 변호에 의해서 온도, 압력 밀도가 연속적이다.
> ② 폭굉은 열에 의한 전파보다 충격파에 의한 압력에 영향을 받는다.
> ③ 폭연은 반응 또는 화염면의 전파가 물질의 분자량이나 공기의 난류확산에 영향을 받는다.
>
> ※ 폭연과 폭굉의 차이 비교

구분	폭연(Deflagration)	폭굉((Detonation)
충격파 전파속도	음속 이하(0.1~10㎧)	• 음속 이상(1,000~3,500㎧) • 압력(약 1,000kgf/㎠)
전파에너지	전도, 대류, 복사	충격에너지
충격파 압력	초기압력의 10배 이하	10배 이상(충격파발생)
화재파급효과	크다.	작다.
충격파발생	발생하지 않음	발생함
완전연소시간	1/300초	1/1000초
전파 메커니즘	반응면이 열의 분자확산 이동과 반응물과 연소생성물의 난류혼합에 의한 전파	반응면이 혼합물을 자연발화 온도 이상으로 압축시키는 강한 충격파에 의해 전파
발생가능성	대부분의 폭발 형태	반응성이 큰 아세틸렌 등 연료에서 가능
특성	• 충격파의 압력은 수 기압(atm)(정압) • 폭굉으로 전이될 수 있음 • 에너지 방출속도가 물질전달속도에 영향을 받음	• 온도의 상승은 열에 의한 전파보다 충격파의 압력에 기인 • 파면에서 온도, 압력, 밀도가 불연속 적으로 나타남 • 초기압력 또는 충격파 형성을 위해 짧은 시간 내에 에너지가 방출필요

Answer 05.④

06 폭발 등급 중 1등급인 것은?

① 아세틸렌   ② 수소

③ 일산화탄소   ④ 에틸렌

TIPS!

폭발 물질의 등급

등급	물질
폭발1등급	메탄, 에탄, 일산화탄소, 암모니아, 아세톤, LPG
폭발2등급	에틸렌, 석탄가스
폭발3등급	에틸렌, 이황화탄소, 수소

07 전기설비의 방폭 구조 중 전기설비 용기 내부의 공기, 질소, 탄산가스 등의 보호가스를 대기압 이상으로 봉입하여 당해 용기 내부에 가연성 가스 또는 증기가 침입하지 못하도록 한 구조는 무엇인가?

① 압력 방폭 구조
② 안전증가 방폭 구조
③ 유입 방폭 구조
④ 본질안전 방폭 구조

TIPS!

전기설비 방폭 구조
㉠ 압력 방폭구조 : 용기 내 불활성기체(보호성 가스)를 봉입시킨 구조이다.
㉡ 내압 방폭구조
 • 폭발압력에 견디는 특수한 구조이다.
 • 가연성가스의 전파를 차단하기 위해 용기 내부를 압력이 견디도록 전폐구조 한 것이다.
 • 가장 많이 이용된다.
㉢ 안전증가 방폭 구조 : 정상상태에서 착화될 부분에 안전도를 증가시켜 위험을 방지하는 구조이다.
㉣ 본질안전 방폭 구조 : 정상 혹은 이상상태의 단락, 단선, 지락 등에서 발생하는 전기 불꽃, 아크(arc) 등에 의한 점화를 방지하는 구조이며, 착화시험으로 성능이 확인된 구조이다.

Answer   06.③   07.①

2016년 중앙/지방

08 대기 중 대량의 가연성 액체유출에 의해 발생된 증기와 공기가 혼합되어 가연성 기체를 형성하여 폭발하는 현상은?

① 보일오버

② 블레비

③ 슬롭오버

④ 증기운

TIPS!

증기운 폭발(Vapor Cloud Exposion)이란 화학공정 산업에서 가장 위험하고 파괴적인 폭발로 다량의 가연성 증기가 급격히 방출(압축된 액체의 용기가 과열로 파열 될 때 발생)되는 증기가 분산되어 공기와 혼합하고 증기운이 점화되는 현상이다.

2015년 중앙/지방

09 과열상태 탱크내부의 액화가스가 분출 착화되었을 때 폭발하는 현상은?

① 블레비 현상

② 플래시오버

③ 백드래프트

④ 슬롭오버

TIPS!

블레비(BLEVE) 현상 … 과열된 탱크에서 내부의 액체가스가 기화하여 팽창하면서 폭발하는 현상으로, 일명 끓는 액체 팽창증기 폭발(Boiling Liquid Expanding Vapor Explosion)이라 불린다.

2015년 중앙/지방

10 다음 중 기상폭발이 아닌 것은?

① 분무폭발

② 분해폭발

③ 분진폭발

④ 증기폭발

TIPS!

기상폭발(화학적 폭발의 종류)
㉠ 가스폭발 : 가연성 기체와 공기와 혼합기의 폭발
㉡ 분무폭발 : 공기 중에 분출된 미세한 기름방울 등 액적이 무상으로 되어 착화 에너지가 주어지면 폭발하는 가연성 액체의 폭발
㉢ 분진폭발 : 가연성 고체 미분의 폭발
㉣ 분해폭발 : 분해연소성 기체 폭발

Answer 08.④ 09.① 10.④

11 분진폭발에 대한 설명으로 옳지 않은 것은?

① 개방되어 있을 때는 폭발력이 감소된다.

② 가스폭발에 비해 발생에너지는 크며, 2차 폭발을 하지 않는다.

③ 분진폭발은 가스폭발에 비해 초기폭발력이 작다.

④ 분진입자가 미세할수록 폭발력이 크다.

 **TIPS!**

분진폭발은 가스폭발에 비해 초기 발생에너지는 작으나 1차 폭발 때 분진을 날려서 2차 · 3차 폭발로 이어진다.

12 다음 중 화학적 폭발과 물리적 폭발로 분류하였을 때 분류가 다른 하나는?

① 가스폭발 ② 분무폭발

③ 분진폭발 ④ 수증기폭발

TIPS!

수증기폭발(steam explosion)은 물이 수증기로 급격히 상전이함으로써 일어나는 폭발이다. 해저화산이 분화할 때 일어나는 수중폭발, 배가 침몰할 때 보일러가 바닷물에 닿아 일어나는 폭발이 이런 원리로 일어난다.

※ 화학적 폭발 중 산화폭발

　㉠ 가스폭발

　㉡ 분무폭발

　㉢ 분진폭발

Answer 11.② 12.④

13 다음 중 응상폭발 하는 가연성 물질을 분류한 것으로 바르지 않은 것은?

① 증기폭발

② 혼합가스폭발

③ 폭발성 화합물의 폭발

④ 혼합위험성 물질에 의한 폭발

TIPS!

폭발물질의 물리 상태에 따라 기상폭발과 응상폭발로 나눈다. 기상폭발의 대표적 예는 가스 폭발이고 응상폭발의 대표적 예는 수증기폭발이 있다.

※ 기상폭발과 응상폭발

　㉠ 기상폭발(gas explosion) : 폭발을 일으키기 이전의 물질 상태가 기상(氣相)인 경우의 폭발을 말한다. 이러한 종류로는 혼합가스폭발, 가스분해 또는 분진폭발이 있다.

　㉡ 응상폭발(액상폭발과 응상폭발) : 용융 금속과 같은 고온물질을 물속에 투입되었을 때 고온의 열이 저온의 물에 짧은 시간에 전달되면 일시적으로 물은 과열상태로 되고 급격하게 비등하여 폭발이 일어나는 현상을 말한다. 수증기폭발이 대표적이고 그 외에 증기폭발, 전선폭발이 있다.

14 용기 내부에 불활성가스를 압입하여 외부 폭발성 가스의 침입을 방지하고 점화원과 폭발성 가스를 격리하는 전기설비의 구조로 바른 것은?

① 안전증가 방폭 구조

② 압력 방폭 구조

③ 내압 방폭 구조

④ 유입 방폭 구조

TIPS!

전기설비의 구조

㉠ 내압 방폭 구조 : 용기 내부에서 폭발성 가스 또는 증기가 폭발하였을 때 용기가 그 압력에 견디며 또한 접합면 개구부등을 통해서 외부의 폭발성 가스증기에 인화되지 않도록 한 구조

㉡ 압력 방폭 구조 : 용기 내부의 압력을 외부 압력보다 높게 유지하여 내부에 가연성 가스 또는 증기가 유입되지 못하도록 보호하는 방폭 구조로 용기 내부에는 불활성가스를 압입하여 외부 폭발성 가스의 침입을 방지하고 점화원과 폭발성 가스를 격리하는 구조

㉢ 안전증가 방폭 구조 : 정상운전 중에 폭발성 가스 또는 증기에 점화원이 될 전기불꽃 아크 또는 고온 부분 등의 발생을 방지하기 위하여 기계적, 전기적 구조상 또는 온도상승에 대해서 특히 안전도를 증가시킨 구조

㉣ 비점화 방폭 구조 : 정상 동작 상태에서 주변의 폭발성 가스 또는 증기에 점화시키지 않고, 점화시킬 수 있는 고장이 유발되지 않도록 한 구조

㉤ 본질 안전 방폭 구조 : 폭발 분위기에 노출되어 있는 기계 기구내의 전기에너지 권선 상호접속에 의한 전기불꽃 또는 열영향을 점화에너지 이하의 수준까지 제한하는 것을 기반으로 하는 방폭 구조

㉥ 분진 방폭 구조 : 전폐 구조로서 틈새 깊이를 일정치 이상으로 하거나 또는 접합면에 패킹을 사용하여 분진이 용기 내부로 침입하기 어렵게 한 구조

Answer 13.② 14.②

15 다음 중 BLEVE 현상이 발생하기 전으로 바르지 않은 것은?

① 가스 저장탱크 화재 발생 시 저장탱크가 가열되어 탱크 내 액체부분은 급격히 증발하고 가스부분은 온도상승과 비례하여 탱크 내 압력의 급격한 상승을 초래하게 된다.

② 탱크가 계속 가열되면 용기 강도는 저하되고 내부 압력은 상승하여 어느 시점이 되면 저장탱크의 설계압력을 초과하게 되고 탱크가 파괴되어 급격한 폭발현상을 일으킨다.

③ 저장탱크 내에서 유출된 가연성 가스가 대기 중에 공기와 혼합하여 구름을 형성하는데 거기에 점화원이 다가가면 폭발하는 현상이다.

④ 인화성 액체탱크가 가열되어 폭발하기 전에 또한 10분 경과하기 전에 냉각조치를 하지 않으면 폭발이 발생할 수 있다.

> **● TIPS!**
> ③은 증기운 폭발에 대한 설명이다. 증기운 폭발은 저장탱크 내에서 유출된 가연성 가스가 대기 중에 공기와 혼합하여 구름을 형성하는데 거기에 점화원이 다가가면 폭발하는 현상이다.

16 분진폭발의 특징으로 옳지 않은 것은?

① 연소속도나 압력이 가스폭발에 비해 작으며 연소 시간이 짧고 발생되는 에너지가 적다.

② 폭발 시 입자가 비산하기 때문에 이 입자가 인체에 닿으면 화상위험이 높다.

③ 최초의 부분폭발로 인해 주변에 분산된 분진이 연쇄적인 반응폭발을 일으킨다.

④ 분진폭발을 방지하기 위해서는 분진의 제어, 점화원 제거, 불활성 물질의 첨가 등이 있다.

> **● TIPS!**
> ① 분진폭발은 연소속도나 압력은 가스폭발에 비해 작지만 연소 시간이 길고 발생되는 에너지가 커서 파괴력이 크다. 폭발현상은 가스폭발의 몇 배에 이르며 폭발온도는 2,000~3,000℃에 이른다.

Answer 15.③ 16.①

17 다음 중 폭연(Deflgration)의 특징으로 바른 것은?

① 온도의 상승은 열에 의한 전파보다 충격파의 압력에 기인한다.

② 반응 또는 화염면의 전파가 분자량이나 난류 확산에 영향을 받는다.

③ 충격파를 형성하기 위해서는 아주 짧은 시간 내에 에너지 방출되어야 한다.

④ 파면에서 온도, 압력, 밀도가 불연속적으로 나타난다.

TIPS!

폭연은 반응 또는 화염면의 전파가 분자량이나 공기의 난류확산에 영향을 받는다.

18 다음 폭발의 종류에서 분류가 다른 하나는?

① 분해폭발　　　　　　　　② 산화폭발

③ 증기폭발　　　　　　　　④ 중합폭발

TIPS!

③ 물리적 폭발　①②④ 화학적 폭발

PART

04

화재이론

01 화재의 정의 및 종류

02 위험물화재의 성상

03 화재의 조사

화재의 정의 및 종류

기출PLUS

section 1 화재의 정의

(1) 화재의 개념

사람들의 의도와는 반대로 발생하는 연소현상이나 사회공익을 해치거나(방화) 경제적인 손실의 유발을 방지하기 위하여 소화할 필요성이 있는 연소현상, 소화설비 또는 이와 같은 정도의 효과가 있는 것을 사용할 필요가 있는 연소현상을 화재라 한다.

① 우발성 … 인위적인 화재를 제외한 돌발적 현상으로 인지·예측은 불가능하다.

② 성장성 … 화재발생 시 연소면적은 화재경과시간의 제곱에 비례하여 진행된다.

③ 불안정성 … 화재 시 연소는 기상, 가연물, 건축구조 등의 조건이 상호밀접하게 연결된다.

(2) 화재의 분류

① 소실의 정도에 따른 분류 ✪ 2020 기출
   ㉠ 전소 : 건물의 70% 이상이 소실되었거나 또는 그 미만이라도 잔존부분을 보수하여도 재사용이 불가능 한 것
   ㉡ 반소 : 건물의 30% 이상 70% 미만이 소실된 것
   ㉢ 부분소 : 전소, 반소화재에 해당되지 아니하는 것

② 원인별 분류
   ㉠ 인위적 원인 : 실화, 방화
   ㉡ 자연적 원인 : 자연발화, 천재발화

section 2 백드래프트(역화, back burn, Back Draft)

(1) 백드래프트의 개념

백드래프트는 역화 현상으로서 공기(산소)공급이 원활하지 않는 불완전 연소상태인 훈소상태에서 화재로 인하여 실내 상부쪽으로 고온의 기체가 축적되고 온도가 높아져서 기체가 팽창하고 산소가 부족한 건물 내에서 갑자기 산소가 새로 유입될 때 화염이 폭풍을 동반하여 실외로 분출되는 고열가스의 폭발 또는 급속한 연소가 발생하는 현상이다.

기출 2021. 4. 3. 시행

백드래프트(back draft)에 대한 설명으로 옳은 것은?

① 불완전 연소에 의해 발생된 일산화탄소가 가연물로 작용하여 폭발하는 현상이다.
② 화재 진압 시 지붕 등 상부를 개방하는 것보다 출입문을 먼저 개방하는 것이 효과적인 전술이다.
③ 밀폐된 실내에서 발생되는 현상으로, 출입문을 한 번에 완전히 개방하여 연기를 일순간에 배출해야 폭발력을 억제할 수 있다.
④ 연료지배형화재가 진행되고 있는 공간에 산소가 일시적으로 다량 공급됨에 따라 가연성가스가 폭발적으로 연소하는 현상이다.

< 정답 ①

① 백드래프트 현상은 불완전 연소된 가연성가스와 열의 집적과 적절하게 배연되지 않는 상태에 문의 손잡이가 뜨겁고 화재 가스들과 연기가 번갈아 가며 건물 내부에서 밖으로 향했다가 안으로 빨아들이면서 휘파람 소리를 내기도 하며, 산소가 결핍된 실내에 소방관이 소화활동이나 구조활동 중 문을 갑자기 개방하면 산소가 급격히 유입되면서 폭발하게 된다.

② 백드래프트 현상은 연기폭발 또는 열기폭발에 해당하며 주로 화재 말기에 가까울수록 더 클 수 있으며 가스가 차있는 실내에 CO 폭발범위(12.5~74.2%), 온도는 600℃ 이상일 때 발생된다.

③ 미국에서 이 현상을 소방관 살인 현상이라고도 하며, 그 방지 대책으로 실내 상부쪽 압력이 큰 천장 등을 개방, 폭발력의 억제, 격리, 소화, 환기 등이 있다.

(2) 백드래프트의 잠재적인 징후

① 과도한 열의 축적

② 연기로 얼룩진 창문 등의 징후

③ 화염이 조금 보이거나, 보이지 않을 수 있다.

④ 짙은 황회색으로 변하는 검은 연기(단 연기의 색상은 꼭 황회색은 아니다. 검은 색일 수도 있다)

⑤ 작은 틈새로 나오는 압축된 연기, 건물 내에서 일정한 간격을 두고 뻐끔대며 나오는 연기

⑥ 산소가 원활하지 못하여 불꽃이 노란색으로 보일 때도 있으며 훈소상태의 고열이다.

section **3** 실내화재의 형태 ✪ 2021 기출

일반적으로는 ① 초기 → ② 훈소 → ③ 롤오버 → ④ 자유연소 → ⑤ 플래시오버 → ⑥ 최성기 → ⑦ 말기의 순으로 나타내며, 밀폐된 공간에서의 과도한 열의 축적 현상으로 인한 화재의 경우 ① 초기 → ② 훈소 → ③ 백드래프트 → ④ 말기의 순으로 진행된다.

① **초기**

② **훈소** ··· 불씨연소로서 불완전연소 상태(초기의 밀폐된 공간에 산소 부족)

③ **롤오버**(=프레임오버) ··· 화염의 가스가 천장을 구름처럼 되는 현상

④ **자유연소** ··· 불꽃을 가지고, 산소가 원활하며, 플래시오버 직전연소

⑤ **플래시오버**(Flash Over)
  ㉠ 전실화재
  ㉡ 순간적인 착화현상

기출PLUS

ⓒ 중기(최전성기 직전)의 비정상 연소

ⓓ 복사열이 주원인 (약 500℃)

ⓔ 진한연기가 밑으로 깔림

ⓕ 가연→난연→준불연재료 순으로 확대

ⓖ 화원의 크기에 영향을 받음

ⓗ 개구부에 영향을 받음

⑥ 최성기

⑦ 백드래프트(Back Draft) … 공기 부족으로 훈소상태에 있을 때 신선한 공기가 유입되어 실내에 축적되었던 가연성가스가 단시간에 폭발적으로 연소하는 현상

⑧ 말기

기출 2021. 4. 3. 시행

실내 화재의 진행 과정을 설명한 내용으로 옳지 않은 것은?

① 발화기 – 건물 내의 가구 등이 독립 연소하고 있으며 다른 동(棟)으로의 연소 위험은 없다.

② 성장기 – 화재의 진행이 급속히 이루어지고 개구부에서는 검은 연기가 분출된다.

③ 최성기 – 산소가 부족하여 연소되지 않은 가스가 다량 발생된다.

④ 감퇴기 – 지붕이나 벽체, 대들보나 기둥도 무너져 떨어지고 열 발산율은 증가하기 시작한다.

< 정답 ④

📌POINT **실내 화재의 진행과정**

ⓐ **발화기**: 화재의 4요소들이 서로 결합하여 연소가 시작될 때의 시기를 의미한다. 발화의 물리적 현상은 스파크 및 불꽃에 의해 유도되거나 자연발화처럼 특정 물질이 자체의 열에 의해 발화점에 도달하여 비유도된다.

ⓑ **성장기**: 발화가 일어난 직후, 연소하는 가연물 위로 화염이 형성되기 시작한다. 화염의 커짐에 따라 주위 공간으로부터 화염이 상승하는 공간으로 공기를 끌어들이기 시작한다.

ⓒ **플래쉬오버**: 성장기와 최성기 간의 과도기적 시기로 발화와 같은 특별한 현상은 아니다. 성장기 천장 부분에서 발생하는 뜨거운 가스층은 발화원으로부터 멀리 떨어진 가연성 물질에 복사열을 발산한다.

ⓓ **최성기**: 실내에서 연소하는 가연물은 이용 가능한 가연물의 최대의 열량을 발산하고, 많은 양의 연소생성가스를 생성한다. 발산되는 연소생성가스의 양과 발산되는 열은 실내의 환기구의 수와 크기에 의존한다. 실내 화재에서는 산소공급이 잘되지 않으므로 많은 양의 연소하지 않은 가스가 생성된다. 이 시기에는 연소하지 않은 뜨거운 연소생성가스는 발원지에서 인접한 공간이나 구획실로 흘러 들어가게 되며, 보다 풍부한 양의 산소와 만나면 발화하게 된다.

ⓔ **감퇴기**: 화재가 실내에 있는 이용 가능한 가연물을 소모하게 됨에 따라 열 발산율은 감소하기 시작한다. 실내 가연물이 통제되면, 화재의 크기는 감소하게 되어 실내 온도는 내려가기 시작한다. 타다 남은 잔화물은 일정 시간 동안 실내 온도를 어느 정도 높일 수도 있다.

section 4 플래시오버

출화 직후의 상태를 말한다. 갑자기 불꽃이 폭발적으로 확산되어 창문이나 방문으로부터 연기와 불꽃이 뿜어 나오는 상태이다.

(1) 플래시오버현상의 영향을 미치는 조건

① 화원의 크기 … 화원의 위치와 크기를 말하며, 화원이 크면 발생·진행 시각이 빠르다.

② 내장재의 종류 … 실 내부에 수납된 가연물의 양과 성질을 말하며, 벽 재료보다는 천장재가 발생시각에 큰 영향을 미친다.

③ 개구부의 조건 … 실 내부에 설치된 창의 높이, 면적 개구부 위치 및 크기를 말하며, 일정 면적에서 밀폐된 공간보다는 개구부(창문 등)가 클수록 발생시각이 빠르다.

(2) 플래시오버 방지대책

① 개구부가 너무 작거나 클 때 적당히 개구부를 제한한다. … 개구부의 크기가 큰 경우는 정상 연소를 하며, 개구부의 크기가 작은 경우 플래시오버가 아닌 백드래프트 현상이 발생한다.

② 가연물의 양을 제한한다.

③ 화원을 억제한다.

④ 내장재(천장 등) 불연화 등이 있다.

section 5 연료지배형 화재 및 환기지배형 화재 ★ 2019 기출

구획된 건물 화재현상에 따라 연료지배형 화재 및 환기지배형 화재로 나눈다. 플래시오버 이전의 화재는 연료지배 화재이고, 플래시오버 이후의 화재는 환기지배 화재이다.

(1) 연료지배형 화재(환기 원활)

연소속도는 분해, 증발률에 비례한다. 화세가 약한 초기에는 산소량이 원활하므로 화재는 공기량보다 실내의 가연물에 의해 지배되는 연료지배형의 연소형태를 갖는다.

(2) 환기지배형 화재(환기 비정상)

연소속도는 환기요소에 비례한다. 플래시오버에 이르러서 실내온도가 급격히 상승하여 가연물의 열분해가 진행되고 화세가 강하게 되면 산소량이 급격히 소진되어 환기가 잘 되지 않으며 연소현상은 연료지배형에서 환기량에 지배되는 환기지배형으로 전환된다.

온도

연기층 가스온도는 대략 500~650℃ (목조화재 800~900℃)가 된다.

기출 2019. 4. 6. 시행

연료지배형 화재와 환기지배형 화재에 대한 설명으로 옳지 않은 것은?

① 환기지배형화재는 공기공급이 충분하지 않으므로 불완전연소가 심하다.

② 연료지배형화재는 공기공급이 충분한 조건에서 발생한 화재가 일반적이다.

③ 연료지배형화재는 주로 큰 창문이나 개방된 공간에서, 환기지배형화재는 내화구조 및 콘크리트 지하층에서 발생하기 쉽다.

④ 일반적으로 플래시오버 전에는 환기지배형화재가, 이후에는 연료지배형화재가 지배적이다.

《정답 ④

기출PLUS

POINT 화재의 용어 정리

㉠ 훈소 : 밀폐된 공간에 산소가 부족하여 불꽃연소를 가지지 못하며 불씨연소만 가지는 상태의 연소
㉡ 롤오버(프레임오버) : 화재 초기 화염의 가연성 가스가 실내의 천장을 빠른 속도로 산발적으로 구르는 현상
㉢ 플래시오버 : 화재 중기 상태에서 카메라 섬광의 플래시처럼 갑작스런 연소 착화현상으로 비정상 연소이다.
㉣ 백드래프트 : 산소가 부족한 밀폐된 공간에 불씨연소로 인한 가스가 가득 차 있는 상태에서 갑자기 개구부 개방으로 새로운 산소가 유입될 때 불씨가 화염으로 변하면서 폭풍을 동반하여 실외로 분출되는 가스폭발이다.

section 6 화재의 분류(일반 · 유류 · 전기 · 금속 · 가스 화재)

(1) 화재의 분류방법

화재의 분류(급수에 의한 분류), 4류 위험물 석유(1 · 2 · 3 · 4 석유류), 폭굉 · 폭연으로 분류한다.

① 화재의 분류(급수에 의한 분류) … 물질의 종류와 성상(성질 · 상태)에 의해 분류

② 4류 위험물 석유(1 · 2 · 3 · 4 석유류) … 인화점에 의한 분류

③ 폭굉 · 폭연 … 화염의 전파속도에 의한 분류

(2) 화재의 분류는 물질의 종류와 성상에 따라 화재의 종류별 급수를 정하고 있다. 급수는 나라별로 구분하는 방법이 차이가 있으나 한국에서는 통상 B급을 E급과 같이 취급한다.

예컨대 전기다리미 적재 창고의 화재는 A급 화재이고, 전기다리미 질을 하다가 불이 나면 C급 화재이다.

POINT 급수에 따른 화재의 분류 ✪ 2020 기출

급수	종류	색상	내용
A급	일반화재	백색	목재, 섬유, 고무류, 합성수지 등
B급	유류화재	황색	인화성 액체 등 기름 성분인 것 (국내 : 가스화재 포함)
C급	전기화재	청색	통전 중인 전기 설비 및 기기의 화재
D급	금속화재	무색	알루미늄분, 마그네슘 등의 금속가루의 화재
E급	가스화재	황색	LNG, LPG, 도시가스 등의 화재

section 7 소화기 적응성에 대한 색상

① 일반화재용은 백색의 원형 안에 흑색문자로 "A(일반)"

② 유류화재용은 황색의 원형 안에 흑색문자로 "B(유류)"

③ 전기화재용은 청색의 원형 안에 백색문자로 "C(전기)"

section 8 화재의 구분 및 표시색상과 소화 방법

구분	A급	B급	C급	D급	E급
화재종류	일반화재	유류화재	전기화재	금속화재	가스화재
소화방법	냉각소화	질식소화	질식 · 제거	건조사	제거소화

section 9 목조건축물의 화재진행 과정(화재의 출화를 기준으로 한 목조건축물의 진행과정) ✪ 2020 기출

화재의 원인 → 무염착화(300℃ 이상) → 발염착화(410℃ 이상) → 화재출화 → 최성기(맹화) → 연소낙화 → 진화

section 10 목재의 흔

(1) 훈소흔

목재표면에 발열체가 밀착되었을 때 그 밀착부위의 목재표면에 생기는 연소 흔적이다. 훈소흔은 시간이 경과하면 직경과 깊이가 변하면서 탄화한다.

(2) 균열흔(연소흔)

목재표면이 고온의 화염을 받아 연소될 때 표면으로 분출되는 흔적이 되는 흔으로 완소흔 → 강소흔 → 열소흔 순으로 변한다.

① 완소흔 … 700~800℃로 3 · 4각 형태를 띤다. 예 ㅁ, △

② 강소흔 … 900℃로 요철형태를 띤다. 예 Ω

③ 열소흔 … 1,100℃로 환형형태를 띤다. 예 ◉

기출 2020. 6. 20. 시행

화재에 대한 옳은 설명을 모두 고른 것은?

┌ 보기 ┐

㉠ 낮은 산소분압에서 화재가 발생하였을 때 초기에 화염 없이 일어나는 연소를 훈소연소라 한다.

㉡ 목조건축물 화재는 유류나 가스 화재와는 달리 일반적으로 무염착화 없이 발염착화로 이어진다.

㉢ A급 화재는 일반화재로 면화류, 합성수지 등의 가연물에 의한 화재를 말한다.

㉣ 전소란 건물의 70% 이상이 소실된 화재를 말한다.

① ㉠, ㉡　　② ㉢, ㉣

③ ㉠, ㉡, ㉢　　④ ㉠, ㉢, ㉣

< 정답 ④

기출PLUS

(3) 목재구조와 내화구조의 비교

	목재구조	내화구조
최고온도	1,100~1,300℃	900~1,100℃
진행시간	30~40분	2~3시간
특징	고온 단기형(대체적으로 1시간 안 됨)	저온 장기형

section 11 내화구조 건축물의 화재 진행

(1) 초기

다량의 연기가 발생하고, 연소가 완만하다.

(2) 성장기

흑색 연기 및 화염 등이 분출, 실내 전체가 한 순간에 화염으로 휩싸인다.

(3) 최성기

천장 등의 구조물 재료(콘크리트, 회반죽 등)가 붕괴된다. 이는 콘크리트 폭발현상이라 한다.

(4) 감쇠기

흑색 연기가 차츰 백색으로 변하면서 화세가 점점 약해지는 시기이다.

section 12 유류저장탱크의 화재

(1) 보일오버 현상

① 개념 … 유류저장탱크의 화재 시 위쪽(액면)에 형성된 고열의 열파가 바닥에 있는 찌꺼기 등의 물에 전달되어 탱크바닥의 물이 끓어 오르면서 유류가 비등하여 저장탱크 액면에 발생된 열의 공급과 함께 저부에서 상부 표면을 포함하여 기포상태로 분출시키는 것을 말한다.
   ⊙ 중질류 탱크에서 장시간 조용히 연소하다 탱크 내 유류가 갑자기 분출하는 현상
   ⓒ 탱크바닥에 물과 기름의 에멀션으로 존재할 때 물의 비등으로 급격히 분출하는 현상

에멀션
물과 기름이 섞이지 않고 함께 하는 현상으로 유화라고도 한다.

ⓒ 유류저장 탱크의 화재 중 열유층을 형성하여 화재진행과 더불어 열유층이 점차 탱크바닥으로 도달해 탱크저부에 물 또는 물과 기름의 에멀션이 수증기의 부피 팽창을 하면서 탱크 내의 유류가 갑작스럽게 탱크 밖으로 분출되어 화재를 확대 시키는 현상

② **원인** … 탱크에 화재가 발생하여 장시간 되면 가벼운 유류성분은 먼저 표층에서 증 발하여 연소되고 무거운 유류성분은 아래로 축적·가열되어 열은 그 탱크 상부에서 부터 층을 이루게 되는데 이를 열이 있는 열유층(고온층)이라 한다.

  ㉠ 장시간 진행 화재로 뚜껑이나 지붕이 없는 열린 탱크 상태여야 한다.

  ㉡ 여러 종류의 비점을 가진 불균일한 유류이고 또한 거품을 형성하는 고점도 성질 의 유류이다.

  ㉢ 수분이 외부로부터 침투되었거나 탱크 밑 부분에 습도를 함유한 찌꺼기 등이 있다.

③ **열유층과 보일오버** … 열유층은 화재의 진행과 더불어 점차 탱크 바닥에 도달하게 되 는데, 이때 수분이 외부로부터 침투되었거나 탱크 밑 부분에 물 또는 습도를 함유 한 찌꺼기 등이 있으면 열유층의 온도에 의하여 수증기로 변하면서 급격한 부피팽 창(약 1,700배)에 의해 내부에 저장된 원유와 함께 탱크 외부로 비산 분출하게 된 다. 이것이 보일오버 현상이다.

④ **보일오버 방지대책**

  ㉠ 바닥의 물을 배출하여 수층의 형성을 방지한다.

  ㉡ 비등이나 모래를 탱크 내부로 던져서 물이 끓기 전에 비등석이 기포를 막아 갑 작스런 물의 비등을 억제한다.

  > **▶POINT** 보일오버 현상은 비점이 불균일한 중질유 등의 탱크 바닥에 찌꺼기와 함께 있는 물이 끓어 수분의 급격한 부피팽창에 의하여 기름을 탱크 외부로 넘치게 하는 현 상이다.

(2) 슬롭오버(Slop Over) 현상

① **개념** … 증류와 같은 중질유 탱크에 화재가 발생하면 액표면 온도가 약 200~400℃ 로서 물의 비점 이상으로 올라가게 되는데, 이때 소화하기 위하여 수분이 있는 물 또는 폼(Foam)소화제를 방사하였을 때 증발된 수증기와 함께 연소하는 유류가 급 격한 부피팽창으로 기름이 탱크외부로 분출하는 현상이다.

  ㉠ 물이 연소유의 뜨거운 표면에 들어갈 때 발생하는 over flow 현상

  ㉡ 연소유 표면 온도가 100℃를 넘을 때 연소유 표면에 주수되는 소화용수가 비등 하면서 수증기로 변하거나 부피팽창에 의해 연소유룰 비산시켜 탱크 밖까지 확 산시키는 현상

② **특성** … 화재 시 점성이 큰 석유나 식용류가 물이 접촉될 때 이러한 유류의 표면온 도에 의해 물이 수증기가 되어 팽창 비등함에 따라 주위에 있는 뜨거운 일부의 석 유류, 식용유류를 외부로 비산시키는 현상으로 유류의 표면에 한정되며 보일오버에 비하여 격렬하지 않다.

> **POINT** 슬럽오버 현상이란 유류 액표면에 불이 붙었을 때 기름이 끓고 있는 상태에서 물이 주성분인 물분무나 포를 방사하면 물과 기름이 섞이지 않는데, 이때 끓는 기름온도에 의하여 물이 표면에서 튀면서(Slop) 수증기화 되고 갑작스러운 부피 팽창으로 유류가 탱크 외부로 비산·분출(over)되는 현상이다.

(3) 프로스오버(Froth Over)

① 개념 ··· 고온에서 끈끈한 점성을 유지하고 있는 유류(고점도 유류)가 저장탱크 속의 물과 섞여 들어가 있을 때 기름과 섞여 있는 물이 갑자기 수증기화 되면 탱크 내의 일부 내용물을 넘치게 하는 현상이다.

② 원인
  ㉠ 물이 고점도 기름 표면 아래에서 끓을 때 화재를 수반하지 않고 넘치는 현상
  ㉡ 고점도의 유류 표면 아래에서 비등한 물에 의해 탱크 내 유류가 넘치는 현상

③ 특성 ··· 프로스오버 현상은 화재를 수반하지 않고, 기름이 넘쳐흐르는(over flow) 단순한 물리적 작용으로 대부분 뜨겁고 점성이 큰 아스팔트를 물이 들어 있는 탱크에 넣었을 때 발생한다.

(4) 링파이어(Ring fire)

대형 유류저장 탱크 화재에 불꽃이 치솟는 유류 표면에 포를 방출할 때 탱크 윗면의 중앙부분은 불이 꺼졌어도 바깥쪽 벽을 따라 환상으로 불길이 남아 지속되는 현상이다. 즉, 유류 표면에 물 분무나 포를 방사하였을 때 포 등이 탱크 양쪽 벽면에 부딪치면서 탱크 벽면 측은 산소차단이 되지 못하여 귀고리(Ring)처럼 양쪽으로 불길(Fire)이 남아 있는 상태를 말한다.

> **POINT** 윤화 = 링파이어 ··· 탱크의 벽면에 가열된 상태에서 포를 방출하는 경우 가열된 벽면부분에서 포가 열화되어 안정성이 저하(포가 깨지는 현상)되는데, 이때 증발된 유류가스가 발포되어 있는 거품층을 뚫고 상승하면서 유류가스에 불이 붙는 현상이다. 링파이어는 일반적으로 특형의 부상식 지붕(Floating roof) 방식의 화재 시 탱크의 측판과 부판(데트의 실) 사이에 연소하는 화재이다.

풀파이어(Pool Fire) ··· 가연성 또는 인화성 액체가 저장탱크 또는 웅덩이에서 일정한 액면이 대기 중에 노출되어 화염의 열에 의해 불이 붙는 액면화재를 말한다.

(5) 오일오버(Oil Over)

탱크 내의 유류가 50% 미만 저장된 경우 화재로 인한 내부 압력상승으로 인한 탱크 폭발 현상으로 가장 격렬하다.

> **POINT** 오일오버와 블레비 현상의 차이 … 오일오버는 블레비 현상과 유사하나 유류화재라는 점에서 차이점이 있다.
> ㉠ 오일오버 : 유류저장탱크 화재 시 위쪽(액면)에 형성된 고열의 열파가 바닥에 있는 찌꺼기 등의 물에 전달되어 탱크바닥의 물이 끓어 오르면서 내부의 유류가 분출되어 저장탱크 액면에 발생된 열의 공급과 함께 저부에서 상부 표면을 포함하여 기포상태로 분출시키는 것
> ㉡ 블레비 현상 : 과열된 상태의 탱크에서 내부의 액화가스가 분출되어 착화되었을 때 폭발하는 현상

section 13 A급 · B급 화재 각종(오버) 이상 현상의 비교

화재의 종류	대상물	화재동반	발생점	원리
플래시오버	일반화재	유	가연물의 열 축적	순간적인 연소의 현상
롤오버(가스)	일반화재	무	실내 가연물(천장)	가스가 천장을 구르는 현상(플래시오버 전 단계)
보일오버	유류화재	유	탱크 내 유류(바닥)	수증기에 의해 기름이 비산하는 현상
슬롭오버	유류화재	유 · 무	탱크 내 유류(표면)	수증기에 의해 기름이 비산하는 현상
프로스오버	유류화재	무	탱크 내 유류(표면 아래)	물의 증발로 기름의 거품을 밀어 냄
오일오버	유류화재	무	탱크 내(50% 미만)의 공간	열의 가열로 물리적 폭발형상

section 14 정전기

(1) 정전기 발화과정

전하 발생 → 전하 축적 → 방전 → 발화

(2) 정전기 발생방지법

① 접지시설(도체를 사용)을 하는 방법

② 공기를 이온화 하는 방법

③ 상대 습도를 70% 이상으로 높이는 방법이 사용된다.

TIP

가습기를 틀면 정전기가 발생하지 않는다. 정전기는 지구에도, 공기 중에도, 사람 몸에도 존재하며, 주로 부도체의 마찰로 생긴다.

(3) 정전기와 자연발화, 분진폭발 비교

구분	자연발화	분진폭발	정전기
발생	습기가 있어야 한다.	습기가 있어야 한다.	습기가 없어야 한다.
방지	습기가 높은 것은 피함	옥외로 배출	상대습도 70% 이상
개념	고온 다습	가연성 미분	부도체(유류 등) 마찰 시

section 15 금속화재

(1) 개념

일반적으로 금속은 연소열이 크고, 가연물이 될 수 있는 성질을 충분히 가지고 있으며, 금속화재는 공기와 접촉하여 발생되는 자연발화와 물에 반응하여 폭발적으로 반응하는 것 등이 있다.

① 금속화재 물질
 ㉠ 제2류 위험물인 철분, 금속분류(아연, 알루미늄 등), 마그네슘
 ㉡ 제3류 위험물인 칼륨, 나트륨, 알킬알루미늄, 알킬리튬, 알칼리금속류(세슘, 리튬 등)

② 금속화재를 일으키는 물질의 특성 … 금속화재를 일으키는 물질은 대부분 물과 반응하여 수소, 아세틸렌, 에탄 등 가연성가스를 발생시키거나 다른 화학물질과 잘 반응하여 체적, 표면적, 부유성이 증가하는 활성금속이다.

③ 금속화재를 일으키는 물질과 수분과의 접촉 … 금속화재 시 수분과 접촉은 일반적으로 가연성가스(수소, 아세틸렌, 에탄 등)를 발생하므로 절대 피하여야 한다. 물이 주체로 된 소화약제의 물분무소화, 포(포말)소화 등은 절대 사용될 수 없다.

(2) 금속화재의 원인

제3류 위험물인 칼륨, 나트륨, 리튬 등이 물과 접촉하면 위험한데, 그 이유는 물과 격렬히 반응하여 수소가스를 발생시키기 때문이다.

(3) 금속화재 소화 ✪ 2018 기출

알루미늄 등과 같이 공기와 접촉하여 자연발화되는 것도 있고 칼륨, 나트륨 등과 같이 물과 반응하면 폭발적인 반응을 하는 것도 있는데, 이러한 금속화재에 사용할 수 있는 소화약제로는 화재 초기에 팽창질석, 팽창진주암 또는 마른모래, 금속화재용 분말소화기 등을 사용하고 본격 시기에는 주변연소를 방지하고 자연진화하도록 내버려 둔다.

section 16 고압가스의 분류

고압가스의 분류는 연소성에 따라 가연성가스, 조연성가스, 불연성가스로 나누며, 저장성에 따른 분류는 압축가스, 액화가스, 용해가스로 나눈다. 독성에 따른 분류는 독성가스와 비독성가스로 분류한다.

(1) 연소성에 따른 분류

① 가연성가스 ··· 프로판, 아세틸렌, 수소 등이 조연성가스인 산소와 화합 시 연소하는 가스

② 조연성가스 ··· 산소, 염소, 불소, 공기 등 가연성 가스의 연소를 돕는 가스

③ 불연성가스 ··· 질소, 탄산가스, 아르곤, 네온 등과 같이 연소하지 않는 가스

(2) 저장성에 따른 분류

① 압축가스 ··· 수소, 산소, 질소 등 기체 상태로 압축한 가스

② 액화가스 ··· 암모니아, 염소, 탄산가스, 프로판 등 압축하여 공기용기에 저장된 가스

③ 용해가스 ··· 아세틸렌(다공질의 고체입자에 아세톤을 침윤시킨 후 저장하는 가스)

(3) 독성에 따른 분류

① 독성가스 ··· 염소, 암모니아, 아크로레인, 포스겐, 일산화탄소와 같이 유해한 가스

② 비독성가스 ··· 산소, 수소, 질소 등 인체에 유해하지 않은 가스

> **POINT** 독성가스란 고압가스 안전관리법에서 아크로레인, 포스겐, 염화수소, 황화수소, 암모니아, CO 등 흰쥐를 대상으로 실험하여 허용농도가 5,000ppm 이하인 가스를 말한다.

section 17 LNG(액화천연가스) 및 도시가스

LNG(액화천연가스) 및 도시가스는 가벼운 물질인 메탄(CH_4)이 주성분이기 때문에 누설 시 공기보다 비중이 가벼워 천장으로 올라간다. 무색·무취이며 LNG는 누출 시 가벼워서 뜨고 착화온도(하한계)가 높아 LPG에 비해 폭발성이 적고 안전하다.

section 18 LPG(액화석유가스)

(1) 개념

LPG(액화석유가스)는 무색, 무취로서 물에는 녹지 않으나 휘발유 등 유기용매에 용해되고, 천연고무를 잘 녹인다. 또한 공기 중에서 쉽게 연소·폭발하는 위험한 성질을 가지고 있다. LPG는 프로판(C_3H_8), 부탄(C_4H_{10}) 성분의 액화가 가능한 물질로 액화 시 체적의 250배로 압축되며 액체상태는 비중이 물보다 2배 가볍고, 기체상태는 공기보다 1.5~2배 무거워 누설 시 바닥으로 체류한다.

(2) 액화석유가스의 일반적 성질

① 주성분은 프로판(C_3H_8), 부탄(C_4H_{10}) → 폭발성을 가진다.

② 무취, 무미, 무독성이다.

③ 액화 시 250배로 축소되며, 물보다 2배 가볍다.

④ 기화 시 공기보다 1.5~2배 무겁다.

⑤ 쉽게 연소·폭발 한다.

⑥ 천연고무, 휘발유 등 유기용매에 잘 녹는다. 그러나 물에는 녹지 않는다.

section 19 가스연소의 이상 현상

가스연소 시 정상연소에서는 양호한 기상 조건하에서 충분한 산소가 공급이 이루어지는 반면에 비정상적인 연소(산소부족, 노즐막힘, 일산화탄소 다량 발생)에서는 다음과 같은 현상이 일어난다.

(1) 리프팅(Lifting, 선화)

연소속도보다 가스분출속도가 클 때 불꽃이 노즐에서 떨어져 연소하는 현상이다. 노즐 분출구멍이 막혀 내부압력 증가로 분출속도가 커진 경우에 발생한다.

(2) 백파이어(Back fire, 역화, 라이팅백, 플래시백)

연소속도보다 가스분출속도가 적을 때 불꽃이 내부로 전파되는 현상이다. 이는 연소속도가 빠를 때, 혼합가스량이 적을 때, 내부압력이 낮고 연소속도의 압력이 과다할 때 나타나는 현상이다. 버너의 과열, 노즐의 부식으로 분출구멍이 커진 경우에 발생한다.

(3) 블로우 오프(Blow off)

선화상태에서 주위에 공기유통이 심하여 불꽃이 노즐에 떨어져 꺼져버리는 현상을 말한다.

정상연소　　리프팅(선화)　　백파이어(역화)　　블로우오프

section 20 화재의 급수별 특징

(1) 일반(A급/백색)화재

① 일반화재를 A급 화재로 분류하고 색상은 백색으로 표기한다.

② 종이, 목재, 플라스틱, 가죽, 합성수지 등의 화재로 대부분의 화재가 일반화재다.

③ 연소 후 반드시 타고 남은 재가 남는다.

④ 물로서 화재를 진화할 수 있다.

> **POINT** 주된 소화 효과 … 물을 포함한 액체 냉각 작용인 냉각소화

(2) 유류(B급/황색)화재

① 인화성액체인 등유 등의 위험물화재를 말한다.

② B급 화재로 분류하고 색상은 황색으로 표기한다.

③ 연소 후 재가 남지 않는다.

④ 물로써 화재를 소화할 수 없다.

> **POINT** 주된 소화 효과 … 공기차단 효과인 질식효과

(3) 전기(C급/청색)화재

① 전기가 통전되는 기계설비(변압기 변전실)화재를 말한다.

② C급 화재로 분류하고 색상은 청색으로 표기한다.

③ 물로써 불을 소화할 수 없다(물을 주수하면 감전의 위험이 있다).

> **POINT** 주된 소화 효과 … 공기차단 효과인 질식효과

(4) 금속(D급/무색)화재

① 가연성 금속인 칼륨, 나트륨, 마그네슘 등의 금속화재를 말한다.

② D급 화재로 분류하고 색상은 무색이다.

③ 물로써 불을 소화할 수 없다(물을 주수하면 폭발의 위험이 있다).

◆POINT 주된 소화효과 … 건조사, 건조분말, 등의 질식 · 피복효과

(5) 가스(E급/황색)화재

① LPG(액화석유가스) · LNG(액화천연가스) 등의 가스화재를 말한다.

② E급 화재로 분류하고 색상은 황색이다.

③ 연소 후 재가 남지 않는다.

◆POINT 주된 소화효과 … 밸브 등을 잠그는 가스의 공급을 차단하는 제거효과로 본다.

section 21 기타 화재와 제반 사항

(1) 식용유 화재

일반적으로 B급으로 분류하고 있으나 별도로 식용유 화재로 분류하기도 한다.

① 식용유 화재의 특징
  ㉠ 발화점과 인화점의 차이가 적다.
  ㉡ 발화점(288℃ ~ 385℃)이 비점 이하이어서 화재가 발생하면 발화점 이상이 된다.
  ㉢ 소화하여도 재발화되는 특수한 형태로 화염을 제거해도 식용유의 온도가 발화점으로 내려가지 않으면 즉시 재발화할 수 있다.

② 소화 방법 및 주의 사항 … 흔히 튀김기에 불이 붙으면 물을 붓게 되는데 이는 오히려 불길을 번지게 한다. 이는 물은 비점이 100℃이고 고온의 식용유에 들어가면서 한 순간에 기화되기 때문이다.
  ㉠ 식용유 화재 시에는 분말소화기를 사용한다.
  ㉡ 야채, 소금, 얼음, 상온의 식용유 등을 넣어서 냉각소화 한다.
  ㉢ 뚜껑, 담요(모포), 마요네즈를 기름위로 뿌리는 질식소화를 한다.

TIP

식용유 화재는 국제표준기구 ISO는 F급 화재로, 미국연방방화협회는 K급 화재로 분류

(2) 훈소화재(표면연소, 작열연소, 무염연소, 심부화재) ✪ 2019 기출

가연물이 불꽃 없이 불기운이나 열기만으로 타 들어가는 연소현상이라 정의할 수 있다.

① 훈소화재는 거의 밀폐된 구조의 공간을 가진 실내화재 시 많이 발생한다. 이는 공기 중 연소에 필요한 산소공급이 불충분하여 연소가 거의 정지 또는 매우 느리게 진행되어 가연물이 열로 인해 응축의 액체 미립자인 분해 생성물만 발생시키는 것을 말한다.

② 훈소화재는 불완전한 연소상태로서 화재 초기에 고체 가연물에 많이 발생하는데 훈소 중에도 열 축적이 계속되어 외부 공기(산소)가 갑자기 유입될 때는 급격한 연소가 일어날 수 있다. 실내화재 시 플래시오버로 진행될 수도 있으며, 백드래프트 전 단계 연소를 나타내기도 한다.

③ 훈소는 그을음연소라고도 하며 소방학에서는 훈소, 표면연소, 작열연소, 무염연소 또는 심부화재, 불씨연소 등을 동일한 개념으로 본다.
　　⊙ 불꽃연소 = 유염연소 = 표면화재 = 발염연소
　　ⓛ 불씨연소 = 무염연소 = 표면연소 = 직접연소 = 백열연소 = 작열연소 = 응축연소 = 심부화재 = 훈소화재

(3) 화재강도 ✪ 2019 기출

① 단위시간당 축적되는 열의 값을 화재강도라 한다. 이는 가연물의 비표면적이 클수록 연소가 용이하며 가연물의 연소값이 클수록 화재강도는 크게 된다.

② 화재강도는 화재 시 산소공급, 화재실의 벽, 천장, 바닥 등의 단열성, 가연물의 배열상태, 화재실의 구조, 가연물의 발열량, 가연물의 비표면적 등에 따라 화재강도는 달라진다.

(4) 화재가혹도(화재심도) ✪ 2019, 2020 기출

① 화재심도라고도 하며 화재발생으로 건물 내 수용재산 및 건물자체에 손상을 입히는 정도를 말한다. (화재가혹도 = 최고온도 × 연소시간)
　　⊙ 최고온도는 화재가혹도의 질적 개념으로 화재강도와 관련이 있다.
　　ⓛ 지속시간은 화재가혹도의 양적 개념으로 화재하중과 관련이 있다.

② 화재가혹도에 영향을 주는 요인으로는 연소하는 물질의 연소속도, 연소열량 및 개구부의 위치 및 크기 가연물의 배열상태, 화재하중 등이 있다.

> 🔎 POINT
> 환기매개변수 … $Q = kAH^{\frac{1}{2}}$ (k : 상수, A : 개구부의 면적, H : 개구부의 높이)

기출PLUS

기출 2019. 4. 6. 시행

화재 용어 중 화재실의 단위 시간당 축적되는 열의 양을 의미하는 것은?

① 훈소
② 화재하중
③ 화재강도
④ 화재가혹도

〈정답 ③

기출 2020. 6. 20. 시행

화재가혹도에 관한 설명으로 옳지 않은 것은?

① 화재가혹도란 화재발생으로 당해 건물과 내부 수용재산 등을 파괴하거나 손상을 입히는 정도를 말한다.
② 최고온도는 화재가혹도의 질적 개념으로 화재강도와 관련이 있다.
③ 지속시간은 화재가혹도의 양적 개념으로 화재하중과 관련이 있다.
④ 화재가혹도에 영향을 미치는 환기요소는 개구부 면적의 제곱근에 비례하고 개구부 높이에 비례한다.

〈정답 ④

기출PLUS

기출 2020. 6. 20. 시행

바닥 면적이 200㎡인 구획된 창고에 의류 1,000kg, 고무 2,000kg이 적재되어 있을 때 화재하중은 약 몇 kg/m²인가? (단, 의류, 고무, 목재의 단위 발열량은 각각 5,000㎉/kg, 9,000㎉/kg, 4,500㎉/kg이고, 창고 내 의류 및 고무 외의 기타 가연물은 존재하지 않으며, 화재 시 완전연소로 가정한다.)

① 15.56   ② 20.56
③ 25.56   ④ 30.56

< 정답 ③

(5) 화재하중 ✪ 2019, 2020 기출

$$\text{화재하중}(Q) = \frac{\sum G_t H_t}{HA}\,[\text{kg/m}^2]$$

($\sum$ = 합, $\triangle$ = 차)
• G_t = 가연물의 양[kg]
• H_t = 단위발열량[kcal/kg]
• H = 목재단위발열량[kcal/kg]
• A = 화재실 바닥면적[m²]

① **화재하중의 개념** … 화재하중은 건축물에서 가연성 건축 구조재와 수용물의 양으로서 화재 시 예상 최대 가연물질의 양을 뜻하며, 건물화재 시 단위면적당 등가 가연물량의 가열온도(발열량) 및 화재의 위험성을 나타낸다. 즉 그 내용은 화재구획의 실내 표면적에 대한 실내장식물의 화재 위험도를 나타내고 있으며 발열량이 클수록 화재하중이 크며 내장재의 불연화가 화재하중을 감소시킨다.

② **화재하중의 활용범위**
　㉠ 건물의 내화 설계 시 고려해야 할 사항 및 가열온도 정도를 나타내는 척도로 활용
　㉡ 화재 시 발열량 및 위험의 정도를 추정할 수 있는 자료로 활용
　㉢ 가연물 등의 연소 시 건축물의 붕괴 등을 고려하여 설계하는 하중

POINT 각 화재현상의 개념
　㉠ 화재강도 : 열의 값 / 단위시간 [화재의 강도는 표면적에 따라, 열량에 따라 달라진다]
　㉡ 화재가혹도 : 연소시간 × 연소(최고)온도[최성기의 개념]
　㉢ 화재하중 : 실내장식물의 발열량(kg) / 목재면적에 대한 단위발열량(m²)
　㉣ 화재하중의 크기 비교 : 창고 > 도서관 · 독서실 > 호텔 > 공동주택 > 사무실
　㉤ 재료의 단위 발열량 : 염화비닐 < 목재 < 고무 < 폴리에틸렌

(6) 임야화재

화재의 분류는 크게 급수에 의한 화재와 대상물에 의한 화재로 분류한다. 급수에 의한 화재는 A · B · C · D급 화재의 분류이고 대상물에 의한 화재는 임야 · 선박 · 건축 · 항공기 · 가스제조소 · 위험물 · 구조물 · 자동차 · 철도차량 등을 말한다. 그 중 산림화재는 일반적으로 수간화, 수관화, 지표화로 나누어지며 학설에 따라 지중화까지 나누며, 플래어 업(Flare up)을 발생시킬 수 있다.

TIP

임야화재
㉠ 나무가 타면 수간화
㉡ 가지가 타면 수관화
㉢ 땅에서 낙엽이 타면 지표화
㉣ 땅속에서 타면 지중화

POINT 플래어 업(Flare up) … 강풍이나 풍향의 변화에 의해 발생하는 임야화재의 급격한 연소 현상

　　㉠ **수간화** : 수산화는 수목이 타는 것이다. 수목의 간부가 연소하는 것으로 고목 혹은 간부에 크게 구멍이 뚫려 있는 오래된 큰 나무에서 일어나기 쉽다.

　　㉡ **수관화** : 수관화는 나무의 가지나 잎의 무성한 부분만을 태우는 것이다. 일반적으로 나무의 지엽이 타는 것으로 일단 타기 시작하면 소화가 곤란하다. 습도가 50% 이하 일 때 소나무, 삼나무, 편백나무 등에서 잘 일어난다.

　　㉢ **지표화** : 산림의 지표면을 덮고 있는 낙엽, 가지, 관목 등이 연소하는 것을 말한다.

　　㉣ **지중화** : 땅속에 썩은 나무의 유기질층, 니탄층, 갈탄층, 아탄층 등이 타는 것으로 주로 북아프리카에서 볼 수 있으며 진화가 어려우며 적설 하에서도 연소는 진행된다.

(7) 천장제트흐름(Ceiling Jet Flow, 제트플로어)

실내에서 화재가 발생한 경우 연기와 열기류는 부력과 열의 팽창로 수직방향으로 2~3m/s 속도로 상승한다. 이때 상승한 연기와 열기류가 천정에 이르면 더 이상 상승할 수가 없으므로 천정을 따라서 옆으로 약 0.3~1m/s의 속도로 퍼져 나가게 되는데 이를 Ceiling Jet Flow라고 한다.

① 화재 플럼의 부력에 의하여 발생되며 천장면을 따라 빠르게 흐르는 기류이다.

② 화원의 크기와 위치 그리고 화원에서 천장까지의 높이에 영향을 받는다.

③ 흐름의 두께는 천장에서 화염까지 높이의 5~12% 내의 정도 범위이다.

　　POINT 화재 플럼(fire plume)이란 상승력이 커진 부력에 의해 연소가스와 유입공기가 상승하면서 화염이 섞인 연기기둥 형태를 나타내는 현상이다.

2021년 상반기

01 백드래프트(back draft)에 대한 설명으로 옳은 것은?

① 불완전 연소에 의해 발생된 일산화탄소가 가연물로 작용하여 폭발하는 현상이다.

② 화재 진압 시 지붕 등 상부를 개방하는 것보다 출입문을 먼저 개방하는 것이 효과적인 전술이다.

③ 밀폐된 실내에서 발생되는 현상으로, 출입문을 한 번에 완전히 개방하여 연기를 일순간에 배출해야 폭발력을 억제할 수 있다.

④ 연료지배형화재가 진행되고 있는 공간에 산소가 일시적으로 다량 공급됨에 따라 가연성가스가 폭발적으로 연소하는 현상이다.

> **TIPS!**
>
> ①④ 백드래프트는 역화 현상으로서 공기(산소)공급이 원활하지 않은 불완전 연소상태인 훈소상태에서 화재(환기지배형화재)로 인하여 실내 상부 쪽으로 고온의 기체가 축적되고 온도가 높아져서 기체가 팽창하고 산소가 부족한 건물 내에서 갑자기 산소가 새로 유입될 때 화염이 폭풍을 동반하여 실외로 분출되는 고열가스의 폭발 또는 급속한 연소가 발생하는 현상이다.
> ② 화재 진압 시 실내 상부 쪽에 축적된 고온의 기체를 해산하기 위해 지붕 등 상부를 먼저 개방하는 것이 효과적인 전술이다.
> ③ 출입문을 한 번에 완전히 개방하면 산소가 부족한 건물 내로 갑자기 산소가 대량 유입되면서 화염이 폭풍을 동반하며 폭발하게 된다.

2021년 상반기

02 실내 화재의 진행 과정을 설명한 내용으로 옳지 않은 것은?

① 발화기 – 건물 내의 가구 등이 독립 연소하고 있으며 다른 동(棟)으로의 연소 위험은 없다.

② 성장기 – 화재의 진행이 급속히 이루어지고 개구부에서는 검은 연기가 분출된다.

③ 최성기 – 산소가 부족하여 연소되지 않은 가스가 다량 발생된다.

④ 감퇴기 – 지붕이나 벽체, 대들보나 기둥도 무너져 떨어지고 열 발산율은 증가하기 시작한다.

> **TIPS!**
>
> ④ 감퇴기에는 화재가 구획실 내에 있는 이용 가능한 가연물을 소모하게 됨에 따라, 열 발산율이 감소하기 시작한다.

Answer 01.① 02.④

2020년 상반기

03 화재에 대한 옳은 설명을 모두 고른 것은?

> ㉠ 낮은 산소분압에서 화재가 발생하였을 때 초기에 화염 없이 일어나는 연소를 훈소연소라 한다.
> ㉡ 목조건축물 화재는 유류나 가스 화재와는 달리 일반적으로 무염착화 없이 발염착화로 이어진다.
> ㉢ A급 화재는 일반화재로 면화류, 합성수지 등의 가연물에 의한 화재를 말한다.
> ㉣ 전소란 건물의 70 % 이상이 소실된 화재를 말한다.

① ㉠, ㉡
② ㉢, ㉣
③ ㉠, ㉡, ㉢
④ ㉠, ㉢, ㉣

 TIPS!

㉡ 목조건축물 화재는 일반적으로 무염착화 이후 유염착화(발염착화)로 이어진다.

2020년 상반기

04 바닥 면적이 200㎡인 구획된 창고에 의류 1,000kg, 고무 2,000kg이 적재되어 있을 때 화재하중은 약 몇 kg/㎡인가? (단, 의류, 고무, 목재의 단위 발열량은 각각 5,000kcal/kg, 9,000kcal/kg, 4,500kcal/kg이고, 창고 내 의류 및 고무 외의 기타 가연물은 존재하지 않으며, 화재 시 완전연소로 가정한다.)

① 15.56
③ 25.56
② 20.56
④ 30.56

TIPS!

$$\frac{(1,000 \times 5,000) + (2,000 \times 9,000)}{200 \times 4,500} = 25.555 = 25.56$$

Answer 03.④ 04.③

05 화재가혹도에 관한 설명으로 옳지 않은 것은?

① 화재가혹도란 화재발생으로 당해 건물과 내부 수용재산 등을 파괴하거나 손상을 입히는 정도를 말한다.
② 최고온도는 화재가혹도의 질적 개념으로 화재강도와 관련이 있다.
③ 지속시간은 화재가혹도의 양적 개념으로 화재하중과 관련이 있다.
④ 화재가혹도에 영향을 미치는 환기요소는 개구부 면적의 제곱근에 비례하고 개구부 높이에 비례한다.

TIPS!

④ 화재가혹도에 영향을 미치는 환기요소는 개구부 면적의 제곱근에 비례하고 개구부 높이의 평방근에 비례한다.

06 소화약제로 팽창질석 또는 팽창진주암을 사용하였을 때, 적응성이 가장 좋은 화재로 옳은 것은?

① 일반화재   ② 전기화재
③ 금속화재   ④ 가스화재

TIPS!

금속화재에 사용할 수 있는 소화약제로는 화재 초기에 팽창질석, 팽창진주암 또는 마른모래, 금속화재용 분말소화기 등을 사용하고, 본격 시기에는 주변연소를 방지하고 자연 진화하도록 내버려 둔다.

07 다음 중 실내화재에서 최성기의 특성으로 옳지 않은 것은?

① 검은색 연기농도가 진하고 연기발생량이 많다.
② 복사열로 인하여 인접건물에 연소할 우려가 있다.
③ 연기량이 감소되고 화염이 분출된다.
④ 연소기 활발하고 내부에 화염이 가득 차있다.

TIPS!

① 최성기보다는 초기가 연기 발생량이 더 많다.

Answer 05.④ 06.③ 07.①

08 연료의 분출속도가 연소속도보다 클 때 주위 공기의 움직임에 따라 불꽃이 노즐에 장착하지 않고 떨어져 꺼지는 현상은?

① 불완전연소(Incomplete combustion)   ② 리프팅(Lifting)

③ 블로우오프(Blow off)   ④ 역화(Back fire)

> 💡 **TIPS!**
>
> 가스연소의 이상 현상
> ㉠ 리프팅(Lifting, 선화) : 연소속도보다 가스분출속도가 클 때 불꽃이 노즐에서 떨어져 연소하는 현상이다. 노즐 분출구멍이 막혀 내부압력 증가로 분출속도가 커진 경우에 발생한다.
> ㉡ 백파이어(Back fire, 역화, 라이팅백, 플래시백) : 연소속도보다 가스분출속도가 적을 때 불꽃이 내부로 전파되는 현상이다. 이는 연소속도가 빠를 때, 혼합가스량이 적을 때, 내부압력이 낮고 연소속도의 압력이 과다할 때 나타나는 현상이다. 버너의 과열, 노즐의 부식으로 분출구멍이 커진 경우에 발생한다.
> ㉢ 블로우오프(Blow off) : 선화상태에서 주위에 공기유통이 심하여 불꽃이 노즐에 떨어져 꺼져버리는 현상을 말한다. 즉, 연료의 분출속도가 연소속도보다 클 때 주위 공기의 움직임에 따라 불꽃이 노즐에 장착하지 않고 떨어져 꺼지는 현상이다.

09 자연발화를 일으키는 열의 종류로 가장 옳지 않은 것은?

① 분해열   ② 산화열

③ 흡착열   ④ 융해열

> 💡 **TIPS!**
>
> 자연발화 열의 종류는 산화열, 흡착열, 발효열, 중합열, 분해열, 미생물열 등이 있다. 융해열은 고체에서 액체화 될 때 필요한 에너지이므로 자연발화열과는 거리가 있다.

10 다음 〈보기〉에서 설명하는 유류화재 이상현상으로 옳은 것은?

〈보기〉

가열된 아스팔트와 같이 물이 비점(100℃)보다 온도가 높은 액체를 용기에 부을 때 용기바닥에 고여 있는 물과 닿으면서 물이 비등하여 거품이 넘치는 현상으로 화염은 발생하지 않는다.

---

① 프로스오버(Froth over)   ② 보일오버(Boil over)

③ 플래시오버(Flash over)   ④ 슬롭오버(Slop over)

> 💡 **TIPS!**
>
> ① '용기바닥에 고인 물과 닿아 넘친다'는 표현이 있으면 프로스오버(Forth over)이다.

Answer   08.③   09.④   10.①

11 역화가 발생하는 원인으로 바르지 않은 것은?

① 버너가 과열될 때

② 혼합가스량이 너무 작을 때

③ 연료의 분출속도가 연소속도보다 느릴 때

④ 분출 구멍이 작아진 경우

> **TIPS!**
>
> 백파이어(Back fire, 역화, 라이팅백, 플래시백) … 연소속도보다 가스분출속도가 적을 때 불꽃이 내부로 전파되는 현상이다. 이는 연소속도가 빠를 때, 혼합가스량이 적을 때, 내부압력이 낮고 연소속도의 압력이 과다할 때 나타나는 현상이다.
> ④ 버너의 과열, 노즐의 부식으로 분출구멍이 커진 경우에 발생한다.

12 다음 중 백드래프트에 해당되는 폭발은?

① 화학적 분해폭발

② 화학적 가스폭발

③ 물리적 분해폭발

④ 물리적 가스폭발

> **TIPS!**
>
> 백드래프트는 화학적 폭발 중 산화폭발에 속하는 가스폭발이다.

13 화재의 구분에 따른 표시색상을 연결한 것으로 바른 것은?

① A급 – 황색 – 일반화재   ② B급 – 무색 – 금속화재

③ C급 – 청색 – 전기화재   ④ D급 – 백색 – 유류화재

> **TIPS!**
>
> ① A급 – 백색 – 일반화재
> ② B급 – 황색 – 유류화재
> ④ D급 – 무색 – 금속화재

Answer   11.④   12.②   13.③

14 다음 중 자연발화에 대한 설명으로 옳지 않은 것은?

① 외부의 인위적인 점화원(불씨) 없이도 가연물에 산소가 공급이 있으면 연소되는 것을 말한다.

② 자연발화는 저온이고 건조할 때 발생한다.

③ 자연발화의 형태는 산화열, 분해열, 미생물열, 흡착열, 중합열이다.

④ 열전도도가 적을수록 열 축적이 용이하여 자연발화하기 쉽다.

> **TIPS!**
> 자연발화
> ㉠ 개념 : 외부의 인위적인 점화원(불씨) 없이도 가연물에 산소공급원이 있으면 연소되는 것이다.
> ㉡ 자연발화 열의 종류 : 산화열, 흡착열, 발효열, 중합열, 분해열, 미생물열 등이 있다.
> ㉢ 자연발화의 조건 : 열전도율이 작아야 하며, 실내 공기유통이 어려워야 하며, 수분이 적당해야 하며, 비표면적이 커야 한다.

15 기름탱크가 1/2 이하로 충전되어 있고 화재진압 시 증기 압력으로 탱크가 파열되었다. 무슨 현상인가?

① 슬롭오버　　　　　　　　　　　② 보일오버
③ 오일오버　　　　　　　　　　　④ 블레비현상

> **TIPS!**
> 오일오버(Oil Over) … 탱크 내의 유류가 50% 미만 저장된 경우 화재로 인한 내부 압력상승으로 인한 탱크 폭발현상으로 가장 격렬하다.

16 다음 중 정전기 방지를 위한 예방대책으로 옳지 않은 것은?

① 정전기 발생이 우려되는 장소에 접지시설을 설치한다.

② 공기를 이온화하여 정전기 발생을 예방한다.

③ 공기의 상대습도를 70% 이상으로 한다.

④ 전기의 저항이 큰 물질은 대전이 용이하므로 부도체 물질을 사용한다.

> **TIPS!**
> 정전기 발생방지법
> ㉠ 접지시설(도체를 사용)을 하는 방법
> ㉡ 공기를 이온화 하는 방법
> ㉢ 상대 습도를 70% 이상으로 높이는 방법

Answer 14.② 15.③ 16.④

2015년 간부후보 변형

17 다음 중 플래시오버가 일어나는 시기는?

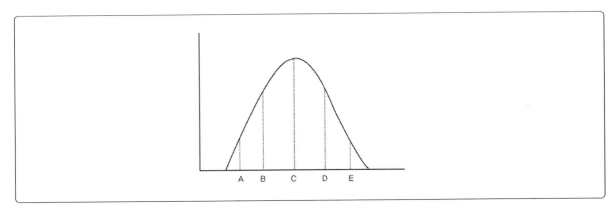

① A

② B

③ C

④ D

TIPS!

플래시오버는 최성기 바로 직전에 일어난다.

2014년 중앙/지방

18 유류저장탱크의 화재 중 열류층을 형성, 화재의 진행과 더불어 열류층이 점차 탱크바닥으로 도달해 탱크저부에 물 또는 기름(에멀션)이 수증기로 변해 부피팽창에 의하여 유류의 갑작스런 탱크 외부로의 분출을 발생시키는 현상은?

① 보일오버

② 슬롭오버

③ 오일오버

④ 프로스오버

TIPS!

보일오버 현상 … 유류저장탱크의 화재 시 위쪽(액면)에 형성된 고열의 열파가 바닥에 있는 찌꺼기 등의 물에 전달되어 탱크바닥의 물이 끓어 오르면서 유류가 비등하여 저장탱크 액면에 발생된 열의 공급과 함께 저부에서 상부 표면을 포함하여 기포상태로 분출시키는 것을 말한다.

Answer 17.② 18.①

19 다음 중 백드래프트가 발생하기 전 잠재적 징후로 바르지 않은 것은?

① 짙은 황회색으로 변하는 검은 연기

② 연기로 얼룩진 창문

③ 과도한 열의 축적

④ 개구부를 통해 분출되는 화염

TIPS!

백드래프트 현상의 징후(전조현상)
㉠ 닫힌 문 주위에서 나오는 무거운 검은 연기 관찰
㉡ 개구부(출입문, 창문 등) 틈새로 연기가 건물 내로 되돌아오거나 맴도는 현상 관찰
㉢ 창문에 농연 응축물(검은색 액체)이 흘러내리거나 얼룩이 진 자국이 관찰
㉣ 휘파람 소리 또는 진동이 발생되는 현상
㉤ 짙은 황회색으로 변하는 검은 연기

20 플래시오버의 영향조건이 아닌 것은?

① 개구부가 작을수록 발생시각이 늦어진다.

② 내장재에 따라서 달라지며 천장의 높이가 낮을수록 더 빨라진다.

③ 화원의 크기가 클수록 도달하는 시각이 짧아진다.

④ 연기농도에 따라서 발생 원인효과를 크게 미친다.

TIPS!

플래시오버에 영향을 미치는 요소
㉠ 개구부의 크기
㉡ 내장재료
㉢ 화원의 크기
㉣ 가연물의 종류
㉤ 실내의 표면적
㉥ 건축물의 형태

Answer 19.④ 20.④

21 다음 중 화재의 종류와 가연물의 연결이 바르지 않은 것은?

① A급 – 종이 및 일반제품
② B급 – 휘발유 등 인화성물질
③ C급 – 분말 및 고무제품
④ D급 – 가연성금속

TIPS!

전기(C급/청색)화재
㉠ 전기가 통전되는 기계설비(변압기 변전실)화재를 말한다.
㉡ C급화재로 분류하고 색상은 청색으로 표기한다.
㉢ 물로서 불을 소화할 수 없다(물을 주수하면 감전의 위험이 있다).

22 유류화재의 유형은?

① A형
② B형
③ C형
④ D형

TIPS!

① 일반화재
③ 전기화재
④ 금속화재

Answer 21.③ 22.②

23 화재의 정의로 옳지 않은 것은?

① 화재는 사람의 의도에 반하여 출화 또는 방화에 의하여 발생하고 확대되는 현상이다.

② 화재란 불이 그 사용목적을 넘어 다른 곳으로 연소하는 예기치 않은 경제상의 손해를 발생시키는 현상이다.

③ 화재란 자연 또는 인위적인 원인에 의하여 불이 물체를 연소시키고 인명과 재산의 손해를 주는 상태이다.

④ 화재란 자연 또는 인위적인 원인에 의하여 물체가 공기 중의 질소와 결합하여 열과 빛을 수반하면서 연소하는 현상이다.

TIPS!
④ 연소에 대한 설명이다.

24 다음 중 물 분무소화를 할 수 없는 화재는?

① 실내목재화재
② 금속화재
③ 중류탱크 화재
④ 전기화재

TIPS!
② 금속분 화재 시 주수소화하면 가연성 가스인 수소가 발생하여 연소를 촉진시킨다.
①③④ 주수소화가능하며 전기화재로 인한 건물화재 시 사용가능하다.

25 다음 중 화재로 인한 간접적 피해는 무엇인가?

① 화재로 인한 업무의 중단
② 인접건물의 수손피해
③ 실내내장재의 화실
④ 구조자의 피난으로 인한 인명피해

TIPS!
① 간접적 피해 ②③④ 직접적 피해

26 겨울철에 화재가 많이 발생하는 이유로 옳은 것은?

① 온도가 낮기 때문에 발화하기 쉽다.
② 습도가 낮기 때문에 출화의 위험이 높다.
③ 화기의 취급빈도가 많고 습도가 낮기 때문이다.
④ 기온이 낮고 습도가 높으며, 강한 바람이 지속적으로 불기 때문이다.

> **💡TIPS!**
> ③ 겨울철에는 화기의 취급빈도가 많고 습도가 낮기 때문에 화재가 많이 발생한다.

27 다음 중 통계상 발표된 우리나라의 화재원인 중 가장 많은 것은?

① 전기   ② 방화
③ 담뱃불   ④ 불장난

> **💡TIPS!**
> 우리나라 화재의 발생현황
> ㉠ 원인별 : 전기 > 담배 > 방화 > 불장난 > 불티
> ㉡ 장소별 : 주택 · 아파트 > 차량 > 공장 > 점포

28 바람이 화재에 미치는 영향에 관한 설명으로 옳지 못한 것은?

① 바람이 거의 없을 때는 화원을 중심으로 원의 형태로 연소가 확대된다.
② 풍속이 강하면 바람방향으로 연소속도가 느려지며 연소면적이 축소된다.
③ 바람이 불 때에는 연소면은 계란형의 형태로 연소가 확대된다.
④ 바람이 강하면 연소면은 타원형 형태로 연소가 확대된다.

> **💡TIPS!**
> ② 풍속이 강하면 바람방향으로 연소속도가 빨라지며 연소면적이 확대된다.

Answer 26.③ 27.① 28.②

29 옥외출화란 무엇인가?

① 목재사용 가옥에서 벽, 추녀 밑의 판자나 목재에 발염착화한 때
② 불연 벽체나 칸막이의 불연천장인 경우 실내에서는 그 뒤판에 발연착화한 때
③ 보통가옥 구조 시에는 천장판에 발염착화한 때
④ 천장 속, 벽 속 등에서 발염착화한 때

TIPS! --o

옥외출화 … 목재사용 가옥에서 벽, 추녀 밑의 판자나 목재에 발염착화한 때를 말한다.

30 화재와 기상조건에 대한 설명으로 옳지 않은 것은?

① 습도가 낮으면 가연물질이 건조해서 발화되기 쉽다.
② 습도는 초기보다 중기 이후에 화재의 확대에 많은 영향을 준다.
③ 습도가 동일하면 기온이 높을 때가 낮을 때보다 물질의 연소속도가 빠르다.
④ 기온은 실내화재보다 옥외화재에 더 큰 영향을 준다.

TIPS! --o

② 습도는 화재 초기에 영향을 많이 주지만 화재가 확대되면 영향을 주지 못한다.

31 다음 중 플래시오버에 대한 설명으로 옳지 않은 것은?

① 성장기와 최성기 사이에서 많이 발생한다.
② 열집적으로 고온상태이며 뜨겁고 진한 연기가 아래로 쌓인다.
③ 개구부가 많으면 플래시오버 발생 시간이 빨라진다.
④ 개구부가 적을수록 폭발력이 커진다.

TIPS! --o

①②③ 플래시오버 현상이며 자유연소를 한다.
④ 훈소연소와 산소부족이 일어나는 백드래프트에 대한 설명이다.

Answer 29.① 30.② 31.④

32 백드래프트(Back draft)에 대한 설명으로 잘못된 것은?

① 검은 연기가 짙은 황회색으로 변한다.
② 개구부에서 화염이 분출된다.
③ 창문에 연기 얼룩이 진다.
④ 연소속도가 늦고 불완전연소 상태이다.

> **TIPS!**
> 백드래프트는 연소에 필요한 산소가 부족하여 훈소상태에 있는 실내에 갑자기 산소가 다량 공급될 때 순간적으로 발화하는 현상을 말한다.
> ※ 백드래프트의 특징
> ㉠ 화재현장의 작은 틈으로 공기가 빨려 들어간다.
> ㉡ 화염이 보이지는 않으나 건물이나 창문이 뜨겁다.
> ㉢ 유리창 안쪽으로 타르와 같은 기름성분이 흘러내린다.

33 다음 중 건물화재현상을 설명한 것으로 옳지 않은 것은?

① 환기지배형과 연료지배형으로 구분한다.
② 환기지배형 화재일 때 개구부가 적으면 불완전 연소가 발생되고 연소속도는 늦어진다.
③ 환기지배형이나 연료지배형 화재일 때 역화의 원인은 연료량에 의해 결정된다.
④ 연료가 적을 때는 표면연소로서 연소속도가 빠르다.

> **TIPS!**
> ③ 연료지배형만 연료량의 의해 결정된다.
> ※ 환기지배형 화재와 연료지배형 화재
> ㉠ 환기지배형 화재 : 열방출량이 유효가능한 산소량에 좌우된다.
> ㉡ 연료지배형 화재 : 연료의 양에 따라서 열방출량이 변한다.

34 철근콘크리트조 내화구조 벽의 기준두께는 몇 센티미터 이상이어야 하는가?

① 15cm   ② 12cm
③ 10cm   ④ 5cm

> **TIPS!**
> 철근콘크리트조의 내화구조 벽의 기준두께는 10cm이다.

Answer 32.② 33.③ 34.③

35 다음 중 건물의 화재하중을 낮추는 방법은?

① 실내 장식물의 증가   ② 소화시설의 설치

③ 내장내 불연화   ④ 건물넓이의 제한

> **TIPS!**
>
> ③ 가연물을 줄이거나 내장재를 불연재료로 사용하여 화재하중을 줄인다.

36 단위 면적당 가연성 수용물의 양으로 건축물 화재 시 내장재의 발열량을 타나내는 용어를 무엇이라 하는가?

① 역화하중   ② 화재비중

③ 역화비중   ④ 화재하중

> **TIPS!**
>
> 화재하중
> ㉠ 건축물의 내화설계를 위하여 화재규모를 예상할 때 필요하다.
> ㉡ 고정가연물(벽, 바다, 칸막이 등)과 적재가연물(가구류, 서적, 의류 등)의 가연물의 양을 말한다.
> ㉢ 어떤 구역 내에 있는 최대 예상 가연물질의 양을 의미한다.
> ㉣ 실용상의 편의를 위해 발열량의 표시를 무게 단위로 환산하여 가연물량을 나타낸다.
> ㉤ 등가연물량을 화재구획에서의 단위면적당으로 나타낸 것이다.

37 목재건축물에서 화재가 발생하였을 때 화재진행상황 중 전기상태의 순서로 옳은 것은?

① 원인 – 무염착화 – 발염착화 – 화재출화

② 무염착화 – 발염착화 – 화재출화 – 원인

③ 발염착화 – 화재출화 – 원인 – 무염착화

④ 화재출화 – 무염착화 – 발염착화 – 원인

> **TIPS!**
>
> ① 목재건물의 화재 진행 상황은 원인, 무염착화, 발염착화, 화재출화이다.

Answer   35.③   36.④   37.①

38 시간과 온도변화에 따른 이상현상으로 다음에 해당하는 그래프를 보고 A~E에 들어갈 것으로 바르게 연결된 것은?

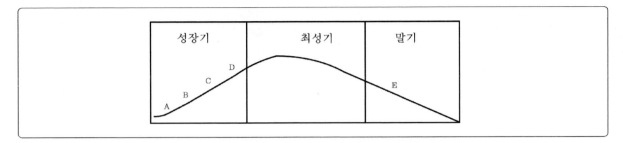

① A : 롤오버, B : 백드래프트, C : 플래시오버, D : 프레임오버, E : 백드래프트
② A : 롤오버, B : 플래시오버, C : 프레임오버, D : 백드래프트, E : 플래시오버
③ A : 프레임오버, B : 플래시오버, C : 백드래프트, D : 롤오버, E : 플래시오버
④ A : 프레임오버, B : 백드래프트, C : 롤오버, D : 플래시오버, E : 백드래프트

39 다음 중 플래시오버에 대한 설명으로 옳은 것은?

① 목조건물로서 연소온도는 100℃이다.
② 무염착화와 동시에 일어난다.
③ 폭발적인 연소확대 현상이다.
④ 느리게 연소되어 점차적으로 온도가 올라간다.

Answer 38.④ 39.③

40 목조건물의 화재성상은 내화건물에 비하여 어떠한가?

① 고온 장기형이다.

② 고온 단기형이다.

③ 저온 장기형이다.

④ 저온 단기형이다.

TIPS!

② 목조건물은 내화건물에 비하여 고온 단기형이다.

41 화재 시 발생하는 플래시오버 현상과 관계없는 것은?

① 밀폐된 공간

② 건물 내에서 발화 후 1시간

③ 목조가연물

④ 산소 농도감소

TIPS!

② 플래시오버는 건물 내에서 화재 후 5~6분경에 발생한다.

42 다음 중 플래시오버 현상이 발생되는 시기의 실내온도로 옳은 것은?

① 100~200℃

② 600~700℃

③ 800~900℃

④ 1,200~1,300℃

TIPS!

③ 플래시오버 현상이 발생될 때 실내온도는 800~900℃ 정도이고, 최성기에 최고 1,300℃까지 올라간다.

43 다음 중 건물화재에서의 사망원인으로 가장 큰 비율을 차지하는 것은?

① 연소가스로 인한 질식

② 열충격

③ 화상

④ 건물의 붕괴

TIPS!

① 연소가스 또는 연기에 의한 질식이 건물화재의 사망원인으로 가장 큰 비율을 차지한다.

Answer 40.② 41.② 42.③ 43.①

02 위험물화재의 성상

기출PLUS

section 1 위험물과 위험물화재

(1) 위험물건물화재의 성상

위험물이라 함은 인화성 또는 발화성 등의 성질을 가지는 것으로, 대통령령이 정하는 물품을 말한다〈위험물안전관리법 제2조 제1항 제1호〉.

(2) 위험물의 특성

① 위험물의 지정 … 저장, 취급, 운반 과정에서의 안전을 위해 위험물안전관리법에서 모든 위험물에 대하여 제1류~제6류까지 각각의 유별로 품명의 수량을 지정하였다.

② 품명의 지정 기준
　㉠ 화학적 성질 : 화학적 조성, 반응성, 폭발성, 농도에 따른 위험성의 변화 등
　㉡ 물리적 성질 : 인화점, 연소점, 발화점, 연소 범위, 취급 형태 등

③ 지정수량
　㉠ 위험물안전관리법 시행령에 의하여 위험물의 종류별로 위험성을 고려하여 정하는 수량이며 제조소 등의 설치허가 등에 적용되는 최저의 기준이 되는 수량이다.
　㉡ 고체일 경우 kg, 액체일 경우 ℓ 로 표시한다(단, 제6류 위험물의 경우 액체이지만 kg으로 표시).
　㉢ 지정수량이 적은 물품이 지정수량이 많은 물품보다 위험하다.

section 2 위험물(제1류~제6류)의 특성과 소화방법

(1) 제1류 위험물(산화성 고체) ✪ 2019 기출

① 종류

품명 및 품목	지정수량	품명 및 품목	지정수량
아염소산염류	50kg	질산염류	300kg
염소산염류	50kg	요오드산염류	300kg
과염소산염류	50kg	과망간산염류	1,000kg
무기과산화물	50kg	중크롬산염류	1,000kg
브롬산염류	300kg		

② 일반적 성질

　㉠ 반응개념

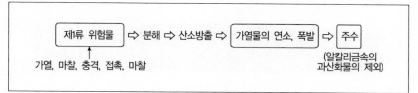

　㉡ 불연성 물질이지만 산소를 함유하고 있으므로 다른 물질을 산화시킬 수 있다.

　㉢ 가열, 충격, 마찰 등으로 분해되어 산소를 방출함으로써 다른 가연물의 연소를 돕는다.

　㉣ 무기화합물이고 일반적으로 백색분말의 고체 혹은 무색 결정 상태이다.

　㉤ 비중이 1보다 크고 수용성인 것이 많다.

　㉥ 무기과산화물류는 물과 반응하여 산소를 발생시키고 발열한다.

③ 공통적인 저장, 취급상의 주의사항

　㉠ 저장 및 취급 시 가열, 충격, 마찰 등 분해를 일으키는 조건을 주지 말아야 한다.

　㉡ 환기가 잘 되는 차가운 곳에 저장하고, 열원, 산화되기 쉬운 물질과 떨어진 곳에 저장하여야 한다.

　㉢ 용기에 수납하여 있는 것은 용기의 파손을 막아 위험물이 새지 않도록 하여야 하며, 조해성이 있는 물질은 용기를 밀폐하여야 한다.

④ 연소형태

　㉠ 가열, 충격에 의하여 분해폭발한다.

　㉡ 촉매나 강한 산 또는 다른 물질과 접촉하여 분해폭발한다.

　㉢ 가연성 물질과 혼합 접촉하여 착화폭발한다.

기출PLUS

기출 2019. 4. 6. 시행

위험물 지정수량이 다른 하나는?

① 탄화칼슘
② 과염소산
③ 마그네슘
④ 금속의 인화물

❮정답 ③

ㄹ 알칼리금속의 과산화물은 물과 격렬히 반응하여 분해되며 다량의 산소를 발생하면서 발열한다.

⑤ 소화방법

ㄱ 물로 분해온도 이하로 낮추어 산소의 방출을 억제하는 주수소화가 효과적이다.

ㄴ 알칼리 금속의 과산화물은 물과 반응하면 발열하므로 주수소화는 금물이며, 건조사로 피복소화하는 것이 바람직하다.

(2) 제2류 위험물(가연성 고체)

① 종류

품명 및 품목	지정수량	품명 및 품목	지정수량
황화린	100kg	철분	500kg
적린	100kg	마그네슘	500kg
유황	100kg	금속분	500kg
인화성고체	1,000kg		

② 일반적 성질

ㄱ 반응개념

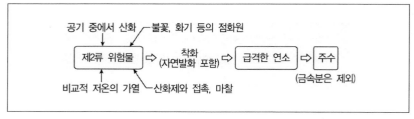

ㄴ 낮은 온도에서 착화되기 쉬우며, 연소속도가 빠른 가연성 물질이다.

ㄷ 환원성 물질이며 산화제와 접촉하면 마찰 혹은 충격에 의해 폭발의 위험성이 있다.

ㄹ 상온에서 고체이다.

ㅁ 철분, 마그네슘, 금속분류는 산과 물의 접촉으로 발열한다.

③ 공통적인 저장, 취급상의 주의사항

ㄱ 산화제와의 접촉을 피한다.

ㄴ 열원 및 가열을 피한다.

ㄷ Mg, Al은 물이나 습기를 피한다.

ㄹ 용기의 파손, 누출에 유의한다.

④ 연소형태

　　㉠ 저온에서 발화하며 많은 열과 빛을 낸다.

　　㉡ 산화제와 혼합하면 폭발하고, 공기 중에 가루가 부유하면 분진폭발 할 수 있다.

　　㉢ 황린(P_4)은 공기 중에서 방치하면 산화열로 온도가 상승되어 자연발화 한다.

　　㉣ 금속분은 산이나 할로겐원소와 접촉되면 발화한다.

　　㉤ 인은 다량의 연기를 낸다.

　　㉥ 연소 시 발생하는 기체는 독성이 있다.

⑤ 소화방법

　　㉠ 철분, 마그네슘, 금속분류의 화재 시 주수하면 비산으로 인한 화재면적의 확대 위험과 물과 반응하여 발생되는 수소에 의한 폭발의 위험이 따르므로 건조사에 의한 피복소화가 좋다.

　　㉡ 금속분 이외의 것은 주수소화에 의한 냉각소화가 효과적이다.

(3) 제3류 위험물(자연발화성 물질 및 금수성 물질) ✪ 2019 기출

① 종류

품명 및 품목	지정수량	품명 및 품목	지정수량
칼륨	10kg	알칼리금속 및 알칼리토금속	50kg
나트륨	10kg	유기금속화합물 (알킬알루미늄 및 알킬리튬 제외)	50kg
알킬알루미늄	10kg	금속의 수소화물	300kg
알킬리튬	10kg	금속의 인화물	300kg
황린	20kg	칼슘 또는 알루미늄의 탄화물	300kg

② 일반적 성질

　㉠ 반응개념

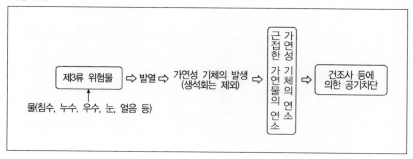

    ⓛ 물과 만나면 발열반응을 일으키는 동시에 가연성 가스를 내는 금수성 물질이다.

    ⓒ 생석회(산화칼슘)만은 물과 반응하여 발열만을 한다.

    ⓔ 일반적으로 물보다 무겁지만 나트륨, 칼륨, 알킬리튬, 알킬알루미늄은 물보다 가볍다.

③ 공통적인 저장, 취급상의 주의사항

    ㉠ 용기의 파손이나 부식을 막아야 한다.

    ⓛ 수분의 접촉을 막아야 한다.

    ⓒ 보호액 중에 저장하는 것은 위험물 표면에 노출되지 않게 한다.

    ⓔ 가연성 가스를 발생하는 것은 화기에 주의한다.

④ 연소형태

    ㉠ 물과 만나면 발열한다.

    ⓛ 물과 반응하여 가연성 가스를 생성하여 폭발한다(칼륨, 나트륨, 카바이트).

    ⓒ 물과 반응하여 부식성 가스를 생성한다(인화칼슘).

    ⓔ 공기 중에서 쉽게 산화한다(칼륨, 나트륨).

    ⓜ 알킬알루미늄 또는 알킬리튬은 공기 중에서 급격히 산화하고 물과 접촉하면 가연성 가스를 발생하여 급격히 발화한다.

⑤ 소화방법

    ㉠ 금수성 물질이므로 주수소화는 금물이다.

    ⓛ 사염화탄소, 탄산가스 등과도 격렬히 반응하므로 건조사가 가장 효과적이다.

    ⓒ 그 외에 금속화재용 분말소화약제도 사용된다.

(4) 제4류 위험물(인화성 액체)

① 종류

품명 및 품목		지정수량	품명 및 품목		지정수량
특수인화물		50ℓ	제2석유류	비수용성액체	1,000ℓ
				수용성액체	2,000ℓ
알코올류		400ℓ	제3석유류	비수용성액체	2,000ℓ
동 · 식물유류		10,000ℓ		수용성액체	4,000ℓ
제1석유류	비수용성액체	200ℓ	제4석유류		6,000ℓ
	수용성액체	400ℓ			

② 일반적 성질 ✪ 2020 기출

　⊙ 반응 개념

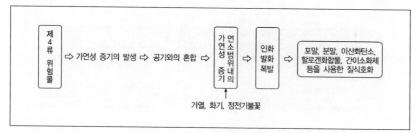

　ⓛ 상온에서 액상인 가연성 액체와 비교적 낮은 온도에서 액체가 되는 고상 물질로 대단히 인화되기 쉬우며 시안화수소를 제외한 가연성 액체의 증기는 공기보다 무겁다.

　ⓒ 물질이 고온체의 접촉 등에 의해서 가열되어 발화하는 최저온도를 착화온도라고 한다.

　ⓔ 알코올류를 제외한 거의 모든 제4류 위험물은 물에 녹지 않으므로 물 위에 뜨게 되어(이황화탄소는 물보다 무거움) 널리 퍼지게 된다.

③ 공통적인 저장, 취급상의 주의사항

　⊙ 증기의 누출을 방지해야 한다.

　ⓛ 화기의 접근, 가열을 해서는 안 된다.

　ⓒ 용기는 밀봉하여 찬 곳에 저장한다.

　ⓔ 환기를 잘하여 발생증기의 체류를 억제한다.

　ⓜ 전기설비는 방폭성의 것을 사용한다.

　ⓗ 정전기의 발생을 막는다.

　ⓢ 정전기가 발생하는 곳은 접지조치를 한다.

④ 연소형태

　⊙ 대단히 인화되기 쉽다. 즉 낮은 온도에서 인화, 연소하거나 작은 불꽃(성냥불, 전기스파크 등)에 인화된다.

　ⓛ 비교적 낮은 온도에서 발화 연소한다.

　ⓒ 대부분 물보다 가볍고 물에 녹지 아니하므로 물에 뜨고 널리 퍼진다. 4류 위험물이 물 위에 존재할 경우 지면과 달리 그 넓이는 극히 넓게 퍼지고 그만큼 인화시의 위험범위 또한 넓어진다.

　ⓔ 유류화재의 불길은 극히 크게 느껴지게 되며, 검은 연기가 많이 발생한다.

⑤ 소화방법

　⊙ 주수소화는 오히려 화재의 확대 위험이 있다.

　ⓛ 이산화탄소 분말, 사염화탄소로 질식소화한다.

　ⓒ 소포성의 위험물 화재는 수용성이 없는 내알코올성포를 사용한다.

기출PLUS

기출 2020. 6. 20. 시행

제4류 위험물에 대한 설명으로 옳지 않은 것은?

① 물보다 가볍고 물에 녹지 않는 것이 많다.

② 일반적으로 부도체 성질이 강하여 정전기 축적이 쉽다.

③ 발생 증기는 가연성이며, 증기비중은 대부분 공기보다 가볍다.

④ 사용량이 많은 휘발유, 경유 등은 연소하한계가 낮아 매우 인화하기 쉽다.

＜정답 ③

기출 2018. 10. 13. 시행

제5류 위험물의 소화대책으로 옳지 않은 것은?

① 외부로부터의 산소 유입을 차단한다.
② 화재 초기에는 다량의 물로 냉각소화하는 것이 효과적이다.
③ 항상 안전거리를 유지하고 접근할 때에는 엄폐물을 이용한다.
④ 밀폐된 공간에서 화재 시 공기호흡기를 착용하여 질식되지 않도록 주의한다.

〈정답 ①

(5) 제5류 위험물(자기 반응성 물질) ✪ 2018 기출

① 종류

품명 및 품목	지정수량	품명 및 품목	지정수량
유기과산화물	10kg	아조화합물	200kg
질산에스테르류	10kg	디아조화합물	200kg
니트로화합물	200kg	히드라진 유도체	200kg
니트로소화합물	200kg	히도록실아민	100kg
히드록실아민염류	100kg		

② 일반적 성질

　㉠ 반응개념

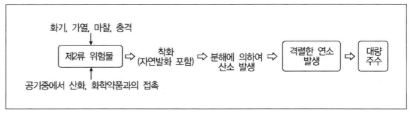

　㉡ 가연성 물질이며, 산소함유 물질로 자기 연소가 가능한 물질이다.
　㉢ 가열, 충격, 마찰, 다른 물질과의 접촉은 폭발의 위험성이 있고 산화반응, 열분해반응에 의해 자연 발화하는 수도 있다.

③ 공통적인 저장, 취급상의 주의사항

　㉠ 습기, 통풍, 가열, 충격, 마찰을 피해야 한다.
　㉡ 불꽃 등 고온체와의 접근을 피해야 한다.
　㉢ 용기의 파손에 주의해야 한다.
　㉣ 운반용기는 '화기엄금', '충격주의' 같은 표시를 해야 한다.

④ 연소형태

　㉠ 자기 연소한다.
　㉡ 연소속도가 빨라 폭발적이다.
　㉢ 가열, 충격, 마찰, 이물질과 접촉 시 폭발하는 것이 많다.
　㉣ 장시간에 걸친 산화에 의한 열분해가 진행되면 자연발화 하는 경우도 있다.

⑤ 소화방법

　㉠ 연소가 대단히 빠르므로 초기 화재나 소량 화재 외에는 소화가 곤란하다.
　㉡ 자체가 산소를 함유하므로 질식소화는 효과가 없고, 많은 물로서 냉각 소화시키는 방법이 효과적이다.

(6) 제6류 위험물(산화성 액체) ❸ 2019 기출

① 종류

품명 및 품목	지정수량
과염소산	300kg
과산화수소	300kg
질산	300kg
그 밖에 행정안전부령으로 정하는 것	300kg

② 일반적 성질

ⓐ 반응개념

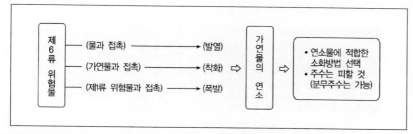

ⓑ 불연성 물질이지만 산소를 함유하여 제1류 위험물과는 폭발을 일으킨다.

ⓒ 물에 잘 녹으며 물과는 발열반응을 한다.

③ 공통적인 저장, 취급상의 주의사항

ⓐ 물, 가연물, 유기물, 산화제와의 접촉을 피한다.

ⓑ 저장용기는 내산성의 것이어야 하며, 밀봉해야 하고, 파손에 주의한다.

④ 연소형태

ⓐ 자신은 불연성이다.

ⓑ 분해 시 다량의 산소를 발생시켜 타 물질의 연소를 돕는다.

ⓒ 물과 만나면 발열한다.

⑤ 소화방법

ⓐ 물과는 발열하므로 주수소화는 별 효과가 없으나 다량의 물로 희석시켜 소화할 수도 있다.

ⓑ 그 외에는 건조사, 탄산가스에 의한다.

ⓒ 사염화탄소 소화기는 포스겐을 발생하므로 지하실의 화재에는 적당하지 않다.

(7) 보일오버 등 위험물 화재의 특수현상과 대처법

① 보일오버(Boil Over)

ⓐ 유류탱크 주변에 화재가 발생하였을 때 주변 화염의 접촉으로 탱크 내부에 고온의 연소유류가 탱크 하단에 있는 수분을 가열시켜 수분의 팽창으로 고온의 유류가 탱크 외부로 분출하는 현상이다.

ⓑ 예측 및 방지를 위해서는 유류탱크 내의 유류의 특성, 물성 등을 계산하면 보일오버 현상을 예측할 수 있으며, 소화작업 시 탱크 외부에 주수하면 그 건조 상태를 보고 고온층의 위치를 찾을 수 있다.

• 유류탱크 하단의 수분을 제거한다(배수설비).
• 탱크 하부에 비등석을 넣어 물에 기포가 생기도록 하여 갑작스런 분출을 억제한다.
• 탱크 내부에 유체를 넣어 물이 유류와 에멀젼 상태에 있게 한다.

② 슬롭오버(Slop Over)

ⓐ 화재 발생 시에 고온의 유류에 주수소화를 하면 분사된 수분이 유류 표면에 기포를 발생시킨다. 유류의 열류교환으로 인해 하단층에 있는 차가운 기름이 급속히 팽창하면서 유류에 화재가 발생한다.

ⓑ 유류화재 시에는 화염에 의해 유류가 고온상태가 되고 여기에 주수소화를 하면 고온의 유류가 분출하기 때문에 서서히 소화작업을 진행해야 한다.

③ 포스오버(Froth Over)

ⓐ 화재현상을 제외하고 물이 고온상태의 유류와 접촉하면 거품과 같은 상태로 넘치게 되는 현상이다.

ⓑ 고온의 물과 유류에 의한 피해가 발생할 수 있으므로 유류에 의한 피해위험을 줄이고, 탱크에 수분이 없도록 배수시설을 설치해야 한다.

2018년 상반기
01 제5류 위험물의 소화대책으로 옳지 않은 것은?

① 외부로부터의 산소 유입을 차단한다.

② 화재 초기에는 다량의 물로 냉각소화하는 것이 효과적이다.

③ 항상 안전거리를 유지하고 접근할 때에는 엄폐물을 이용한다.

④ 밀폐된 공간에서 화재 시 공기호흡기를 착용하여 질식되지 않도록 주의한다.

> **TIPS!**
>
> ① 제5류 위험물(자기 반응성 물질)은 자체가 산소를 함유하므로 질식소화는 효과가 없으며 다량의 물로 냉각 소화시키는 방법이 효과적이다.

2016년 중앙/지방
02 플래시오버를 지연시키기 위한 소방전술이 아닌 것은?

① 공기차단 지연방식

② 배연지연방식

③ 제거소화 지연방식

④ 냉각지연방식

> **TIPS!**
>
> 플래시오버(전실화재) 지연을 위한 소방전술
> ㉠ 냉각지연방식
> ㉡ 배연지연방식
> ㉢ 공기차단 지연방식

Answer 01.① 02.③

2015년 지방

03 위험물의 성질과 상태를 구분(제1류~제6류)한 연결이 바르지 않은 것은?

① 2류 위험물 – 가연성 액체

② 3류 위험물 – 자연발화성 및 금수성 물질

③ 5류 위험물 – 자기반응성물질

④ 6류 위험물 – 산화성 액체

TIPS!

① 2류 위험물 – 가연성 고체

2011년 지방

04 다음 중 물질이 연소할 때 온도에 따른 색깔로 바르지 않은 것은?

① 암적색 : 700℃

② 적색 : 850℃

③ 황적색 : 1,100℃

④ 휘백색 : 1,300℃

TIPS!

불꽃의 온도(℃)	불꽃의 색깔	불꽃의 온도(℃)	불꽃의 색깔
500℃	담암적색	1,000℃	주황색
700℃	암적색	1,050℃	황색
750℃	진홍색	1,100℃	황적색
850℃	적색	1,300℃	백적색
950℃	휘적색	1,500℃	휘백색

05 제5류 위험물의 성질로 옳은 것은?

① 금수성 물질

② 산화성 물질

③ 자연발화성 물질

④ 자기 반응성 물질

TIPS!

제5류 위험물의 일반적 성질
㉠ 가연성 물질이며, 산소함유 물질로 자기 연소가 가능한 물질이다.
㉡ 가열, 충격, 마찰, 다른 물질과의 접촉은 폭발의 위험성이 있고 산화반응, 열분해반응에 의해 자연 발화하는 수도 있다.

Answer 03.① 04.④ 05.④

06 다음 보기에 해당되지 않는 것은?

> • 산화성 고체로서 가열, 충격 마찰 등으로 분해되어 산소를 방출하여 연소를 돕는다.
> • 가연성 고체로서 산화제와 접촉하면 마찰 혹은 충격에 의해 폭발의 위험성이 있다.
> • 금수성 물질로서 생석회만은 물과 반응하여 발열만을 한다.

① 1류 위험물   ② 4류 위험물
③ 2류 위험물   ④ 3류 위험물

★ TIPS! ⋯⋯

② 4류 위험물은 인화성 액체로서 대단히 인화되기 쉽다.

※ 위험물의 정의

ㄱ 1류 위험물 : 일반적으로 불연성 물질이지만 다른 물질을 산화시킬 수 있다.

ㄴ 2류 위험물 : 낮은 온도에서 착화되기 쉬우며 연소속도가 빠른 가연성 물질이다.

ㄷ 3류 위험물 : 물과 만나 발열반응을 일으키며 가연성 가스를 내는 금수성 물질이다.

ㄹ 4류 위험물 : 비교적 낮은 온도에서 액체가 되는 고상물질이다.

ㅁ 5류 위험물 : 가연성 물질이며 산소를 함유하여 자기연소가 가능한 물질이다.

ㅂ 6류 위험물 : 산소를 포함한 강산화제로서 분해에 의해 다른 물질의 연소를 돕는다.

07 다음 중 반응개념에서 2류 위험물과 5류 위험물의 공통점으로 옳은 것은?

① 금수성   ② 고상물질
③ 불연성   ④ 가연성

★ TIPS! ⋯⋯

① 금수성은 3류 위험물의 특징이다.

② 고상물질은 4류 위험물의 특징이다.

③ 불연성은 1류 위험물과 6류 위험물의 특징이다.

Answer 06.② 07.④

08 다음 중 액화물질이 인화점보다 낮은 중질류 화재 시 장시간 화재가 진행되면 유류 중 가벼운 성분이 표면층에 증발 연소되는 현상은?

① BLEVE 현상　　　　　　　　　　　　② 보일오버

③ 오일오버　　　　　　　　　　　　　　④ 슬롭오버

> 🔆 **TIPS!**
>
> ② 보일오버 : 중질유의 탱크에서 장시간 조용히 연소하다 잔존기름이 분출하는 현상
> ① BLEVE : 인화성 액체가 화재 노출 시 내부의 비등현상으로 폭발하는 현상
> ③ 오일오버 : 탱크 내 유류가 절반 미만일 경우 화재로 인해가 내부가 폭발하는 현상
> ④ 슬롭오버 : 휘발유와 같이 인화점이 낮은 제품이 주변 온도차에 의한 유류분출 현상

09 다음 중 탱크에서 화재가 발생 했을 때 나머지 셋과 다른 현상 하나는?

① 중유와 같이 끓는점이 서로 다른 성분이 가벼운 성분의 유류 표면층으로 증발하여 연소한다.

② 원유 속에 포함된 물이 탱크 표면의 열기로 인해 수증기로 변화되어 상류층에 있는 유류를 밀어 올린다.

③ 탱크에 절반정도의 기름이 화재로 압력이 상승하여 폭발한다.

④ 밀폐된 탱크에 불이 붙은 상태로 기름이 방출된다.

> 🔆 **TIPS!**
>
> ①②④ 보일오버 현상이며, 보일오버, 슬롭오버 현상은 탱크 밖으로 유류가 방출되는 현상을 보인다.
> ③ 오일오버 현상이며, 오일오버와 BLEVE(블래비)는 탱크가 폭발하는 현상을 보인다.

10 다음 중 화재 발생 시 물로 소화가 가능한 것은?

① 무기과산화물, 니트로화합물　　　　　② 니트로화합물, 유기과산화물

③ 나트륨, 칼륨　　　　　　　　　　　　④ 특수인화물, 니트로화합물

> 🔆 **TIPS!**
>
> ② 5류 위험물로서 자체에 산소를 함유하고 있어 많은 물로서 냉각소화 해야 한다.
> ① 무기과산화물은 제1류 위험물로서 알칼리 금속은 물에 발열하여 주수소화는 금물이다.
> ③ 나트륨, 칼륨은 제3류 위험물로서 물을 만나면 가연성 가스가 발생한다.
> ④ 특수인화물은 제4류 위험물로서 주수소화는 화재의 위험이 있다.

Answer　08.②　09.③　10.②

11 다음 중 특수가연물의 저장 및 취급기준에 대한 설명으로 옳지 않은 것은?

① 품명별로 구분하여 쌓아야 한다.

② 쌓는 부분의 바닥면적 사이는 1미터 이상이 되도록 하여야 한다.

③ 살수설비를 설치하거나 방사능력 범위에 해당 특수가연물이 포함되도록 대형수동식소화기를 설치하는 경우에는 쌓는 높이를 15미터 이하로 하여야 한다.

④ 석탄·목탄류의 경우 쌓는 부분의 바닥면적은 50제곱미터 이하가 되도록 하여야 한다.

> **TIPS!**
>
> 특수가연물의 저장 및 취급의 기준〈소방기본법 시행령 제7조 제2호〉
> ㉠ 품명별로 구분하여 쌓을 것
> ㉡ 쌓는 높이는 10미터 이하가 되도록 하고, 쌓는 부분의 바닥면적은 50제곱미터(석탄·목탄류의 경우에는 200제곱미터) 이하가 되도록 할 것. 다만, 살수설비를 설치하거나, 방사능력 범위에 해당 특수가연물이 포함되도록 대형수동식소화기를 설치하는 경우에는 쌓는 높이를 15미터 이하, 쌓는 부분의 바닥면적을 200제곱미터(석탄·목탄류의 경우에는 300제곱미터) 이하로 할 수 있다.
> ㉢ 쌓는 부분의 바닥면적 사이는 1미터 이상이 되도록 할 것

12 위험물 중 마그네슘의 지정수량으로 적합한 것은?

① 50kg

② 100kg

③ 200kg

④ 500kg

> **TIPS!**
>
> 제2류 가연성 고체인 마그네슘의 지정수량은 500kg이다.
> ※ 제2류 가연물 지정수량

품목	지정수량	품목	지정수량
황화린	100kg	철분	500kg
적린	100kg	마그네슘	500kg
유황	100kg	금속분	500kg
인화성고체	1,000kg		

Answer 11.④ 12.④

13 다음 중 위험물의 종류가 바르게 연결된 것은?

① 제1류 – 질산염류, 황화린, 요오드산염류

② 제3류 – 나트륨, 철분, 유황, 알킬알루미늄

③ 제4류 – 알코올류, 히드록실아민염류

④ 제6류 – 과염소산, 과산화수소, 질산

> 💡 **TIPS!**
>
> 위험물의 종류〈위험물안전관리법 시행령 별표 1〉
> ㉠ 제1류 : 아염소산염류, 염소산염류, 과염소산염류, 무기과산화물, 브롬산염류, 질산염류, 요오드산염류, 과망간산염류, 중크롬산염류 등
> ㉡ 제2류 : 황화린, 적린, 유황, 철분, 금속분, 마그네슘 등
> ㉢ 제3류 : 칼륨, 나트륨, 알킬알루미늄, 알킬리튬, 황린, 알칼리금속 및 알칼리토금속, 유기금속화합물, 금속의 수소화물, 금속의 인화물, 칼슘 또는 알루미늄의 탄화물 등
> ㉣ 제4류 : 특수인화물, 제1석유류, 알코올류, 제2석유류, 제3석유류, 제4석유류, 동식물유류 등
> ㉤ 제5류 : 유기과산화물, 질산에스테르류, 니트로화합물, 니트로소화합물, 아조화합물, 디아조화합물, 히드라진유도체, 히드록실아민, 히드록실아민염류 등
> ㉥ 제6류 : 과염소산, 과산화수소, 질산, 그 밖에 행정안전부령이 정하는 것 등

14 다음 중 제2류 위험물에 해당되는 것은?

① 칼륨

② 마그네슘

③ 알킬알루미늄

④ 나트륨

> 💡 **TIPS!**
>
> 제2류 위험물에는 황화린, 적린, 유황, 철분, 마그네슘, 금속분이 있다.

15 다음 중 위험물제조소 채광·조명 및 환기설비에 관한 내용으로 옳은 것은?

① 채광설비는 불연재료로 하고 면적은 크게 한다.

② 점멸스위치는 출입구 안쪽에 설치한다.

③ 강제배기 방식으로 한다.

④ 급기구를 낮은 곳에 설치한다.

> 💡 **TIPS!**
>
> ④ 위험물제조소 환기설비에서 급기구는 낮은 곳에 설치하고 가는 눈의 구리망 등으로 인화방지망을 설치한다.

 **Answer** 13.④ 14.② 15.④

16 다음 중 특수인화물에 대한 규정사항이 아닌 것은?

① 이황화탄소, 에테르 등이다.

② 1기압에서 발화점 100℃ 이하를 말한다.

③ 인화점이 영하 20℃ 이하이고 비점이 40℃ 이하를 말한다.

④ 특수인화물은 제5류 위험물에 속한다.

 **TIPS!**

특수인화물 … 이황화탄소, 디에틸에테르 그 밖에 1기압에서 발화점이 섭씨 100℃ 이하인 것 또는 인화점이 섭씨 영하 20℃ 이하이고 비점이 섭씨 40℃ 이하인 것을 말한다〈위험물안전관리법 시행령 별표 1〉.
④ 특수인화물은 제4류 위험물이다.

17 다음 중 위험물안전관리법령상 유기과산화물, 질산에스테르류, 니트로화합물, 히드라진 유도체와 같은 물질의 특성으로 옳은 것은?

① 금수성

② 자연발화성

③ 인화성

④ 자기반응성

TIPS!

④ 문제의 물질들은 제5류 위험물로 마찰, 가열, 충격에 의해 자기연소를 하는 자기반응성의 성질을 가지 있으며 장시간에 걸쳐 산화에 의한 열분해로 자연발화하는 경우도 있지만 일반적 성질은 아니다.

18 다음 중 위험물의 정의로 올바른 것은?

① 대통령령이 정하는 인화성 또는 폭발성 물질

② 대통령령이 정하는 인화성 또는 발화성 물질

③ 대통령령이 정하는 가연성 또는 이산화성 물질

④ 대통령령이 정하는 발화성 또는 금속성 물질

TIPS!

위험물 … 인화성 또는 발화성 등의 성질을 가지는 것으로서 대통령령이 정하는 물품을 말한다〈위험물안전관리법 제2조 제1항 제1호〉.

Answer 16.④ 17.④ 18.②

19 다음 중 제3류 위험물의 일반적 성질은?

① 자기연소성 물질이다.   ② 산화성 고체이다.

③ 산화성 액체이다.   ④ 금수성 물질이다.

 TIPS!

제3류 위험물의 일반적 성질

㉠ 물과 만나면 발열반응을 일으키고 가연성 가스를 발생시키는 금수성 물질이다.

㉡ 생석회만은 물과 반응하여 발열만 한다.

㉢ 일반적으로 물보다 무겁지만 나트륨, 칼륨, 알킬리튬, 알킬알루미늄은 물보다 가볍다.

20 다음 중 지정 수량이 다른 것은?

① 질산염류   ② 요오드산염류

③ 아염소산염류   ④ 브롬산염류

TIPS!

① 300kg ② 300kg ③ 50kg ④ 300kg

21 다음 중 위험물안전관리법령상 제4류 위험물 중 알코올 등 수용성 유류화재에 적응성이 가장 뛰어난 소화약제는 무엇인가?

① 단백포 소화약제   ② 수성막포 소화약제

③ 내알코올포 소화약제   ④ 합성계면활성제포 소화약제

TIPS!

내알콜성포 소화약제

㉠ 물에 불용성인 포의 막을 형성하여 알콜 등과 같이 물에 용해되는 액체의 소화에 사용된다.

㉡ 내알콜성포에는 6%형이 있다.

㉢ 내알콜성포의 비누화현상 : 일반적인 포 소화약제를 수용성 액체 가연물 등에 사용하면, 물이 수용성 가연물에 용해되기 때문에 포가 사라져 소화 작용을 할 수 없다. 따라서 포의 소멸(소포성)을 억제하기 위하여 단백질의 가수분해물, 계면활성제에 금속비누 등을 첨가하여 유화 분산시킨다. 이것을 원제로 하여 물과 혼합하게 되면 불용성의 성질을 갖게 된다.

㉣ 적응 대상물은 알콜류, 케톤류, 에스테르류 등의 수용성 액체물질이다.

Answer 19.④ 20.③ 21.③

22 다음 중 칼륨(K), 나트륨(Na)의 보호액은?

① 물   ② 석유
③ 식용유   ④ 알코올

💡 **TIPS!**

② 제3류 위험물로서 물과 공기에 의해 폭발하거나 쉽게 산화되기 때문에 보호액(석유)으로 저장하여야 한다.

23 다음 중 4류 위험물의 소화방법에 대한 설명으로 옳은 것은?

① 수용액 액체화재의 발생 시 다량의 물로 희석소화 시킨다.
② 연소중인 물질은 화점에서부터 제거하여 소화시킨다.
③ 소규모 유류화재 시에는 물로 소화가 가능하다.
④ 이산화탄소분말, 사염화탄소로 질식소화가 가능하다.

💡 **TIPS!**

④ 주수소화는 오히려 화재의 확대위험이 있다.

24 시안화수소, 메탄, 프로판, 아세틸렌 중 위험도가 높은 순으로 차례로 나열된 것은?

① 시안화수소, 프로판, 메탄, 아세틸렌
② 시안화수소, 아세틸렌, 메탄, 프로판
③ 아세틸렌, 시안화수소, 프로판, 메탄
④ 아세틸렌, 시안화수소, 메탄, 프로판

💡 **TIPS!**

③ 가스의 폭발 한계로서 아세틸렌(31.4) → 시안화수소(5.8) → 프로판(3.5) → 메탄(2)

Answer 22.② 23.④ 24.③

25 다음 중 제4류 위험물에 적응되는 소화는 어느 것인가?

① 냉각   ② 공기차단

③ 부촉매 효과   ④ 제거소화

> **TIPS!**
> ② 제4류 위험물 화재 시 공기를 차단하여 질식소화하여야 한다.

26 다음 중 위험물의 유별성질이 바르게 연결되지 못한 것은?

① 제1류 – 산화성

② 제2류 – 가연성

③ 제5류 – 폭발성

④ 제6류 – 산화성

> **TIPS!**
> ③ 제5류는 자기반응성의 특성을 갖는다.

27 제4류 위험물의 공통성질과 거리가 먼 것은?

① 인화의 위험이 있다.

② 대체로 수용성이고 비중은 물보다 무겁다.

③ 증기 비중은 공기보다 무겁다.

④ 대체로 연소 범위가 넓고 특히, 인화온도가 낮다.

> **TIPS!**
> ② 대체적으로 물에 녹기 어렵고 물보다 가볍다.

Answer   25.②   26.③   27.②

28 다음 중 위험물의 저장방법으로 옳지 않은 것은?

① 황린 – 물속

② 이황화탄소 – 직사광선을 피하여 찬 곳에 저장

③ 금속나트륨 – 석유 속

④ 아세트알데히드 – 구리로 된 용기

> **TIPS!**
>
> 위험물의 저장
> ㉠ 황린 : 자연발화성이 있으므로 물속에 저장한다.
> ㉡ 이황화탄소 : 직사광선을 피하여 찬 곳에 저장한다.
> ㉢ 금속나트륨, 금속칼륨 : 보통 석유 속에 저장하며 습기·물과의 접촉을 막는다.
> ㉣ 아세트알데히드 : 공기와의 접촉을 피해야 하며 구리나 마그네슘 등과 접촉하면 폭발성인 화합물을 만들 가능성이 있다.

29 제5류 위험물의 공통적인 성질은?

① 연소속도가 느리다.

② 무기물이다.

③ 자기반응성 물질이다.

④ 화재 시 다른 위험물에 비해 소화가 용이하다.

> **TIPS!**
>
> 제5류 위험물은 유기물의 질화물이고 연소속도가 매우 빨라 폭발적이기 때문에 화재 시 소화가 곤란하다.

Answer 28.④ 29.③

화재의 조사

section 1 화재조사의 개요(목적·방법·절차 등)

(1) 화재조사의 목적

① 화재의 원인과 그 화재로 인한 손해를 조사하는 것으로 방화·실화의 혐의가 있다고 인정되는 때에 소방기관은 지체없이 관할경찰서장에게 그 사실에 대한 정보를 제공하고 필요한 증거를 수집하고 보존하여 그 범죄수사에 협력한다.

② 화재의 유형

   ㉠ 화재

     • 인간의 의도에 반하거나 또는 인위적인 형태로 발생하는 것

     • 소화할 필요가 있는 연소현상에 대해 소화시설을 사용하는 것

     • 저장된 물질에 자연적·인위적 충격으로 폭발 하는 것

   ㉡ **폭발** : 폭발은 물리적 폭발과 화학적 폭발로 구분된다. 물리적 폭발은 분자구조의 변화없이 상의변화로 인해 압력의 증가 등으로 발생하는 것이다. 화학적 폭발은 화학반응에 의해 분자구조가 변화하는 과정에서 압력이 발생하는 것이다.

   ㉢ 방화와 실화

     • **방화** : 방화는 악의적 목적을 가지고 시행되는 범죄이기 때문에 형법상에 방화라는 인식이 필요하다. 고의적으로 연소를 일으키는 것 뿐만 아니라 발생시킨 화재를 소화시킬 의무를 가진자가 이것을 이용하여 목적물을 훼손하면 방화로 처분된다.

     • **실화** : 과실에 의해 화재를 발생시키고 부주의한 행위로 인한 화재를 말하며, 발화과정 중에 소화시킬 시설이나 출화방지조치를 하지 않는 경우 실화로 처리된다.

③ 화재조사의 활용

   ㉠ 화재에 의한 피해를 알리고 유사화재의 방지와 피해의 감소에 노력한다.

   ㉡ 화재발생의 원인 규명과 예방행정의 자료로서 사용된다.

   ㉢ 화재확대 및 연소원인을 규명하여 예방 및 진압대책상의 자료로 사용된다.

   ㉣ 사상자의 발생원인과 방화관리상황 등을 규명하여 인명구조 및 안전대책의 자료로 사용된다.

   ㉤ 화재의 발생상황, 원인, 손해상황 등을 통계화하여 소방정보를 분석하고 행정시책의 자료로 사용된다.

(2) 화재조사의 방법과 절차

화재조사는 연소현상과 그 결과에 대한 과학적, 법률적인 관계를 고려해야 하기 때문에 전문성이 요구되며 조사권자가 강제성을 갖고 관계인에 대한 조사활동을 한다.

① 화재의 원인 및 피해 조사〈소방기본법 제29조〉

    ㉠ 소방청장·소방본부장 또는 소방서장은 화재가 발생하였을 때에는 화재의 원인 및 피해 등에 대한 조사를 하여야 한다.

    ㉡ 화재조사의 방법 및 전담조사반의 운영과 화재조사자의 자격 등 화재조사에 필요한 사항은 행정안전부령으로 정한다.

화재 원인 순서	
정보교환	화재발생건물에 대한 사전조사(출동 중 화재현장에서 취합된 정보)
⇩	
증거자료확복	현장도착 직전의 현장조사(연기의 색깔, 방향, 연소확산)
⇩	
정밀감정대상분류	현장에 대한 세부조사(현장관찰, 자료수집 및 사진촬영, 발화 지점 확인)
⇩	
문서화작업	관계자에 대한 조사(최초 목격자, 관계자, 신고자 등)
⇩	
증거자료 보완	관계서류조사(화재원인에 관한 서류, 보험관계 등의 자료)

② 출입·조사 등〈소방기본법 제30조〉

    ㉠ 소방청장·소방본부장 또는 소방서장은 화재조사를 하기 위하여 필요하면 관계인에게 보고 또는 자료 제출을 명하거나 관계 공무원으로 하여금 관계 장소에 출입하여 화재의 원인과 피해의 상황을 조사하거나 관계인에게 질문하게 할 수 있다.

POINT 긴급상황보고〈화재조사 및 보고규정 제45조 제1항〉 … 조사활동 중 본부장 또는 서장이 소방청장에게 긴급상황을 보고하여야 할 화재는 다음과 같다. ✪ 2020. 2021 기출

    ㉠ 대형화재
- 인명피해 : 사망 5명 이상이거나 사상자 10명 이상 발생화재
- 재산피해 : 50억 원 이상 추정되는 화재

    ㉡ 중요화재
- 관공서, 학교, 정부미 도정공장, 문화재, 지하철, 지하구 등 공공 건물 및 시설의 화재
- 관광호텔, 고층건물, 지하상가, 시장, 백화점, 대량위험물을 제조·저장·취급하는 장소, 중점관리대상 및 화재경계지구
- 이재민 100명 이상 발생화재

    ㉢ 특수화재
- 철도, 항구에 매어둔 외항선, 항공기, 발전소 및 변전소의 화재
- 특수사고, 방화 등 화재원인이 특이하다고 인정되는 화재
- 외국공관 및 그 사택
- 그 밖에 대상이 특수하여 사회적 이목이 집중될 것으로 예상되는 화재

기출 2020. 6. 20. 시행

「화재조사 및 보고규정」상 내용으로 옳지 않은 것은?

① 방화는 중요화재에 해당한다.

② 화재조사에는 화재원인조사와 화재피해조사가 있다.

③ 화재조사는 관계 공무원이 화재 사실을 인지하는 즉시 실시하여야 한다.

④ 화재현장에서 부상을 당한 후 72시간 이내에 사망한 경우에는 당해 화재로 인한 사망자로 본다.

❮정답 ①

기출 2021. 4. 3. 시행

「화재조사 및 보고규정」상 특수화재에 해당하지 않는 것은?

① 외국공관 및 그 사택의 화재

② 이재민 100명 이상 발생 화재

③ 특수사고, 방화 등 화재원인이 특이하다고 인정되는 화재

④ 철도, 항구에 매어 둔 외항선, 항공기, 발전소 및 변전소의 화재

❮정답 ②

03. 화재의 조사 **269**

ⓒ 화재조사를 하는 관계 공무원은 그 권한을 표시하는 증표를 지니고 이를 관계인에게 보여 주어야 한다.

ⓒ 화재조사를 하는 관계 공무원은 관계인의 정당한 업무를 방해하거나 화재조사를 수행하면서 알게 된 비밀을 다른 사람에게 누설하여서는 아니된다.

③ **수사기관에 체포된 사람에 대한 조사** … 소방청장·소방본부장 또는 소방서장은 수사기관이 방화(放火) 또는 실화(失火)의 혐의가 있어서 이미 피의자를 체포하였거나 증거물을 압수한 때에 화재조사를 위하여 필요한 경우에는 수사에 지장을 주지 아니하는 범위에서 그 피의자 또는 압수된 증거물에 대한 조사를 할 수 있다. 이 경우 수사기관은 소방청장·소방본부장 또는 소방서장의 신속한 화재조사를 위하여 특별한 사유가 없으면 조사에 협조하여야 한다〈소방기본법 제31조〉.

④ **소방공무원과 국가경찰공무원의 협력** … 소방공무원과 경찰공무원은 화재조사를 할 때에 서로 협력하여야 하며 소방본부장이나 소방서장은 화재조사 결과 방화 또는 실화의 혐의가 있다고 인정하면 지체 없이 관할 경찰서장에게 그 사실을 알리고 필요한 증거를 수집·보존하여 그 범죄수사에 협력하여야 한다〈소방기본법 제32조〉.

⑤ **소방기관과 관계보험회사와의 협력** … 소방본부·소방서 등 소방기관과 관계 보험회사는 화재가 발생한 경우 그 원인 및 피해상황을 조사할 때 필요한 사항에 대하여 서로 협력하여야 한다〈소방기본법 제33조〉.

(3) 화재조사를 위한 현장조사활동

① **현장성** … 화재는 소방관계자에 최초 정보가 도착하는 순간부터 신고일시, 신고자의 목소리, 인적사항 등이 기록되면서 화재출동시 풍속, 풍향, 주변의 화재대응, 연기 이동 등의 정보를 바탕으로 화재 현장에서의 정밀감식과 감정에 필요한 물적 증거를 현장에서 취득할 수 있다.

② **신속성** … 화재조사자는 참고인으로부터의 진술에서 최초 발견자, 신고자, 목격자 등과 같이 현장에서 취득한 정보가 화재종결 후 참고인 등이 법적인 판단에 대한 공포로 진술 변경의 가능성을 차단하기 위해 신속하게 질문을 마쳐야 한다. 또한 시간이 지날수록 현장보존과 증거물 확보가 어렵기 때문에 화재조사는 신속성이 필요하다.

③ **정밀성** … 화재조사는 전문자격 또는 현장경력을 바탕으로 한 자격취득자에 의해 과학적 조사결과를 바탕으로 제3자에 의한 신뢰성을 확보하여 향후 화재조사결과 발표에 활용되어야 한다.

④ **보존성** … 화재조사는 바로 화재증거물의 확보이며 증거물의 보존에 주의해야 그 효용가치를 인정받는다. 그러나 화재진압으로 인한 증거물의 열적, 수적, 압력에 의한 증거물의 훼손으로 화재조사의 어려움을 방지하기 위해 주수소화 또는 화재의 초기진압이 이루어져야 한다.

⑤ **안전성** … 화재현장의 현장의 화재 진압과 피해자 구호 그리고 화재진압을 위해 관계인의 출입으로 인해 현장이 심하게 훼손되거나 증거물의 손실 또는 훼손이 이루어지며 건물 붕괴, 유해물질 등으로 인해 현장업무 과정에서 피해를 입을 수 있기 때문에 화재조사자는 현장에 대한 위험인식을 가져야 한다.

⑥ **강제성** … 현장의 관계인 없이 화재조사를 실시하기는 어려운 일이며, 관계인에 의한 조사과정에서 화재조사자의 진술, 현장의 증거물 수집에 불이익을 받을 수 있는 경우가 있어 화재조사자의 면접질문에 불응 또는 침묵하는 경우 소방기본법에 의해 강제권을 발동한다.

⑦ **프리즘식** … 화재조사기관이나 조사자는 현장에서 취득한 정보에 대하여 피해자의 시각, 보험사의 시각, 배상책임자의 시각과 같이 각각의 입장차를 바탕으로 하여 화재의 원인, 경과, 피해지역 등의 종합적인 관찰과 평가를 내려야 한다.

(4) 화재현장의 공식발표

화재현장에서 화재조사자가 취득, 분석한 결과는 최종적인 결과물에 대한 판단이 아니기 때문에 기본적으로 다음과 같은 조건을 지켜야 한다.

① **명예 및 사생활존중** … 헌법상 보장된 명예 및 사생활이 존중되어야 한다.

② **공소유지, 재판에 대한 영향** … 화재를 포함하여 형법상·행정상 범죄 가능성 때문에 공식발표는 주의해야 한다.

③ **민사불개입의 원칙** … 민사상의 문제로 인해 화재의 원인과 결과 발표는 어려움이 있고, 이해당사자 간의 의견충돌에 주의해야 한다.

section 2 화재원인 및 피해조사 기초

(1) 개념

화재조사는 소화활동과 동시에 시작하며 재량성이 고려될 수 없는 소방행정행위로 필수적으로 조사해야 하는 기속행위이며 화재조사관계인의 독립성이 절대적으로 중요하다.

(2) 화재원인조사 ✪ 2018 기출

① **화재원인 조사** … 화재가 발생한 지점에서부터 화재를 발생시킨 발화원을 규명하고 어떤 원인에 의해 착화가 되었는지 과학적으로 조사하는 것이다.

② **발견·통보 및 초기 소화상황 조사** … 화재의 발견·통보 및 초기 소화상황에 대한 연속적인 행동과정을 분석하는 것이다.

기출 2018. 10. 13. 시행

「**소방기본법**」상 화재원인 조사의 범위에 해당하지 않는 것은?

① 화재보험 가입 여부 등의 상황

② 소방시설의 사용 또는 작동 등의 상황

③ 피난경로, 피난상의 장애요인 등의 상황

④ 화재의 연소경로 및 확대원인 등의 상황

❮ 정답 ①

③ **연소상황 조사** … 화재의 착화 원인, 화염의 진행방향(연소경로), 연소확대의 요인, 방화내장재 등에 대한 조사와 규명을 한다.

④ **피난상황 조사** … 화재가 발생한 건물에서 피난구역과 비상계단 등 대피경로, 피난구역에 놓여져 있는 장애물들에 대한 조사와 피난의 장애원인을 찾아낸다.

⑤ **소방시설 등 조사** … 화재현장이 발생한 건물 또는 위험물 저장소 등에 대한 소방안전시설에 대한 사전 설치 여부 및 소방시설의 사용 또는 작동 등의 상황을 확인한다. 화재현장은 연소 또는 소화활동에 의해 현장의 증거물의 훼손으로 인하여 증거자료로서 복원하기기 어렵기 때문에 현장 복원에 노력해야 한다.

(3) 화재피해조사

① **인명피해조사** … 화재발생시 최초 발화에 의한 화재로 인해 사망자 및 부상자의 발생과 화재 진압과정 중에 발생하는 인명피해가 추가적으로 발생한다. 사상자가 발생하게 된 원인 및 연소원인 등과 관련한 인적 · 물적 연관성을 고려해야 한다.

② **재산피해조사** … 화재진압과정에서 발생하는 재산상의 직 · 간접적인 피해로 구분하며, 현재의 피해산정은 직접적인 피해만을 화재피해액으로 간주하고 있다.
　　㉠ **소실피해** : 열에 의해 파손, 용융, 탄화 등에 의한 피해
　　㉡ **수손피해** : 소화활동과정에서 발생되는 피해
　　㉢ **기타피해** : 물품반출, 화재 시 연기, 화염에 의한 폭발의 피해

(4) 화재발화부의 조사

화재원인은 최초 발화지점에 대한 현장조사를 통하여 원인을 규명에 근접할 수 있을 것이다. 그러나 화재현장은 소화활동 중에 현장의 훼손으로 인하여 현장에서 발화부를 찾기는 어렵기 때문에 화재현장의 시각적 조사를 통하여 귀납적인 방법을 사용해야 할 것이다.

① **연소의 상승성(V패턴)** … 화재가 발생하면 연소가스의 발생과 고온의 공기가 상승하여 화염이 주변으로 확대되는 것이 일반적인 현상이다. 특히 이와 같은 화재의 모양이 'V'모양으로서 2차적인 발화원들과는 확연한 차이를 보이고 있다.

② **도괴상황** … 최초 발화지점의 발화원은 화염의 온도가 낮고 연소시간이 지속적이서 화재의 구조물이 서서히 타들어가다 넘어지는 현상을 보이고 있다.

③ **균열흔** … 화재의 재로 목재일 경우 높은 온도의 화염을 받으면 연소될 때 굵은 균열흔이 나타난다. 반대로 저온으로 장시간 연소할 경우 목재 내부의 수분이 목재 표면으로 표출된다.

④ **용융흔** … 건물 내부의 유리, 거울 등의 제품은 화염에 의해 연소되기 이전에 쉽게 탈락된다. 화염 초기에 탈락한 연소물이 발화부를 덮어 화재발생시의 물체가 연소과정 없이 보존이 가능하다.

⑤ **변색흔** … 일반화재에서 금속과 같은 연소불가형태의 구조물, 콘크리트, 기계류, 냉장고 등은 화염의 첩촉과정에서 불길이나 연기에 의한 그을음과 같은 변색흔을 남긴다.

⑥ **무염흔** … 화염 또는 열원과 접촉한 목재 등은 초기 연소흔으로 물질이 착화되면 불꽃없이 연기만 내면서 연소하기 때문에 최초지점이 움푹패인 형태로 깊게 연소되거나 주변연소경계면이 형성된다.

(5) 화재피해액 조사

① **화재 피해액** … 화재가 발생하면 종결적으로 화염에 의해 손실, 오염, 인명피해와 같은 피해와 소화과정 중에 발생하는 수손피해, 붕괴에 의한 파괴 등과 같은 인적 · 물적의 재산상피해와 화재 이후에 뒤따르는 영업손실과 같이 2차 피해가 발생한다.

　㉠ 화재피해조사에서 직접적인 피해조사산정과 간접적인 피해조사산정의 방식 및 기준과 구분을 명확히 구분하기가 어려워 우리나라의 현실은 2차피해(간접피해)를 제외한 현장에서 확인된 물적피해(직접적 피해)만을 공식적인 기준으로 잡고 있다.

　㉡ 화재현장의 피해액산정은 향후 소방대책 및 시책 그리고 행정적인 자료로서 수집관리의 부가적인 목적도 있다.

② **화재피해액산정 대상물**

　㉠ 화재에 의해 직접적으로 피해가 발생하는 건물, 구축물, 차량 및 운반수단(선박 · 항공기 · 철도 등)

　㉡ 건축물 내부에 있는 기계류, 가정집의 가제도구, 건물 외부에 있는 비축물(원재료, 반제품, 저장품 등)

　㉢ 예술공간에 있는 물품, 귀중품, 동물과 식물의 부속물

③ **피해액 계산방법** … 화재로 인하여 당시 현장에 있던 물품들의 공식적인 가격에서 화재현장에 소화작업 이후 남아 있는 잔존가치를 뺀 금액이다. 화재 피해액 산정은 예외적으로 시중 가격과의 비교 또는 장래에 얻을 수익에서 해당수익을 얻기 위한 제반비용을 제외한 산출방법이 있으며 일반적인 피해액 산정 방식은 다음과 같다.

> 화재피해액 = 재건축비 – 물품의 사용기간 동안 감가액

　㉠ **건축물 등의 피해산정** : 일반적인 화재 발생 시 건축물의 건물, 영업시설, 부속물 등으로 화재진압 종결 후 잔존물 또는 폐기물의 처분 · 제거비용을 말한다.

　㉡ **기계장치, 공구 및 가재도구의 피해액 산정** : 유사물품의 구입비용 그리고 수리비용, 경과연수 등을 통하여 감정평가서, 회계장부 등으로 공식적인 피해액 산정을 한다.

ⓒ **차량 및 운송수단과 예술품의 피해액 산정**

- 자동차와 같은 운송수단의 피해액 산정은 동일제품과 비교하거나 유사 물품의 시중 매매가격 또는 부분 소손된 곳의 수리비용을 통하여 피해액을 산정한다. 선박, 항공기, 철도기차와 같은 제품의 특수성을 기반으로 하는 제품은 기계장치의 피해액 산정기준에 따른다.

- 예술품의 피해액 산정은 공인감정기관에서 인정하는 금액을 바탕으로 하여 복수의 전문가(학자, 손해사정인, 감정인 등)의 감정을 바탕으로 피해금을 산정하지만 예술품의 미래적 가치를 기반으로 하는 물품은 감가공제는 하지 않는다.

- 잔존물 폐기 또는 제거비용 : 화재로 인하여 남겨진 물품에 대한 수리 또는 보존이 어려울 경우 또는 건축물의 재건축을 위한 기반시설물의 제거비용 등은 별도로 산정하되 화재피해액의 10% 범위 내의 금액만 인정한다.

2021년 상반기

01 「화재조사 및 보고규정」상 특수화재에 해당하지 않는 것은?

① 외국공관 및 그 사택의 화재

② 이재민 100명 이상 발생 화재

③ 특수사고, 방화 등 화재원인이 특이하다고 인정되는 화재

④ 철도, 항구에 매어 둔 외항선, 항공기, 발전소 및 변전소의 화재

> **TIPS!**
>
> **특수화재**〈「화재조사 및 보고규정」 제45조(긴급상황보고) 제1항 제3호〉
> 가. 철도, 항구에 매어둔 외항선, 항공기, 발전소 및 변전소의 화재
> 나. 특수사고, 방화 등 화재원인이 특이하다고 인정되는 화재
> 다. 외국공관 및 그 사택
> 라. 그 밖에 대상이 특수하여 사회적 이목이 집중될 것으로 예상되는 화재

2020년 상반기

02 「화재조사 및 보고규정」상 내용으로 옳지 않은 것은?

① 방화는 중요화재에 해당한다.

② 화재조사에는 화재원인조사와 화재피해조사가 있다.

③ 화재조사는 관계 공무원이 화재 사실을 인지하는 즉시 실시하여야 한다.

④ 화재현장에서 부상을 당한 후 72시간 이내에 사망한 경우에는 당해 화재로 인한 사망자로 본다.

> **TIPS!**
>
> **중요화재**〈「화재조사 및 보고규정」 제45조(긴급상황보고) 제1항 제2호〉
> 가. 관공서, 학교, 정부미 도정공장, 문화재, 지하철, 지하구 등 공공 건물 및 시설의 화재
> 나. 관광호텔, 고층건물, 지하상가, 시장, 백화점, 대량위험물을 제조·저장·취급하는 장소, 중점관리대상 및 화재경계지구
> 다. 이재민 100명 이상 발생화재

Answer 01.② 02.①

03 「소방기본법」상 화재원인조사의 범위에 해당하지 않는 것은?

① 화재보험 가입 여부 등의 상황
② 소방시설의 사용 또는 작동 등의 상황
③ 피난경로, 피난상의 장애요인 등의 상황
④ 화재의 연소경로 및 확대원인 등의 상황

💡 **TIPS!**

화재원인조사〈소방기본법 시행규칙 별표 5〉

종류	조사범위
발화원인 조사	화재가 발생한 과정, 화재가 발생한 지점 및 불이 붙기 시작한 물질
발견·통보 및 초기 소화상황 조사	화재의 발견·통보 및 초기소화 등 일련의 과정
연소상황 조사	화재의 연소경로 및 확대원인 등의 상황
피난상황 조사	피난경로, 피난상의 장애요인 등의 상황
소방시설 등 조사	소방시설의 사용 또는 작동 등의 상황

04 화재조사에 대한 설명으로 바르지 않은 것은?

① 소방청장, 소방본부장 또는 소방서장은 화재의 원인과 피해 등의 조사를 하여야 한다.
② 화재조사는 소화활동과 동시에 실시한다.
③ 화재조사는 화재소화가 끝난 이후 즉시 실시한다.
④ 소화활동은 각지시점, 119상황실에 신고 접수 시점부터 개시한다.

💡 **TIPS!**

③ 화재조사는 장비를 활용하여 소화활동과 동시에 실시되어야 한다〈소방기본법 시행규칙 제11조(화재조사의 방법 등)〉.

※ 소화활동은 각지시점 즉, 119상황실에 신고 접수 시점부터 개시되고, 화재 신고 출동 시 구조·구급직, 소방직과 화재조사관도 함께 출동한다.

Answer 03.① 04.③

05 화재조사자의 권한에 해당하지 않는 것은?

① 관계기관에 대한 자료제출 명령권
② 화재 또는 소화로 인한 피해의 조사권
③ 관계기관에 대한 필요사항 통보 요구권
④ 방화 또는 실화의 증거물 압수 수색권

TIPS!

④ 수사기관에 체포된 사람과 압수증거물에 대한 조사권 단, 증거물에 대한 압수 수사권은 없다.

06 화재건수 결정에 관하여 바른 것은?

① 동일소방대상물의 발화점이 2개소 이상 누진점이 동일한 화재는 별건의 화재로 한다.
② 동일소방대상물의 발화점이 2개소 이상 지진, 낙뢰 등 자연현상 다발화재는 별건의 화재로 한다.
③ 동일범이 아닌 각기 다른 사람에 의한 방화, 불장난은 동일 대상물에서 발화했다면 1건의 화재로 한다.
④ 1건의 화재란 1개의 발화점으로부터 확대된 것으로 발화부터 진화까지를 말한다.

TIPS!

① 동일소방대상물의 발화점이 2개소 이상 누진점이 동일한 화재는 1건의 화재로 한다.
② 동일소방대상물의 발화점이 2개소 이상 지진, 낙뢰 등 자연현상 다발화재는 1건의 화재로 한다.
③ 동일범이 아닌 각기 다른 사람에 의한 방화, 불장난은 동일 대상물에서 발화했다면 별건의 화재로 한다.

07 화재조사에 대한 설명으로 거리가 먼 것은?

① 화재조사는 화재 각지와 동시에 시작한다.
② 화재조사에는 원인조사, 피해조사, 방화·실화 범죄조사가 있다.
③ 화재로 인한 소실 정도에 따라 반소, 전소, 부분소 3종류로 구분한다.
④ 화재로 인하여 72시간 이내에 사망한 경우 화재에 의해 사망한 것으로 본다.

TIPS!

② 화재조사에는 화재원인조사와 화재피해조사가 있다〈소방기본법 시행규칙 제11조〉.

Answer 05.④ 06.④ 07.②

2014년 중앙/지방

08 화재조사 중 소방본부장 또는 소방서장이 소방청장에게 긴급하게 보고하여야 할 화재 중 대형화재에 해당하지 않은 것은?

① 사상자 12명 이상 발생된 화재
② 재산피해 50억 원 이상 추정되는 화재
③ 이재민 100명 이상 발생된 화재
④ 사망자 50명 이상 발생된 화재

> **TIPS!**
>
> ③ 이재민 100명 이상 발생된 화재는 중요화재에 해당한다.
>
> ※ 화재의 구분〈화재조사 및 보고규정 제45조〉

구분	내용
대형화재	• 인명피해가 사망 5명 이상이거나 사상사 10명 이상 발생화재 • 재산피해 50억 원 이상 추정되는 화재
중요화재	• 관공서, 학교, 정부미 도정공장, 문화재, 지하철, 지하구 등 공공 건물 및 시설의 화재 • 관광호텔, 고층건물, 지하상가, 시장, 백화점, 대량위험물을 제조·저장·취급하는 장소, 중점관리대상 및 화재경계지구의 화재 • 이재민 100명 이상 발생화재
특수화재	• 철도, 항구에 매어둔 외항선, 항공기, 발전소 및 변전소의 화재 • 특수사고, 방화 등 화재원인이 특이하다고 인정되는 화재 • 외국공관 및 그 사택의 화재 • 그 밖에 대상이 특수하여 사회적 이목이 집중될 것으로 예상되는 화재

2014년 지방

09 다음 중 운행 중인 차량, 선박 및 항공기에 발생한 화재조사 책임자는?

① 소방청장이 한다.
② 소방본부장이 한다.
③ 소화활동을 행한 장소를 관할하는 시·도지사가 행한다.
④ 소화활동을 행한 장소를 관할하는 소방 본부장 또는 서장이 행한다.

> **TIPS!**
>
> 운행 중인 차량, 선박 및 항공기에서 발생한 화재는 소화활동을 행한 장소를 관할하는 본부장 또는 서장이 조사하여야 한다.

Answer 08.③ 09.④

10 소실정도에 따른 화재의 구분으로 바르지 않은 것은?

① 전소는 70% 이상 소실을 말한다.

② 반소는 30% 이상 70% 미만의 소실을 말한다.

③ 부분소는 30% 미만의 소실 또는 재사용할 수 없는 것을 말한다.

④ 부분소는 전소 및 반소에 해당하지 않을 때를 말한다.

> 💡 **TIPS!**
>
> 화재의 손실 정도
> ㉠ 전소 : 70% 이상 소실, 70% 미만이라도 재사용이 불가능한 경우
> ㉡ 반소 : 30% 이상 70% 미만의 소실
> ㉢ 부분소 : 전소·반소 이외의 나머지

11 화재조사에 대한 설명으로 맞는 것을 바르게 짝지은 것은?

> ㉠ 본부장 또는 서장은 과학적이고 합리적인 화재원인 규명을 위하여 화재현장에서 수거된 물품에 대하여 감정을 실시하고 원인 입증을 위한 재현 등 시험을 실시할 수 있다.
>
> ㉡ 화재조사는 화재원인조사와 화재피해조사가 있다. 화재피해조사에서 인명피해조사 대상은 소방활동 중 발생한 사망자 및 부상자, 그 밖에 화재로 인한 사망자 및 부상자이며 재산피해조사는 소화활동 중 사용된 물로 인한 피해, 연기, 물품반출, 화재로 인한 폭발 등에 의한 피해, 열에 의한 탄화, 융용, 파손 등의 피해, 연소경로 및 연소확대물, 연소확대 사유 등이 있다.
>
> ㉢ 화재조사의 목적은 화재의 경계와 예방활동을 위한 정보 자료 획득, 화재 및 재물 위치관련 통계작성 추구, 방화·실화 수사협조 및 피해자의 구체적 증거 확보 등이 있다.
>
> ㉣ 관계인의 승낙유무가 있으나 화재조사 협조가 잘 이루어지지 않아 관계인의 협조가 없으면 화재조사가 힘들게 된다. 따라서 관계인의 임의적 협조가 항상 필요하다.

① ㉡, ㉢, ㉣

③ ㉠, ㉡

② ㉠, ㉢

④ ㉡, ㉣

> 💡 **TIPS!**
>
> ㉡ 화재조사에서 재산피해조사는 소화활동 중 사용된 물로 인한 피해, 연기, 물품반출, 화재로 인한 폭발 등에 의한 피해, 열에 의한 탄화, 융용, 파손 등의 피해 조사를 한다. 연소경로 및 연소확대물, 연소확대 사유 등은 연소상황 조사이다.
> ㉣ 화재조사는 강제성을 띤다. 필요한 경우 관계인 승낙이 없거나 일몰 전·후 강제 조사가 가능하다.

Answer 10.③ 11.②

12 다음 중 화재조사에 관한 용어설명 중 바르지 않은 것은?

① 발화: 열원에 의하여 가연물질에 지속적으로 불이 붙는 현상을 말한다.

② 잔가율: 피해물의 경제적 내용 연수가 다한 경우 잔존하는 가치의 재구입비에 대한 비율을 말한다.

③ 감식: 화재 원인의 판정을 위하여 전문적인 지식, 기술 및 경험을 활용하여 주로 시각에 의한 종합적인 판단으로 구체적인 사실관계를 명확하게 규명하는 것을 말한다.

④ 재구입비: 화재 당시 피해물과 같거나 비슷한 것을 재건축 또는 재취득하는데 필요한 금액을 말한다.

> **TIPS!**
> ② 잔가율은 화재 당시 피해물의 재구입비에 대한 현재가의 비율이다. 피해물의 경제적 내용 연수가 다한 경우 잔존하는 가치의 재구입비에 대한 비율은 최종잔가율이다.

13 다음 중 화재조사의 목적이 아닌 것은?

① 소방정보의 수집과 통계를 통한 행정시책자료로 활용

② 화재피해를 알리고 유사 화재방지 활용

③ 방화 · 실화자의 색출과 처벌근거로 활용

④ 출화원인을 규명하여 예방행정의 자료로 활용

> **TIPS!**
> ③ 방화 · 실화자의 색출과 처벌근거로 활용은 화재조사 목적으로 해당하지 않는다.

14 화재의 소손이 천장 $20m^2$, 벽면 중 1면이 $30m^2$ 소실된 경우 소실 피해면적은?

① $10m^2$

② $20m^2$

③ $30m^2$

④ $40m^2$

> **TIPS!**
> 입체면의 소실면적 중 2면 이하이기 때문에 $(20 + 30) \times 1/5 = 10m^2$

Answer 12.② 13.③ 14.①

15 화재원인을 규명하고 화재로 인한 피해를 산정하기 위하여 자료의 수집, 관계자 등에 대한 질문, 현장확인, 감식, 및 실험 등을 하는 일련의 행동을 무엇이라고 하는가?

① 감식　　　　　　　　　　　　　　　② 감정
③ 조사　　　　　　　　　　　　　　　④ 수사

> **TIPS!**
>
> 조사 … 화재원인을 규명하고 화재로 인한 피해를 산정하기 위하여 자료의 수집, 관계자 등에 대한 질문, 현장확인, 감식, 및 실험 등을 하는 일련의 행동을 말한다.

16 다음 중 화재원인조사로서 바르지 않은 것은?

① 발화원인 조사　　　　　　　　　　　② 피난상황 조사
③ 피해상황 조사　　　　　　　　　　　④ 소방시설 등 조사

> **TIPS!**
>
> 화재원인조사
>
> | 종류 | 조사범위 |
> |---|---|
> | 발화원인 조사 | 화재가 발생한 과정, 화재가 발생한 지점 및 불이 붙기 시작한 물질 |
> | 발견·통보 및 초기 소화상황 조사 | 화재의 발견·통보 및 초기소화 등 일련의 과정 |
> | 연소상황 조사 | 화재의 연소경로 및 확대원인 등의 상황 |
> | 피난상황 조사 | 피난경로, 피난상의 장애요인 등의 상황 |
> | 소방시설 등 조사 | 소방시설의 사용 또는 작동 등의 상황 |

17 화재피해액의 산정 시 화재 당시의 건물 등 자산에 최종잔가율은 건물·부대설비·가재도구의 산정은?

① 10%　　　　　　　　　　　　　　　② 20%
③ 30%　　　　　　　　　　　　　　　④ 50%

> **TIPS!**
>
> 건물 등 자산에 대한 최종잔가율은 건물·부대설비·가재도구는 20%로 하며, 그 외의 자산은 10%로 산정한다.

Answer 15.③ 16.③ 17.②

18 화재조사에 대한 내용으로 바르지 않은 것은?

① 강제성이 있다.　　　　　　　　　　　② 경제성이 있다.

③ 현장성이 있다.　　　　　　　　　　　④ 프리즘식이 있다.

TIPS!

화재조사의 특징
- ㉠ 신속성 : 화재조사는 신속해야 한다.
- ㉡ 정밀과학성 : 화재조사는 정밀과학적으로 하도록 한다.
- ㉢ 안전성 : 현장의 안전사고를 대비해야 한다.
- ㉣ 강제성 : 조사를 위한 관계인에 대한 질문 등의 강제성이 있다.
- ㉤ 보존성 : 화재조사 증거물의 보존성을 의미한다.
- ㉥ 현장성 : 주요 정보의 현장성을 의미한다.
- ㉦ 프리즘식 : 여러 사람의 견해를 모아서 진행한다.

19 화재원인 조사의 종류에 해당하지 않는 것은?

① 피난상황 조사　　　　　　　　　　　② 연소상황 조사

③ 인명피해 조사　　　　　　　　　　　④ 소방·방화 조사

TIPS!

화재원인 조사와 화재피해 조사

㉠ 화재원인 조사

종류	조사범위
발화원인 조사	화재가 발생한 과정, 화재가 발생한 지점 및 불이 붙기 시작한 물질
발견·통보 및 초기 소화상황 조사	화재의 발견·통보 및 초기소화 등 일련의 과정
연소상황 조사	화재의 연소경로 및 확대원인 등의 상황
피난상황 조사	피난경로, 피난상의 장애요인 등의 상황
소방시설 등 조사	소방시설의 사용 또는 작동 등의 상황

㉡ 화재피해 조사

종류	조사범위
인명피해조사	• 소방활동 중 발생한 사망자 및 부상자 • 그 밖에 화재로 인한 사망자 및 부상자
재산피해조사	• 열에 의한 탄화, 용융, 파손 등의 피해 • 소화활동 중 사용된 물로 인한 피해 • 그 밖에 연기, 물품반출, 화재로 인한 폭발 등에 의한 피해

Answer 18.② 19.③

2011년 지방

20 수사기관에 체포된 사람에 대한 조사에 대하여 바르지 않은 것은?

① 조사는 소방청장·소방본부장이 할 수 있다.

② 이미 피의자를 체포하였거나 증거물을 압수한 때에는 그 피의자 또는 압수된 증거물에 대한 조사를 할 수 있다.

③ 경찰에 체포된 사람에 대하여 소방서장이 조사를 할 수 있다.

④ 소방공무원은 보험회사와 협력을 할 수 있다.

> **⚡ TIPS!**
>
> 법 제31조(수사기관에 체포된 사람에 대한 조사) … 소방청장, 소방본부장 또는 소방서장은 수사기관이 방화(放火) 또는 실화(失火)의 혐의가 있어서 이미 피의자를 체포하였거나 증거물을 압수하였을 때에 화재조사를 위하여 필요한 경우에는 수사에 지장을 주지 아니하는 범위에서 그 피의자 또는 압수된 증거물에 대한 조사를 할 수 있다. 이 경우 수사기관은 소방청장, 소방본부장 또는 소방서장의 신속한 화재조사를 위하여 특별한 사유가 없으면 조사에 협조하여야 한다.
> ④ 수사기관에 체포된 사람에 대한 조사는 보험회사와 협력할 수 없다. 보험회사와의 협력은 화재 재산피해 산정을 위한 등에 국한된다.

21 화재원인조사가 아닌 것은?

① 인명피해조사

② 소방시설 조사

③ 연소상황 조사

④ 발견 및 초기상황 조사

> **⚡ TIPS!**
>
> 화재원인조사는 화재가 발생한 지점에서부터 화재를 발생시킨 발화원을 규명하고 어떤 원인에 의해 착화가 되었는지 과학적으로 조사하는 것이다.
> ① 인명피해조사는 화재피해조사에 해당한다.

Answer 20.④ 21.①

22 다음 중 발화부 주변에 파괴활동 최소화 작업 후 방화징후가 농후하여 현장조사를 진행하기 위해 조사권을 발동하는 화재조사의 특징은?

① 신속성 　　　　　　　　　　　　② 안전성
③ 강제성 　　　　　　　　　　　　④ 프리즘

23 다음 중 소화활동과 동시에 실행되는 화재조사의 특징으로 옳지 않은 것은?

① 신속성 　　　　　　　　　　　　② 보존성
③ 임의성 　　　　　　　　　　　　④ 강제성

Answer 22.③ 23.③

24 다음 중 화재의 조사에 관한 설명으로 옳지 않은 것은?

① 소방서장은 화재가 발생하였을 때에는 화재의 원인 및 피해 등에 대한 조사(이하 "화재조사"라 한다)를 하여야 한다.

② 화재조사의 방법 및 전담조사반의 운영과 화재조사자의 자격 등 화재조사에 필요한 사항은 기획재정부령으로 정한다.

③ 소방서장은 화재조사를 하기 위하여 필요하면 관계인에게 보고 또는 자료 제출을 명하거나 관계 공무원으로 하여금 관계 장소에 출입하여 화재의 원인과 피해의 상황을 조사를 명할 수 있다.

④ 화재조사를 하는 관계 공무원은 관계인의 정당한 업무를 방해하거나 화재조사를 수행하면서 알게 된 비밀을 다른 사람에게 누설하여서는 아니 된다.

TIPS!

② 화재조사의 방법 및 전담조사반의 운영과 화재조사자의 자격 등 화재조사에 필요한 사항은 행정안전부령으로 정한다〈소방기본법 제29조 제2항〉.

Answer 24.②

PART

05

소화이론

01 소화원리 및 소화방법

02 소화약제

03 소방시설

소화원리 및 소화방법

section 1 소화의 기본원리

(1) 소화의 정의

① 가연물질이 산화반응에 의해 열과 빛을 내는 연소현상, 즉 화재를 발화온도 이하로 낮추거나 산소의 공급을 차단시키거나 가연물질을 화재현장으로부터 제거하는 등의 조치를 취하여 연소의 연쇄반응을 차단·억제시키는 것이다.

② 초기소화와 본격소화설비 … 초기소화란 화재 시 관계인 등이 20여분 이내에 할 수 있는 1차적 소화이고, 본격소화란 소방대원이 화재현장에 출동하여 본격적으로 소화할 수 있는 소화설비를 말한다.

  ㉠ 초기소화설비 : 소화기구, 옥내·옥외 소화전설비, 스프링클러설비, 물분무등소화설비, 강화액소화설비 등

  ㉡ 본격소화설비 : 소화용수설비, 소화활동설비, 비상용 엘리베이터 등

(2) 소화의 4대 원리

화재가 발생하려면 연소의 3요소인 가연물질, 점화원, 산소공급원이 구비되어야 한다. 그러나 3요소 중 1가지만 없어도 연소가 진행되지 않으며, 연소의 3요소에 연쇄반응을 차단하는 것이 소화의 4요소이며 냉각, 질식, 제거, 억제소화가 있다.

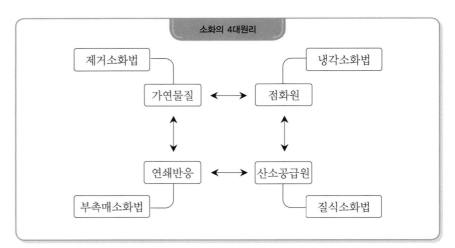

(1) 냉각소화법 ⭐ 2021 기출

연소되고 있는 가연물질 또는 주위의 온도를 활성화 에너지 이하로 냉각시켜 소화하는 방법이다.

① **고체물질을 이용한 냉각소화**

　　⊙ 가스버너 화염에 철망을 대면 상부의 불꽃은 차츰 꺼지게 되는데 이것은 철망에 의해 열을 빼앗겨 냉각소화가 이루어진 것이다.

　　⊙ 튀김기름에 불이 붙을 때 채소류를 넣어 온도를 낮추는 것도 냉각소화에 속한다.

② **주수에 의한 냉각소화** … 목재 등과 같이 분해연소를 하는 물질에 물을 주입하면 목재 자체의 냉각으로 소화된다.

　　⊙ 물은 다른 소화제에 비해 비열과 잠열이 커서 주위의 열을 흡수하는 냉각효과가 크다.

　　⊙ 유류화재 시 연소면의 확대, 전기화재 시 감전유발, 칼륨, 나트륨, 카바이트 등의 물질과는 격렬한 반응을 일으킨다.

③ **이산화탄소 소화약제에 의한 냉각소화** … 이산화탄소 소화약제 방출시 $-78.5℃$ 이하가 되므로 연소열을 쉽게 빼앗을 수 있으며, 또한 비중이 1.52로 낮게 체류하여 소화한다.

(2) 질식소화법 ⭐ 2018, 2021 기출

연소물에 산소를 차단 또는 산소 농도를 15% 이하로 억제함으로써 화재를 소화하는 방법이다. 그러나 산소를 함유하는 물질의 연소, 즉 셀룰로이드와 같은 자기연소성 물질 등에는 적합하지 않다.

① **불연성 기체로 연소물을 덮는 방법** … 불연성 기체 또는 증기를 연소물 위에다 뿌리면 이 기체가 연소물 위를 덮어 주위로부터 산소의 공급을 차단하는 방법이다. 이산화탄소, 할로겐화합물 소화약제가 주로 이용된다.

② **불연성 포로 연소물을 덮는 방법** … 점도가 높고 부착성과 안정성이 양호하며 바람 등의 영향이 적은 거품을 이용하여, 연소면을 덮어 산소를 차단하는 방법이다. 화학포, 단백포, 계면활성제포, 수성막포, 내알코올성포 등이 이용된다.

③ **불연성 고체로 연소물을 덮는 방법** … 젖은 이불, 모래, 흙 등을 이용하여 소화한다.

기출PLUS

[기출] 2021. 4. 3. 시행

소화 방법에 대해 옳은 설명만을 모두 고른 것은?

┌ 보기 ┐
⊙ 질식소화는 일반적으로 공기 중 산소 농도를 낮추어 소화하는 방법을 말한다.
ⓒ 냉각소화가 가능한 약제로는 물, 강화액, CO_2, 할론 등이 있다.
ⓒ 피복소화는 비중이 물보다 큰 비수용성 유류화재 시 무상주수하여 소화하는 방법을 말한다.
ⓔ 부촉매소화는 가스화재 시 가스공급을 차단하여 소화하는 방법을 말한다.

① ⊙, ⓒ
② ⊙, ⓒ, ⓒ
③ ⓒ, ⓒ, ⓔ
④ ⊙, ⓒ, ⓒ, ⓔ

《정답 ①

[기출] 2018. 10. 13. 시행

다음 설명에 해당하는 소화방법으로 옳은 것은?

┌ 보기 ┐
일반적으로 공기 중의 산소농도 21%를 15% 이하로 희석하거나 저하시키면 연소 중인 가연물은 산소의 양이 부족하여 연소가 중단된다.

① 냉각소화　　② 질식소화
③ 제거소화　　④ 유화소화

《정답 ②

(3) 제거소화법

① 연소의 3요소 중에 가연물질의 공급을 차단 또는 안전한 장소로 이동시켜 더 이상 연소가 진행되지 않도록 하는 소화방법이다.

② 소화방법

　　㉠ 고체가연물의 경우 화재장소로부터 안전한 장소로 이동시킨다.

　　㉡ 미연소가스를 제거하거나 점화원으로부터 가연성가스와의 접촉을 차단한다.

　　㉢ 전기화재의 경우 전원 공급을 차단한다.

　　㉣ 유류탱크 화재 시 배관을 통하여 유류를 배출시킨다.

　　　• 고체 파라핀의 화염을 입김으로 불어 날려 보냄으로써 소화한다.

　　　• 유전화재 시 발생하는 증기가 연소하므로 질소폭탄을 이용하여 순간적으로 폭풍을 일으켜 증기를 날려 보냄으로써 소화한다.

　　　• 수용성의 가연물일 경우에는 물을 희석시켜 연소범위 이하로 내린다.

(4) 부촉매 작용에 의한 소화법 ✪ 2020 기출

① 연소의 4요소 중 연쇄반응을 일으키는 화염의 전파물질인 수산기 또는 수소기의 활성화 반응을 억제하고 연쇄반응을 차단하여 화재를 소화시키는 방법이다. 화학반응의 진행을 도와주는 물질을 촉매라고 화학반응을 어렵게 하는 물질을 부촉매라한다.

② 부촉매는 수소라디칼(H)과 수산화라디칼(OH)이 연쇄반응을 지배하기 때문에 이 라디칼상태의 물질을 제거하면 연소반응이 지속될 수 없기 때문에 여기 사용되는 부촉매 물질들에 의해 연소가 지속되지 못하기 때문에 부촉매소화라 한다.

③ 연소반응의 부촉매들은 할로겐 원소인 불소(F), 브롬(Br), 인(I) 등의 유기화합물로서 할로겐화합물 소화약제가 대표적이다.

④ 소화약제에 의한 소화 … 유기화합물에 의한 냉각소화 및 산소농도를 낮추어 질식소화시키는 효과도 있다.

(5) 기타 소화법

① 유화소화법 … 물을 무상(霧狀)으로 방사하거나 포소화 약제를 방사하여 유류 표면에 유화층의 막을 형성시켜 공기의 접촉을 막아 소화하는 방법

② 희석소화법 … 가연물로부터 발생하는 가연성증기의 농도를 엷게 하여 연소범위의 하한계 이하로 함으로써 소화하는 방법

(6) 소화대상별 표시

구분	색깔	소화대상
Ⓐ	백색바탕	목재, 종이, 철 등 탄소질 물질
Ⓑ	노란바탕	석유, 페인트 등 가연성 물질 및 액체
Ⓒ	파란바탕	전기제품, 전기용품

(7) 소방전술

① 소방전술의 기본원칙

　㉠ 신속대응의 원칙 : 화재를 신속히 발견하고, 출동하여 대응한다면 피해가 확대되기 전에 진화할 수 있다는 것이다. 이 원칙은 화재뿐만 아니라 구조·구급 등 비상업무 전반에 두루 적용되는 일반원칙이다

　㉡ 인명구조최우선의 원칙 : 인명구조 및 인명 검색을 최우선으로 한다. 사람의 생명은 무엇보다 소중하므로 다소 재산피해를 감소하더라도 인명보호를 최우선과제로 삼아야 한다.

　㉢ 선착대 우선의 원칙 : 화재현장에 가장먼저 도착한 소방대의 주도적인 역할을 존중한다는 원칙이다. 단, 선착대는 후착대의 진입을 방해하지 않도록 유의 하여야 하며 후착대는 선착대의 소방활동에 지장을 주어서는 아니 된다.

　㉣ 포위공격의 원칙(화점포위의 원칙 : 포위가 어려운 경우 소방호스를 연장시켜 포위) : 소방대가 화재의 전후좌우, 상하에서 입체적으로 공격하거나 방어하는 방안을 강구해야 한다. 이는 화재를 한 방향에서 공격 시 다른 방향으로 화재가 확대 되는 것을 막을 수 있는 원칙이다. 다만, 화재의 윗부분이나 바람이 불어오는 방향 등 화재가 급격히 확대되는 쪽은 소방관 손실의 위험이 있으므로 연소 확대 저지에 그쳐야 한다.

　㉤ 중점주의 원칙(화세에 비해 소방력이 부족한 경우 중요 시설 중점 방어) : 화세에 비추어 소방력이 부족하여 불가피한 경우에는 가장 피해가 적을 것으로 판단되는 부분의 희생을 감수하더라도 보다 중요한 부분을 집중적으로 방어해야 한다는 수세적 원칙이다. 화재는 초기에 대량의 소방력을 투입하여 일거에 진압하는 것이 바람직하지만 소방력이 충분하지 못한 경우 발생하는 특수 및 대형화재에는 중점주의가 적용될 수 있다.

② 소방전술

    ㉠ **공격전술** : 화재의 진압을 목적으로 하는 것으로 소방력이 화세보다 우세할 때 직접 방수 등의 방법에 의해 일시에 소화하는 것으로 소방력을 화점에 집중적으로 발휘하게 하는 것이다.

    ㉡ **수비전술** : 소방력이 화세보다 약한 경우 화면을 포위하고 방수 등에 의하여 화세를 저지하는 것을 의미하며 소방대가 현장 도착 후 화세가 소방력보다 우세한 경우에는 먼전 수비전술을 취하고 공격전술로 전환한다.

        예 비화경계, 대형화재 시 풍하냉각, 위험물 탱크화재 시 인접

③ **소방전술의 분류**

    ㉠ **포위전술** : 화재는 사방으로 확대되기 때문에 포위하여 관창을 배치·진압한다. 출동 초기부터 차량으로 포위하고 만약 소방대의 배치가 한 쪽 방향으로 치우친 경우에는 호스선으로 포위한다.

    ㉡ **블록전술** : 주로 인접건물로의 화재확대방지를 위해 적용하는 전술형태로 블록의 4방면 중 확대가 가능한 면을 동시에 방어하는 전술이다

    ㉢ **중점전술** : 화세에 비해 소방력이 부족하거나 천재지변 등으로 전체 화재현장을 모두 통제할 수 없는 경우 화재발생장소 주변에 사회적, 경제적 혹은 소방상 중요한 시설 또는 대상물이 있는 경우 이곳에 중점을 두어 진압 또는 천재지변 등 보통의 전술로는 진압이 곤란한 경우의 전술이다. 예컨대 대폭발 등으로 다수의 인명보호를 위하여 피난로, 피난예정지 확보작전 등을 통해 중점적으로 방어하는데 사용된다.

    ㉣ **집중전술** : 부대가 집중하여 일시에 진화하는 작전으로 예컨대 위험물 옥외저장탱크 화재 등에 사용된다.

④ **선착대의 임무** … 화재는 시간의 경과와 함께 시시각각으로 상황이 변화하고 있으며 초기의 화재방어 활동에는 정확하고 신속한 대응이 요구된다. 따라서 선착대는 화재상황을 신속하게 파악하여 긴급성이 요구되는 임무부터 처리하여야 한다. 특히 선착대는 화재현장에 가장 가까운 소방서(파출소)의 부대이며 지역의 실정에도 정통하므로 화재방어 활동 초기의 가장 중요한 임무를 담당한다.

POINT 선착대 활동의 원칙

    ㉠ 인명검색 · 구조활동 우선

    ㉡ 연소위험이 가장 큰 방면을 포위 부서

    ㉢ 화점 직근의 소방용수시설을 점유

    ㉣ 사전 경방계획을 충분히 고려하여 행동

    ㉤ 신속한 상황보고 및 정보제공 : 신속히 화재상황 등을 파악하여 지휘자 및 상황실에 보고하고 후착대에게 적극적으로 정보를 제공한다. 필요한 경우 조기에 소방력 응원을 요청한다.

　　㉠ 재해의 실태 : 건물구조, 화점, 연소범위, 출입구 등의 상황

　　㉡ 인명위험 : 요구조자의 유무

　　㉢ 소방활동상 위험요인 : 위험물, 폭발물, 도괴위험 등

　　㉣ 확대위험 : 연소경로가 되는 장소 등 화세의 진전상황

⑤ **후착대의 의무** … 일반적으로 후착대가 현장에 도착할 시점에는 선착대가 화재진압 활동을 개시한 후이다. 따라서 후착대는 선착대의 활동을 보완 또는 지원해야 한다. 후착대는 다음 사항에 유의할 필요가 있다.

　　㉠ 선착대와 적극적으로 연계하여 인명구조 활동 등 중요임무의 수행을 지원한다.

　　　• 비화경계 : 창문이나 문 등 개부부는 폐쇄하여 옥내로 불티가 들어가는 것을 방지하고, 불붙기 쉬운 물질을 옥내 등 안전한 장소로 옮기며, 물통 등을 활용하기 쉬운 장소로 준비하는 활동

　　　• 수손방지 : 소화용수 사용으로 인한 손해를 방지 하는 활동

　　　• 급수증계

　　㉡ 화재의 방어는 선착대가 진입하지 않은 담당면, 연소건물 또는 연소건물의 인접건물을 우선한다.

　　㉢ 방어 필요가 없는 경우는 지휘자의 명령에 의해 급수, 비화경계, 수손방지 등의 특정임무를 적극적으로 수행한다.

　　㉣ 화재 및 화재진압상황을 정확하게 파악하고 과잉파괴 행동 등 불필요한 활동은 하지 않는다.

2021년 상반기

01 소화 방법에 대해 옳은 설명만을 모두 고른 것은?

> ⊙ 질식소화는 일반적으로 공기 중 산소 농도를 낮추어 소화하는 방법을 말한다.
> ⓛ 냉각소화가 가능한 약제로는 물, 강화액, CO_2, 할론 등이 있다.
> ⓒ 피복소화는 비중이 물보다 큰 비수용성 유류화재 시 무상주수하여 소화하는 방법을 말한다.
> ⓔ 부촉매소화는 가스화재 시 가스공급을 차단하여 소화하는 방법을 말한다.

① ⊙, ⓛ
③ ⓛ, ⓒ, ⓔ
② ⊙, ⓛ, ⓒ
④ ⊙, ⓛ, ⓒ, ⓔ

> **TIPS!**
>
> ⓒ 피복소화는 이산화탄소 등 공기보다 무거운 기체를 방사하여 가연물을 피복하여 소화하는 방법이다. 이산화탄소는 비중이 공기보다 약 1.52배 무겁기 때문에 연소물질을 덮어서 산소의 공급을 차단하는 소화작용을 한다.
> ⓔ 부촉매소화는 연소의 4요소 중 연쇄반응을 일으키는 화염의 전파물질인 수산기 또는 수소기의 활성화 반응을 억제하고 연쇄 반응을 차단하여 화재를 소화시키는 방법이다. 화학반응의 진행을 도와주는 물질을 촉매라고 화학반응을 어렵게 하는 물질을 부촉매라 한다. 가스화재 시 가스공급을 차단하여 소화하는 방법은 가연물질의 공급을 차단하는 제거소화에 해당한다.

2020년 상반기

02 가연물의 화학적 연쇄반응 속도를 줄여 소화하는 방법으로 옳은 것은?

① 다량의 물을 주수하여 소화한다.
② 할론소화약제를 사용하여 소화한다.
③ 연소물이나 화원을 제거하여 소화한다.
④ 에멀션(emulsion) 효과를 이용하여 소화한다.

> **TIPS!**
>
> 가연물의 화학적 연쇄반응 속도를 줄여 소화하는 방법은 부촉매 작용에 의한 소화법이다. 이때 부촉매란 화학반응을 어렵게 하는 물질을 말한다. 연소반응의 부촉매들은 할로겐 원소인 불소, 브롬, 인 등의 유기화합물로서 할로겐화합물 소화약제가 대표적이다.

Answer 01.① 02.②

2018년 하반기

03 다음 설명에 해당하는 소화방법으로 옳은 것은?

> 일반적으로 공기 중의 산소농도 21%를 15% 이하로 희석하거나 저하시키면 연소 중인 가연물은 산소의 양이 부족하여 연소가 중단된다.

① 냉각소화

② 질식소화

③ 제거소화

④ 유화소화

TIPS!

질식소화란 연소물에 산소를 차단 또는 산소 농도를 15% 이하로 억제함으로써 화재를 소화하는 방법이다. 그러나 산소를 함유하는 물질의 연소, 즉 셀룰로이드와 같은 자기연소성 물질 등에는 적합하지 않다.

① 냉각소화 : 연소되고 있는 가연물질 또는 주위의 온도를 활성화 에너지 이하로 냉각시켜 소화하는 방법

③ 제거소화 : 연소의 3요소 중 가연물질의 공급을 차단 또는 안전한 장소로 이동시켜 더 이상 연소가 진행되지 않도록 하는 소화방법

④ 유화소화 : 물을 무상(霧狀)으로 방사하거나 포소화 약제를 방사하여 유류 표면에 유화층의 막을 형성시켜 공기의 접촉을 막아 소화하는 방법

2014년 지방

04 가솔린 등유, 경유 등 유류화재 발생 시 가장 적합한 소화 방식은?

① 냉각소화

② 질식소화

③ 희석소화

④ 부촉매소화

TIPS!

유류화재 발생 시 가장 적합한 소화 방식은 질식소화이다.

※ 질식소화

　㉠ 산소의 희거에 의한 소화로서 가연물이 연소하는데 필요한 산소량을 조절하여 소화하는 방법

　㉡ 공기 중의 산소농도는 15%이하, 고체는 6% 이하, 아세틸렌은 4% 이하가 되면 소화가 가능하다. 탄화수소의 기체는 산소 15% 이하에서는 연소하기 어렵다.

Answer 03.② 04.②

05 스프링클러와 물분무 소화를 비교했을 때 물분무의 장점이 아닌 것은?

① 질식효과 뿐만 아니라 산소 희박효과, 복사·차단효과가 있다.

② 소화수 사용량이 적어서 소화작업 시 물에 의한 피해를 줄일 수 있다.

③ 전기에 대한 절연성이 높아서 고압 통전기기의 화재에도 사용할 수 있다.

④ 스프링클러와 비교했을 때 심부화재에 사용하면 매우 효과적이다.

> **TIPS!**
>
> ④ 스프링클러는 물분무 방식에 비해 심부화재에 더 적합하다.
>
> ※ **심부화재**… 불꽃을 내지 않고 주로 빛만을 내는 연소현상을 말하며, 가연물 내부에서 서서히 화재가 진행되는 훈소화재의 개념이다.

06 다음 중 물소화약제에 첨가할 수 있는 동결방지제로서 틀린 것은?

① 염산나트륨   ② 프로필렌글리콜

③ 중탄산나트륨   ④ 염화칼슘

> **TIPS!**
>
> ③ 중탄산나트륨은 소화약제 중 제1종 분말이다.
>
> ※ 물 소화약제의 동결방지제
> - ㉠ 에틸렌글리콜
> - ㉡ 프로필렌글리콜
> - ㉢ 염화칼슘
> - ㉣ 염화나트륨

Answer 05.④ 06.③

07 다음 중 후착대의 임무로 바른 것은?

① 인명검색 · 구조활동 우선
② 소화용수 사용으로 인한 손해를 방지 하는 활동
③ 연소위험이 가장 큰 방면을 포위 부서
④ 화점 직근의 소방용수시설을 점유

💡 TIPS!

② 소화용수 사용으로 인한 손해를 방지 하는 활동인 수손방지는 후착대의 임무이다.

08 물의 유실방지 및 소방대상물의 표면에 오랫동안 잔류하면서 무상주수 시 물체의 표면에서 점성의 효력을 올리는 약제로 산불진화에 유용한 약제는?

① Viscous Agent
② Rapid Agent
③ Wetting Agent
④ Emulsifier

💡 TIPS!

Viscous Agent는 물소화약제의 가연물에 점성을 높이기 위해 첨가하는 약제이다.

09 다음 중 가스계 소화약제에 대한 설명으로 옳지 않은 것은?

① 가스가압식에 밸브 설치 시 감지기를 설치하는 것이 좋다.
② 수동식 기동장치에 있어서는 방출용 스위치의 작동을 명시하는 표시등을 설치해야 한다.
③ 가압식 가스계 소화약제는 최고압력 이하에서 작동하는 안전밸브를 설치해야 한다.
④ 가스계 소화약제에는 압력계를 설치하는 것이 좋다.

💡 TIPS!

④ 가스계 소화약제에는 압력계가 불필요하며, 축압식은 본체 용기 내에 소화약제와 압축공기(질소가스)를 축압하기 때문에 압력계가 필요하다.

Answer 07.② 08.① 09.④

10 다음 중 물분무 소화방식 대한 설명으로 옳지 않은 것은?

① 물은 분무 시 전도성이며 감전우려가 크다.
② 밀폐된 공간에서 소화효과가 있다.
③ 물분무 방수가 유류에는 희석효과가 있다.
④ 문화재 소화 시에는 수손피해가 크다.

> **TIPS!**
> ③ 유류에 물을 방수할 경우 연소면적이 확산되어 부적합하며 질식소화 또는 냉각소화법이 효과적이다.

11 다음 중 마그네슘을 이용한 작업 중 화재가 발생하였을 때 소화방법으로 옳지 않은 것은?

① 팽창진주암
② 할로겐화합물 소화기
③ 금속화재용 분말소화기
④ 마른모래

> **TIPS!**
> ② 할로겐화합물 소화약제로서 활성물질에서 그 활성을 빼앗아 연소반응을 차단한다.
> ①④ 팽창진주암(천연유리)과 마른모래는 질식소화방법이다.
> ③ 분말소화약제는 열분해에 의해 생성되는 물질에 의해 질식 또는 억제효과가 있다.

12 다음 중 일반 건물에 화재가 발생하여 냉각소화법, 질식소화법을 사용하며 국내 화재 중 가장 빈도가 높은 화재분류는?

① A급 유류화재
② B급 일반화재
③ C급 전기화재
④ D급 가스화재

> **TIPS!**
> ① 유류화재는 B급이며 질식소화법을 사용한다.
> ② 일반화재는 A급이며 물을 이용한 냉각소화법을 사용한다.
> ④ 가스화재는 E급이며 물을 이용한 냉각소화법을 사용한다.

Answer 10.③ 11.② 12.③

13 다음 중 식용유 화재가 발생하여 식용유를 첨가해서 소화하는 방법으로 옳은 것은?

① 질식소화

② 희석소화

③ 부촉매소화

④ 제거소화

> **TIPS!**
>
> ② 희석소화의 한 방법으로서 고온의 식용유에 저온의 식용유를 첨가하여 발화점을 낮추어 산소농도를 낮추는 소화방식이다.
> ①③ 저온의 식용유로 온도를 낮추는 것이기 때문에 질식소화와 부촉매소화가 아니다.
> ④ 저온의 식용유를 첨가하는 소화방법이서 화염물질을 제거하는 소화법에 해당되지 않는다.

14 다음 중 물을 소화약제로 사용하는 이유로 옳지 않은 것은?

① 구하기 용이하고 가격이 싸다.

② 1kg 물이 증발하면 약 1,700배의 수증기로 변한 후 연소면을 덮으므로 질식작용의 효과가 크다.

③ 비열이 커서 수증기가 기화되면 잠열을 빼앗아 간다.

④ 기화잠열이 315Kcal/kg이며, 부촉매효과가 있다.

> **TIPS!**
>
> 물은 비열이 비교적 커서 열을 많이 흡수하며, 계속적으로 발열체에 주수하게 되면 수온이 상승하여 기화되면서 잠열을 빼앗아 냉각소화 효과를 나타낸다. 일반적으로 20℃ 물 1kg은 100℃의 수증기로 변하면 619kcal의 열량을 탈취한다.

15 다음 중 산소농도를 떨어뜨려 소화하는 것은?

① 냉각소화

② 질식소화

③ 제거소화

④ 부촉매소화

> **TIPS!**
>
> ① 가연물을 착화점 이하로 냉각시켜 소화
> ③ 가연성 물질을 연소로부터 제거하여 불의 확산을 저지
> ④ 수산기 또는 수소기의 활성화 반응을 억제하고 연쇄반응을 차단하여 소화

Answer 13.② 14.④ 15.②

16 다음 중 소화의 원리에 해당하지 않는 것은?

① 산화제의 농도를 낮추어 연소가 지속될 수 없도록 한다.
② 가연성 물질을 발화점 이하로 냉각시킨다.
③ 제거소화는 산소의 공급을 차단하는 것이다.
④ 화학적인 방법으로 화재를 억제시킨다.

> **TIPS!**
>
> ③ 소화의 원리는 연소의 3요소(가연물, 산소, 점화원) 중 한 가지를 없애주는 것이며, 제거소화의 원리는 불이 붙을 수 있는 가연물을 제거하여 연소를 억제하는 것이다.

17 공기 중의 산소농도를 희박하게 하거나 연소하는데 필요한 공기량을 조절하는 소화방법은?

① 질식소화
② 냉각소화
③ 제거소화
④ 파괴소화

> **TIPS!**
>
> ① 산소의 농도를 15% 이하로 낮추어서 소화하는 방법을 질식소화라 한다.

18 포말로 연소물을 감싸거나 불연성 기체, 고체 등으로 연소를 감싸 산소공급을 차단하는 소화방법은?

① 질식소화
② 냉각소화
③ 희석소화
④ 제거소화

> **TIPS!**
>
> **질식소화**(가연성 물질의 연소 시 산소공급을 차단하여 소화)
> ㉠ 불연성 기체로 가연물을 덮는 방법: 이산화탄소, 할로겐화합물 소화약제, 할론
> ㉡ 불연성 포로 가연물을 덮는 방법: 화학포, 기계포
> ㉢ 고체로 가연물을 덮는 방법: 젖은 가마니, 젖은 모포, 모래
> ㉣ 소화분말로 연소물을 덮는 방법: 분말소화약제
> ㉤ 연소실을 완전히 밀폐하여 소화하는 방법

Answer 16.③ 17.① 18.①

19 다음 중 화재현장에서의 직사주수방법에 관한 설명으로 옳은 것은?

① 목표물에 대한 명중률이 직사주수가 분무주수보다 좋다.
② 사정거리가 분무주수보다 짧고 속도가 느리다.
③ 직사주수는 분무주수보다 유류화재에 질식효과가 좋다.
④ 직사주수는 바람과 상승기류의 영향을 많이 받는다.

 **TIPS!**

직사주수는 분무주수보다 사정거리가 길고 속도가 빠르며, 목표물에 대한 명중률이 높다. 또한 바람이나 상승기류의 영향을 적게 받는다. 반면에 질식소화가 약하다는 단점이 있다.

20 셀룰로이드 화재시 이용되는 소화방법은?

① 탄산가스를 방사한다.
② 사염화탄소를 방사한다.
③ 포를 방사한다.
④ 대량 주수를 한다.

TIPS!

④ 제5류 위험물은 가열, 충격, 마찰과 같은 접촉 또는 산화반응, 열분해반응에 의해 자연발화 할 수 있어 주수소화를 해야 한다.

21 노즐의 주수방법 중 직상주수에 따른 소화효과에 대한 설명으로 옳지 않은 것은?

① 원거리에서 화재를 진압한다.
② 물의 침투 효과가 있다.
③ 밀폐된 공간에서 사용하면 소화효과가 크다.
④ 대량의 물 사용으로 인한 피해가 있다.

TIPS!

③ 분무주수에 따른 소화효과이다.

Answer 19.① 20.④ 21.③

22 소화기의 사용방법을 설명한 것으로 옳지 않은 것은?

① 산, 알칼리 소화기는 레버에 강한 충격을 주어 내부의 약제를 혼합시킨다.
② 포말 소화기는 밑 부분의 손잡이를 잡고 거꾸로 들어 약제를 혼합시킨다.
③ 이산화탄소 소화기는 밀폐된 공간에서는 소화효과가 적기 때문에 사용 곤란하다.
④ 사염화탄소 소화기는 유독가스가 생성되므로 밀폐된 실내에서는 사용 곤란하다.

TIPS!
③ 이산화탄소 소화기는 밀폐된 공간에서 산소의 농도를 21%에서 15% 이하로 낮추어 질식소화를 하게 된다.

23 다음 중 희석소화를 할 수 없는 것은?

① 에테르류   ② 알코올류
③ 에스테르류   ④ 중질유

TIPS!
희석소화가 가능한 액체가연물 … 수용성의 성질을 갖는 알코올류, 에스테르류, 케톤류, 에테르류, 알데히드류 등이 있다.

24 다음 중 선착대의 임무가 아닌 것은?

① 사전에 경방계획을 충분히 고려하여 행동하고 신속한 상황보고 및 정보제공을 한다.
② 건축물의 비화경계에 주력하도록 한다.
③ 화점 직근의 소방용수시설을 점령하도록 한다.
④ 도착 즉시 인명검색과 요구조자의 구조활동에 우선한다.

TIPS!
건축물의 비화경계는 후착대의 임무이다.

Answer 22.③ 23.④ 24.②

02 소화약제

section 1 소화약제의 분류

(1) 가스계와 수계 소화약제

① 소화약제는 소화설비, 기구를 통하여 소방활동에 필요한 고체, 액체, 기체의 물질로서 물의 사용여부를 기점으로 하여 수계 소화약제와 비수계 소화약제로 구분하며 비수계 소화약제는 가스계 소화약제로 분류한다.

② 수계 소화약제에는 물 소화약제, 포 소화약제, 강화액 소화약제 등이 있고, 가스계 소화약제는 할로겐 소화약제, 이산화탄소 소화약제, 청정 소화약제로 구분하며 분말 소화약제는 가스계 소화약제와 유사하기 때문에 가스계 소화약제에 포함하기도 한다.

③ 소화약제의 개별 특징

구분	수계 소화약제		가스계 소화약제	
	물	포	이산화탄소	할로겐화합물
소화방법	냉각	질식, 냉각	질식	억제
연소물 냉각	대	대	소	소
재발화 가능성	없음	없음	있음	있음

(2) 소화약제의 요건

수계와 가스계 소화약제의 기본적인 특징으로는 수계 소화약제는 물에 의한 2차적인 수손피해의 발생 그리고 비용절감 등이 있으며, 가스계 소화약제는 물을 사용하지 않아 수손피해가 없지만 약제의 고가로 인한 사용상의 부담, 그리고 가스계 소화약제의 방출로 인한 2차적인 환경오염의 가능성이 존재한다. 소화약제는 다음의 조건이 필요하다.

① 연소 4가지 중 한 가지 이상의 소화효과가 있어야 한다.

② 화재진압 시 대량의 소화를 위해서는 구입비용이 저렴해야 한다.

③ 소방진압 과정에서 소방대원과 주변 환경오염이 없어야 한다.

④ 유지관리가 쉽고 소화작업 전까지 약제의 변질이 적어야 한다.

기출PLUS

section 2 물 소화약제와 포 소화약제

(1) 물 소화약제의 원리 ✪ 2020, 2021 기출

① 지구상에 넓게 분포되어 있는 물은 경제적으로 손쉽게 구할 수 있고 취급상 가장 안전한 것으로 냉각과 질식의 소화효과가 있다.

② 물은 비열과 잠열이 소화약제들 중에서 가장 장기간 저장가능하기 때문에 기능상실 및 화학적 변화를 일으키지 않아 유지관리가 쉽지만 기온에 의한 동적변화(얼음)를 가져오는 경우가 있을 수 있으며 전기, 유류화재에는 폭발 또는 확산피해가 발생할 수 있다. 또한 주수 과정 후에 수손피해를 가져올 수 있다.

③ 물의 물리적 특성에는 기체, 액체, 고체의 3가지 형태로 존재하기 때문에 각각의 개별적 특성이 있다.

   ㉠ 융해열 : 물은 0℃의 얼음 1g이 0℃의 액체상태의 물로 변하는 데 필요한 열량은 80cal/g이다.

   ㉡ 기화열 : 100℃의 액체상태의 물 1g을 100℃의 수증기로 변환하는 데 필요한 열량은 539cal/g이다.

   ㉢ 비열 : 물 1g을 1℃ 올리는데 필요한 열량인 1cal/g · ℃로서 높은 비열은 열에너지를 많이 흡수한다.

④ 물의 소화작용

   ㉠ 냉각소화 : 일반적으로 20℃의 물 1kg은 100℃의 수증기로 변하면 619kg의 열량을 빼앗아 냉각작용으로 인해 연소물의 온도가 떨어지면서 연소반응에 필요한 가연성가스의 발생이 줄어들어 소화작용을 한다. 반면 인화점이 낮은 물질은 낮은 온도에서 가연성가스가 발생하기 때문에 냉각소화는 하기 어렵다.

   ㉡ 질식소화 : 화염으로 발생한 열에 의해 물이 수증기로 변할 때 물 1kg은 약 1,700배의 수증기로 늘어나기 때문에 공기 중에 가연성가스의 분산에서 수증기가 공기 중의 산소와 결합하는 작용을 억제하며 동시에 연소면을 덮어 질식소화 시킨다.

   ㉢ 유화(乳化)소화 : 윤활유와 같이 물보다 비중에 큰 물질에 물을 방수 하면 유류와 물의 중간에 얇은 유화층을 형성하면서 공기를 차단하거나 가연성증기의 발생을 억제하여 소화한다. 유화층 형성을 위한 소화작업을 위해서는 질식소화작업 때 보다 더 강한 방사압력과 물입자의 직경이 큰 것이 필요하다.

⑤ 분사방법

   ㉠ 봉상 : 굵은 물줄기를 가연물에 방수하기 위해 소방용 방수노즐을 이용한다.

   ㉡ 적상 : 스프링클러 헤드의 형태로 저압으로 방출하며 0.5~0.6mm정도이다.

   ㉢ 무상 : 물분무 소화설비 또는 소방 분무노즐에서 안개형태로 0.1~1.0mm정도이다.

기출 2021. 4. 3. 시행

물 소화약제에 대한 설명으로 옳은 것은?

① 질식소화 작용은 기대하기 어렵다.
② 분무상으로 방사 시 B급 화재 및 C급 화재에도 적응성이 있다.
③ 물은 비열과 기화열 값이 작아 냉각소화 효과가 우수하다.
④ 수용성 가연물질인 알코올, 에테르, 에스테르 등으로 인한 화재에는 적응성이 없다.

❮정답 ②

⑥ 첨가제에 의한 효과확대

    ⊙ 증점제 : 물의 점도를 높여 쉽게 흘러가는 것을 방지하기 위해 첨가제를 넣어 사용하는 방법으로 열원이 많이 발생하는 산림화재에 사용된다.

    ⊙ 부동액 : 물은 4℃ 이하가 되면 고체가 되기 때문에 동절기의 물 소화약제는 동결을 방지하기 위해 유기물 계통인 에틸렌글리콜, 프로필렌글리콜, 그리고 무기물 계통 $CaCl_2$ 등을 사용하여 고체화 현상을 방지한다.

    ⊙ 유화제 : 물보다 비중이 큰 윤활유 등의 유화층 형성을 위해 폴리옥시에틸렌 같은 계면활성제를 첨가한다.

    ⊙ 침투제 : 액체가 섬유, 종이 등의 고체 조직의 내부까지 침투하는 침투력을 높여 침투 시간을 단축하는 조제로, 침투작용 및 습윤작용이 강한 계면활성제가 있다.

⑦ 물 소화약제의 한계

    ⊙ 유류화재 : 유류화재에 주수하면 물이 유류에 부유함으로써 화염확대를 가져올 수 있으며, 유류탱크 화재 시 무상이나 봉상주수가 아닌 적상으로 하면 화재가 더욱 커질 수 있다.

    ⊙ 전기·금속화재 : 전기화재 시 감전의 위험과 금속화재시 위험물의 폭발현상이 발생할 수 있다.

(2) 포 소화약제 소화원리

물은 구입이 쉬우며 경제적으로도 가격이 저렴하여 많이 사용되지만 물보다 비중이 적은 가벼운 유류화재의 경우 주수소화를 하면 물이 유류 밑으로 가라앉아 유류표면을 덮는 질식소화를 하지 못하기 때문에 포 소화작업을 한다.

① 포 소화약제 … 유류표면을 포 소화약제가 거품을 발생시키며 유류표면을 유류보다 가벼운 기포로 표면을 덮어 산소공급원을 차단함으로써 가연물의 소화작용을 하는 약제를 말한다. 포에는 두 가지 이상의 약제를 혼합하여 이산화탄소를 발생시키는 화학포와 포약제와 공기를 혼합하는 기계포가 있다.

    ⊙ 화학포

      • 화학약품을 반응시켜 발생되는 포를 화학포라 하고 사용되는 소화약제는 외부통에 탄산수소나트륨($NaHCO_3$)을 물에 녹이고, 내부통에 황산알미늄[$Al_2(SO_4)_3$]을 넣어두며 포를 발생하려면 용기본체를 거꾸로 하여 두 약제가 혼합되어 화학반응을 하도록 한다.

      • 반응식 : $6NaHCO_3 + Al_2(SO_4)_3 + 18H_2O \rightarrow 6CO_2 + 3Na_2SO_4 + 2Al(OH)_3 + 18H_2O$ 이산화탄소가 발생하여 소화작용을 한다.

      • 화학포는 화학적인 반응으로 포가 생성되며 연소 중인 냉각과 질식작용으로 소화한다.

    ⊙ 공기포

      • 기계포라고도 하며 포 소화약제를 물과 혼합하여 포 수용액으로 만들어 포 방출구 또는 발생기를 통하여 포를 방출하여 연소면을 덮어 소화하는 것을 말한다.

      • 포 수용액의 포 원액의 농도는 1%, 1.5%, 3%, 6%의 것이 많이 사용된다.

기출PLUS

기출 2020. 6. 20. 시행

물 소화약제 첨가제 중 주요 기능이 물의 표면장력을 작게 하여 심부화재에 대한 적응성을 높여 주는 것은?

① 부동제   ② 증점제

③ 침투제   ④ 유화제

❮정답 ③

② 포 소화약제의 종류 ✪ 2020 기출

　㉠ 단백포 소화약제

　• 동물성 단백질을 미세하게 분해한 후 수산화칼륨으로 가수분해 하면 아미노산을 얻는 중간 정도 상태에서 분해를 중지시켜 만든 약제로 3%형과 6%형이 있다.

　• 점성이 있어 방수 시 안정된 피막을 형성하기 때문에 인화성 등이 높은 액체저장물, 창고 등의 소화 설비에 사용된다.

　㉡ 합성계면활성제포 소화약제

　• 1903년에 개발된 것으로 주원료는 기포제, 안정제, 부동가용화제가 사용되지만 오염의 원인이 되며 분해가 어렵다. 3%, 6%형은 저발포형으로 1%, 1.5%, 2%형은 고발포형으로 사용된다.

　• 유류표면을 가벼운 거품으로 덮기 때문에 질식소화방식으로 사용되고, 저렴한 비용, 저장성이 뛰어나지만 내열성이 높지 않아 위험물 저장탱크에는 사용이 어렵다.

　㉢ 수성막포 소화약제

　• 수성막포는 습윤제를 기제로 하며 약제의 색깔은 갈색이며 독성이 없고 라이트 워터(Llight water)라고도 하며 약제는 2%, 3%. 6% 형이 있다.

　• 유류표면에 얇은 막을 형성하여 증기 발생을 억제하므로 질식과 냉각소화에 사용되지만, 포 자체의 내열성이 약해 가격이 비싸고 일정한 조건이 아니면 수막형성이 안 된다.

　㉣ 내알코올성포 소화약제

　• 알코올 같은 수용성 위험물의 화재를 진압하기 위해 사용되며 포 소화약제에 단백질의 가수분해물과 금속비누 등을 첨가하여 유화분산시킨 것을 기제로 물을 혼합한 후 사용한다.

　• 이 약제는 극성 탄화수소는 물론 비극성 탄화수소 화재에도 사용가능하지만 장시간 저장하면 약제가 침전되는 단점이 있기 때문에 물과 혼합 후 2~3분 이내에 사용해야 한다.

　㉤ 포의 팽창비에 따라 저발포, 고발포로 구분한다.

　• 저발포 : 팽창비가 6 이상 20 이하인 것으로 단백포, 합성계면활성제포, 수성막포 등이 있다.

　• 고발포 : 팽창비가 80 이상 1,000 이하인 것이다.

　－제1종 기계포 : 팽창비가 80배 이상 250배 미만

　－제2종 기계포 : 팽창비가 250배 이상 500배 미만

　－제3종 기계포 : 팽창비가 500배 이상 1,000배 미만

$$팽창비 = \frac{발포된포의 체적}{포수용액 체적}$$

2020. 6. 20. 시행

고발포인 제2종 기계포의 팽창비에 해당하는 것은?

① 10배 이상 20배 이하
② 100배 이상 200배 이하
③ 300배 이상 400배 이하
④ 500배 이상 600배 이하

❮정답 ③

▷POINT 형포 … 소화약제와 물의 혼합 비율로서 소화약제 3% + 물 97%로 포를 만드는 것이다.

③ 포 소화약제 혼합방식 ✪ 2018, 2019, 2021 기출

　　㉠ 펌프 프로포셔너 방식(Pump Proportioner Type) : 펌프의 토출관과 흡입관 사이에 설치한 혼합기에 펌프에서 토출된 물의 일부를 보내고, 농도 조정밸브에서 조정된 약제의 필요량을 약제탱크에서 펌프 흡입측으로 보내어 이를 혼합하는 방식

　　㉡ 프레셔 프로포셔너(Pressure Proportioner Type) : 펌프와 발포기의 중간에 설치된 벤투리 관의 벤투리 작용과 펌프 가압수의 포 소화약제 저장탱크에 대한 압력에 의하여 포 소화약제를 흡입·혼합하는 방식

　　㉢ 라인 프로포셔너 방식(Line Proportioner Type) : 펌프와 발포기 중간에 설치된 벤투리 관의 벤투리 작용에 의하여 포 소화약제를 흡입·혼합하는 방식

　　㉣ 프레셔 사이드 프로포셔너 방식(Pressure Side Proportioner Type) : 펌프의 토출관에 혼합기를 설치하고 약제 압입용 펌프로 포 원액을 압입시켜 혼합하는 방식

④ 포 소화약제의 소화효과 및 한계

　　㉠ 포 소화약제는 물보다 비중이 낮은 유류 표면에 거품을 형성하여 유류의 연소진행을 억제하는 효과가 있기 때문에 질식 및 냉각효과가 커서 유류화재 및 일반화재에도 사용된다.

　　㉡ 포 소화약제는 소화작업 후 거품에 의한 현장 주변의 오염을 제거하기 어려운 단점이 있고, 물이 주성분이어서 전기화재의 소화작업에는 사용하기 어렵다.

section 3 이산화탄소 소화약제와 분말 소화약제

(1) 이산화탄소 소화약제의 소화원리 ✪ 2019 기출

① 이산화탄소는 공기보다 약 1.5배 무겁고 대기 중에 약 0.03% 존재하며, 탄소의 최종산화물로서 화학적으로 안정되어 있고 연소반응을 일으키지 않아 가스계 소화약제로 사용된다.

② 이산화탄소의 특성

　　㉠ 기체, 액체상태의 이산화탄소는 색깔이 없으며, 고체일 때는 반투명백색으로서 공기보다 무겁기 때문에 소화작업 시 밑으로 가라앉는다.

　　㉡ 이산화탄소의 임계온도는 31.35℃로 하절기의 경우 이산화탄소용기가 한계점을 넘으면 내부가 압력상승하며, 기화팽창률이 커서 기체 이산화탄소는 500배 정도로 팽창한다.

　　㉢ 이산화탄소는 기체, 액체, 고체가 압력이 5.1atm, -56.7℃에서 동시에 존재하는 삼중점을 가지고 있으며 삼중점 이하에서는 액체상태로 저장이 불가능하다.

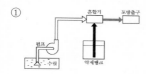
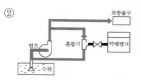
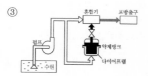
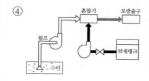

기출PLUS

기출 2019. 4. 6. 시행

다음 특성에 해당하는 소화약제는?

┌ 보기 ─────────────
• 소화 후 소화약제에 의한 오손
  이 없고, 비전도성이다.
• 장기보존이 용이하고, 추운 지
  방에서도 사용 가능하다.
• 자체 압력으로 방출이 가능하
  고, 불연성 기체로서 주된 소
  화효과는 질식효과이다.
└─────────────────

① 이산화탄소 소화약제
② 산 알칼리 소화약제
③ 포 소화약제
④ 할로겐화합물 소화약제

〈정답 ①

③ 이산화탄소의 소화효과

ⓐ 소화작업을 위해 34%의 이산화탄소를 방사하여 산소농도를 15% 이하로 낮추어 가연물의 연소작용을 억제한다.

ⓑ 액체 상태의 이산화탄소를 화염물에 방사하면 이산화탄소가 기화하면서 화염주변의 열을 흡수(줄−톰슨효과)하여 연소물을 발화점 이하로 낮춰 냉각소화를 한다.

ⓒ 이산화탄소 소화약제의 장점은 다음과 같다.

• 소화작업 시 기체인 이산화탄소가 가연물 내부까지 들어간다.
• 물 소화약제와 달리 전기화재 시 사용 가능하다.
• 액체상태로 저온보관 시 장기간 소화약제의 변질이 없다.
• 소화 후에 부식·손상이 없고 소화흔적이 남지 않는다.
• 저온상태로 보관하며 소화작업 시 내부 온도상승으로 소화약제는 자연방출된다.

④ 이산화탄소 소화약제의 한계

ⓐ 이산화탄소는 지구 온난화를 일으키는 원인 중의 하나로서 대중적인 사용의 자제와 소화작업 사용 시 액체 이산화탄소는 극저온상태로 보관되기 때문에 소화작업자가 보호장비를 착용하지 않으면 피해를 입을 수 있다. 또한 밀집된 구획실에 방사할 경우 호흡곤란을 가져올 수 있다.

ⓑ 이산화탄소 소화약제 사용 제한 장소

• 자체적으로 산소를 가지고 있는 화재
• 이산화탄소를 분해시키는 물질(나트륨, 마그네슘, 티타늄 등)

(2) 분말 소화약제 ✪ 2018, 2019 기출

화공약품으로 독성이 상대적으로 약한 물질로서 불길에 닿으면 열분해에 의해서 생성되는 불활성가스 또는 생성 유리되는 물질에 의해 질식효과가 있는 소화약제이다.

① 미세한 고체분말의 소화능력을 이용한 것이다. 소화약제로서 분말이 비전도체이므로 전기화재에도 효과가 있고 제3종 분말 소화약제는 일반화재, 유류화재, 전기화재에 사용할 수 있다.

② 분말 소화약제의 종류

종별	화학식	명칭	적응 화재	색상
제1종	$NaHCO_3$	탄산수소나트륨	B·C	백색
제2종	$KHCO_3$	탄산수소칼륨	B·C	담회색(엷은보라)
제3종	$NH_4H_2PO_4$	제1인산암모늄	A·B·C	담홍색
제4종	$KHCO_3 + (NH_2)_2CO$	탄산수소칼륨 + 요소혼합물	B·C	회색

③ 열분해방식과 소화효과

　㉠ 제1종 : 부촉매 효과가 있고 일반화재에 적용하지 못하는 단점이 있으며 백색으로 표시하고 있다.

270℃ 일 때

$2NAHCO_3 \rightarrow Na_2CO_3 + H_2O + CO_2$

850℃ 일 때

$2NaHCO_3 \rightarrow Na_2O + H_2O + 2CO_2$

- 라디칼 분말이 표면에 흡착
- 불연성 물질이 이산화탄소에 의해 질식
- 흡열반응에 의한 냉각효과

　㉡ 제2종 : 1종 분말 소화효과와 비슷하나 소화능력이 2배 정도이고, 1종과 구분을 위해 담회색으로 착색되어 있다.

$2KHCO_3 \rightarrow K_2CO_3 + H_2O + CO_2$

800℃ 이상

$2KHCO_3 \rightarrow K_2O + 2CO_3 + H_2O$

- 분말에 의한 방사열 차단
- 열분해시 흡열에 의한 냉각효과

　㉢ 제3종 : 1종과 2종의 소화능력의 보완을 위해 만들어진 것으로 주성분은 제1인산암모늄이다. 일반화재(A)급, 유류화재(B)급, 전기화재(C)급에 모두 사용되며, 현재 생산되고 있는 분말소화약제 대부분을 차지한다.

$NH_4H_2PO_4 \rightarrow NH + H_2O + HPO_3$

300℃ 이상

$2H_3PO_4 \rightarrow H_4P_2O_7 + H_2O$

- 열분해에 의한 냉각작용
- 메타인산(HPO_3)에 의한 질식작용
- 발생한 수증기(H_2O)에 의한 질식작용
- 셀룰로오스의 탈수작용
- 암모니아가 유리되어 부촉매작용

　㉣ 제4종 : 두 가지 성분을 혼합한 약제로서 가격이 고가이기 때문에 거의 사용되지 못하고 있으며 색상은 회색으로 표시된다.

$2KHCO_3 + (NH_2)_2CO \rightarrow K_2CO_3 + 2NH_3 + 2CO_2$

---

④ 분말 소화약제의 소화효과

　㉠ 부촉매 효과 : 분말 소화약제의 가장 주된 소화효과로, 연소의 연쇄 반응을 중단시킴으로써 소화하는 화학적인 소화효과이다.

기출 2018. 10. 13. 시행

제3종 분말소화약제에 대한 설명으로 옳지 않은 것은?

① 백색으로 착색되어 있다.
② ABC급 분말소화약제라고도 부른다.
③ 주성분은 제1인산암모늄 ($NH_4H_2PO_4$)이다.
④ 현재 생산되고 있는 분말소화약제의 대부분을 차지하고 있다.

❮정답 ①

기출 2019. 4. 6. 시행

다음 중 HPO_3가 일반 가연물질인 나무, 종이 등의 표면에 피막을 이루어 공기 중의 산소를 차단하는 방진작용과 관련이 있는 것은?

① 제1종 분말소화약제
② 제2종 분말소화약제
③ 제3종 분말소화약제
④ 제4종 분말소화약제

❮정답 ③

ⓒ **질식효과**: 분말 소화약제의 열분해 시 발생되는 불활성 기체(CO_2, H_2O 등)가 공기 중의 산소를 한계산소농도 이하로 희석시키는 소화효과이다.

ⓒ **냉각효과**: 열분해 시 동반하는 흡열반응과 고체분말의 비열에 의한 화염온도 저하를 통해 냉각효과가 나타난다.

ⓔ **복사열의 차단**: 분말 운무를 형성하여 화염의 복사열을 차단한다.

ⓜ **탈수·탄화 및 방진효과**: H_3PO_4의 탈수·탄화 효과, HPO_3의 방진효과 등도 제3종 분말 소화약제의 특별한 소화효과로 볼 수 있다.

section 4 청정 소화약제

(1) 청정 소화약제의 개념

인체에 미치는 독성이 적고 소화 후에 잔사를 남기지 않으며 B급화재나 C급화재의 진압이나 인화성물질의 폭발방지에 사용되며 전기적으로 비전도성이며 휘발성이 있거나 증발 후 잔여물을 남기지 않는 소화약제를 말한다.

(2) 청정 소화약제의 요건과 종류 ✪ 2019 기출

① **청정성** … 가스계 소화약제는 화염에 의한 소화작업 후 발생하는 약제가 지구온난화, 인체 무해의 요소를 갖추어야 한다.

② **효율성** … 청정소화약제인 할론(Halon)은 오존층 보호를 위해 1994년부터 생산 감축됨에 따라 대체물질인 Halon1301으로 변경되고 있으며 가격이 저렴해야 한다.

③ **물성** … 물과 혼합하여 방수를 통한 소화작업 시에 전기화재와 같은 전동성 물체에 의한 인적피해의 감소를 목표로 해야 하며, 가연물의 온도를 낮추어 소화작업이 쉬워야 한다. 또한 소화작업 과정 전후에 구획실 내의 독성이 낮아야 한다.

④ **할로겐화합물 청정 소화약제** … 할로카본(Halocarborn)계 약제는 냉각, 부촉매효과가 있다. 불소(F), 염소(Cl), 브롬(Br) 중 하나 이상의 기본성분을 포함하는 소화약제는 다음과 같다.

ⓐ **FC계열**: 탄소원자에 불소(F)가 붙어 있는 물질로서 안정적이며, 비전도성이다. 염소와 브롬을 함유하지 않아 독성도 낮으며 물리적 소화에 적합하다.

ⓑ **HCFC계열**: 할론 대체물질로서 브롬을 포함하지 않는 염화불화탄화수소이며, CFC에 수소를 첨가하여 대기방출시 쉽게 분해된다.

ⓒ **HFC계열**: FC물질 또한 오존 파괴 물질인 브롬을 함유하지 않고 있다.

ⓓ **FIC계열**: FC계열에 요오드를 첨가하여 할론 대체물질로서 화학적 소화능력이 우수하지만, 독성이 강하다.

⑤ 불활성가스 청정소화약제 … 헬륨(He), 아르곤(Ar), 네온(Ne) 등의 불활성가스로서 소화 시 산소농도를 낮추고 화염 주변을 연소에 필요한 온도 이하로 낮추어 소화한다.

  ㉠ IG-01 : Ar(아르곤) 99.9% 이상

  ㉡ IG-100 : N_2(질소) 99.9% 이상

  ㉢ IG-55 : N_2(질소) 50%, Ar(아르곤) 50%

  ㉣ IG-541 : N_2(질소) 52%, Ar(아르곤) 40%, CO_2(이산화탄소) 8%

⑥ 소화방식과 시간

  ㉠ 미분무(微噴霧)소화시스템(Water Mist System)

  ㉡ 분말에어로졸 소화시스템(Particulating Aerosol)

  ㉢ 불활성가스발생소화시스템(Inert Gas Generating System)

  ㉣ 불활성가스약제 1분 방사, 할로겐화합물 약제 10초 이내 방사

  📌POINT 기동장치
      ㉠ 수동식 기동장치 5kg 이하의 힘을 가하여 기동할 수 있을 것
      ㉡ 자동식 기동장치, 전기식·가스압력식 또는 기계식에 의하여 자동으로 개발되고 수동으로 개방·기동할 수 있을 것

기출PLUS

기출 2019. 4. 6. 시행

불활성기체소화약제의 표기와 화학식의 연결이 옳지 않은 것은?

① IG - 01 - Ar
② IG - 100 - N_2
③ IG - 541 - N_2 : 52%, Ar : 40%, Ne : 8%
④ IG - 55 - N_2 : 50%, Ar : 50%

❮정답 ③

02 기출&예상문제

2021년 상반기

01 포 혼합장치 중 펌프 프로포셔너(pump proportioner)방식에 해당하는 것은?

□ 물 ■ 소화약제 ■ 수용액

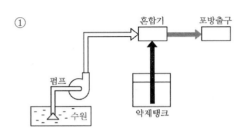

①

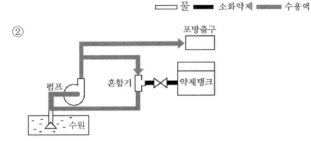

②

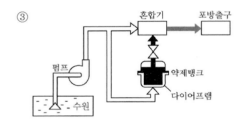

③

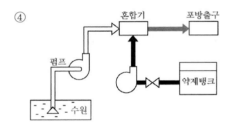

④

TIPS!

② 펌프 프로포셔너 방식(Pump Proportioner Type) : 펌프의 토출관과 흡입관 사이에 설치한 혼합기에 펌프에서 토출된 물의 일부를 보내고, 농도 조정밸브에서 조정된 약제의 필요량을 약제탱크에서 펌프 흡입 측으로 보내어 이를 혼합하는 방식

① 라인 프로포셔너 방식(Line Proportioner Type) : 펌프와 발포기 중간에 설치된 벤투리 관의 벤투리 작용에 의하여 포 소화약제를 흡입·혼합하는 방식

③ 프레셔 프로포셔너(Pressure Proportioner Type) : 펌프와 발포기의 중간에 설치된 벤투리 관의 벤투리 작용과 펌프 가압수의 포 소화약제 저장탱크에 대한 압력에 의하여 포 소화약제를 흡입·혼합하는 방식

④ 프레셔 사이드 프로포셔너 방식(Pressure Side Proportioner Type) : 펌프의 토출관에 혼합기를 설치하고 약제 압입용 펌프로 포 원액을 압입시켜 혼합하는 방식

Answer 01.②

02 물 소화약제에 대한 설명으로 옳은 것은?

① 질식소화 작용은 기대하기 어렵다.
② 분무상으로 방사 시 B급 화재 및 C급 화재에도 적응성이 있다.
③ 물은 비열과 기화열 값이 작아 냉각소화 효과가 우수하다.
④ 수용성 가연물질인 알코올, 에테르, 에스테르 등으로 인한 화재에는 적응성이 없다.

> **TIPS!**
>
> ① 물소화약제는 가연물을 피복하여 산소의 공급을 차단하므로 질식소화 작용을 기대할 수 있다.
> ③ 물은 비열과 기화열(증발잠열)이 커서 냉각소화 효과가 우수하다.
> ④ 수용성 가연물질인 알코올, 에테르, 에스테르 등으로 인한 화재 시 많은 양의 물을 일시에 방사하여 가연물질의 연소농도를 소화농도 이하로 묽게 희석시켜 소화하는 희석소화를 적용할 수 있다.
> ※ 물 소화약제의 한계
>   ⊙ 유류화재 : 유류화재에 주수하면 물이 유류에 부유함으로써 화염확대를 가져올 수 있으며, 유류탱크 화재 시 무상이나 봉상주수가 아닌 적상으로 하면 화재가 더욱 커질 수 있다.
>   ⓛ 전기·금속화재 : 전기화재 시 감전의 위험과 금속화재시 위험물의 폭발현상이 발생할 수 있다.

03 물 소화약제 첨가제 중 주요 기능이 물의 표면장력을 작게 하여 심부화재에 대한 적응성을 높여 주는 것은?

① 부동제
③ 침투제
② 증점제
④ 유화제

> **TIPS!**
>
> 소화약제 첨가제 중 침투력을 높이는 것은 침투제(계면활성제)이다.

04 고발포인 제2종 기계포의 팽창비에 해당하는 것은?

① 10배 이상 20배 이하
③ 300배 이상 400배 이하
② 100배 이상 200배 이하
④ 500배 이상 600배 이하

> **TIPS!**
>
> 포의 팽창비
> ⊙ 포의 팽창비 = (발포 후 포수액의 체적)/(발포 전 포수액의 체적)
> ⓛ 저발포(3%, 6%) : 6배 이상 ~ 20배 이하
> © 고발포(1%, 1.5%, 2%)
> • 제1종 기계포 80배 이상 ~ 250배 이하
> • 제2종 기계포 250배 이상 ~ 500배 미만
> • 제3종 기계포 500배 이상 ~ 1,000배 미만

Answer 02.② 03.③ 04.③

2018년 하반기

05 제3종 분말소화약제에 대한 설명으로 옳지 않은 것은?

① 백색으로 착색되어 있다.

② ABC급 분말소화약제라고도 부른다.

③ 주성분은 제1인산암모늄($NH_4H_2PO_4$)이다.

④ 현재 생산되고 있는 분말소화약제의 대부분을 차지하고 있다.

 **TIPS!**

① 백색으로 착색되어 있는 것은 제1종 분말소화약제이다. 제3종 분말소화약제는 담홍색으로 착색되어 있다.

2018년 하반기

06 포소화약제의 혼합방식 중 펌프와 발포기의 중간에 설치된 벤츄리(Venturi) 관의 벤츄리(Venturi) 작용에 의하여 포소화 약제를 흡입·혼합하는 것은?

① 라인 프로포셔너(Line Proportioner)

② 펌프 프로포셔너(Pump Proportioner)

③ 프레셔 프로포셔너(Pressure Proportioner)

④ 프레셔 사이드 프로포셔너(Pressure Side Proportioner)

TIPS!

포 소화약제 혼합방식
㉠ 펌프 프로포셔너 방식(Pump Proportioner Type) : 펌프의 토출관과 흡입관 사이에 설치한 혼합기에 펌프에서 토출된 물의 일부를 보내고, 농도 조정밸브에서 조정된 약제의 필요량을 약제탱크에서 펌프 흡입측으로 보내어 이를 혼합하는 방식
㉡ 프레셔 프로포셔너(Pressure Proportioner Type) : 펌프와 발포기의 중간에 설치된 벤츄리 관의 벤츄리 작용과 펌프 가압수의 포 소화약제 저장탱크에 대한 압력에 의하여 포 소화약제를 흡입·혼합하는 방식
㉢ 라인 프로포셔너 방식(Line Proportioner Type) : 펌프와 발포기 중간에 설치된 벤츄리 관의 벤츄리 작용에 의하여 포 소화약제를 흡입·혼합하는 방식
㉣ 프레셔 사이드 프로포셔너 방식(Pressure Side Proportioner Type) : 펌프의 토출관에 혼합기를 설치하고 약제 압입용 펌프로 포 원액을 압입시켜 혼합하는 방식

Answer 05.① 06.①

2014년 간부후보 변형

07 청정소화약제에 대한 설명으로 바르지 않은 것은?

① HFC-125는 인체에 무해하다.

② HCFC-124는 HCFC BLEND-A 중 9.5%를 차지한다.

③ FIC-1311, CF31에서 I는 요오드이다.

④ IG-541의 성분은 N_2 : 50%, Ar : 40%, CO_2 : 10%이다.

TIPS!

④ IG-541의 성분은 N_2 : 52%, Ar : 40%, CO_2 : 8%이다.

※ 화재안전기준에 고시된 청정소화약제는 총 13종으로 Halocarbon(프레온계열) 9종과 불활성가스계 물질 4종으로 구성되어 있다.

08 다음 중 분말소화약제에 대한 설명으로 옳지 않은 것은?

① 제1종은 백색이며 B · C급 화재에 사용된다.

② 제3종은 담홍색이며 B · C급 화재에 사용된다.

③ 열분해에 의해 질식효과가 있다.

④ 이산화탄소를 사용하는 가압식이 많이 사용된다.

TIPS!

② 제3종은 A, B, C급이며 일반화재, 유류화재, 전기화재에 사용할 수 있다.

09 다음 중 2종 분말소화제에서 방사시 생성되는 물질은?

① N_2, H

② N_2, KH

③ H_2O, CO_2

④ O_2, N_2

TIPS!

③ 중탄산칼륨의 열분해식

$$2KHCO_3 \rightarrow K_2CO_3 + CO_2 + H_2O$$

Answer 07.④ 08.② 09.③

10 다음 중 화재예방을 위해 설치하는 소화기의 충전량으로 옳은 것은?

① 화학포 소화기 20ℓ

② 강화액 소화기 40ℓ

③ 분말 소화기 20kg

④ 이산화탄소 소화기 40kg

💡 **TIPS!**

① 화학포 소화기 80ℓ

② 강화액 소화기 60ℓ

④ 이산화탄소 소화기 50kg

11 다음 중 포 소화약제에 대한 설명으로 옳은 것은?

① 탄산수소나트륨을 물에 녹이고 황산알미늄을 넣어 두는 것이 수성막포이다.

② 단백포는 보존기간이 길다.

③ 수성막포는 소화력이 우수하며 화학적으로 안정적이다.

④ 알코올형포는 불소계 습윤제와 합성계면활성제계로 구분된다.

💡 **TIPS!**

③ 분말등과 함께 사용할 경우 700~800%의 소화효과가 증대한다.

① 화학포에 대한 설명이다.

② 단백포는 동·식물의 단백질 가수분해 생성물을 기제로 하여 부패하기 쉽다.

④ 천연단백질 분해물계와 계면활성제계로 구분된다.

12 포 소화설비 중에 고발포형 제1종 기계포 팽창비는?

① 80~250배

② 6~20 이하

③ 500~1,000 미만

④ 250~500 미만

💡 **TIPS!**

② 저발포형 팽창비 ③ 고발포형 3종 팽창비 ④ 고발포형 2종 팽창비

※ 고발포형의 팽창비는 1종은 80~250배이며, 2종은 250~500 미만이고, 3종은 500~1,000 미만이다. 저발포형의 팽창비는 6~20 이하이다.

Answer 10.③ 11.③ 12.①

13 다음 중 할로겐화합물 소화약제에 대한 설명으로 옳은 것은?

① 일반화재, 유류화재, 전기화재에 사용할 수 있다.

② B · C급 화재에 우수한 소화약제이다.

③ 냉각효과가 매우 크다.

④ 취급상 가장 안전하며 질식작용의 효과가 크다.

> **TIPS!**
>
> ① 분말 소화약제 ③ 이산화탄소 소화약제 ④ 물 소화약제
>
> ※ 할로겐 소화약제 … 기상, 액상, 가솔린, 위험성고체, 컴퓨터실, 박물관과 같이 2차적인 현장오염을 시키지 않으며 화학적 억제 소화작용을 한다.

14 펌프와 발포기의 중간에 설치된 벤투리관의 벤투리작용과 펌프가압수의 소화약제 저장 탱크 압력에 의해 포 소화약제를 흡입 · 혼합하는 방식은?

① 펌프 프로포셔너 방식

② 라인 프로포셔너 방식

③ 프레져 프로포셔너 방식

④ 프레져 사이트 프로포셔너 방식

> **TIPS!**
>
> ① 펌프의 토출관과 흡입관 사이의 배관 도중에 설치한 흡입기에 펌프에서 토출된 물의 일부를 보내고 농도조절 밸브에서 조정된 필요량의 포 소화약제를 소화약제 탱크에서 펌프 흡입 측으로 보내 약제를 혼합하는 방식
>
> ② 펌프와 발포기 중간에 설치된 벤투리관의 벤투리 작용에 의해 포 소화약제를 흡입 · 혼합하는 방식
>
> ④ 펌프의 토출관에 압입기를 설치하여 포 소화약제 압입용 펌프로 포 소화약제를 압입시켜 혼합하는 방식

15 다음 중 전기통신실에 직접 사용할 수 있는 소화기는?

① 이산화탄소 소화기

② 분말 소화기

③ 강화액 소화기

④ 물 소화기

> **TIPS!**
>
> 이산화탄소 소화기 … 고압용기에 이산화탄소를 고압으로 압축하여 액상으로 저장하여 두었다가 화재가 발생할 경우 레버를 눌러 용기 내의 이산화탄소 소화약제를 외부로 방출하여 화재를 소화하는 소화기이다. 고압가스 용기를 사용하기 때문에 중량이 무겁고 고압가스의 취급이 용이하지 못하지만 소화약제에 의한 오손이 적고 전기전열성도 크기 때문에 전기화재에 많이 사용된다.

Answer 13.② 14.③ 15.①

16 다음 중 청정소화약제에 대한 설명으로 옳지 않은 것은?

① 할로겐화합물(할론1301, 할론2402, 할론1211 제외) 및 불활성기체로서 전기적으로 비전도성이며 휘발성이 있거나 증발 후 잔여물을 남기지 않는 소화약제를 말한다.
② 불소, 염소, 브롬 또는 요오드 중 하나 이상의 원소를 포함하고 있는 유기화합물을 기본성분으로 한다.
③ 청정 소화약제는 전기가 통하지 않아 변전실 화재에 적합하다.
④ 청정 소화약제는 할로겐화합물 소화약제보다 환경오염 정도가 더 많다.

💡 **TIPS!**

할론은 오존층을 파괴하기 때문에 1994년부터 감축생산을 하고 있으며 대체물질을 개발하고 있다.

17 가연성 액체의 유류화재 시 물로 소화할 수 없는 이유는?

① 발화점이 강하다.
② 인화점이 강하다.
③ 연소면을 확대한다.
④ 수용성으로 인해 인화점이 상승한다.

💡 **TIPS!**

③ 가연성액체의 유류화재 시 물로 소화 사용할 경우 연소면이 확대되기 때문에 부적합하다.

18 ABC급 소화성능을 가지는 분말 소화약제는?

① 탄산수소나트륨
② 탄산수소칼륨
③ 제1인산암모늄
④ 탄산수소칼륨 + 요소

💡 **TIPS!**

분말 소화약제의 종류

종류	제1종 분말	제2종 분말	제3종 분말	제4종 분말
약제명	탄산수소나트륨	탄산수소칼륨	제1인산암모늄	탄산수소칼륨 + 요소
적응화재	B, C급	B, C급	A, B, C급	B, C급

Answer 16.④ 17.③ 18.③

19 다음 중 변전실 화재의 소화제로 가장 적당하지 않은 것은?

① 포
② 분말
③ 할로겐화합물
④ 이산화탄소

> **TIPS!**
>
> ① 변전실과 같은 전기적설비가 있는 곳에 전도성 소화약제를 사용하게 되면 감전의 우려 또는 화재의 확산을 가져올 수 있어 가스계 소화약제를 사용한다.

20 다음 중 제1종 분말 소화약제의 주성분은 무엇인가?

① 탄산수소칼륨
② 탄산수소나트륨
③ 탄산수소칼륨과 요소
④ 제1인산암모늄

> **TIPS!**
>
> 분말 소화약제
> ㉠ 제1종 : 탄산수소나트륨
> ㉡ 제2종 : 탄산수소칼륨
> ㉢ 제3종 : 제1인산암모늄
> ㉣ 제4종 : 탄산수소칼륨 + 요소

21 이산화탄소 소화설비로 유효하게 소화할 수 없는 것은?

① 가연성 액체
② 변압기
③ 섬유류
④ 나트륨

> **TIPS!**
>
> ④ 이산화탄소 소화설비는 유류, 전기화재에 적합하나 CO_2를 분해시키는, 반응성이 큰 금속인 나트륨 화재에는 부적합하다.

Answer 19.① 20.② 21.④

22 이산화탄소의 소화작용 중 거의 기대할 수 없는 것은?

① 냉각작용　　　　　　　　　② 피복작용
③ 질식작용　　　　　　　　　④ 부촉매작용

> 💡 **TIPS!**
>
> 이산화탄소의 소화설비 … 질식, 냉각, 피복작용의 효과가 있다.
>
> ※ **피복소화**
> ㉠ 이산화탄소는 비중이 공기보다 약 1.52배 무겁기 때문에 연소물질을 덮어서 산소의 공급을 차단하는 소화작용을 한다.
> ㉡ 피연소물질에도 구석구석 침투하여 화염의 접촉을 억제하기 때문에 피연소물질을 손상시키지 않는다.

23 분말 소화약제 분말 입도의 소화성능에 대한 설명으로 옳은 것은?

① 미세할수록 소화성능이 우수하다.
② 입도가 클수록 소화성능이 우수하다.
③ 입도와 소화성능과는 관계가 없다.
④ 입도가 너무 미세하거나 너무 커도 소화성능은 저하된다.

> 💡 **TIPS!**
>
> 분말 소화약제의 분말입도
> ㉠ 입도의 크기 : $20 \sim 25 \mu m$
> ㉡ 입도가 너무 커도, 너무 미세하여도 소화효과가 저하된다.
> ㉢ 입도가 미세하게 골고루 분포되어야 한다.

24 다음 중 청정 소화약제를 사용할 수 있는 화재의 종류가 아닌 것은?

① 가스화재　　　　　　　　　② 일반화재
③ 금속화재　　　　　　　　　④ 전기화재

> 💡 **TIPS!**
>
> 청정 소화약제의 효과
> ㉠ 할론 소화약제와 동일한 질식소화, 냉각소화, 부촉매소화효과가 있다.
> ㉡ 적응화재는 유류화재, 전기화재, 가스화재에 알맞다.
> ㉢ 전역방출방식으로 사용할 경우 일반화재에도 적용된다.

Answer 22.④ 23.④ 24.③

25 다음 중 물 소화약제의 동결방지제로 옳지 않은 것은?

① 염화칼슘

② 염화나트륨

③ 에틸렌글리콜

④ 글리세린

> 💡 **TIPS!**
>
> 물 소화약제의 동결방지제 ⋯ 염화칼슘, 염화나트륨, 에틸렌글리콜, 프로필렌글리콜

26 포 소화약제 중 표면하 주입방식에 사용할 수 있는 것은?

① 불화단백포

② 단백포

③ 화학포

④ 내알코올성포

> 💡 **TIPS!**
>
> 표면하 주입방식 ⋯ 위험물의 액 표면 아래에서 포를 방출하는 방식으로 불화단백포 소화약제와 수성막포가 사용된다.

27 다음 중 소화약제에 대한 설명으로 옳지 않은 것은?

① 강화액소화약제는 유화소화작용을 한다.

② LNG는 LPG보다 연소열이 높기 때문에 청정연료로 사용되고 있다.

③ 고무류, 면화류 등의 특수가연물 화재에 적합한 소화약제로는 이산화탄소 소화약제, 할로겐화합물 소화약제가 효과적이다.

④ 철근 콘크리트조 또는 철골철근 콘크리트조로 된 계단은 건축물의 내화구조와 연관있다.

> 💡 **TIPS!**
>
> ③ 고무류, 면화류 등의 특수가연물(화재가 발생하면 화재의 확대가 빠른 물질)의 적응소화약제는 제3종 분말 소화약제, 포 소화약제이다.

Answer 25.④ 26.① 27.③

03 소방시설

기출PLUS

section 1 소화설비의 종류와 작동 원리

소방시설은 각종 구조물에 설치되어 화재를 주변에 알리고 피난을 유도하며 화재 진압을 위해 소방용수의 확보를 위한 일련의 소방설비이며, 소화설비, 경보설비, 피난설비, 소화용수설비, 소화활동설비 등으로 구분된다.

(1) 소화설비 ✪ 2020 기출

소화설비는 물 또는 그 밖의 소화약제를 사용하여 소화하는 기계·기구 또는 설비로서 소화기구, 자동소화장치, 옥내소화전설비, 스프링클러설비등, 물분무등소화설비, 옥외소화전설비 등이 있다.

기출 2020. 6. 20. 시행

소방시설의 분류와 해당 소방시설의 종류가 옳게 연결된 것은?

① 소화설비 - 옥내소화전설비, 포소화설비, 간이스프링클러설비
② 경보설비 - 자동화재속보설비, 자동화재탐지설비, 제연설비
③ 소화용수설비 - 상수도소화용수설비, 소화수조, 연결살수설비
④ 소화활동설비 - 시각경보기, 연결송수관설비, 무선통신보조설비

‹정답 ①

(2) 소화기의 종류

① **분말소화기** … 화학적으로 제조된 소화분말을 소화기 용기 본체에 충전하여 화재발생 시 외부로 소화약제를 방사하여 화재를 소화하도록 제조된 소화기이다.
　㉠ A, B, C 분말소화기 : 일반화재, 유류화재, 전기화재에 적합한 소화약제인 제1인산암모늄($NH_4H_2PO_4$)을 충전한 소화기로 냉각 및 연쇄반응 차단효과에 의해 소화한다.
　㉡ B, C 분말소화기 : $NaHCO_3$, $NaHCO_3[NHCO_3 + (NH_2)_2CO]$을 충전한 소화기로 전기화재, 유류화재에 적합하다.

② **이산화탄소 소화기** … 고압용기에 이산화탄소를 고압으로 압축하여 액상으로 저장하여 두었다가 화재가 발생할 경우 레버를 눌러 용기내의 이산화탄소 소화약제를 외부로 방출하여 화재를 진압하는 소화기이다.
　㉠ 고압가스 용기를 사용하기 때문에 중량이 무겁고 고압가스의 취급이 용이하지 못하다.
　㉡ 전기전열성도 크기 때문에 전기화재에 많이 사용된다.

③ **물 소화기** … 물을 소화약제로 하여 방사시키는 소화기이며 방사원의 형태에 따라 다르다. 가스가압식, 수동펌프식, 축압식으로 구분된다.

④ **산·알칼리 소화기** … 소화기 본체 내부에 황산 및 탄산수소나트륨($NaHCO_3$)을 분리하여 충전한 것으로 사용 시 소화기를 거꾸로 하면 두 물질을 혼합하여 방사하는 소화기이다. 소화약제의 반응식은 $2NaHCO_3 + H_2SO_4 \rightarrow NaSO_4 + 2H_2O + 2CO_2$이다.

⑤ **강화액 소화기** … 탄산칼륨을 물에 용해시켜 비중을 1.3~1.4로 하고 소화기 내부에 충전하여 축압식, 가압식, 반응압식 등으로 용기 내의 소화약제를 외부로 방출시키는 소화기이다.

POINT 가압방식에 의한 분류

　　㉠ 축압식

　　　• 소화기 용기 내부에 소화약제와 압축공기 또는 불연성 가스의 압력으로 방출된다.

　　　• 이산화탄소, 할론 1301 소화기 외에 모두 내부 압력을 표시하는 지시압력계
　　　　가 부착되어 있다(적색부분은 비정상압력, 녹색부분은 정상압력).

　　㉡ 가압식

　　　• 수동펌프식 : 펌프에 의한 가압으로 소화약제가 방출된다.

　　　• 화학반응식 : 화학 반응에 의해서 생성된 가스의 압력에 의해 소화약제가 방출된다.

　　　• 가스가압식 : 가압가스용기가 소화기의 내부나 외부에 따로 부설되어 가압가
　　　　스의 압력에 의해서 소화약제가 방출된다.

⑥ 포말 소화기

　㉠ 화학포말 소화기 : 소화기 본체 내부에 합성수지로 된 내통을 설치하여 A약제인
　　황산알루미늄[$Al_2(SO_4)_3$]을 물에 용해시켜 충전하고 외통에 B약제인 탄산수소나
　　트륨($NaHCO_3$)을 충전하여 화재가 발생할 경우 A약제, B약제를 혼합시켜 이때
　　발생하는 이산화탄소를 방사원으로 하여 포를 생성하면서 소화기 외부로 방사시
　　켜 소화한다.

　㉡ 기계포말 소화기 : 단백포, 합성계면활성제포, 수성막포 등을 용기에 충전한 후
　　외부로부터 유입된 공기에 의해서 포말을 형성하여 노즐에서 포를 방사한다. 기
　　계포말 소화기의 소화약제로는 수성막포 6%형이 주로 사용되고 있다.

⑦ 할로겐화물 소화기 … 할로겐화물인 할론 1301(CF_3Br), 할론 1211(CF_2ClBr), 할론
　2402($C_2F_4Br_2$), 할론 1011(CH_2ClBr) 등 소화기 본체 내부에 충전하여 화재 발생 시 외부
　로 방출하여 화재를 소화한다. 약제는 전기의 부도체이므로 전기화재에 적응한다.

(3) 옥내 · 옥외 소화전

① 옥내 소화전 … 화재 발생 시 최초발견자, 관리자, 소유자, 자체소방대원 등이 발생
　초기에 소화작업을 할 수 있는 건축물 내부의 소방시설이다.

② 옥내 소화전의 수원 종류

　㉠ 가압수조 : 불연성 기체 또는 압축공기로 물을 공급하는 방식으로 내부 압력으로
　　주수된다.

　㉡ 압력수조 : 수조 내부에 압력을 넣으면 그 압력이 물을 밀어 내어 주수된다.

　㉢ 고가수조 : 주수노즐보다 수조가 높은 곳(옥상, 외부 설치물)에서 공급되어 방수
　　된다.

③ 가압송수장치 … 옥내 소화전에서 압력에 의해 물을 공급하는 장치로서 전기적 동력
　및 내연기관의 동력에 의해 송수되는 장치이다.

　㉠ 펌프방식 : 물을 끌어올리거나 밀어내는 전기적 동력원에 의한 펌프를 설치하여
　　방수하는 장치로서 충압펌프, 압력챔버, 물올림 장치 등으로 구성된다.

ⓛ **고가수조방식**: 수조를 외부 또는 내부의 최상층에 설치하여 높은 위치에너지에 의한 방수 압력을 얻어 주수방식으로 물을 사용하는 모든 곳에 사용할 수 있다.

ⓒ **압력수조방식**: 압력탱크를 설치하여 그 내부에 물과 압축공기를 넣어 방수하는 설비로서 설치장소에 제한받지는 않지만 압력탱크 내부의 1/3은 압축공기가 차지하기 때문에 물의 저장이 줄어든다.

ⓔ **가압수조방식**: 압력수조방식과 달리 압력탱크를 설치하여 필요시 가압기체(공기, 질소 등)가 압력수조탱크 내의 물을 밀어내는 방식으로 외부의 동력없이 방수작업이 가능하다.

④ **배관** … 옥내 소화전 설비 배관을 통하여 노즐이나 호스를 통해 방수되기 때문에 흡입, 토출 측 배관, 성능시험배관, 급수배관으로 구성되어 있다.

⑤ **함 및 방수구** … 건물 각 층에 설치된 소화설비로서 표시등, 발신기, 소방호스, 관창, 결합금속구 등으로 구성된다.

⑥ **옥외 소화전**

ⓛ **지상식 소화전**: 도로변에 설치되고 작업도 빨리 할 수 있으나 겨울철에 동결될 수 있다.

ⓒ **지하식 소화전**: 보도가 없는 도로에 설치되어 접속구를 호스에 연결하여 사용한다.

(4) 스프링클러 소화설비 ✪ 2019, 2020 기출

스프링클러 설비는 화재초기에 화염의 확산방지와 화염원 주변의 가연물질을 발화온도 이하로 낮추는 설비로서 건물 천장에 설치된 헤드에서 물을 방사하는 고정식 소화설비이다.

① 고층 및 대형건물, 특수한 위험물 취급시설에 설치되어 사용되는 자동식 소화설비이다.

② 소방관의 진화가 어려운 고층 및 대형빌딩 화재에서 사용되며 화재방호가 크게 향상되었다.

③ 화재를 자체적으로 감지하여 경보를 발하고, 화재발생지역에 제한되게 물을 살포하여 초기 화재를 진화하여 인명·재산 피해를 줄인다.

④ 시설이 복잡하므로 초기시설비용이 많이 들어간다.

⑤ 스프링클러의 종류와 주요 구성부분

㉠ 습식 : 배관 내부의 물이 화재발생 지역의 스프링클러 헤드의 개방으로 소화된다.

주요 구성부분	역할
유수검지장치	스프링클러 헤드의 개방에 의한 배관 내의 유수를 자동적으로 검지하여 발생시키는 장치이다.
알람체크밸브	클래퍼를 경계로 '가압송수장치 측 압력 > 헤드 측 압력 상태'를 유지하고 있다가 화재로 헤드가 개방되면서 헤드 측의 압력이 저하되면 밸브가 개방되어 가압수를 헤드 측으로 유수하는 기능을 한다.
리타딩 체임버	누수 등으로 인한 알람체크밸브의 오작동을 방지하기 위한 압력스위치 작동지연장치이다.
압력스위치	리타딩 체임버를 통하여 유수된 물의 압력이 압력스위치 내의 벨로스를 가압하여 화재표시와 경보를 울리게 하는 장치이다.

㉡ 건식 : 배관 내에 압축공기, 또는 질소 등이 방출되고 스프링클러 헤드에서 물이 방수된다.

주요 구성부분	역할
건식밸브	습식 스프링클러의 알람체크밸브와 같은 역할을 한다.
액셀러레이터	스프링클러 헤드가 작동하여 배관 내 압축공기의 압력이 설정압력 이하로 저하되면, 이를 감지하여 클래퍼를 신속하게 개방시키는 역할을 한다.
익져스터	스프링클러 헤드가 작동하여 배관 내 압축공기의 압력이 설정압력 이하로 저하되면, 이를 감지하여 배관 내의 압축공기를 방호구역 외의 다른 곳으로 배출시키는 역할을 한다.
에어 컴프레서	배관 내 압축공기를 공급하는 장치이다.
에어 레귤레이터	자동 에어 컴프레서의 가압송기 시 압력을 조절하는 장치이다.
로우 알람스위치	배관 내 압축공기의 누출이나 헤드의 개방에 따른 압력의 저하를 감지하는 경보장치이다.

㉢ 준비작동식 : 배관에 공기 또는 압축공기가 채워져 있는데 화재발생시 화재탐지설비가 동작하여, 가압된 물을 배관으로 보내고 스프링클러가 개방되면 물이 살포된다.

• 수손피해가 예상되는 곳에 적당하다.
• 동결피해가 예상되는 곳에 헤드개방의 오동작에 의한 피해를 방지할 수 있다.
• 별도의 화재감지 설비가 필요하므로 구조가 복잡하고 초기설치 비용이 많이 든다.
• 일제살수식 : 스프링클러 헤드를 개방형으로 설치해 화재 발생 시 물이 살포된다.
• 화재초기에 대량의 물 방수가 가능하여 위험물의 연소 화재에 적합하다.

기출PLUS

기출 2020. 6. 20. 시행

스프링클러설비의 리타딩 체임버(retarding chamber)의 기능으로 옳은 것은?

① 역류방지
② 가압송수
③ 오작동방지
④ 동파방지

〈정답 ③

기출 2018. 10. 13. 시행

〈보기〉에서 폐쇄형 스프링클러헤드를 사용하는 방식을 옳게 고른 것은?

┌─ 보기 ─────────┐
ⓐ 습식   ⓑ 건식
ⓒ 일제살수식   ⓓ 준비작동식
└────────────┘

① ⓐ, ⓑ, ⓒ   ② ⓐ, ⓑ, ⓓ
③ ⓐ, ⓒ, ⓓ   ④ ⓑ, ⓒ, ⓓ

〈정답 ②

기출 2019. 4. 6. 시행

스프링클러설비 중 감지기와 연동하여 작동하는 것만을 모두 고른 것은?

┌─ 보기 ─────────┐
ⓐ 습식 스프링클러
ⓑ 건식 스프링클러
ⓒ 준비작동식 스프링클러
ⓓ 일제살수식 스프링클러
ⓔ 부압식 스프링클러
└────────────┘

① ⓐ, ⓑ, ⓒ   ② ⓐ, ⓓ, ⓔ
③ ⓑ, ⓒ, ⓔ   ④ ⓒ, ⓓ, ⓔ

〈정답 ④

기출 2021. 4. 3. 시행

소화설비에 대한 설명으로 옳은 것은?

① 산·알칼리 소화기는 가스계 소화기로 분류된다.
② CO_2 소화설비는 화재감지기, 선택밸브, 방출표시등, 압력스위치 등으로 구성된다.
③ 슈퍼바이저리패널(supervisory panel)은 습식스프링클러설비의 구성요소이다.
④ 순환배관은 옥내소화전설비의 펌프 체절운전 시 수온하강 방지를 위해 설치한다.

〈정답 ②

주요 구성부분	역할
프리액션밸브	감지용 스프링클러 헤드나 화재감지기 등에 의해 프리액션밸브가 개방되며 경보가 울림과 동시에 가압송수장치를 기동시켜 가압수를 공급하는 역할을 한다.
슈퍼바이저리 컨트롤 패널	준비작동식 스프링클러의 제어기능을 담당하며 프리액션밸브를 작동시킨다. 이 밖에 자체고장 시 경보장치를 작동시키며 감지기와 프리액션밸브 작동연결 및 개구부 폐쇄작동 기능도 한다.

ⓓ **건식 및 준비작동식 조합**: 가압공기의 주입으로 소화 시에 공기배출과 함께 방수되며, 설비의 신뢰도가 더욱 높아져 수손피해를 줄일 수 있다.

ⓔ **스프링클러 헤드**
- 물이 분사되는 방향에 따라 상향형, 하향형, 벽에 다는 측벽형이 있다.
- 개방형 스프링클러가 아닐 경우 유리구가 일정온도에서 녹아 방수된다.

▷POINT 스프링클러 헤드의 개방형, 폐쇄형 ✪ **2018 기출**
　　　ⓐ 개방형(특수한 장소에 설치): 일제살수식
　　　ⓑ 폐쇄형(일반적 장소에 설치): 습식, 건식, 준비작동식

ⓕ **연기 또는 열 감지기와 같이 쓰이는 스프링클러**: 준비작동식 스프링클러, 일제살수식 스프링클러, 부압식 스프링클러

(5) 분무 소화설비의 종류 ✪ 2021 기출

① **물 분무등 소화설비** … 물분무 소화설비는 스프링클러설비와 유사하며 방수압력 또한 높아 물을 미세한 입자로 넓은 면적에 살포하는 방식으로 미분무, 포, 이산화탄소, 할로겐화합물, 분말 소화설비가 있으며 전기, 유류화재와 같은 광범위한 면적에 사용된다.

② **포 소화설비** … 물의 주수에 의한 소화 효과가 적거나 화재가 확대될 가능성이 높을 때 사용하는 설비로서 물과 포 약제가 혼합되어 방수됨으로써 미세한 기포에 의해 질식소화 작용을 한다.
　ⓐ 설치방식에는 고정식, 반고정식, 이동식, 간이식 등이 있다.
　ⓑ 방출방식에는 전역방출방식, 국소방출방식이 있다.

③ **이산화탄소 소화설비** … 이산화탄소를 저장용기에 넣어두었다가 화재감지 시 자동 또는 수동으로 분사하여 가연물 주변의 산소농도를 감소시켜 연소의 연쇄반응을 억제하는 설비이다. 방출방식에는 전역방출방식, 국소방출방식, 호스릴방식 등이 있다.

④ **할로겐화합물 소화설비** … 할로겐화합물을 이용하여 소화작업을 하는 설비로서 자동으로 분사되도록 건축물 내부에 설치하는 소화설비이지만, 독성으로 인해 사용이 제한되고 있다.

⑤ **분말 소화설비** … 물에 의한 소화작업이 어려운 위험물과 같은 가연물에 분말과 가압용가스를 같이 분사하는 설비이다.

section 2 경보설비의 종류와 작동원리

(1) 경보설비

화재로 인한 피해의 경감을 위해 화재의 감지 및 피난시간 단축, 초기화염의 소화작용과 신속한 화재정보의 전달을 목적으로 설치되는 장비이다. 기본적으로 감지기, 수신기, 발신기, 중계기, 경종(타종식 벨) 등이 있다.

(2) 경보설비의 종류

① 자동화재 탐지설비 감지기의 종류 ✪ 2018 기출
  ㉠ 열감지기 : 열에 의한 공기, 금속의 변형으로 감지한다.
  • 차동식 감지기 : 열에 의한 공기팽창 감지기이다.
  • 정온식 감지기 : 이종합금의 열에 의한 팽창 감지기이다.
  • 보상식 감지기 : 차동식과 정온식을 겸한 감지기이다.
  ㉡ 연기감지기 : 빛과 방사능 물질을 이용하여 감지한다.
  • 광전식 감지기 : 빛을 이용하여 빛의 차단과 반사원리를 이용한다.
  • 이온화식 감지기 : 방사능을 이용하여 화재 시 연기를 감지하며 α 선이 사용된다.
  • 복합식 감지기 : 이온화식과 광전식을 겸한 감지기이다.
  • 연기아날로그식 감지기 : 연기 감지소자를 이용한다.
  ㉢ 불꽃감지기
  • 연료 적재실, 고압 산소실 폭발화재 발생 위험이 있는 장소 등에 설치하여 화재를 감지한다.
  • 자외선과 적외선 감지기가 있다.
  • 천장이 매우 높은 건물 등에 연기 또는 열감지기 설치가 어려운 경우 사용된다.
  • 열연 복합식은 열과 연기를 함께 감시할 수 있다.

② 자동화재탐지설비 수신기의 종류
  ㉠ P형 : 수신기를 발신기, 감지기, 경종 등과 전선으로 연결하며 작은 건물에 사용된다.
  ㉡ R형 : 독립신호의 중계기를 설치하며 감시 회선수가 많은 대규모 건축물에 주로 설치된다.
  ㉢ M형 수신기 : 화재발생 신호를 소방서에 알려주는 기능이 있다.
  ㉣ GP · GR형 : P형, R형 수신기의 기능에 가스화재탐지 기능이 추가된 것이다.
  ㉤ 수신기에 소화설비, 비상방송설비, 방화문 · 방화셔터를 연동하여 작동되게 할 수 있다.

기출PLUS

기출 2018. 10. 13. 시행
열감지기의 종류가 아닌 것은?
① 보상식   ② 정온식
③ 광전식   ④ 차동식

❮정답 ③

③ **발신기** ··· 화재가 발생하였을 때 최초발견자가 화재 발생을 알리기 위해 건축물 벽면에 설치하는 소화전과 동시에 설치하는 장비로서 누름스위치, 발신기 위치표시등, 보호판 등으로 구성되어 최초발견자가 발신기의 버튼을 눌러 화재신호를 보낸다.

    ⊙ 방수성능에 따라 옥외형, 옥내형으로 나눈다.

    ⊙ 기능에 따른 종류 : P형, T형, M형

④ **중계기** ··· 중계기는 감지기와 발신기에서 화재신호를 받아 수신기 또는 제어반에 발신하는 장비를 말한다.

⑤ **경보장치(벨)** ··· 수신기의 화재신호를 받아 건축물 내에 화재 발생을 알리는 장비로서 음향장비와 청각장애인을 위한 시각경보기가 있다.

    ⊙ **음향장치** : 경종(벨)을 전기적 동력원으로 타종하는 방식과 일정한 주파수에 경보 음향을 확성기(스피커)를 통해 전달하는 방식이 있다.

    ⊙ **시각경보기** : 청각장애인에게 화재를 시각적으로 전달하기 위해 점멸형태의 조명으로 화재발생과 위험을 알려주는 장치이다.

⑥ **그 외 경보설비**

    ⊙ **자동화재 속보설비** : 화재발생 시 수동발신과 더불어 자동으로 화재신호를 관계인 또는 소방서에 화재정보를 전달하는 장치이다.

    ⊙ **누전경보기 및 가스누설경보기** : 건축물에 인입된 전기 · 가스 설비가 누전으로 인해 화재가 발생하는 것을 방지하기 위해 누전이나 가스 누설을 탐지하여 자동으로 경보를 알리는 설비이다.

기출 2021. 4. 3. 시행

피난구조설비에 대한 설명으로 옳지 않은 것은?

① 인공소생기란 호흡 부전 상태인 사람에게 인공호흡을 시켜 환자를 보호하거나 구급하는 기구이다.

② 피난구유도등이란 피난구 또는 피난경로로 사용되는 출입구를 표시하여 피난을 유도하는 등을 말한다.

③ 복도통로유도등이란 피난통로가 되는 복도에 설치하는 통로유도등으로서 피난구의 방향을 명시하는 것을 말한다.

④ 구조대란 사용자의 몸무게에 의하여 자동으로 하강하고 내려서면 스스로 상승하여 연속적으로 사용할 수 있는 무동력 피난기구를 말한다.

‹정답 ④

---

section 3 피난설비의 종류와 사용법

(1) 능동적 피난시설 ✪ 2021 기출

안전한 피난과 피난경로 확보, 화재진압과 구조의 원활한 수행을 목적으로 하며 피난기구, 유도등 · 유도표지, 비상조명 등이 있다.

① **피난기구의 종류**

    ⊙ **피난교** : 화재 시 건물의 옥상층이나 다른 층에서 다른 건물로 이동하기 위한 다리이다.

    ⊙ **피난용 트랩** : 지하층에서 건물 밖으로 탈출하기 위한 피난기구이며 사다리와 비슷하다.

    ⊙ **구조대** : 3층 이상 층의 발코니, 창 등에 설치하며 포대 형태로 내부에 사람이 미끄러져 탈출한다.

    ⊙ **완강기** : 사람의 몸무게에 의해 1초에 1.5미터를 내려올 수 있는 기구로 탈출한다.

    ⊙ **피난사다리** : 창문 등에 설치하여 화재가 발생하면 인명대피 활동에 사용한다.

    ⊙ **미끄럼대** : 노약자 · 어린이 · 장애인의 탈출이 쉽도록 도와주는 기구이다.

② 인명구조기구는 화재시 발생하는 유독가스, 위험물 등으로부터 건축관계인, 거주자, 이용자 등을 안전한 곳으로 대피시킬 수 있도록 지정된 곳에 설치하는 장비이다.

　㉠ **방열복** : 화재발생시 화재진압이나 대피를 하기 위해 높은 화염의 복사열로부터 인체를 보호하는 장비이다.

　㉡ **공기호흡기** : 연소가스의 불완전연소로 인해 생긴 유독가스의 인체 흡입을 막기 위한 장비로서 압축공기로 활동할 수 있는 장비이다.

　㉢ **인공소생기** : 화재로 인해 연소가스나 유독가스를 흡입하여 자연적인 공기 호흡이 어려운 사람에게 사용하는 인공호흡 기구이다.

③ **유도 등 및 유도표지** … 화재 시 피난을 위한 설비로서 화재로 인한 시야확보의 어려움과 방향감각의 상실로 인해 피난로를 확보하지 못할 때 비상출구를 쉽게 찾을 수 있도록 설치하는 시각적 장비이다.

　㉠ **유도등** : 정상상태에서는 상용전원을 이용하고 화재로 인하여 건축물에 전기적장치가 손실되었을 때는 비상전원을 이용하여 방향을 유도하는 설치물이다. 유도등에는 피난구유도등, 통로유도등, 객석유도등이 있다.

　㉡ **유도표지** : 화재발생시 유도등과 달리 외부의 전기적 도움 없이 축광이나 외광에 의해 일정시간동안 피난구나 경로를 표시하는 설치물이다. 피난구유도등표지, 통로유지표지 등이 있다.

④ **비상조명설비** … 화재로 인한 정전 시에도 피난을 돕기 위해 피난통로에 설치하여 일정한 시간동안 시야확보를 위한 조명장치이다. 비상조명등, 휴대용비상조명등이 있다.

(2) 수동적 피난시설

피난시설은 피난계단, 옥외피난계단, 계단, 복도, 비상탈출구 등이 있으며, 또한 피난동선은 출구, 계단, 옥외출구, 소화에 필요한 통로로 연결되도록 한다.

① **피난계단**

　㉠ 연면적 200m^{2}를 넘는 건축물에는 계단참, 중간난간, 난간을 설치한다.

　㉡ **직통계단** : 실내를 통과하지 않고 계단실만을 통해 아래·위층으로 이동할 수 있는 계단이다.

② **관람석 출구**

　㉠ 비상구는 피난의 방향으로 열리도록 한다.

　㉡ 안여닫이문으로 하지 않는다.

③ **지하 피난시설**

　㉠ 불연재를 사용하여 피난통로의 마감과 바탕을 만든다.

　㉡ 비상조명등과 유도등을 설치한다.

④ 옥상 대피시설

   ⊙ 옥상광장 : 5층 이상의 건물이 문화 및 집회시설, 상점으로 사용될 경우 설치한다.

   ⓛ 헬리포트 : 11층 이상인 건축물로서 건축물의 옥상에 헬기착륙장을 만들며 헬리포트 중심선으로부터 반경 12m 안에는 헬기의 이착륙에 어려움을 주는 공작물을 설치할 수 없다.

⑤ 비상용 승강기 … 화재 시 일반용 승강기가 운행정지 되어도 화재로 인한 연기와 열로부터 인명을 보호하기 위한 것으로 화재 시 인명구조, 피난, 소화활동에 이용된다.

   ⊙ 정전 시에도 60초 이내에 2시간 이상 승강기가 운행할 수 있는 예비전력을 갖추어야 한다.

   ⓛ 비상용 승강기는 피난층을 제외한 각 층의 내부와 연결되도록 승강장을 설치한다.

   ⓒ 외부와 언제나 연락이 가능한 전화를 설치한다.

   ⓔ 승강기의 운행속도는 분당 60m이상이 되어야 한다.

   ⓜ 출입구는 갑종 방화문을 설치하며 출입구에는 표지를 해야 한다.

---

section **4** 소화용수설비와 소방활동설비

(1) 소화용수설비의 종류와 사용법

소화용수설비는 화재발생시 현장에서 소방대원의 살수 작업을 위해 출동한 긴급자동차(물탱크)의 용수와 소방약제의 부족을 화재현장에서 해결하기 위해 건물 또는 도로건설 시에 병행하여 설치한다. 소화수조, 저수조소화용수설비, 상수도 소화용수설비, 급수탑 설비가 있다.

① **소화수조 및 저수조** … 용수의 확보를 위해 화재진압 시 소화에 필요한 물을 지하, 옥상, 지상 등에 설치된 수조에 저장하는 곳을 말한다.

② **상수도 소화용수설비** … 소화수조식(저수조 포함) 소화설비가 고정적이고 저장식의 소화용수설비이면, 상수도 소화용수설비는 평소 일반인이 사용하는 용수로서 일정규모 이상의 건축물에 대하여 당해 건축물의 소유자에게 신축 시 소화용수설비의 설치와 관리비용을 부담하게 하여 화재발생시 부족한 소방용수를 현장에서 확보할 수 있는 설비이다.

③ **급수탑** … 도로상에 소화전을 높게 설치하여 소방차가 물을 급수 받을 수 있도록 설치한 시설물이다.

(2) 소화활동설비의 종류와 사용법 ✪ 2019 기출

소화활동 설비는 피난성능 향상, 안전성 확보, 소방관의 화재진압능력 극대화, 효율적인 화재 진압 및 공공소방력의 신속한 도달을 목적으로 한다.

① 연결송수관설비
   ○ 고층건축물, 지하건축물, 복합건축물 등에서 소방대원이 쉽게 연결 사용가능한 설비이다.
   ○ 설계 시 배관과 가압용 펌프를 설치하면 화재 시 소방차와 연결 사용할 수 있다.
   ○ 송수구, 배관, 방수구, 호스, 관창 등으로 구성되어 있으며, 평소 배관 물이 없는 건식배관과 배관 내에 물이 들어 있는 습식배관 방식이 있다.
   ○ 소방대상물의 옥외에 연결 송수구와 옥내에 방수구가 설치된 옥내소화전 설비, 스프링클러 설비 또는 연결 살수설비가 갖추어진 경우 설치를 하지 않을 수 있다.

② 연결살수설비
   ○ 화염과 연기가 농후하여 실내진입이 어려운 경우 진입하지 않고도 사용할 수 있다.
   ○ 스프링클러를 설치한 후에 화재 발생 시 송수구와 소방차를 연결해서 물을 살포하는 설비이다.
   ○ 소방차로부터 물을 공급받는 송수구, 물을 이송하는 배관, 각층에 소방호스 연결을 위한 방수구로 구성되어 있다.
   ○ 연결 살수설비가 필요한 소방대상물에 송수구를 부설한 스프링클러설비, 간이스프링클러 설비나 물 분무 등의 소화설비가 갖추어진 경우 설치를 하지 않을 수 있다.

③ 비상콘센트설비
   ○ 화재진압활동에 필요한 비상전원을 쉽게 공급하고 활용하기 위해 설치한다.
   ○ 조명장치, 파괴용구 등의 동력원으로 사용한다.
   ○ 각 층의 계단실, 비상엘리베이터 등 소방대가 화재 시 이용될 수 있는 장소에 설치한다.
   ○ 일반전원이 차단되어도 비상콘센트에 전원이 공급되도록 전용배선과 전선은 내화배선으로 설치한다.

④ 무선통신보조설비
   ○ 지하나 지하층의 건물에서 무선교신이 불가능할 때 유선으로 소방대원 상호간에 무선연락을 가능하게 하는 설비이다.
   ○ 누설동축 케이블 방식, 겸용방식, 공중선방식이 있다.
   ○ 설비는 누설 동축케이블, 분배기, 공중선, 무선기기 접속단자로 구성된다.

기출PLUS

기출 2019. 4. 6. 시행
소방시설의 종류에 따른 분류가 옳게 짝지어진 것은?

① 경보설비 - 비상조명등
② 소화설비 - 연소방지설비
③ 피난구조설비 - 비상방송설비
④ 소화활동설비 - 비상콘센트설비

❮정답 ④

⑤ **연소방지설비** … 지상 및 지하의 전력과 통신구에 방화벽을 설치하는 설비로서 지하구에 화재가 발생하여 소화작업을 위해 지상의 소방차로 배관을 통해 송수하면 방수된 케이블의 화재확산을 차단할 수 있다.

    ㉠ 송수구, 배관, 헤드로 구성되어 있으며, 화재진압이 아닌 연소확대 방지를 위한 설비이다.

    ㉡ 지하공동구 화재 시 소방대원의 출입이 어려운 경우 지상에서 포 소화약제를 투입한다.

⑥ **제연설비** … 건축물의 화재로 발생한 유독성가스(연기, 일산화탄소, 불연소 물질)와 연소의 연쇄적인 반응에 의해 내부의 온도가 상승하여, 내부압력의 팽창, 건물구조에 의한 공기유입·유출로 인해 연기의 확산을 방지 또는 회피시켜 신속한 피난을 할 수 있도록 하는 설비이다.

    ㉠ **거실제연설비** : 일정 규모 이상의 소방대상물에 화재 발생 시 연기제어가 필요한 곳에 송풍기와 같은 배출설비를 통하여 연기의 확산을 방지하는 설비이다.

        • 송풍기 : 외부동력에 의해 제연구역 안으로 공기를 공급하는 장치이며 역으로 작동시키면 유도가스를 강제 배출시킬 수 있는 배출설비도 있다.

        • 댐퍼 : 기체의 흐름을 밀폐된 배관을 통해 조절할 수 있는 장치로서 풍량조절, 방화, 방연 댐퍼가 있다.

        • 방화셔터와 방화문 : 유독가스가 천장을 통하여 이동하면 이를 중간에서 차단하는 역할을 한다.

    ㉡ **특별피난계단 및 부속실 제어** : 대형건물화재 시 특별계단이나 비상용승강기로 집중되면 소방관이 이를 확인하고 구조하기 위해 필요한 공간이며, 이 제연구역 내에 유독가스가 들어오지 못하도록 외부압력을 높게 하는 방법 등의 설비이다. 과압방지장치, 유입공기 배출장치, 제연구역 내 출입물 설치 등의 설비가 있다.

    ㉢ 연기제어방식

        • 밀폐제연방식 : 화재발생 시 문이나 벽으로 유독성가스가 유입되거나 연기가 유출되는 것을 차단하는 방식이다.

        • 스모크타워 : 제연전용 통기구를 설치하여 압력 차이를 이용하여 연기를 배출하는 방식이다.

        • 자연제연방식 : 연기의 대류현상과, 굴뚝효과의 원리를 이용하여 연기를 내보낸다.

        • 기계제연방식 : 송풍기와 배풍기를 설치하여 연기를 건물 밖으로 배출시킨다.

        – 제1종 제연방식 : 기계급기, 기계배기로서 급배기 균형에 주의하여 대형건물, 복합건축물 등에 주로 사용한다.

        – 제2종 제연방식 : 기계급식, 자연배기로서 불의 확대로 복도로의 역류에 주의하며, 피난계단 등 아파트, 특별피난계난 등에 주로 사용한다.

        – 제3종 제연방식 : 자연급기, 기계배기로서 작은 공장 등에서 주로 사용되는 제연방식으로 흔한 방식이다.

2021년 상반기

01 소화설비에 대한 설명으로 옳은 것은?

① 산·알칼리 소화기는 가스계 소화기로 분류된다.

② CO_2 소화설비는 화재감지기, 선택밸브, 방출표시등, 압력스위치 등으로 구성된다.

③ 슈퍼바이저리패널(supervisory panel)은 습식스프링클러설비의 구성요소이다.

④ 순환배관은 옥내소화전설비의 펌프 체절운전 시 수온하강 방지를 위해 설치한다.

> **TIPS!**
>
> ① 가스계 소화기에는 CO_2 소화기, 할론 소화기가 있다. 산·알칼리 소화기는 소화기 본체 내부에 황산 및 탄산수소나트륨($NaHCO_3$)을 분리하여 충전한 것으로 수계 소화기에 해당한다.
>
> ③ 슈퍼바이저리패널은 준비작동식 스프링클러의 제어기능을 담당하며 프리액션밸브를 작동시킨다. 이 밖에 자체고장 시 경보장치를 작동시키며 감지기와 프리액션밸브 작동연결 및 개구부 폐쇄작동 기능도 한다.
>
> ④ 순환배관은 옥내소화전설비의 펌프 체절운전 시 수온 상승 방지를 위해 설치한다.

2021년 상반기

02 피난구조설비에 대한 설명으로 옳지 않은 것은?

① 인공소생기란 호흡 부전 상태인 사람에게 인공호흡을 시켜 환자를 보호하거나 구급하는 기구이다.

② 피난구유도등이란 피난구 또는 피난경로로 사용되는 출입구를 표시하여 피난을 유도하는 등을 말한다.

③ 복도통로유도등이란 피난통로가 되는 복도에 설치하는 통로유도등으로서 피난구의 방향을 명시하는 것을 말한다.

④ 구조대란 사용자의 몸무게에 의하여 자동으로 하강하고 내려서면 스스로 상승하여 연속적으로 사용할 수 있는 무동력 피난기구를 말한다.

> **TIPS!**
>
> ④ "구조대"란 포지 등을 사용하여 자루형태로 만든 것으로서 화재시 사용자가 그 내부에 들어가서 내려옴으로써 대피할 수 있는 것을 말한다〈「피난기구의 화재안전기준(NFSC 301)」 제3조(정의) 제4호〉. 사용자의 몸무게에 의하여 자동으로 하강하고 내려서면 스스로 상승하여 연속적으로 사용할 수 있는 무동력 피난기구는 "승강식 피난기"이다〈「피난기구의 화재안전기준(NFSC 301)」 제3조(정의) 제8호〉.

Answer 01.② 02.④

2020년 상반기

03 스프링클러설비의 리타딩 체임버(retarding chamber)의 기능으로 옳은 것은?

① 역류방지

② 가압송수

③ 오작동방지

④ 동파방지

> **TIPS!**
>
> 리타딩 체임버는 누수 등으로 인한 알람체크밸브의 오작동을 방지하기 위한 압력스위치 작동지연장치이다. 알람체크밸브의 클래퍼가 개방되어 압력수가 유입되기 시작하여 체임버가 만수가 되면 상단의 압력스위치를 작동시킨다. 이 외에 안전밸브의 역할과 배관 및 압력스위치의 손상을 보호하는 역할도 한다.

2020년 상반기

04 소방시설의 분류와 해당 소방시설의 종류가 옳게 연결된 것은?

① 소화설비 – 옥내소화전설비, 포소화설비, 간이스프링클러설비

② 경보설비 – 자동화재속보설비, 자동화재탐지설비, 제연설비

③ 소화용수설비 – 상수도소화용수설비, 소화수조, 연결살수설비

④ 소화활동설비 – 시각경보기, 연결송수관설비, 무선통신보조설비

> **TIPS!**
>
> **소화설비**〈「화재예방, 소방시설 설치 · 유지 및 안전관리에 관한 법률 시행령」[별표 1] 소방시설〉 참고 ··· 물 또는 그 밖의 소화약제를 사용하여 소화하는 기계 · 기구 또는 설비로서 다음의 것
>
> | | |
> |---|---|
> | 소화기구 | 소화기, 간이소화용구(에어로졸식 소화용구, 투척용 소화용구, 소공간용 소화용구 및 소화약제 외의 것을 이용한 간이소화용구), 자동확산소화기 |
> | 자동소화장치 | 주거용 주방자동소화장치, 상업용 주방자동소화장치, 캐비닛형 자동소화장치, 가스자동소화장치, 분말자동소화장치, 고체에어로졸자동소화장치 |
> | 옥내소화전설비 | 호스릴옥내소화전설비를 포함 |
> | 스프링클러설비등 | 스프링클러설비, 간이스프링클러설비(캐비닛형 간이스프링클러설비를 포함), 화재조기진압용 스프링클러설비 |
> | 물분무등소화설비 | 물 분무 소화설비, 미분무소화설비, 포소화설비, 이산화탄소소화설비, 할론소화설비, 할로겐화합물 및 불활성기체 소화설비, 분말소화설비, 강화액소화설비, 고체에어로졸소화설비 |
> | 옥외소화전설비 | – |

Answer 03.③ 04.①

2019년 상반기

05 스프링클러설비 중 감지기와 연동하여 작동하는 것만을 모두 고른 것은?

> ㉠ 습식 스프링클러 ㉡ 건식 스프링클러
>
> ㉢ 준비작동식 스프링클러 ㉣ 일제살수식 스프링클러
>
> ㉤ 부압식 스프링클러

① ㉠, ㉡, ㉢

② ㉠, ㉣, ㉤

③ ㉡, ㉢, ㉣

④ ㉢, ㉣, ㉤

TIPS!

연기 또는 열 감지기와 같이 쓰이는 스프링클러 … 준비작동식 스프링클러, 일제살수식 스프링클러, 부압식 스프링클러

2018년 하반기

06 〈보기〉에서 폐쇄형 스프링클러헤드를 사용하는 방식을 옳게 고른 것은?

> 〈보기〉
>
> ㉠ 습식 ㉡ 건식
>
> ㉢ 일제살수식 ㉣ 준비작동식

① ㉠, ㉡, ㉢

② ㉠, ㉡, ㉣

③ ㉠, ㉢, ㉣

④ ㉡, ㉢, ㉣

TIPS!

스프링클러의 개방형, 폐쇄형

㉠ 개방형(특수한 장소에 설치) : 일제살수식

㉡ 폐쇄형(일반적 장소에 설치) : 습식, 건식, 준비작동식

Answer 05.④ 06.②

2018년 하반기

07 열감지기의 종류가 아닌 것은?

① 보상식   ② 정온식

③ 광전식   ④ 차동식

> **💡 TIPS!**
>
> ③ 광전식 감지기는 연기감지기이다.
>
> ※ **열감지기의 종류**
>   ㉠ 차동식 감지기 : 열에 의한 공기팽창 감지기이다.
>   ㉡ 정온식 감지기 : 이종합금의 열에 의한 팽창 감지기이다.
>   ㉢ 보상식 감지기 : 차동식과 정온식을 겸한 감지기이다.

2011년 지방

08 소방장비 중 측정용 구조장비가 아닌 것은?

① 산소호흡기

② 열상카메라

③ 방사선측정기

④ 발화점측정기

> **💡 TIPS!**
>
> ① 산소호흡기는 호흡 및 신체보호용 장비이다
>
> ※ **측정용 구조장비**
>   ㉠ 열상카메라
>   ㉡ 방사선측정기
>   ㉢ 발화점측정기
>   ㉣ 가스점지기
>   ㉤ 수중계측기
>   ㉥ 공기분석기

Answer   07.③   08.①

09 대형소화기의 능력단위가 맞는 것은?

① A급 5 B급 10
② A급 20 B급 30
③ A급 10 B급 20
④ A급 10 B급 15

TIPS!

대형소화기는 능력단위가 A급소화기는 10단위 이상, B급소화기는 20단위 이상인 수동식소화기로 화재 시 사람이 운반할 수 있도록 운반대와 바퀴가 설치되어 있다.

10 다음 중 성격이 다른 설비 하나는?

① 피난구 유도등
② 유도설비
③ 스프링클러
④ 통로유도등

TIPS!

③ 소화설비
①②④ 소방시설 중 피난설비

11 다음 중 자동화재 탐지설비에서 감지기의 특성으로 옳지 않은 것은?

① 수신형
② 발신형
③ 판단기능
④ 분포형

TIPS!

③ 판단기능은 감지기의 통보를 받은 소방담당자의 역할이다.
※ 자동화재 탐지설비 구성 … 감지기, 수신기, 발신기, 중계기, 음향장치, 표시등

Answer 09.③ 10.③ 11.③

12 다음 중 스프링클러에 대한 설명으로 옳지 않은 것은?

① 전기, 가스설비 지역은 불리하다.
② 쉽게 구할 수 있는 물을 재원으로 한다.
③ 오작동이 적다.
④ 수손피해가 적지만 설치비용이 비싸다.

> **● TIPS!**
> ④ 관리 및 소방효과가 탁월하며 설치비용이 감소하지만 문화재, 지류 등의 화재진압 시 물적 피해가 크다.
> ※ 스프링클러 장·단점
> ㉠ 고층건물, 특수위험물의 화재초기 진압에 효과적이다.
> ㉡ 기계적 작동에 의해 오작동이 거의 없다.
> ㉢ 시설이 복잡하여 초기설치비용이 많이 들어간다.

13 다음 중 소방관의 화재진압능력 극대화 및 안전성 확보를 위한 설비로 옳은 것은?

① 할로겐화물소화기
③ 옥외소화전
② 비상콘센트설비
④ 피난계단

> **● TIPS!**
> ② 소화활동 보장설비이며, 연결송수관, 연결살수설비, 무선통신보조설비, 제연설비 등이 있다.
> ①③ 소화설비에 해당된다.
> ④ 화재진압과 구조의 목적을 위한 피난설비이다.

14 다음 중 자동으로 확산해서 소화시켜주는 소화기는?

① 소형 소화기
③ 자동식 소화기
② 대형 소화기
④ 자동확산 소화기

> **● TIPS!**
> 밀폐 또는 반 밀폐된 장소에 고정시켜 화재 시 화염이나 열에 따라 자동으로 소화약제가 확산하여 소화하는 소화기를 자동확산 소화기라 한다.

Answer 12.④ 13.② 14.④

15 소방시설의 분류에 관한 설명에서 경보설비로 옳지 않은 것은?

① 비상벨설비 및 자동식사이렌설비, 단독경보형 감지기
② 비상방송설비, 누전경보기
③ 누전경보기, 제연설비
④ 자동화재탐지설비 및 시각경보기, 자동화재속보설비

TIPS!
③ 제연설비는 소화활동설비이다.
※ **경보설비**
　　㉠ 단독경보형 감지기
　　㉡ **비성경보설비** : 비상벨설비, 자동식사이렌설비
　　㉢ 시각경보기
　　㉣ 자동화재탐지설비
　　㉤ 비상방송설비
　　㉥ 자동화재속보설비
　　㉦ 통합감시시설
　　㉧ 누전경보기
　　㉨ 가스누설경보기

16 다음 중 소화활동설비에 해당하지 않는 것은?

① 연결송수관설비　　　　　　　　② 연결살수설비
③ 무선통신보조설비　　　　　　　④ 연소방지설비

TIPS!
소화활동설비의 종류
㉠ 연결송수관설비
㉡ 연결살수설비
㉢ 비상콘센트설비
㉣ 무선통신보조설비
㉤ 제연설비

17 다음 중 피난설비에 해당하지 않는 것은?

① 공기호흡기
② 방열복
③ 유도등
④ 자동전압조정기

> **TIPS!**
>
> **피난설비의 종류** … 피난사다리, 구조대, 완강기, 방열복, 방화복, 공기호흡기, 인공소생기, 피난유도선, 피난구유도등, 통로유도등, 객석유도등, 유도표지, 비상조명등 또는 휴대용비상조명등

18 자동화재탐지설비에 대한 설명으로 옳은 것은?

① 감지기 중 이온화식 감지기는 열 감지기이다.
② 감지기 중 광전식 감지기는 불꽃 감지기이다.
③ 감지기 중 보상식 감지기는 연기 감지기이다.
④ 감지기 중 이온화식 감지기는 연기 감지기이다.

> **TIPS!**
>
> ① 감지기 중 이온화식 감지기는 연기 감지기이다.
> ② 감지기 중 광전식 감지기는 연기 감지기이다.
> ③ 감지기 중 보상식 감지기는 열 감지기이다.
> ※ **자동화재탐지설비** … 화재발생 시 초기단계에서 열과 연기의 감지를 통하여 건물관계자에게 화재를 알리며 동시에 건물 내에 있는 사람들에게 위험성을 알리는 장비이다.

19 다음 중 화재 감지방법에 해당하는 것은?

① 무선통신보조설비
② 제연설비
③ 자동화재 탐지설비
④ 연소방지설비

> **TIPS!**
>
> ③ 소방서에 즉각 연결하는 설비
> ①② 소화활동보장설비
> ④ 화재예방설비

Answer 17.④ 18.④ 19.③

20 다음 중 스프링클러설비의 특징에 대한 설명으로 옳지 않은 것은?

① 초기화재에 효과가 크다.

② 감지부의 오동작 우려가 적다.

③ 시설의 수명이 짧다.

④ 소화제가 물이므로 값이 싸서 경제적이다.

 TIPS!

스프링클러설비의 특징
㉠ 초기화재에 효과가 크다.
㉡ 시설은 반영구적으로 사용 가능하다.
㉢ 감지부의 구조가 기계적이어서 오동작 우려가 적다.
㉣ 소화제가 물이므로 유지비용이 적다.

21 다음 중 스프링클러의 종류에 대한 설명으로 옳지 않은 것은?

① 습식은 배관 내부에 가압된 물을 채우고 있다가 화재발생 지역의 스프링클러 헤드가 개방되면 소화가 시작된다.

② 건식은 옥외 등 동결 우려가 있는 장소에 사용할 수 있지만 살수 시간이 지연되고, 공기를 채운 경우 화재가 확대 될 수 있으며 구조가 간단하지 않으므로 시설유지와 초기설치 비용이 많이 든다.

③ 준비작동식은 동결피해가 예상되는 장소에 사용이 가능하며 헤드개방의 오동작에 의한 피해를 방지할 수 있을 뿐만 아니라 별도의 화재감지 설비가 필요 없어 구조가 간단하고 초기설치 비용이 적게 든다.

④ 일제살수식은 모든 스프링클러 헤드를 개방형으로 설치되어 화재초기에 대량의 물을 살포할 수 있어 위험물 등의 급격한 연소 화재에 적합하다.

TIPS!

③ 준비작동식은 배관에 공기 또는 압축공기가 채워져 있는데 화재가 발생하면 별도로 설치된 화재탐지설비가 동작하여, 가압 된 물을 배관으로 보내고 스프링클러가 개방되면 물이 살포된다. 수손피해가 예상되는 곳에 적당하고, 동결피해가 예상되는 장 소에 사용이 가능하며 헤드개방의 오동작에 의한 피해를 방지할 수 있다. 그러나 별도의 화재감지 설비가 필요하므로 구조가 복잡하고 초기설치 비용이 많이 든다.

Answer 20.③ 21.③

22 다음 중 소화기에 관한 설명으로 옳지 않은 것은?

① 소화기에는 축압식 소화기와 가압식 소화기가 있다.
② 소형소화기는 1단위가 소화능력이 가장 높으며 최고이다.
③ C급은 전기화재용이며 색상은 청색이다.
④ 탄산칼륨 등의 수용액을 주원료로 하는 소화기는 강화액 소화기이다.

TIPS!
② 소형 소화기 중 능력단위가 1단위인 것이 최소이며 가장 소화능력이 낮다.

23 다음에 밑줄 친 이것은?

자동화재 탐지설비 구성요소의 하나로, 화재가 난 지역을 시각적으로 표현하는 동시에 화재가 발생한 지역의 경종과 이것이 설치된 지역의 경종을 울려 주변 사람들이 화재로부터 대피하도록 알려준다.

① 감지기 　　　　　　　　　　　　　② 발신기
③ 수신기 　　　　　　　　　　　　　④ 중계기

TIPS!
자동화재 탐지설비구성요소
㉠ 감지기 : 화재 시 발생된 연기, 열 등의 연소 생성물을 감지하여 신호를 수신기로 보냄
㉡ 발신기 : 화재를 보고 사람이 직접 눌러 화재경보를 알림
㉢ 경종 : 일종의 타종식 벨
㉣ 수신기 : 감지기가 화재를 감지하면 신호를 보내고 수신기는 화재가 난 지역을 시각적으로 표현하는 동시에 화재가 발생한 지역의 경종과 수신기가 설치된 지역의 경종을 울려 주변 사람들이 화재로부터 대피하도록 알려줌
㉤ 중계기 : 감지기나 발신기의 신호를 수신하여 그 신호를 수신기에 중계하며 소화설비 등에 제어신호를 보냄
㉥ 표지등 : 야간에 발신기 위치를 표사하는 역할
㉦ 시각경보기 : 수신기에서 받은 신호를 청각장애인들을 위해 깜빡거리면서 화재사실을 알림

Answer 22.② 23.③

24 다음 중 피난대책 중에서 Fool-Proof의 원칙에 관한 설명으로 옳지 않은 것은?

① 도어의 노브는 회전식이 아닌 레버식으로 해둔다.
② 피난방향으로 문을 열 수 있도록 한다.
③ 소화설비, 경보설비의 위치, 유도표지에 쉬운 판별을 위한 색채를 사용한다.
④ 2방향 이상의 피난통로를 확보하는 피난대책이다.

> **TIPS!**
> ④ Fail Safe의 원칙이다.
> ※ Fool-Proof … 비상사태에서 정신이 혼란하여 동물과 같은 지능상태가 되므로 누구나 알 수 있는 방법을 취한다는 원칙이다.

25 다음 중 피난기구의 설치 완화조건으로 옳지 않은 것은?

① 계단 수에 의한 감소
② 건널복도에 의한 감소
③ 소화기 수의 증가에 의한 감소
④ 층별 구조에 의한 감소

> **TIPS!**
> 피난기구의 설치 완화조건
> ㉠ 층별 구조에 의한 감소
> ㉡ 건널복도에 의한 감소
> ㉢ 계단 수에 의한 감소

26 다음 중 제연설비에 관한 설명으로 옳지 않은 것은?

① 계단실과 같은 피난구조 공간의 제연은 일종의 주거 분위기를 형성시키기 위함이다.

② 인접실로의 연기확산 속도를 증가시킬 수 있다.

③ 화재실의 제연은 플래시오버 현상을 방지하는 효과도 있다.

④ 화재실의 제연은 피난루트와 진입루트를 형성시킨다.

TIPS!

대규모 화재실의 제연효과

㉠ 인접실로의 연기확산 속도를 떨어뜨린다.

㉡ 화재진압대원의 진입루트를 형성한다.

㉢ 거주자의 피난루트를 형성한다.

※ 제연설비 … 화재가 발생하면 배출기 등을 통하여 배기하고 공기를 유입하여 질식을 막고 피난을 효과적으로 하기 위한 설비이다.

27 다음 중 감지기의 배선이 교차배선인 목적은?

① 전선의 절약

② 감지기의 민감성 증대

③ 오동작 방지

④ 단선에 대한 대비

TIPS!

③ 소방대상물에 2개의 독립적인 감지회로를 구성함으로써 동시에 작동할 경우에만 소방시설이 작동되게 하여 오동작을 줄이기 위함이다.

Answer 26.② 27.③

28 다음 중 스모크타워 제연방식에 관한 설명으로 옳지 않은 것은?

① 굴뚝효과를 이용한다.

② 고층빌딩에 적합하다.

③ 제연기를 사용하는 기계제연에 속한다.

④ 전 층의 일반 거실화재에 이용할 수 있다.

> **TIPS!**
>
> ③ 기계제연방식은 송풍기와 배풍기를 설치하여 강제적으로 연기를 건물 밖으로 내보내지만 스모크타워 방식은 압력 차이에 의한 굴뚝효과를 이용한다.
>
> ※ **제연방식 중 스모크 타워 방식** … 제연전용 통기구를 만들고 지붕에 굴뚝을 만들어 압력 차이에 의한 방법에 의해 연기를 건물 밖으로 내보낸다.
>
> ㉠ 고층빌딩에 적합하다.
>
> ㉡ 전층의 일반 거실화재에 이용할 수 있다.
>
> ㉢ 굴뚝효과를 이용한다.

29 다음 중 무선통신보조설비의 비상전원 공급시간을 고르면?

① 20분

② 30분

③ 50분

④ 70분

> **TIPS!**
>
> ② 무선통신보조설비의 비상전원 공급시간은 30분이며, 소방시설에 설치하는 비상전원의 공급시간은 일반적으로 10분~20분 정도이다.

PART

06

실전 모의고사

제1회 모의고사

제2회 모의고사

제3회 모의고사

제4회 모의고사

제5회 모의고사

정답 및 해설

1   다음은 소방공무원의 임용권자에 대한 설명이다. ㉠, ㉡에 들어갈 사람으로 적절한 것은?

> 소방령 이상의 소방공무원은 (㉠)의 제청으로 (㉡)이 임용한다.

	㉠	㉡
①	시 · 도지사	대통령
②	시 · 도지사	소방청장
③	소방청장	국무총리
④	소방청장	대통령

2   재난관리기금 금액에 대한 설명으로 옳은 것은?

① 3년 동안 보통세의 수입결산액의 평균연액의 1/100(1%)에 해당하는 금액
② 3년 동안 보통세의 수입결산액의 평균연액의 3/100(3%)에 해당하는 금액
③ 5년 동안 보통세의 수입결산액의 평균연액의 3/100(3%)에 해당하는 금액
④ 5년 동안 보통세의 수입결산액의 평균연액의 5/100(5%)에 해당하는 금액

3   실제 재난 발생 시 대응 매뉴얼로 맞는 것은?

① 위기관리 표준매뉴얼   ② 위기대응 실무매뉴얼
③ 현장조치 행동매뉴얼   ④ 위기상황 매뉴얼

4   「재난 및 안전관리 기본법」에서 규정한 긴급구조기관으로 옳지 않은 것은?

① 경찰청   ② 소방청
③ 해양경찰청   ④ 지방해양경찰청

5 중앙긴급구조통제단(중앙통제단)에 관한 설명 중 옳지 않은 것은?

① 중앙통제단의 단장은 행정안전부장관이다.
② 중앙통제단은 행정안전부에 설치한다.
③ 중앙통제단의 구성·기능 및 운영에 필요한 사항은 대통령령으로 정한다.
④ 긴급구조지원기관 간의 공조체제를 유지하기 위하여 관계 기관·단체의 장에게 소속직원의 파견을 요청할 수 있다.

6 특별재난지역선포에 관한 내용 중 바른 것은?

① 특별재난지역 선포권자는 대통령이다.
② 긴급한 경우에는 위원회의 심의를 거치지 않고 사후에 심의 받을 수 있다.
④ 재정상의 지원이 추가되며, 심리상담 등에 지원이 배제된다.
④ 선포는 재난이 예상될 때도 가능하다.

7 시·도 긴급통제단장과 시·군·구 긴급통제단장의 응급조치사항 중 공통 사항에 해당하지 않는 것은?

① 긴급수송 수단 확보
② 경보의 발령
③ 현장지휘통신체계의 확보
④ 진화

8 다음 중 재난에 대한 예방, 대비, 대응 및 복구 중에 종류가 다른 하나는?

① 재난 유형별 사전교육 및 훈련실시
② 비상방송 시스템 구축
③ 위험지도 마련
④ 긴급대응계획의 수립 및 연습

9 중앙통제단이 하는 일이 아닌 것은?

① 긴급구조활동의 지휘·통제
② 중앙구조대장이 지시하는 사항
③ 국가 긴급구조대책의 총괄·조정
④ 긴급구조대응계획의 집행

10 소방서장이 화재 발생의 우려가 있는 경우 화재 예방을 위해 관계인에게 함부로 버려두거나 그냥 둔 위험물 그 밖에 탈 수 있는 물건을 옮기거나 치우게 하는 등의 조치를 했을 때 소방강제 집행의 수단은 무엇으로 보는 것이 바른가?

① 대집행

② 즉시강제

③ 직접강제

④ 강제징수

11 특정소방대상물 중 소방시설을 정함에 대한 고려사항으로 옳지 않은 것은?

① 특정소방대상물의 규모

② 특정소방대상물의 면적

③ 특정소방대상물의 용도

④ 특정소방대상물의 수용인원

12 다음 중 용어의 뜻으로 바르지 않은 것은?

① "면직"이란 휴직·직위해제 또는 정직(강등에 따른 정직을 포함한다) 중에 있는 소방공무원을 직위에 복귀시키는 것을 말한다.

② "임용"이란 신규채용·승진·전보·파견·강임·휴직·직위해제·정직·강등·복직·면직·해임 및 파면을 말한다.

③ "강임"이란 동종의 직무 내에서 하위의 직위에 임명하는 것을 말한다.

④ "전보"란 소방공무원의 동일 직위 및 자격 내에서의 근무기관이나 부서를 달리하는 임용을 말한다.

13 「재난 및 안전관리 기본법」에서 정의하는 사회재난으로 바른 것은?

① 붕괴, 화재, 폭발, 감염병확산, 화생방사고, 미세먼지피해

② 태풍, 붕괴, 에너지, 교통, 수도, 황사, 미세먼지피해

③ 붕괴, 에너지, 교통, 수도, 황사, 화생방, 풍랑

④ 에너지, 교통, 수도, 황사, 화생방, 풍랑, 조수

14 다음 중 구조활동의 우선순위가 바르게 배열된 것은?

> ⊙ 요구조자의 구명에 필요한 조치를 한다.
> ⓒ 위험현장에서 격리하여 재산을 보전한다.
> ⓒ 요구자의 상태 악화 방지에 필요한 조치를 한다.
> ⓔ 안전구역으로 구출활동을 침착하게 개시한다.

① ⊙ - ⓒ - ⓔ - ⓒ

② ⊙ - ⓒ - ⓒ - ⓔ

③ ⓒ - ⊙ - ⓔ - ⓒ

④ ⊙ - ⓔ - ⓒ - ⓒ

15 다음 중 연소의 색깔과 온도가 틀린 것은?

① 암적색 : 700℃

② 적색 : 850℃

③ 황적색 : 1,100℃

④ 휘적색 : 1,300℃

16 인접건물의 화재확대 방지 차원에서 블록의 4방면 중, 바람이 불어나가는 쪽이나 비화되는 쪽 등 화재확대가 가능한 면을 동시에 방어하는 전술을 무엇이라고 하는가?

① 블록전술

② 포위전술

③ 중점전술

④ 집중전술

17 다음의 설명 중 바른 것은?

① 원유를 분별증류하면 끓는 점이 높은 휘발유 성분이 먼저 분리되고 하부쪽으로 갈수록 끓는 점이 낮은 등유, 경유, 중유 순으로 분리된다.

② 슬롭오버는 탱크의 벽면이 가열된 상태에서 포를 방출하는 경우 가열된 벽면부분에서 포가 열화되어 안정성이 저하된 상태에서 증발된 유류가스가 발포되어 있는 거품층을 뚫고 상승되어 유류가스에 불이 붙는 현상이다.

③ 보일오버는 서로 다른 원유가 섞여있거나 중질유 탱크에서 오랜 시간 연소하다가 탱크바닥 내 잔존기름이 물의 비등으로 탱크 밖으로 분출되는 현상이다.

④ 프로스오버는 유류 액표면의 온도가 물의 비점 이상으로 상승되고 소화용수 등이 뜨거운 액표면에 유입되게 되며 물이 수증기화 되면서 갑작스런 부피 팽창에 의해 유류가 탱크 외부로 분출되는 현상이다.

18 질소가 함유된 물질이 연소하면 독성이 강한 가스가 생성되는데 이 가연성 가스는 인체와 접촉하면 자극이 심하다. 냉동시설의 냉매로도 쓰이는 이 물질은 무엇인가?

① 이산화탄소　　　　　　　　　　　　　② 포스겐
③ 아크롤레린　　　　　　　　　　　　　④ 암모니아

19 다음 중 독성 연소가스에 대한 설명이다. 바르지 않은 것은?

① 이황산가스 : 털, 고무, 일부 나무가 탈 때 발생하는 무색의 가스로서 눈, 코, 호흡기 계통에 접촉 할 경우 심한 자극을 준다.

② 암모니아 : 질소함유물인 수지류, 나무 등이 탈 때 악취가 나는 무색기체로서 발생시 눈, 코, 폐에 자극이 크다.

③ 황화수소 : 건축물 내의 전선 절연재 및 배관재료 등이 탈 때 악취가 나는 무색기체이다.

④ 시안화수소 : 대량 흡입하면 전신경련, 호흡정지, 심박동정지를 일으키며 사망할 수 있고 동물 털의 불완전연소 시 또는 인조견 등의 직물류, 목재, 종이 특히 폴리우레탄 등이 탈 때 발생된다.

20 시간과 온도변화에 따른 이상현상으로 다음에 해당하는 그래프를 보고 A~E에 들어갈 것으로 바르게 연결된 것은?

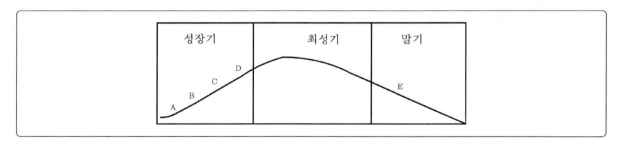

① A : 롤오버, B : 백드래프트, C : 플래시오버, D : 프레임오버, E : 백드래프트
② A : 롤오버, B : 플래시오버, C : 프레임오버, D : 백드래프트, E : 플래시오버
③ A : 프레임오버, B : 플래시오버, C : 백드래프트, D : 롤오버, E : 플래시오버
④ A : 프레임오버, B : 백드래프트, C : 롤오버, D : 플래시오버, E : 백드래프트

1   다음은 연기의 이동에 대한 설명이다. 바르지 않은 것은?

① 연기는 공기보다 고온이기 때문에 보통은 천장면의 하면을 따라 순방향으로 이동한다.

② 외기가 건축물 내부의 공기보다 따뜻할 때는 건축물 내부에서 하향으로 공기가 이동하면 이러한 하향 공기의 흐름을 역굴뚝효과라 한다.

③ 저층건물에서는 굴뚝효과에 의하여 연기는 상승하고 고층건물에서는 열, 대류이동, 화재압력과 같은 영향 및 바람의 영향으로 통로 등에 따라 연기 이동을 일으키는 원인이 된다.

④ 연기의 유동속도는 수평일 때 0.5~1m/sec이다.

2   체육관과 같이 천장이 높은 건물은 화재 초기에 연기가 천정까지 상승하지 못하여 천장에 연기감지기를 설치하여도 화재감지가 어렵다. 이처럼 연기가 잘 상승하지 않는 현상의 이유와 관련이 있는 것은?

① 열전도   ② 열대류
③ 열보사   ④ 열비화

3   다음 중 블레비 현상에 대한 설명으로 바른 것은?

① 가열된 용기의 증기가 떠돌아 다니면서 점화원과 접촉하여 폭발하는 현상

② 유류저장탱크 화재시 물분무나 포를 방사했을 때 표면에서 유류가 소화용수와 함께 튀어 오르는 현상

③ 화재시 탱크의 내부 액화가스가 탱크의 안전장치 압력 완화율을 초과되어 물리적 폭발이 일어나고 그 폭발물이 화염에 착화되어 순간적으로 화학적 폭발로 이어지는 현상

④ 유류탱크의 화재시 액면에 열유층이 생성되어 이 열이 서서히 탱크바닥으로 도달했을 때 물과 기름의 에멀션이 부피팽창을 하면서 기화되고 탱크의 유류가 갑자기 밖으로 분출하여 화재를 확대시키는 현상

4 다음 중 백드래프트 발생에 대한 설명으로 바르지 않은 것은?

① 화재로 인하여 실내 상부쪽으로 고온의 기체가 축적되고 온도가 높아짐에 따라 기체가 팽창하고 연소에 필요한 산소가 불충분한 상태이어야 한다.

② 열의 집적과 적절하게 배연되지 않는 상태에서 불완전 연소된 가연성 가스가 인화점 미만의 상태이어야 한다.

③ 갑자기 산소가 새로 유입될 때 화염이 폭풍을 동반하며 충격파의 생성으로 구조물을 파괴할 수 있다.

④ 산소가 결핍된 실내에 소방관이 소화활동이나 구조활동 중에 문을 갑자기 개방함으로써 외부의 신선한 공기 유입으로 발생한다.

5 다음 중 위험도가 가장 큰 물질은?

① 일산화탄소   ② 수소

③ 아세틸렌   ④ 이황화탄소

6 다음은 폭연과 폭굉에 대한 설명이다. 바른 것은?

① 폭굉은 화염면에서 상대적으로 완만한 에너지 변호에 의해서 온도, 압력 밀도가 연속적이다.

② 폭연은 열에 의한 전파보다 충격파에 의한 압력에 영향을 받는다.

③ 폭굉은 반응 또는 화염면의 전파가 물질의 분자량이나 공기의 난류확산에 영향을 받는다.

④ 폭연은 물질의 전달속도에 영향을 받는다.

7 다음 중 플래시오버가 일어나는 시기는?

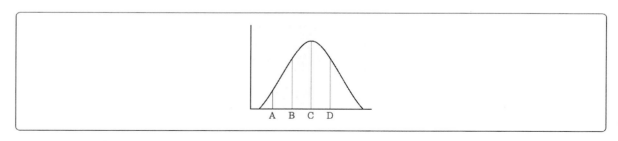

① A   ② B

③ C   ④ D

8 자연발화를 일으키는 열의 종류로 가장 옳지 않은 것은?

① 분해열　　　　　　　　　　　　　② 산화열

③ 흡착열　　　　　　　　　　　　　④ 융해열

9 연료의 분출속도가 연소속도보다 클 때 주위 공기의 움직임에 따라 불꽃이 노즐에 장착하지 않고 떨어져 꺼지는 현상은?

① 불완전연소(Incomplete combustion)　　② 리프팅(Lifting)

③ 블로우 오프(Blow off)　　　　　　　　④ 역화(Back fire)

10 전기설비의 방폭구조 중 전기설비 용기 내부의 공기, 질소, 탄산가스 등의 보호가스를 대기압 이상으로 봉입하여 당해 용기 내부에 가연성 가스 또는 증기가 침입하지 못하도록 한 구조는 무엇인가?

① 압력 방폭구조　　　　　　　　　　② 안전증가 방폭구조

③ 유입 방폭구조　　　　　　　　　　④ 본질안전 방폭구조

11 플래시오버를 지연시키기 위한 소방전술에 해당하지 않는 것은?

① 공기차단 지연방식　　　　　　　　② 배연 지연방식

③ 제거소화 지연방식　　　　　　　　④ 냉각 지연방식

12 플래시오버와 백드래프트에 대한 설명으로 옳은 것은?

① 플래시오버는 훈소현상 다음에 발생하고 백드래프는 롤오버현상 다음에 발생한다.

② 플래시오버는 감퇴기에서 발생하지만 백드래프트는 성장기에 발생한다.

③ 플래시오버는 충격파가 발생하지 않지만 백드래프트의 결과는 충격파를 동반한다.

④ 플래시오버의 악화원인은 공기의 공급이지만 백드래프트의 악화원인은 열의 공급이다.

13 스프링클러설비와 비교할 때 물분무 소화설비의 장점이 아닌 것은?

① 질식효과뿐만 아니라 산소 희박효과, 복사·차단효과가 있다.
② 소화수 사용량이 적어서 소화작업 시 물에 의한 피해를 줄일 수 있다.
③ 전기 절연성이 높아 고압 통전기기의 화재에도 사용될 수 있다.
④ 심부화재에 효과적이다.

14 가솔린 등유, 경유 등 유류화재 발생시 가장 적합한 소화 방식은?

① 냉각소화   ② 질식소화
③ 희석소화   ④ 부촉매소화

15 다음의 소방활동 중 강제처분의 내용으로 바른 것은?

① 주차장에 주차되어 있는 차량을 소방서장이 파손하면 소방서장이 보상한다.
② 소방서장은 긴급하게 출동할 때 소방자동차의 통행과 소방활동에 방해가 되는 주차된 차량 및 물건 등을 이동시킬 수 없다.
③ 소방서장은 소방자동차의 통행과 소방활동에 방해가 되는 정차된 차량을 제거시킬 수 없다.
④ 소화전에 주차된 차량은 소방활동에 방해가 되어 소방서장이 차량을 파손하여도 보상을 하지 않는다.

16 다음 중 소방력의 3요소가 아닌 것은?

① 소방인력   ③ 소방장비
③ 소방설비   ④ 소방용수

17 소실정도에 따른 화재의 구분으로 바르지 않은 것은?

① 전소는 70% 이상 소실을 말한다.
② 반소는 30% 이상 70% 미만의 소실을 말한다.
③ 부분소는 30% 미만의 소실 또는 재사용할 수 없는 것을 말한다.
④ 부분소는 전소 및 반소에 해당하지 않을 때를 말한다.

18 다음 중 화재원인 조사의 종류로 바르지 않은 것은?

① 발화원인 조사

② 발견·통보 및 초기 소화상황 조사

③ 연소상황조사

④ 인명피해조사

19 화재조사의 건물 동수 산정에 대한 설명으로 바르지 않은 것은?

① 건물의 외벽을 이용하여 실을 만들어 헛간, 목욕탕, 작업실, 사무실 및 기타 건물 용도로 사용하고 있는 것은 주건물과 별동으로 본다.

② 주요구조부가 하나로 연결되어 있는 것은 1동으로 한다.

③ 구조에 관계없이 지붕 및 실이 하나로 연결되어 있는 것은 동일 동으로 본다.

④ 독립된 건물과 건물 사이에 차광막, 비막이 등의 덮개를 설치하고 그 밑으로 통로 등으로 사용하는 경우는 별동으로 한다.

20 소방공무원의 계급의 순서가 옳은 것은? (상위직에서 하위직 순으로)

① 소방총감 – 소방준감 – 소방정감 – 소방정 – 소방감

② 소방총감 – 소방감 – 소방정 – 소방준감 – 소방정감

③ 소방총감 – 소방준감 – 소방정감 – 소방정 – 소방감

④ 소방총감 – 소방정감 – 소방감 – 소방준감 – 소방정

1 다음 중 소방의 발전 과정을 순서대로 바르게 나열한 것은?

> ㉠ 소방기본법이 4개의 법령으로 분화 ㉡ 소방청으로 독립
> ㉢ 시 · 도 광역자치소방체제 개편 ㉣ 소방위원회

① ㉠ – ㉡ – ㉢ – ㉣ ② ㉠ – ㉢ – ㉡ – ㉣
③ ㉣ – ㉢ – ㉠ – ㉡ ④ ㉣ – ㉠ – ㉢ – ㉡

2 다음 중 소방행정 작용의 특성이라 보기 어려운 것은?

① 우월성 ② 원칙성
③ 기술성 ④ 자율성

3 다음 중 소방령 이상 소방준감 이하의 소방공무원에 대한 전보, 휴직, 직위해제, 강등, 정직, 복직에 관한 임용권자는?

① 대통령 ② 행정안전부장관
③ 시 · 도지사 ④ 소방청장

4 다음 중 소방조직에 관한 설명으로 바르지 않은 것은?

① 소방공무원의 소방령 이상 소방감 이하의 직급은 계급정년과 연령정년이 있다.
② 소방공무원은 별정직 공무원이다.
③ 국가소방공무원과 지방소방공무원의 직급 단계는 동일하지 않다.
④ 소방은 현재 광역자치체계로 운영되고 있다.

5 다음은 의용소방대에 대한 설명이다. 옳지 않은 것은?

① 시·도지사 또는 소방서장은 재난현장에서 화재진압, 구조·구급 등의 활동과 화재예방활동에 관한 업무를 보조하기 위하여 의용소방대를 설치할 수 있다.

② 의용소방대는 특별시·광역시·특별자치시·도·특별자치도, 시·읍 또는 면에 둔다.

③ 시·도지사 또는 소방서장은 그 지역에 거주 또는 상주하는 주민 가운데 희망하는 사람으로서 의사·간호사 또는 응급구조사 자격을 가진 사람을 의용소방대원으로 임명할 수 있다.

④ 대장 및 부대장은 의용소방대원 중 관할 소방서장이 임명하고 그 밖에 의용소방대의 조직 등에 필요한 사항은 행정안전부령으로 정한다.

6 다음 중 소방지원활동으로 옳지 않은 것은?

① 산불에 대한 예방·진압 등 지원활동

② 자연재해에 따른 급수·배수 및 제설 등 지원활동

③ 119에 접수된 생활안전 및 위험제거 활동

④ 방송제작 또는 촬영 관련 지원활동

7 다음 중 소방신호의 종류로 옳지 않은 것은?

① 경계신호   ② 발화신호

③ 출동신호   ④ 해제신호

8 재난이 일어났을 때 시·도의 재난 선포와 특별재난지역의 선포권자는?

	시·도의 재난 선포	특별재난지역의 선포권자
①	국무총리	국무총리
②	대통령	행정안전부장관
③	행정안전부장관	대통령
④	대통령	국무총리

9 재난이 발생한 현장에서 응급의료소의 편성에 관한 사항 중 바른 것은?

① 의사 3명, 간호사 4명, 보조요원 1명
② 의사 4명, 간호사 3명, 보조요원 1명
③ 응급의학 전문의를 포함한 의사 4명, 간호사 3명, 보조요원 1명
④ 응급의학 전문의를 포함한 의사 3명, 간호사 4명, 보조요원 1명

10 재난으로 인한 피해를 최소화하기 위하여 재해의 예방, 대비, 대응, 복구에 관한 정책의 개발과 집행과정을 총칭하는 것을 무엇이라 하는가?

① 재난관리   ② 위험관리
③ 안전관리   ④ 재난관리정보

11 다음의 재난관리 단계별 내용에서 대응단계의 업무라 보기 어려운 것은?

① 긴급의약품 조달 및 생필품 공급   ② 비상방송경보시스템 구축
③ 재해대책본부의 활동개시   ④ 응급의료시스템 가동

12 다음 중 재난관리 책임기관에 대한 설명이다. 가장 바른 설명은?

① 중앙재난안전대책본부는 국무총리 소속하에 둔다.
② 대통령 소속으로 중앙안전관리위원회를 둔다.
③ 시 · 도지사 소속으로 시 · 군 · 구 위원회를 둔다.
④ 해외재난 시 수습본부는 외교부에 둔다.

13 다음 중 특수구조대가 아닌 것은?

① 산악구조대   ② 수난구조대
③ 화학구조대   ④ 해양구조대

14 가연물의 구비조건에 관한 설명으로 바르지 않은 것은?

① 가연물의 화학적 활성도가 클수록 위험성이 크다.
② 발열량이 크고 산소와 접촉하는 표면적이 커야 한다.
③ 열의 축적이 용이하여 열전도율이 높아야 한다.
④ 활성화 에너지가 작을수록 연소가 활발하다.

15 자연발화 방지방법에 대한 설명 중 바르지 않은 것은?

① 저장실의 온도를 낮게 유지 한다.
② 발열반응에 부촉매작용을 하는 물질을 피한다.
③ 습도가 낮은 곳에 저장하여야 한다.
④ 열이 있는 실내의 공기 유통이 잘 되게 하여 열을 분산시킨다.

16 다음 중 연소점의 설명으로 바른 것은?

① 점화원 접촉 시 연소를 시작하는 최저온도이다.
② 점화원 제거 후에도 연소가 지속될 수 있는 온도이다.
③ 점화원 접촉 없이 연소를 시작하는 최저온도이다.
④ 물질자체에 축적된 열만으로 착화가 가능한 가연성 물질의 최저 온도이다.

17 부탄(C_4H_{10}) 1몰이 완전연소하기 위하여 필요한 최소산소농도(MOC)는 몇 %인가?

① 4.5% ② 10.5%
③ 11.7% ④ 15%

18 연기의 제연방식 중 바르지 않은 것은?

① 연소 제연방식　　　　　　　　　　② 밀폐 제연방식
③ 기계 제연방식　　　　　　　　　　④ 스모그타워 제연방식

19 다음 중 백드래프트에 대한 설명으로 바르지 않은 것은??

① 짙은 황회색으로 변하는 검은 연기가 보이는 경우 백드래프트의 징후이다.
② 연기로 얼룩진 창문은 백드래프트의 징후이다.
③ 연기는 문틈으로 내부에서 밖으로 향했다가 안으로 빨아 들어가기도 하다.
④ 불완전 연소상태인 화재 중기에만 일어나는 연소확대 현상이다.

20 화재조사활동 중 본부장 또는 서장이 소방청장에게 긴급상황을 보고하여야 할 화재가 아닌 것은?

① 사망 3명 이상이거나 사상자 5명 이상 발생화재
② 이재민 100명 이상 발생화재
③ 특수사고, 방화 등 화재원인이 특이하다고 인정되는 화재
④ 대상이 특수하여 사회적 이목이 집중될 것으로 예상되는 화재

1 특정사안에 대한 결정에 있어 의사결정과정에서는 개인의 의견이 참여하지만, 결정을 내리는 것은 개인이 아닌 소속기관의 기관장이 한다는 원리는 무엇인가?

① 계선의 원리 ② 업무조정의 원리

③ 계층제의 원리 ④ 명령통일의 원리

2 다음 중 소방공무원은 공무원법상 어느 공무원에 해당되는가?

① 특정직 ② 별정직

③ 특수경력직 ④ 일반직

3 재난 대응 단계 중 재산 및 인명보호를 위해 소방이 주도적인 역할을 하는 것은?

① 예방 ② 대비

③ 복구 ④ 대응

4 다음 중 「재난 및 안전관리 기본법」상 자연재난에 해당하지 않는 것은?

① 화산 ② 가축전염병

③ 황사 ④ 소행성의 추락

5 다음의 위험물 지정수량 중 옳은 것은?

① 중크롬산염류 10kg ② 알킬리튬 10kg

③ 니트로화합물 100kg ④ 질산 100kg

6 다음 중 긴급구조에 대한 설명으로 옳지 않은 것은?

① 긴급구조란 재난이 발생하였을 때에 국민의 생명·신체 및 재산을 보호하기 위한 긴급조치를 말한다.
② 중앙긴급구조통제단의 단장은 소방청장, 시·도긴급구조통제단의 단장은 소방본부장이 되고 시·군·구긴급구조통제단의 단장은 소방서장이 된다.
③ 긴급구조기관이란 행정안전부, 소방본부, 소방서이다.
④ 긴급구조지휘대는 소방본부 및 소방서의 긴급구조지휘대는 상시 구성·운영하여야 한다.

7 MIE(최소발화에너지)에 대한 설명이다. 바르지 않은 것은?

① 온도가 높으면 분자 간 운동이 활발해지므로 MIE(최소발화에너지)는 감소한다.
② 압력이 높으면 분자 간 거리가 가까워지므로 MIE(최소발화에너지)는 감소한다.
③ 가연성 가스의 조성이 화학양론적 농도 부근일 경우 MIE(최소발화에너지)는 최저가 된다.
④ 열전도율이 높으면 MIE(최소발화에너지)는 감소한다.

8 가연성물질 표면에서 산소와 반응해서 연소하는 것으로 숯, 목탄 등에 보이는 연소방식은?

① 기체연소   ② 증발연소
③ 표면연소   ④ 분해연소

9 다음 중 연기제어 방법이 아닌 것은?

① 연소   ② 희석
③ 배기   ④ 차단

10 다음 중 양초와 가장 유사한 연소형태는?

① 섬유   ② 나프탈렌
③ 히드라진   ④ 목탄

11 화재발생으로 건물 내 수용재산 및 건물자체에 손상을 입히는 정도를 말하며, 최고온도 × 지속시간으로 구하는 것은?

① 화재강도   ② 심부화재

③ 화재가혹도   ④ 화재하중

12 다음의 천장제트흐름(Ceiling Jet Flow)에 대한 설명으로 틀린 것은?

① 화재 플럼의 부력에 의하여 발생되며 천장면을 따라 빠르게 흐르는 기류이다.

② 화원의 크기와 위치 그리고 화원에서 천장까지의 높이에 영향을 받는다.

③ 스프링클러 헤드나 화재 감지기는 이 현상 영향 범위를 피하여 설치한다.

④ 흐름의 두께는 천장에서 화염까지 높이의 5~12% 내의 정도 범위이다.

13 부촉매 소화로 거리가 먼 것은?

① 강화액 소화기   ② 할로겐소화약제

③ 수성막포   ④ 제3종 분말

14 제1류 위험물의 설명 중 옳은 것은?

① 산화성 고체이며 대부분 물에 잘 녹는다.

② 가연성 고체로서 강산화제로 작용을 한다.

③ 무기과산화물은 물 주수를 통한 냉각소화한다.

④ 과산화수소, 과염소산, 질산, 유기과산화물이 제1류 위험물에 해당한다.

15 다음 중 질식 소화에 대한 설명으로 옳은 것은?

① 다량의 물로 소화한다.

② 억제 현상을 막아 소화한다.

③ 가연물을 제거하여 소화한다.

④ 연소의 조건 중 하나인 산소공급을 차단하여 소화의 목적을 달성한다.

16 다음 중 화재원인조사의 사항이 아닌 것은?

① 발화원인 조사
② 소화활동 중 사용된 물로 인한 피해
③ 최초 발화지점 조사
④ 최초 발화물질 조사

17 다음 중 연기감지기에 해당하는 것은?

① 광전식 분포형 감지기
② 보상식 분포형 감지기
③ 차등식 분포형 감지기
④ 정온식 분포형 감지기

18 표준상태에서 할론1301 소화약제가 공기 중으로 방사되어 균일하게 혼합되어 있을 때 할론1301의 기체 비중은 얼마인가? (공기분자량 29, C의 원자량은 12, F의 원자량은 19, Br의 원자량은 80이다. 소수점 셋째자리에서 반올림)

① 2.14
② 4.98
③ 5.14
④ 6.15

19 다음 중 공동현상의 방지대책으로 옳지 않은 것은?

① 펌프의 흡입측 수두를 낮게 하며 마찰손실을 줄인다.
② 흡입관의 길이를 짧게 하거나 배관의 굴곡부를 줄인다.
③ 펌프의 높이를 수원보다 낮게 위치시킨다.
④ 펌프의 흡입관의 구경을 작게 한다.

20 표준상태에서 공기 중 산소농도(부피비)가 21%일 때 메탄(CH_4)의 완전 연소하는데 필요한 공기량은 메탄의 체적의 몇 배인가?

① 약 2배
② 약 2.5배
③ 약 7.5배
④ 약 9.5배

1 다음의 소방임무 중 그 분류가 다른 것은?

① 구조대 및 구급대의 운영　　　　② 공공의 안녕 및 질서 유지

③ 화재의 경계 및 진압　　　　　　④ 국민의 생명·신체 및 재산의 보호

2 다음 중 가스사업 허가를 받아야 하는 법률적 행위로 바른 것은?

① 대물적 허가　　　　　　　　　② 대인적 허가

③ 혼합적 허가　　　　　　　　　④ 부작위 허가

3 다음 중 근속승진의 요소로 바르지 않은 것은?

① 소방사로 4년 6개월 이상 재직하고 있는 자

② 소방교로 5년 이상 재직하고 있는 자

③ 소방장으로 6년 6개월 이상 재직하고 있는 자

④ 소방위로 8년 이상 재직하고 있는 자

4 다음 중 우리나라의 소방대에 해당하지 않는 것은?

① 국제구조대　　　　　　　　　② 자치소방대

③ 자위소방대　　　　　　　　　④ 자체소방대

5 다음 중 우리나라에 최초로 설치된 소방조직은 무엇인가?

① 한성도감　　　　　　　　　　② 금화도감

③ 멸화도감　　　　　　　　　　④ 소방도감

6 다음 중 소방조직 및 소방행정에 관한 설명으로 바르지 않은 것은?

① 우리나라 소방행정은 광역시 중심으로 시·도 자치행정의 소방체제로 운영되고 있다.

② 소방공무원은 별정직 공무원이다.

③ 소방감의 계급정년은 4년이다.

④ 소방공무원의 계급은 총 11단계로 구분된다.

7 다음 중 「소방공무원임용령」에 의한 소방기관만으로 짝지어진 것으로 옳지 않은 것은?

① 소방청, 소방본부, 소방서, 서울소방방재센터

② 소방청, 중앙소방학교, 지방소방학교

③ 시·도와 중앙소방학교, 소방서

④ 중앙119구조본부, 지방소방학교, 소방서

8 재난 시 중앙통제단 구성에 해당되지 않는 것은?

① 대응계획부   ② 자원지원부

③ 긴급복구부   ④ 총괄대책부

9 다음 중 「재난 및 안전관리 기본법」상의 재난의 분류에 해당하는 것은?

① 생물학적 재해   ② 지구물리학적 재난

③ 인적재난   ④ 사회재난

10 다음 중 국가적 차원에서 관리가 필요한 재난에 대하여 재난관리 체계와 관계 기관의 임무와 역할을 규정한 것으로 재난관리주관기관의 장이 작성하는 문서는?

① 위기관리 표준매뉴얼   ② 위기관리 대응매뉴얼

③ 현장조치 행동매뉴얼   ④ 재난대응 실무매뉴얼

11 재난으로 인해 피해를 입은 이재민이 발생했을 경우 국가 및 지방자치단체는 피해주민의 생계안정을 위하여 지원을 할 수 있다. 다음 중 국가가 지원할 수 있는 것으로 바르지 않은 것은?

① 사망자 · 실종자 · 부상자 등 피해주민에 대한 구호
② 고등학교를 다니고 있는 학생의 학자금 면제
③ 생계가 불안정한 세입자 보조
④ 농업 · 어업을 생계로 하는 사람들의 자금 상환기한 연기 및 세금 면제

12 재난 발생시 시 · 도의 재난사태 선포와 특별재난구역의 선포권자로 바르게 묶인 것은?

① 국무총리 – 국무총리
② 대통령 – 대통령
③ 행정안전부장관 – 대통령
④ 대통령 – 국무총리

13 다음 중 구급출동 요청을 거절할 수 있는 사항 중 이송요청 거절사유가 아닌 것은?

① 단순 열상 또는 찰과상으로 지속적인 출혈이 없는 외상환자
② 만성질환자로서 검진 또는 입원목적의 이송 요청자
③ 단순골절환자
④ 술에 만취되어 있는 자로 강한 자극에 의식이 있는 경우

14 병원으로 이송을 위한 환자의 중증도 분류가 바르지 않은 것은?

① 사망 또는 생존의 가능성이 업는 환자 – 지연환자 – 흰색
② 수시간 이내 응급처치를 요하는 환자 – 응급환자 – 황색
③ 수시간, 수일 후 치료해도 생명에 지장이 없는 환자 – 비응급환자 – 녹색
④ 수분, 수시간 이내 응급처치를 요구하는 단계 – 긴급환자 – 적색

15 다음은 연소에 관한 설명이다. 바르지 않은 것은?

① 연소란 빛과 발열반응을 수반하는 산화반응이다.
② 연소의 3요소란 가연물, 산소공급원, 점화원을 말한다.
③ 가연물, 산소공급원, 점화원, 연쇄반응까지를 연소의 4요소라 말한다.
④ 산소는 가연성물질로서 많을수록 연소를 활성화시킨다.

16 열원이란 어떤 물질이 발화하여 연소가 이루어지기 위한 최소 에너지원이다. 다음 열원의 분류가 다른 하나는?

① 연소열   ② 분해열
③ 용해열   ④ 압축열

17 다음은 연소속도에 영향을 미치는 요인이다. 요인으로 바르지 않은 것은?

① 가연물의 종류와 온도
② 압력, 화염의 온도 및 미연소 가연성 기체의 밀도
③ 산화반응을 일으키는 속도 및 조연물과 산화성 물질의 혼합비율
④ 촉매 및 생성된 불연성물질 등

18 연료가 불완전 연소 시 발생하는 물질로서 헤모글로빈과 결합하여 세포에 의한 산소의 이동을 막는 연소생성물은 무엇인가?

① 시안화수소   ② 일산화탄소
③ 염화수소   ④ 포스겐

19 굴뚝효과 발생에 영향을 주는 요소로 바르지 않은 것은?

① 층의 높이

② 층의 면적

③ 화재실의 온도

④ 건축물 내·외의 온도차

20 건물화재 시 실내와 실외 정압이 같아지는 경계면이 형성되는 면을 무엇이라 하는가?

① 중심대

② 중성대

③ 삼중점

④ 안전대

제 1 회

1	④	2	①	3	②	4	①	5	①	6	①	7	②	8	③	9	②	10	③
11	②	12	①	13	①	14	④	15	④	16	①	17	③	18	④	19	③	20	④

1 ④

임용권자〈소방공무원법 제6조 제1항〉 … 소방령 이상의 소방공무원은 <u>소방청장</u>의 제청으로 국무총리를 거쳐 <u>대통령</u>이 임용한다. 다만, 소방총감은 대통령이 임명하고, 소방령 이상 소방준감 이하의 소방공무원에 대한 전보, 휴직, 직위해제, 강등, 정직 및 복직은 소방청장이 한다.

2 ①

재난 및 안전관리 기본법 제67조
㉠ 지방자치단체는 재난관리에 드는 비용에 충당하기 위하여 매년 재난관리기금을 적립하여야 한다.
㉡ 재난관리기금의 매년도 최저 적립액은 <u>최근 3년 동안의 「지방세법」에 의한 보통세의 수입결산액의 평균 연액의 100분의 1에 해당하는 금액</u>으로 한다.

3 ②

위기대응 실무매뉴얼 … 위기관리 표준매뉴얼에서 규정하는 기능과 역할에 따라 <u>실제 재난대응에 필요한 조치사항 및 절차를 규정한 문서</u>로 재난관리주관기관의 장과 관계 기관의 장이 작성한다.

4 ①

재난 및 안전관리 기본법 제3조 제7호
"긴급구조기관"이란 소방청 · 소방본부 및 소방서를 말한다. 다만, 해양에서 발생한 재난의 경우에는 해양경찰청 · 지방해양경찰청 및 해양경찰서를 말한다.

5 ①

재난 및 안전관리 기본법 제49조 제2항
중앙긴급구조통제단의 단장은 소방청장이 된다.

6 ①

특별재난지역의 선포를 건의받은 대통령은 해당 지역을 특별재난지역으로 선포할 수 있다.

② 긴급한 경우에는 위원회의 심의를 거치지 않고 사후에 심의 받을 수 있는 경우는 재난사태선포이다.

③ 재정상의 지원뿐만 아니라 심리적 안정과 사회 적응을 위한 상담활동을 지원할 수 있다.

④ 특별재난선포는 중앙대책본부장의 건의로 중앙심의위원회의 심의를 거쳐 선포됨으로 재난 예상일 때는 해당 사항이 없다.

---

7 ④

재난 및 안전관리 기본법 제37조 제1항

시·도긴급구조통제단 및 시·군·구긴급구조통제단의 단장(지역통제단장)과 시장·군수·구청장은 재난이 발생할 우려가 있거나 재난이 발생하였을 때에는 즉시 관계 법령이나 재난대응활동계획 및 위기관리 매뉴얼에서 정하는 바에 따라 수방(水防)·진화·구조 및 구난(救難), 그 밖에 재난 발생을 예방하거나 피해를 줄이기 위하여 필요한 다음의 응급조치를 하여야 한다. 다만, 지역통제단장의 경우에는 ⓒ 중 진화에 관한 응급조치와 ⓜ 및 ⓐ의 응급조치만 하여야 한다.

ⓖ 경보의 발령 또는 전달이나 피난의 권고 또는 지시

ⓛ 안전조치

ⓒ 진화·수방·지진방재, 그 밖의 응급조치와 구호

ⓔ 피해시설의 응급복구 및 방역과 방범, 그 밖의 질서 유지

ⓜ 긴급수송 및 구조 수단의 확보

ⓗ 급수 수단의 확보, 긴급피난처 및 구호품의 확보

ⓐ 현장지휘통신체계의 확보

ⓞ 그 밖에 재난 발생을 예방하거나 줄이기 위하여 필요한 사항으로서 대통령령으로 정하는 사항

---

8 ③

③은 예방단계, ①·②·④ 는 대비단계

---

9 ②

재난 및 안전관리 기본법 제49조 제1항

긴급구조에 관한 사항의 총괄·조정, 긴급구조기관 및 긴급구조지원기관이 하는 긴급구조활동의 역할 분담과 지휘·통제를 위하여 소방청에 중앙긴급구조통제단(이하 "중앙통제단"이라 한다)을 둔다.

---

10 ③

작위하명에 해당하며, 직접강제이다.

ⓖ 즉시강제의 경우 상황의 급박성이 필요하다. (예방을 위해서이기 때문에 즉시강제는 아니다)

ⓛ 강제징수 : 금전납부의무(과태료 등)의 불이행시, 행정주체가 강제적으로 이행한 것과 같은 상태를 실현하는 것

---

11 ②

특정소방대상물의 관계인은 특정소방대상물의 규모, 용도 및 수용인원 등을 고려하여 소방시설 등의 종류 등을 갖추어야 한다.

12 ①

소방공무원법 제2조 제4호

"복직"이란 휴직·직위해제 또는 정직(강등에 따른 정직을 포함한다) 중에 있는 소방공무원을 직위에 복귀시키는 것을 말한다.

---

13 ①

재난 및 재난관리 기본법 제3조 제1호 나목

사회재난 : 화재·붕괴·폭발·교통사고(항공사고 및 해상사고를 포함한다)·화생방사고·환경오염사고 등으로 인하여 발생하는 대통령령으로 정하는 규모 이상의 피해와 국가핵심기반의 마비, 「감염병의 예방 및 관리에 관한 법률」에 따른 감염병 또는 「가축전염병예방법」에 따른 가축전염병의 확산, 「미세먼지 저감 및 관리에 관한 특별법」에 따른 미세먼지 등으로 인한 피해

---

14 ④

구조활동의 우선순위

구명 → 신체 구출 → 고통경감 → 재산보호

---

15 ④

연소와 색깔의 표

색깔	온도(℃)	색깔	온도(℃)
담암색	500	암적색	700
적색	850	휘적색	950
황적색	1,100	백적색	1,300
휘백색	1,500		

---

16 ①

블록전술 … 인접건물의 화재확대 방지 차원에서 블록의 4방면 중, 바람이 불어나가는 쪽이나 비화되는 쪽 등 화재확대가 가능한 면을 동시에 방어하는 전술이다.

---

17 ③

보일오버는 연소중인 탱크로부터 원유(또는 기타 특정 액체)가 방출되는 것을 말한다. 즉, 중질유 탱크에서 장시간 조용히 연소하다가 탱크 내 잔존기름이 갑자기 분출하는 현상이다.

① 원유를 분별증류하면 끓는 점이 낮은 휘발유 성분이 먼저 분리되고 하부쪽으로 갈수록 끓는 점이 낮은 등유, 경유, 중유 순으로 분리된다.

② 링파이어는 탱크의 벽면이 가열된 상태에서 포를 방출하는 경우 가열된 벽면부분에서 포가 열화되어 안정성이 저하된 상태에서 증발된 유류가스가 발포되어 있는 거품층을 뚫고 상승되어 유류가스에 불이 붙는 현상이다.

④ 슬롭오버는 유류 액표면의 온도가 물의 비점 이상으로 상승되고 소화용수 등이 뜨거운 액표면에 유입되게 되며 물이 수증기화 되면서 갑작스러운 부피 팽창에 의해 유류가 탱크 외부로 분출되는 현상이다.

18 ④

암모니아(NH$_3$)

실크·나이론·아크릴 플라스틱·나무 등 질소함유물이 연소할 때 생성되는 강한 자극성(악취)을 가진 유독성의 무색의 기체다. 눈과 코 등에 노출되면 자극이 크며, 냉동시설의 냉매로 많이 사용되고 있어 냉동창고 화재 시 주의를 요한다.

---

19 ③

독성 연소가스

㉠ **황화수소**(H$_2$S) : 일명 유화수소라고도 불리며, 고무제품이나 원유 등이 불완전 연소할 때 생성되는 무색의 유독성가스로 계란 썩은 냄새가 난다.

㉡ **염화수소** : 건축물 내의 전선절연재 및 배관재료 등이 탈 때 악취가 나는 공기보다 무거운 무색의 기체이다.

---

20 ④

A : 프레임오버, B : 백드래프트, C : 롤오버, D : 플래시오버, E : 백드래프트 순이다.

※ 백드래프트는 화재 초기와 말기 모두에서 나타날 수 있다.

제 2 회																			
1	③	2	②	3	③	4	②	5	④	6	④	7	②	8	④	9	③	10	①
11	③	12	③	13	④	14	②	15	④	16	③	17	③	18	④	19	①	20	④

1 ③

건물내의 연기 유동

㉠ 저층 건물과 고층 건물에서의 연기유동
- 저층건물 : 열, 대류이동, 화재압력이 유동 원인
- 고층건물 : 굴뚝효과, 건물내부와 외부공기 사이의 온도 · 밀도 차이가 유동 원인으로 작용한다.

㉡ 고층 건물에서 연기유동을 일으키는 요인
- 온도에 의한 가스의 팽창 : 화재로 인한 대류현상(부력현상)
- 굴뚝효과
- 외부 풍압의 영향
- 건물 내에서의 강제적인 공기유동 등→공기조화설비, 환기설비
- 중성대
- 건물구조

---

2 ②

화재 초기 시 연기가 상승하지 못하는 이유는 열대류가 활발하지 못해서이다. 초기화재 시 화재감지기가 잘 작동하지 못하는 이유이다.

---

3 ③

과열된 탱크에서 내부의 액체가스가 기화하여 팽창하면서 폭발하는 현상으로, 일명 끓는 액체 팽창증기 폭발(Boiling Liquid Expanding Vapor Explosion)이라고 한다. 블레비 현상은 물리적 폭발이 화학적 폭발로 바뀐다.
① 증기운폭발, ② 슬롭오버, ④ 보일오버

---

4 ②

백드래프트(Backdraft) 현상

밀폐된 건축물 내에서 화재가 발생하였을 경우 화재의 성장(진행)과정은 내부에 잔존하던 산소(O_2)가 연소과정에서 소진되어 화재는 훈소상태 또는 잠복기를 거치게 된다. 이때 개구부를 개방하는 경우 외부에서 다량의 산소(O_2)가 유입될 때 순간적으로 폭발적인 발화현상이 발생하는 현상을 말한다. 산소가 공급된 역방향으로 화염이 분출한다 하여 역화 또는 역류성 폭발이라고도 한다.

5 ④

위험도가 높은 순 … 이황화탄소 > 아세틸렌 > 수소 > 일산화탄소

---

6 ④

폭연은 물질의 전달속도에 영향을 받으며, 폭굉은 초기압력 또는 충격파 형성을 위해 짧은 시간 내에 에너지 방출이 필요하다.
① 폭연은 화염면에서 상대적으로 완만한 에너지 변호에 의해서 온도, 압력 밀도가 연속적이다.
② 폭굉은 열에 의한 전파보다 충격파에 의한 압력에 영향을 받는다.
③ 폭연은 반응 또는 화염면의 전파가 물질의 분자량이나 공기의 난류확산에 영향을 받는다.

---

7 ②

플래시오버는 최성기 바로 직전에 일어난다.

---

8 ④

자연발화 열의 종류는 산화열, 흡착열, 발효열, 중합열, 분해열, 미생물열 등이 있다. 융해열은 고체에서 액체화될 때 필요한 에너지이므로 자연발화열과는 거리가 있다.

---

9 ③

블로우 오프(Blow off)
선화상태에서 주위에 공기유통이 심하여 불꽃이 노즐에 떨어져 꺼져버리는 현상을 말한다. 즉, 연료의 분출속도가 연소속도보다 클 때 주위 공기의 움직임에 따라 불꽃이 노즐에 장착하지 않고 떨어져 꺼지는 현상이다.

---

10 ①

압력 방폭구조
용기 내 불활성기체(보호성 가스)를 봉입시킨 구조이다.

---

11 ③

플래시오버(전실화재) 지연을 위한 소방전술 … 냉각 지연방식, 배연 지연방식, 공기차단 지연방식

---

12 ③

플래시오버는 화염이 번지는 것으로 충격파가 발생하지 않지만 백드래프트는 훈소연소 중 급격한 산소공급으로 인하여 불꽃연소로 전환되며 충격파를 동반한다.
① 플래시오버는 롤오버현상 다음에 발생하고 백드래프트는 훈소현상 다음에 발생한다.
② 플래시오버는 성장기에서 발생하지만 백드래프트는 성장기와 감퇴기 모두에서 발생할 수 있다.
④ 플래시오버의 악화원인은 열의 공급이고 백드래프트의 악화원인은 공기의 공급이다.

13 ④

스프링클러설비와 비교할 때 물분무 소화설비는 심부화재에 효과적이지 못하다.

---

14 ②

질식소화 … 유류화재에 적합한 소화방식이다.

㉠ 산소의 희거에 의한 소화로서 가연물이 연소하는 데 필요한 산소량을 조절하여 소화하는 방법이다.

㉡ 공기 중의 산소농도는 15% 이하, 고체는 6% 이하, 아세틸렌은 4% 이하가 되면 소화가 가능하다. 탄화수소의 기체는 산소 15% 이하에서는 연소하기 어렵다.

---

15 ④

소화전에 주차는 불법이며 불법행위로 인한 손실은 보상하지 않는다. 손실보상은 시 · 도지사가 한다.

---

16 ③

소방력의 3요소 … 소방인력, 소방장비, 소방용수

※ **소방의 4요소**

㉠ 인력(소방인력), ㉡ 장비(소방장비), ㉢ 수리(물 또는 소방용수), ㉣ 소방통신

---

17 ③

화재의 손실 정도

㉠ 전소 : 70% 이상 소실, 70% 미만이라도 재사용이 불가능한 경우

㉡ 반소 : 30% 이상 70% 미만의 소실

㉢ 부분소 : 전소 · 반소 이외의 나머지

---

18 ④

인명피해 및 재산피해 조사는 화재피해 조사이다.

---

19 ①

건물의 외벽을 이용하여 실을 만들어 헛간, 목욕탕, 작업실, 사무실 및 기타 건물 용도로 사용하고 있는 것은 주건물과 1동으로 본다.

20 ④

소방공무원 계급
ⓐ 소방총감
ⓑ 소방정감
ⓒ 소방감
ⓓ 소방준감
ⓔ 소방정
ⓕ 소방령
ⓖ 소방경
ⓗ 소방위
ⓙ 소방장
ⓚ 소방교
ⓛ 소방사

제 3 회																			
1	③	2	④	3	④	4	②	5	④	6	③	7	③	8	③	9	④	10	①
11	②	12	④	13	④	14	③	15	②	16	②	17	③	18	①	19	④	20	①

1 ③

소방기본법(2003년)과 소방법(1958년)의 제정 구분
㉠ 소방기본법 제정 : 2003년
㉡ 소방청으로 독립 : 2017년
㉢ 시 · 도 광역자치소방체제 개편 : 1992년
㉣ 소방위원회 : 1946년

2 ④

소방행정 작용의 특성
㉠ 우월성(지배 · 복종의 법률 관계)
　　예 화재의 예방조치, 강제 처분
㉡ 획일 및 원칙성
㉢ 기술성

3 ④

임용권자〈소방공무원법 제6조 제1항〉 … 소방령 이상의 소방공무원은 소방청장의 제청으로 국무총리를 거쳐 대통령이 임용한다. 다만, 소방총감은 대통령이 임명하고, 소방령 이상 소방준감 이하의 소방공무원에 대한 전보, 휴직, 직위해제, 강등, 정직 및 복직은 소방청장이 한다.

4 ②

소방공무원은 경력직 공무원 중 특정직 공무원이다.

5 ④

의용소방대 설치 및 운영에 관한 법률 제6조(조직)
㉠ 의용소방대에는 대장 · 부대장 · 부장 · 반장 또는 대원을 둔다.

ⓛ 대장 및 부대장은 의용소방대원 중 관할 소방서장의 추천에 따라 시·도지사가 임명한다.
ⓒ 그 밖에 의용소방대의 조직 등에 필요한 사항은 행정안전부령으로 정한다.

6 ③

119에 접수된 생활안전 및 위험제거 활동은 생활안전활동이다.

7 ③

소방기본법 시생규칙 제10조(소방신호의 종류 및 방법)
㉠ 경계신호 ㉡ 발화신호 ㉢ 해제신호 ㉣ 훈련신호

8 ③

시·도의 재난 선포 : 행정안전부장관, 특별재난지역의 선포 : 대통령

9 ④

긴급구조대응활동 및 현장지휘에 관한 규칙 제20조 제9항
의료소에는 응급의학 전문의를 포함한 의사 3명, 간호사 또는 1급응급구조사 4명 및 지원요원 1명 이상으로 편성한다. 다만,
통제단장은 필요한 의료인 등의 수를 조정하여 편성하도록 요청할 수 있다.

10 ①

재난 및 재난관리 기본법 제3조(정의) 제3호
"재난관리"란 재난의 예방·대비·대응 및 복구를 위하여 하는 모든 활동을 말한다.

11 ②

비상방송경보시스템 구축은 대비단계에 해당된다.

12 ④

해외재난의 경우에는 외교부장관이, 방사능재난의 경우에는 같은 법에 따라 중앙방사능방재대책본부의 장이 각각 중앙대책본
부장의 권한을 행사한다〈재난 및 안전관리 기본법 제14조 제3항〉.

13 ④

특수구조대〈119구조 · 구급에 관한 법률 시행령 제5조〉

㉠ **화학구조대** : 화학공장이 밀집한 지역

㉡ **수난구조대** : 내수면지역

㉢ **산악구조대** : 자연공원 등 산악지역

㉣ **고속국도구조대** : 고속국도

㉤ **지하철구조대** : 도시철도의 역사(驛舍) 및 역 시설

---

14 ③

열전도도가 작을 것 : 열전도율이 작은 것일수록 가연물의 구비조건을 갖춘다. (즉 내부열의 축적이 용이해야 한다)

---

15 ②

자연발화 방지방법

㉠ 저장실의 온도를 낮출 것

㉡ 통풍이 잘되게 할 것

㉢ 습도가 높은 곳은 피할 것

㉣ 퇴적 · 수납 시 열을 분산시킬 것

㉤ 발열반응에 정촉매작용을 하는 물질을 피할 것

---

16 ②

① 인화점 ③ 발화점 ④ 자연발화

---

17 ③

부탄의 최소산소농도 = 6.5(산소의 몰수) × 1.8(연소하한계) = 11.7%

	산소의 몰수	연소범위(%)	최소산소농도
메탄(CH_4)	$2O_2$	5~15	10%
프로판(C_3H_8)	$5O_2$	2.1~9.5	10.5%
부탄(C_4H_{10})	$6.5O_2$	1.8~8.4	11.7%

---

18 ①

제연방식은 ① 자연 ② 밀폐 ③ 기계 ④ 스모그타워 제연방식이 있다.

---

19 ④

화재 중기에 일어나는 연소확대 현상은 플래시오버에 해당한다. 백드래프트는 중기 이후 주로 말기에 일어나는 역화현상이다. 단, 백드래프트는 플래시오버 전 단계에 일어날 수도 있다.

20 ①

조사활동 중 본부장 또는 서장이 소방청장에게 긴급상황을 보고하여야 할 화재〈화재조사 및 보고규정 제45조(긴급상황보고) 제1항〉

ⓐ 대형화재
- 인명피해 : 사망 5명 이상이거나 사상자 10명 이상 발생화재
- 재산피해 : 50억 원 이상 추정되는 화재

ⓑ 중요화재
- 관공서, 학교, 정부미 도정공장, 문화재, 지하철, 지하구 등 공공 건물 및 시설의 화재
- 관광호텔, 고층건물, 지하상가, 시장, 백화점, 대량위험물을 제조·저장·취급하는 장소, 중점관리대상 및 화재경계지구
- 이재민 100명 이상 발생화재

ⓒ 특수화재
- 철도, 항구에 매어둔 외항선, 항공기, 발전소 및 변전소의 화재
- 특수사고, 방화 등 화재원인이 특이하다고 인정되는 화재
- 외국공관 및 그 사택
- 그 밖에 대상이 특수하여 사회적 이목이 집중될 것으로 예상되는 화재

제 4 회																			
1	①	2	①	3	④	4	②	5	②	6	③	7	④	8	③	9	①	10	②
11	③	12	③	13	③	14	①	15	④	16	②	17	①	18	③	19	④	20	④

1 ①

소방조직의 기본원리

분업의 원리	한 사람이나 한 부서가 한 가지의 주된 업무를 맡는다는 원리
명령계 통일의 원리	한 사람의 상급자에게 명령을 받고 보고하는 원리
계층제의 원리	상하의 계층제를 형성하는 원리
계선의 원리	개인의 의견이 참여는 되지만 결정을 내리는 것은 소속기관의 기관장
업무조정의 원리	조직을 통합하고 행동을 통일시키는 원리

---

2 ①

소방공무원은 공무원법상 경력직 공무원 중 특정직 공무원에 해당한다.

---

3 ④

대응단계

실제 재난발생 시 국가의 모든 자원과 역량을 효과적으로 활용하고 신속하게 대처함으로써 인적·물적 피해를 최소화하고 2차 재난발생 가능성을 감소시키려는 일련의 활동을 포함하는 단계이다.

---

4 ②

재난 및 안전관리 기본법 제3조 제1호 가목, 나목

㉠ 자연재난 : <u>태풍, 홍수, 호우(豪雨), 강풍, 풍랑, 해일(海溢), 대설, 한파, 낙뢰, 가뭄, 지진, 황사(黃砂), 조류(藻類) 대발생, 조수(潮水), 화산활동, 소행성·유성체</u> 등 자연우주물체의 추락·충돌, 그 밖에 이에 준하는 자연현상으로 인하여 발생하는 재해

㉡ 사회재난 : 화재·붕괴·폭발·교통사고(항공사고 및 해상사고를 포함한다)·화생방사고·환경오염사고 등으로 인하여 발생하는 대통령령으로 정하는 규모 이상의 피해와 국가핵심기반의 마비, 「감염병의 예방 및 관리에 관한 법률」에 따른 감염병 또는 「가축전염병예방법」에 따른 가축전염병의 확산, 「미세먼지 저감 및 관리에 관한 특별법」에 따른 미세먼지 등으로 인한 피해

---

5 ②

위험물안전관리법에 의한 분류

① 중크롬산 1,000kg

③ 니트로화합물 200kg

④ 질산 300kg

6 ③

재난 및 안전관리 기본법 제3조 제7호
"긴급구조기관"이란 소방청·소방본부 및 소방서를 말한다. 다만, 해양에서 발생한 재난의 경우에는 해양경찰청·지방해양경찰청 및 해양경찰서를 말한다.

---

7 ④

최소발화에너지
㉠ 온도가 높으면 분자운동이 활발함으로 발화에너지가 작아진다.
㉡ 압력이 높아지면 분자 간의 거리가 가까움으로 발화에너지가 작아진다.
㉢ 열전도율이 작으면 열 축적이 용이하여 발화에너지가 작아진다.

---

8 ③

① 기체연소 : 가연성기체나 대기중에 분출해서 연소하는 비혼합연소 (예) 프로판가스
② 증발연소 : 액체표면에서 증발하는 가연성증기와 공기가 혼합되어 연소 (예) 석유
④ 분해연소 : 분해열로서 발생하는 가연성가스가 공기 중의 산소와 화합해서 일어나는 연소 (예) 목재

---

9 ①

연기제어의 기본방법
㉠ 배기 : 연기를 밖으로 배출시키는 것
㉡ 차단 : 방호문, 방화셔터, 방화수직벽, 방화댐퍼 등으로 연기유입을 막는 것
㉢ 희석 : 다량의 신선한 공기를 유입시켜 위험수준 이하로 섞는 것

---

10 ②

양초의 연소는 고체연소 중 증발연소에 해당하며 파라핀(양초), 나프탈렌($C_{10}H_8$), 황(S) 등이 그 예이다.

---

11 ③

화재가혹도(화재심도)
화재심도라고도 하며 화재발생으로 건물 내 수용재산 및 건물자체에 손상을 입히는 정도를 말한다. (최고온도 × 연소시간)

12 ③

천장제트흐름(Ceiling Jet Flow, 제트플로어)

실내에서 화재가 발생한 경우 연기와 열기류는 부력과 팽창로 수직방향으로 2~3m/s 속도로 상승한다. 이때 상승한 연기와 열기류가 천정에 이르면 더 이상 상승할 수가 없으므로 천정을 따라서 옆으로 약 0.3~1m/s의 속도로 퍼져 나가게 되는데 이를 Ceiling Jet Flow라고 한다.

㉠ 화재 플럼의 부력에 의하여 발생되며 천장면을 따라 빠르게 흐르는 기류이다.

㉡ 화원의 크기와 위치 그리고 화원에서 천장까지의 높이에 영향을 받는다.

㉢ 흐름의 두께는 천장에서 화염까지 높이의 5~12% 내의 정도 범위이다.

---

13 ③

부촉매소화는 연소의 4요소 중 연쇄반응의 속도를 빠르게 하는 정촉매를 억제시키는 것으로 화학적 소화방법이다. 연쇄반응(수소기와 수산기의 발생)에서 핵심적인 역할을 하는 라디칼(Radical, 유리기)을 흡수하여 더 이상 라디칼을 만들지 못하도록 한다. 대표적으로 ① 할로겐화합물, ② 분말소화약제 및 ③ 무상의 강화소화액소화약제가 있다.

---

14 ①

제1류 위험물은 산화성 고체이며 아염소산염류, 염소산염류, 과염소산염류, 무기과산화물, 브롬산염류, 질산염류, 요오드산염류, 과망간산염류, 중크롬산염류 등이 있다. 산소를 함유한 강한 산화제이며 가열, 충격, 마찰 등에 의해 분해하여 산소를 방출한다.

※ **산소함유 + 불연성**

㉠ 자신은 불연성이나 산소를 방출하여 다른 가연물의 연소를 돕는 조연성 물질이다.

㉡ 대부분 무색 결정이거나 백색 분말이다.

㉢ 비중은 1보다 크며(물보다 무겁다) 대체적으로 물에 잘 녹는다.

---

15 ④

질식소화란 연소에는 반드시 산소를 필요로 하므로 산소의 공급을 차단하여 연소를 중단시키는 방법을 말한다.

① 냉각소화 ② 부촉매(억제)소화 ③ 제거소화

---

16 ②

화재원인조사

화재원인조사의 종류	조사범위
① 발화원인 조사	발화지점(화재가 발생한 부위), 발화열원, 발화요인, 최초착화물, 발화관련기 등
② 발견·통보 및 초기소화상황 조사	발견동기, 통보(화재를 인지한 사람이 소방기관에 알리는 것), 초기소화 등 일련의 행동
③ 연소상황 조사	화재의 연소경로 및 연소확대물, 연소확대사유 등
④ 피난상황 조사	소방·방화시설의 활용또는 작동 등의 상황
⑤ 소방·방화시설 등 조사	

17 ①

감광계수(빛이 감소되는 계수)

연기의 농도에 따른 투과량으로부터 계산한 감광계수의 가시거리는 빛을 느낄 수 있는 감광계수가 커지면 시야가 가능함을 느낄 수 있는 가시거리는 짧아진다. 감광계수와 가시거리는 반비례 관계이다. 대표적으로 광전식 분포형 감지기가 있다

---

18 ③

증기밀도(기체의 무게) 계산법

$$증기밀도(비중) = \frac{증기(기체)분자량}{공기분자량} = \frac{분자량}{29}$$

C의 원자량(12) + F의 원자량(19 × 3) + Br의 원자량(80) / 공기의 분자량(29) = 149/29

※ 할론1301(CF_3Br)

　　㉠ 상온에서 기체로 존재하며 독성이 없거나 고온에서 열분해 시 독성이 강한 분해생성물이 발생

　　㉡ 무색·무취이며 비전도성으로 <u>공기보다 5배 무겁다.</u> 지하층, 무창층에 사용 가능

　　㉢ 오존층 파괴지수가 크다.

---

19 ④

공동현상은 진공 속에 들어온 물이 증발하여 수증기가 되는 현상이다.

※ 공동현상의 방지대책

　　㉠ 펌프의 흡입측 수두를 작게 한다 : 펌프의 높이를 작게 한다.

　　㉡ 펌프의 임펠러 속도를 작게 한다 : 마찰을 줄어들게 한다.

　　㉢ 마찰손실을 작게 한다 : 펌프의 마찰을 작게 한다.

　　㉣ 펌프의 설치위치를 수원보다 낮게 한다 : 펌프의 위치가 낮을수록 공동화 현상을 방지한다.

　　㉤ 배관 내 수온을 낮춰준다.

　　㉥ 흡입관의 배관을 간단히 한다 : 배관이 휘고 복잡하면 더 부딪혀 마찰로 인한 기포 발생

　　㉦ 펌프의 흡입관경을 크게 한다.

　　㉧ 펌프를 2대 이상 설치한다.

---

20 ④

메탄(CH_4)의 완전 연소식 : $CH_4 + 2O_2 \rightarrow CO_2 + 2H_2O$

즉 메탄을 완전 연소하는데 2몰의 산소가 필요하고 공기 중 산소농도가 21%이다.

따라서 200/21 = 약 9.5배이다

※ 공기 중 산소농도가 21%로 값이 주어진 경우

　　㉠ 메탄(CH_4)의 완전 연소식 $CH_4 + 2O_2 \rightarrow CO_2 + 2H_2O$: 200/21 = 약 9.5배

　　㉡ 프로판(C_3H_8)의 완전 연소식 $C_3H_8 + 5O_2 \rightarrow 3CO_2 + 4H_2O$: 500/21 = 약 23.8배

　　㉢ 부탄(C_4H_{10})의 완전 연소식 $C_4H_{10} + 6.5O_2 \rightarrow 4CO_2 + 5H_2O$: 650/21 = 약 31배

제 5 회																			
1	①	2	③	3	①	4	②	5	②	6	②	7	①	8	④	9	④	10	①
11	④	12	③	13	③	14	①	15	④	16	④	17	③	18	②	19	②	20	②

1 ①

소방의 임무

㉠ 기본임무

• 기본적으로 소방의 목적을 지키기 위한 것이다.

• 질서기능에 속하며 보안기능을 담당

• 화재 예방, 경계 또는 진압활동

• 국민의 생명과 재산을 보호한다.

• 사회의 공공 안녕 유지로 안전한 국민생활을 보호한다.

㉡ 파생임무

• 소방의 기본적인 임무 이외에 또 다른 임무를 말한다.

• 봉사기능에 속하며 권력이 없는 직접 서비스기능을 말한다.

• 구조대 및 구급대의 운영이 해당된다.

---

2 ③

허가는 허가를 유보한 상대적 금지가 있음을 전제로 한다.

㉠ 대물적 허가는 물건의 내용·상태 등 객관적 요소를 대상으로 하는 허가

㉡ 대인적 허가는 주로 사람의 능력·지식 등 주관적 요소를 대상으로 하는 허가

㉢ 혼합적 허가는 인적 요소와 물적 요소가 결합된 상태를 대상으로 하는 허가

※ 가스사업 허가는 사람(대인)의 자격 요건과 시설(대물)의 2가지 자격 요건을 갖추어야 하는 혼합적 허가이다.

---

3 ①

근속승진

㉠ 소방사를 소방교로 근속승진 임용하려는 경우 : 해당 계급에서 4년 이상 근속자

㉡ 소방교를 소방장으로 근속승진 임용하려는 경우 : 해당 계급에서 5년 이상 근속자

㉢ 소방장을 소방위로 근속승진 임용하려는 경우 : 해당 계급에서 6년 6개월 이상 근속자

㉣ 소방위를 소방경으로 근속승진 임용하려는 경우 : 해당 계급에서 8년 이상 근속자

---

4 ②

우리나라의 경우 자치소방대는 없는 조직이다. 국가 중앙 소방조직과 광역시도 소방조직(지방소방본부, 지방소방서) 그리고 민간 소방조직(의용소방대, 자체소방대, 지위소방대)으로 나누어진다.

5 ②

세종 8년 병조에 금화도감을 설치하였다. 한국 최초의 소방관서이다.

---

6 ②

소방공무원은 경력직 공무원 중 특정직 공무원이다.

---

7 ①

소방공무원임용령 제2조

소방기관이라 함은 소방청, 특별시 · 광역시 · 특별자치시 · 도 · 특별자치도(시 · 도)와 중앙소방학교 · 중앙119구조본부 · 국립소방연구원 · 지방소방학교 · 서울종합방재센터 및 소방서를 말한다.

ㄱ **국가소방조직** : 소방청, 중앙소방학교 · 중앙119구조본부, 국립소방연구원

ㄴ **지방소방조직** : 특별시 · 광역시 · 특별자치시 · 도 · 특별자치도, 지방소방학교 · 서울종합방재센터 및 소방서

---

8 ④

중앙통제단에는 총괄지휘부 · 대응계획부 · 자원지원부 · 긴급복구부 및 현장지휘대를 둔다.

---

9 ④

생물학적 재해는 존스에 의한 분류이며 자연재난에 포함된다. 재난 및 안전관리 기본법 상의 분류는 자연재난, 사회재난, 해외재난이다.

---

10 ①

위기관리 표준매뉴얼 : 국가적 차원에서 관리가 필요한 재난에 대하여 재난관리 체계와 관계 기관의 임무와 역할을 규정한 문서로 위기대응 실무매뉴얼의 작성 기준이 되며, <u>재난관리주관기관의 장이 작성한다.</u>

---

11 ④

국가와 지방자치단체는 재난으로 피해를 입은 시설의 복구와 피해주민의 생계 안정 및 피해기업의 경영 안정을 위하여 다음의 지원을 할 수 있다. 다만, 다른 법령에 따라 국가 또는 지방자치단체가 같은 종류의 보상금 또는 지원금을 지급하거나, 재난으로 피해를 유발한 원인자가 보험금 등을 지급하는 경우에는 그 보상금, 지원금 또는 보험금 등에 상당하는 금액은 지급하지 아니한다〈재난 및 안전관리 기본법 제66조 제3항〉.

1. 사망자 · 실종자 · 부상자 등 피해주민에 대한 구호
2. 주거용 건축물의 복구비 지원
3. 고등학생의 학자금 면제
4. 자금의 융자, 보증, 상환기한의 연기, 그 이자의 감면 등 관계 법령에서 정하는 금융지원
5. 세입자 보조 등 생계안정 지원

6. 관계 법령에서 정하는 바에 따라 국세 · 지방세, 건강보험료 · 연금보험료, 통신요금, 전기요금 등의 경감 또는 납부유예 등의 간접지원
7. 주 생계수단인 농업 · 어업 · 임업 · 염생산업(鹽生産業)에 피해를 입은 경우에 해당 시설의 복구를 위한 지원
8. 공공시설 피해에 대한 복구사업비 지원
9. 그 밖에 중앙재난안전대책본부회의에서 결정한 지원 또는 지역재난안전대책본부회의에서 결정한 지원

---

12 ③

㉠ 행정안전부장관은 대통령령으로 정하는 재난이 발생하거나 발생할 우려가 있는 경우 사람의 생명 · 신체 및 재산에 미치는 중대한 영향이나 피해를 줄이기 위하여 긴급한 조치가 필요하다고 인정하면 중앙위원회의 심의를 거쳐 재난사태를 선포할 수 있다. 다만, 행정안전부장관은 재난상황이 긴급하여 중앙위원회의 심의를 거칠 시간적 여유가 없다고 인정하는 경우에는 중앙위원회의 심의를 거치지 아니하고 재난사태를 선포할 수 있다〈재난 및 안전관리 기본법 제36조 제1항〉.
㉡ 특별재난지역의 선포를 건의받은 대통령은 해당 지역을 특별재난지역으로 선포할 수 있다〈재난 및 안전관리 기본법 제60조 제2항〉.

---

13 ③

구급대원은 구급대상자가 다음에 해당하는 비응급환자인 경우에는 구급출동 요청을 거절할 수 있다〈119구조 · 구급에 관한 법률 시행령 제20조 제2항〉.
㉠ 단순 치통환자
㉡ 단순 감기환자(섭씨 38도 이상의 고열 또는 호흡곤란이 있는 경우는 제외)
㉢ 혈압 등 생체징후가 안정된 타박상 환자
㉣ 술에 취한 사람(강한 자극에도 의식이 회복되지 아니하거나 외상이 있는 경우는 제외)
㉤ 만성질환자로서 검진 또는 입원 목적의 이송 요청자
㉥ 단순 열상(裂傷) 또는 찰과상(擦過傷)으로 지속적인 출혈이 없는 외상환자
㉦ 병원 간 이송 또는 자택으로의 이송 요청자(의사가 동승한 응급환자의 병원 간 이송은 제외)
㉧ 구조 · 구급대원은 요구조자 또는 응급환자가 구조 · 구급대원에게 폭력을 행사하는 등 구조 · 구급활동을 방해하는 경우에는 구조 · 구급활동을 거절할 수 있다.

---

14 ①

지연환자 : 사망 또는 생존의 가능성이 없는 환자 – 흑색
※ 중등도 분류
　㉠ **긴급환자**(적색) : 수 분 혹은 수 시간 이내의 응급처치를 요하는 중증환자
　㉡ **응급환자**(황색) : 수 시간 이내의 응급처치를 요하는 중증환자
　㉢ **비응급환자**(녹색) : 수 시간 / 수 일 후에 치료하여도 생명에 관계가 없는 환자
　㉣ **지연환자**(흑색) : 사망하였거나 생존의 가능성이 없는 환자

---

15 ④

산소는 조연성물질로서 많을수록 연소를 활성화시킨다.

16 ④

압축열은 기계적 점화원에 해당하며 그 외에는 화학적 점화원에 해당한다.

---

17 ③

연소속도에 영향을 미치는 요인

㉠ 가연물의 종류와 온도

㉡ 산소 농도에 따라 가연물과 접촉하는 속도

㉢ 산화반응을 일으키는 속도 및 가연물과 산화성 물질의 혼합비율

㉣ 촉매(반응속도를 촉진 또는 지연시키는 매개체인 물질) 및 생성된 불연성물질 등

㉤ 압력, 화염의 온도 및 미연소 가연성 기체의 밀도, 비열, 열전도 등

---

18 ②

일산화탄소(CO)

연료가 불완전 연소되어 생기는 기체이다. 일산화탄소 중독은 적혈구 세포에 일산화탄소가 산소보다 먼저 흡수되어 폐에서 조직으로의 산소운반을 방해하기 때문에 일어나며, 두통·무력감·졸음·구토·졸도와 심한 경우 혼수상태, 호흡곤란 등의 중독증상이 나타난다.

---

19 ②

굴뚝(stack effect)효과에 영향을 주는 인자

㉠ 화재구획실의 온도

㉡ 화재발생 건축물의 높이

㉢ 건축물 외벽의 기밀도

㉣ 건축물 내부와 외부의 온도 차이

---

20 ②

중성대는 건축물 내부의 압력이 외부의 압력과 일치하는 수직적인 위치를 말한다.

PART

07

최근기출문제분석

2021. 4. 3. 소방학개론

1 「재난 및 안전관리 기본법」상 재난현장에서 시·군·구긴급구조통제단장의 긴급구조 현장지휘 사항을 모두 고른 것은?

> ㉠ 재난현장에서 인명의 탐색·구조
> ㉡ 추가 재난의 방지를 위한 응급조치
> ㉢ 사상자의 응급처치 및 의료기관으로의 이송
> ㉣ 긴급구조에 필요한 물자의 관리

① ㉠, ㉡

② ㉠, ㉡, ㉢

③ ㉡, ㉢, ㉣

④ ㉠, ㉡, ㉢, ㉣

Point

「재난 및 안전관리 기본법」제52조(긴급구조 현장지휘) 제1항, 제2항

① 재난현장에서는 시·군·구긴급구조통제단장이 긴급구조활동을 지휘한다. 다만, 치안활동과 관련된 사항은 관할 경찰관서의 장과 협의하여야 한다.

② 제1항에 따른 현장지휘는 다음 각 호의 사항에 관하여 한다.

1. 재난현장에서 인명의 탐색·구조
2. 긴급구조기관 및 긴급구조지원기관의 인력·장비의 배치와 운용
3. 추가 재난의 방지를 위한 응급조치
4. 긴급구조지원기관 및 자원봉사자 등에 대한 임무의 부여
5. 사상자의 응급처치 및 의료기관으로의 이송
6. 긴급구조에 필요한 물자의 관리
7. 현장접근 통제, 현장 주변의 교통정리, 그 밖에 긴급구조활동을 효율적으로 하기 위하여 필요한 사항

Answer 1.④

2 화재 시 발생하는 연기(smoke)에 대한 설명으로 옳지 않은 것은?

① 연기의 수직 이동속도는 수평 이동속도보다 빠르다.

② 연기의 감광계수가 증가할수록 가시거리는 짧아진다.

③ 중성대는 실내 화재 시 실내와 실외의 온도가 같은 면을 의미한다.

④ 굴뚝효과는 건축물의 내부와 외부의 온도차에 의해 내부의 더운 공기가 상승하는 현상이다.

📢 **Point**

③ 건물화재가 발생하면 연소열에 의한 온도가 상승함으로서 부력에 의해 실의 천정 쪽으로 고온기체가 축적되고 온도가 높아져 기체가 팽창하여 실내와 실외의 압력이 달라지는데, 실의 상부는 실외보다 압력이 높고 하부는 압력이 낮다. 따라서 그 사이 어느 지점에 실내와 실외의 정압이 같아지는 경계면(0포인트)이 형성되는데 그 면을 중성대(neutral plane)라고 한다.

3 소화설비에 대한 설명으로 옳은 것은?

① 산 · 알칼리 소화기는 가스계 소화기로 분류된다.

② CO_2 소화설비는 화재감지기, 선택밸브, 방출표시등, 압력스위치 등으로 구성된다.

③ 슈퍼바이저리패널(supervisory panel)은 습식스프링클러설비의 구성요소이다.

④ 순환배관은 옥내소화전설비의 펌프 체절운전 시 수온하강 방지를 위해 설치한다.

📢 **Point**

① 가스계 소화기에는 CO_2 소화기, 할론 소화기가 있다. 산 · 알칼리 소화기는 소화기 본체 내부에 황산 및 탄산수소나트륨($NaHCO_3$)을 분리하여 충전한 것으로 수계 소화기에 해당한다.

③ 슈퍼바이저리패널은 준비작동식 스프링클러의 제어 기능을 담당하며 프리액션밸브를 작동시킨다. 이 밖에 자체고장 시 경보장치를 작동시키며 감지기와 프리액션밸브 작동연결 및 개구부 폐쇄작동 기능도 한다.

④ 순환배관은 옥내소화전설비의 펌프 체절운전 시 수온 상승 방지를 위해 설치한다.

ⓐAnswer, 2.③ 3.②

4 우리나라 소방 역사에 대한 설명으로 옳은 것만을 모두 고른 것은?

> ㉠ 고려시대에는 소방(消防)을 소재(消災)라 하였으며, 화통도감을 신설하였다.
> ㉡ 조선시대 세종 8년에 금화도감을 설치하였다.
> ㉢ 1915년에 우리나라 최초 소방본부인 경성소방서를 설치하였다.
> ㉣ 1945년에 중앙소방위원회 및 중앙소방청을 설치하였다.

① ㉠, ㉡

② ㉠, ㉡, ㉢

③ ㉡, ㉢, ㉣

④ ㉠, ㉡, ㉢, ㉣

📢 **Point**

㉢ 우리나라 최소의 소방서인 경성소방서는 1925년에 설치되었다.
㉣ 중앙소방위원회는 1946년, 중앙소방청은 1947년에 설치하였다.

5 백드래프트(back draft)에 대한 설명으로 옳은 것은?

① 불완전 연소에 의해 발생된 일산화탄소가 가연물로 작용하여 폭발하는 현상이다.
② 화재 진압 시 지붕 등 상부를 개방하는 것보다 출입문을 먼저 개방하는 것이 효과적인 전술이다.
③ 밀폐된 실내에서 발생되는 현상으로, 출입문을 한 번에 완전히 개방하여 연기를 일순간에 배출해야 폭발력을 억제할 수 있다.
④ 연료지배형화재가 진행되고 있는 공간에 산소가 일시적으로 다량 공급됨에 따라 가연성가스가 폭발적으로 연소하는 현상이다.

📢 **Point**

①④ 백드래프트는 역화 현상으로서 공기(산소)공급이 원활하지 않은 불완전 연소상태인 훈소 상태에서 화재(환기지배형 화재)로 인하여 실내 상부 쪽으로 고온의 기체가 축적되고 온도가 높아져서 기체가 팽창하고 산소가 부족한 건물 내에서 갑자기 산소가 새로 유입될 때 화염이 폭풍을 동반하여 실외로 분출되는 고열가스의 폭발 또는 급속한 연소가 발생하는 현상이다.
② 화재 진압 시 실내 상부 쪽에 축적된 고온의 기체를 해산하기 위해 지붕 등 상부를 먼저 개방하는 것이 효과적인 전술이다.
③ 출입문을 한 번에 완전히 개방하면 산소가 부족한 건물 내로 갑자기 산소가 대량 유입되면서 화염이 폭풍을 동반하며 폭발하게 된다.

Ⓐnswer, 4.① 5.①

6 위험물의 종류에 따른 소화 방법으로 옳지 않은 것은?

① 제1류 위험물인 알칼리금속의 과산화물은 물을 사용한다.
② 제2류 위험물인 마그네슘은 건조사를 사용한다.
③ 제3류 위험물인 알킬알루미늄은 건조사를 사용한다.
④ 제4류 위험물인 알코올은 내알코올포(泡, foam)를 사용한다.

 Point

　① 알칼리금속의 과산화물은 물과 반응하면 발열하므로 주수소화는 금물이며, 건조사로 피복소화하는 것이 바람직하다.

7 「화재조사 및 보고규정」상 특수화재에 해당하지 않는 것은?

① 외국공관 및 그 사택의 화재
② 이재민 100명 이상 발생 화재
③ 특수사고, 방화 등 화재원인이 특이하다고 인정되는 화재
④ 철도, 항구에 매어 둔 외항선, 항공기, 발전소 및 변전소의 화재

 Point

특수화재〈「화재조사 및 보고규정」 제45조(긴급상황보고) 제1항 제3호〉
가. 철도, 항구에 매어둔 외항선, 항공기, 발전소 및 변전소의 화재
나. 특수사고, 방화 등 화재원인이 특이하다고 인정되는 화재
다. 외국공관 및 그 사택
라. 그 밖에 대상이 특수하여 사회적 이목이 집중될 것으로 예상되는 화재

Answer, 6.① 7.②

8 「재난 및 안전관리 기본법」에 대한 내용이다. (　) 안에 들어갈 용어로 옳은 것은?

> ㈎은 대통령령으로 정하는 재난이 발생하거나 발생할 우려가 있는 경우 사람의 생명·신체 및 재산에 미치는 중대
> 한 영향이나 피해를 줄이기 위하여 긴급한조치가 필요하다고 인정하면 ㈏의 심의를 거쳐 ㈐을/를 선포할 수 있다.

	㈎	㈏	㈐
①	중앙재난안전대책본부장	안전정책조정위원회	재난사태
②	행정안전부장관	중앙안전관리위원회	재난사태
③	중앙재난안전대책본부장	중앙안전관리위원회	특별재난지역
④	행정안전부장관	안전정책조정위원회	특별재난지역

（Point）

행정안전부장관은 대통령령으로 정하는 재난이 발생하거나 발생할 우려가 있는 경우 사람의 생명·신체 및 재산에 미치는 중대한
영향이나 피해를 줄이기 위하여 긴급한 조치가 필요하다고 인정하면 중앙위원회의 심의를 거쳐 재난사태를 선포할 수 있다〈「재난
및 안전관리 기본법」 제36조(재난사태 선포) 제1항 전단〉.

9 소방조직의 원리에 해당하지 않는 것은?

① 조정의 원리
② 계층제의 원리
③ 명령 분산의 원리
④ 통솔 범위의 원리

（Point）

소방조직의 기본원리
㉠ 분업의 원리 : 한 사람이나 한 부서가 한 가지의 주된 업무를 맞는다는 원리
㉡ 명령 통일의 원리 : 한 사람의 상급자에게 명령을 받고, 보고하는 원리
㉢ 계층제의 원리 : 상하의 계층제를 형성하는 원리
㉣ 계선의 원리 : 개인의 의견이 참여되지만 결정을 내리는 것은 소속기관의 기관장이 하는 원리
㉤ 업무조정의 원리 : 조직을 통합하고 행동을 통일시키는 원리

10 블레비(BLEVE : Boiling Liquid Expanding Vapor Explosion)현상의 특징으로 옳지 않은 것은?

① 액화가스 저장탱크에서 일어날 수 있다는 점에서는 증기운 폭발과 같다.

② 액화가스 저장탱크에서 물리적 폭발이 순간적으로 화학적 폭발로 이어지는 현상이다.

③ 블레비의 규모는 파열 시 액체의 기화량에는 차이가 있으나 탱크의 용량에 따른 차이는 없다.

④ 직접 열을 받은 부분이 액화가스 저장탱크의 인장 강도를 초과할 경우 기상부에 면하는 지점에서 파열하게 된다.

🔊 **Point**

액화가스 저장탱크에서 화재 발생 시 저장탱크가 가열되어 탱크 내부의 액체 부분은 급격히 증발하고 가스 부분은 온도 상승과 비례하여 탱크 내 압력의 급격한 상승을 초래하게 된다. 이때, 저장탱크의 설계압력을 초과하게 되면 탱크가 파괴되어 급격한 폭발 현상을 일으키게 되는데 이를 블레비(BLEVE : Boiling Liquid Expanding Vapor Explosion)라고 한다.

③ 블레비의 규모는 액체의 기화량은 물론 탱크의 용량에 따라 차이가 있다.

---

11 포혼합장치 중 펌프 프로포셔너(pump proportioner)방식에 해당하는 것은?

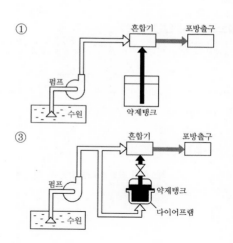

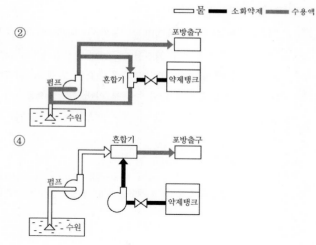

🔊 **Point**

② **펌프 프로포셔너 방식(Pump Proportioner Type)** : 펌프의 토출관과 흡입관 사이에 설치한 혼합기에 펌프에서 토출된 물의 일부를 보내고, 농도 조정밸브에서 조정된 약제의 필요량을 약제탱크에서 펌프 흡입 측으로 보내어 이를 혼합하는 방식

① **라인 프로포셔너 방식(Line Proportioner Type)** : 펌프와 발포기 중간에 설치된 벤투리 관의 벤투리 작용에 의하여 포 소화약제를 흡입·혼합하는 방식

③ **프레셔 프로포셔너(Pressure Proportioner Type)** : 펌프와 발포기의 중간에 설치된 벤투리 관의 벤투리 작용과 펌프 가압수의 포 소화약제 저장탱크에 대한 압력에 의하여 포 소화약제를 흡입·혼합하는 방식

④ **프레셔 사이드 프로포셔너 방식(Pressure Side Proportioner Type)** : 펌프의 토출관에 혼합기를 설치하고 약제 압입용 펌프로 포 원액을 압입시켜 혼합하는 방식

🅐**nswer,** 10.③ 11.②

12 「재난 및 안전관리 기본법」상 재난관리 단계별 조치 사항의 연결이 옳지 않은 것은?

① 예방단계 – 재난방지시설의 관리
② 대비단계 – 재난현장 긴급통신수단의 마련
③ 대응단계 – 특별재난지역의 선포
④ 복구단계 – 피해조사 및 복구계획 수립·시행

Point

③ 특별재난지역의 선포는 복구단계에 해당한다.

※ 재난관리의 단계별 조치 사항
ㄱ 예방단계 : 특정관리대상시설 지정·관리, 긴급안전점검, 재난관리실태 공시 등
ㄴ 대비단계 : 재난대비훈련, 재난관리자원 비축·관리, 위기관리매뉴얼 작성·운용 등
ㄷ 대응단계 : 응급조치(예·경보 발령, 대피명령, 통행제한), 긴급구조
ㄹ 복구단계 : 재난피해조사, 복구계획 수립·시행 등

13 최소산소농도(MOC : Minimum Oxygen Concentration)에 대한 설명으로 옳지 않은 것은?

① 연소상한계에 의해 최소산소농도가 결정된다.
② 연소할 때 화염이 전파되는 데 필요한 임계산소농도를 말한다.
③ 완전연소반응식의 산소 몰수에 의해 최소산소농도가 결정된다.
④ 프로판(C_3H_8) 1몰(mol)이 완전 연소하는 데 필요한 최소산소농도는 10.5%이다.

Point

① 최소산소농도(MOC : Minimum oxygen concentration)란 화염이 전파될 수 있는 최소한의 산소농도를 말한다. 최소산소농도는 '산소의 화학양론적 계수 × 폭발하한계'로 구하므로 연소하한계에 의해 최소산소농도가 결정된다.

14 1기압, 20℃인 조건에서 메탄(CH_4) $2m^3$가 완전 연소하는 데 필요한 산소 부피는 몇 m^3인가?

① 2
② 3
③ 4
④ 5

Point

표준상태에서 메탄의 완전연소 반응식은 $CH_4 + 2O_2 \rightarrow CO_2 + 2H_2O$이므로, 메탄 $2m^3$가 완전 연소하는 데 필요한 산소 부피는 $4m^3$이다.

Answer 12.③ 13.① 14.③

15 연소속도에 영향을 미치는 요인을 모두 고른 것은?

> ㉠ 가연성 물질의 종류
> ㉡ 촉매의 존재 유무와 농도
> ㉢ 공기 중 산소량
> ㉣ 가연성 물질과 산화제의 당량비

① ㉠, ㉡

② ㉠, ㉡, ㉢

③ ㉡, ㉢, ㉣

④ ㉠, ㉡, ㉢, ㉣

Point

㉠~㉣ 모두 연소속도에 영향을 미친다. 이 밖에 가연물의 온도, 산소의 농도에 따라 가연물질과 접촉하는 속도, 산화반응을 일으키는 속도, 압력 등이 있다.

16 폭발에 대한 설명으로 옳지 않은 것은?

① 폭연은 폭굉보다 폭발압력이 낮다.

② 분해폭발은 산소에 관계없이 단독으로 발열 분해반응을 하는 물질에서 발생한다.

③ 물리적 폭발은 물질의 상태(기체, 액체, 고체)가 변하거나 온도, 압력 등 조건의 변화에 따라 발생한다.

④ 중합폭발은 가연성 액체의 무적(霧滴, mist)이 일정 농도 이상으로 조연성 가스 중에 분산되어 있을 때 착화하여 발생한다.

Point

④ 가연성 액체의 무적(霧滴, mist)이 일정 농도 이상으로 조연성 가스 중에 분산되어 있을 때 착화하여 발생하는 분무폭발은 산화폭발에 해당한다. 중합폭발은 시안화수소와 같이 단량체(모노머)가 일정 온도와 압력으로 반응이 진행되어 분자량이 큰 중합체가 되어 폭발하는 현상을 말한다.

Answer, 15.④ 16.④

17 소화 방법에 대해 옳은 설명만을 모두 고른 것은?

> ⊙ 질식소화는 일반적으로 공기 중 산소 농도를 낮추어 소화하는 방법을 말한다.
>
> ⓛ 냉각소화가 가능한 약제로는 물, 강화액, CO_2, 할론 등이 있다.
>
> ⓒ 피복소화는 비중이 물보다 큰 비수용성 유류화재 시 무상주수하여 소화하는 방법을 말한다.
>
> ⓔ 부촉매소화는 가스화재 시 가스공급을 차단하여 소화하는 방법을 말한다.

① ⊙, ⓛ

② ⊙, ⓛ, ⓒ

③ ⓛ, ⓒ, ⓔ

④ ⊙, ⓛ, ⓒ, ⓔ

◀ Point

ⓒ 피복소화는 이산화탄소 등 공기보다 무거운 기체를 방사하여 가연물을 피복하여 소화하는 방법이다. 이산화탄소는 비중이 공기보다 약 1.52배 무겁기 때문에 연소물질을 덮어서 산소의 공급을 차단하는 소화작용을 한다.

ⓔ 부촉매소화는 연소의 4요소 중 연쇄반응을 일으키는 화염의 전파물질인 수산기 또는 수소기의 활성화 반응을 억제하고 연쇄반응을 차단하여 화재를 소화시키는 방법이다. 화학반응의 진행을 도와주는 물질을 촉매라 하고 화학반응을 어렵게 하는 물질을 부촉매라 한다. 가스화재 시 가스공급을 차단하여 소화하는 방법은 가연물질의 공급을 차단하는 제거소화에 해당한다.

18 물 소화약제에 대한 설명으로 옳은 것은?

① 질식소화 작용은 기대하기 어렵다.

② 분무상으로 방사 시 B급 화재 및 C급 화재에도 적응성이 있다.

③ 물은 비열과 기화열 값이 작아 냉각소화 효과가 우수하다.

④ 수용성 가연물질인 알코올, 에테르, 에스테르 등으로 인한 화재에는 적응성이 없다.

◀ Point

① 물 소화약제는 가연물을 피복하여 산소의 공급을 차단하므로 질식소화 작용을 기대할 수 있다.

③ 물은 비열과 기화열(증발잠열)이 커서 냉각소화 효과가 우수하다.

④ 수용성 가연물질인 알코올, 에테르, 에스테르 등으로 인한 화재 시 많은 양의 물을 일시에 방사하여 가연물질의 연소농도를 소화농도 이하로 묽게 희석시켜 소화하는 희석소화를 적용할 수 있다.

※ 물 소화약제의 한계

⊙ 유류화재 : 유류화재에 주수하면 물이 유류에 부유함으로써 화염확대를 가져올 수 있으며, 유류탱크 화재 시 무상이나 봉상 주수가 아닌 적상으로 하면 화재가 더욱 커질 수 있다.

ⓛ 전기·금속화재 : 전기화재 시 감전의 위험과 금속화재시 위험물의 폭발현상이 발생할 수 있다.

Ⓐnswer 17.① 18.②

19 피난구조설비에 대한 설명으로 옳지 않은 것은?

① 인공소생기란 호흡 부전 상태인 사람에게 인공호흡을 시켜 환자를 보호하거나 구급하는 기구이다.

② 피난구유도등이란 피난구 또는 피난경로로 사용되는 출입구를 표시하여 피난을 유도하는 등을 말한다.

③ 복도통로유도등이란 피난통로가 되는 복도에 설치하는 통로유도등으로서 피난구의 방향을 명시하는 것을 말한다.

④ 구조대란 사용자의 몸무게에 의하여 자동으로 하강하고 내려서면 스스로 상승하여 연속적으로 사용할 수 있는 무동력 피난기구를 말한다.

📢 **Point**

④ "구조대"란 포지 등을 사용하여 자루형태로 만든 것으로서 화재시 사용자가 그 내부에 들어가서 내려옴으로써 대피할 수 있는 것을 말한다〈「피난기구의 화재안전기준(NFSC 301)」 제3조(정의) 제4호〉. 사용자의 몸무게에 의하여 자동으로 하강하고 내려서면 스스로 상승하여 연속적으로 사용할 수 있는 무동력 피난기구는 "승강식 피난기"이다〈「피난기구의 화재안전기준(NFSC 301)」 제3조(정의) 제8호〉.

20 실내 화재의 진행 과정을 설명한 내용으로 옳지 않은 것은?

① 발화기 - 건물 내의 가구 등이 독립 연소하고 있으며 다른 동(棟)으로의 연소 위험은 없다.

② 성장기 - 화재의 진행이 급속히 이루어지고 개구부에서는 검은 연기가 분출된다.

③ 최성기 - 산소가 부족하여 연소되지 않은 가스가 다량 발생된다.

④ 감퇴기 - 지붕이나 벽체, 대들보나 기둥도 무너져 떨어지고 열 발산율은 증가하기 시작한다.

📢 **Point**

④ 감퇴기에는 화재가 구획실 내에 있는 이용 가능한 가연물을 소모하게 됨에 따라, 열 발산율이 감소하기 시작한다.

Answer, 19.④ 20.④

서원각과 함께

꿈의 날개를 펴라

기업체 시리즈

국가철도공단

한국지역난방공사

한국보훈복지의료공단

인천국제공항공사